深圳地铁 9 号线工程技术创新与实践

广州地铁设计研究院股份有限公司 主编

中国建筑工业出版社

图书在版编目（CIP）数据

深圳地铁9号线工程技术创新与实践/广州地铁设计研究院股份有限公司主编. —北京：中国建筑工业出版社，2018.7
ISBN 978-7-112-22404-3

Ⅰ.①深… Ⅱ.①广… Ⅲ.①地下铁路—铁路工程—施工技术—深圳 Ⅳ.①U231

中国版本图书馆CIP数据核字（2018）第146818号

本书根据深圳城市轨道交通设计特点，结合广州地铁设计研究院股份有限公司在深圳地铁9号线工程中的创新与实践经验而精心编写，全书思路清晰，理念先进，内容全面，对深圳城市轨道交通建设乃至全国城市轨道交通建设都具有指导和借鉴意义，并对从事城市轨道交通建设的专业人员具有一定的参考价值。

责任编辑：曾　威　李春敏
责任校对：王雪竹

深圳地铁9号线工程技术创新与实践
广州地铁设计研究院股份有限公司　主编

*

中国建筑工业出版社出版、发行（北京海淀三里河路9号）
各地新华书店、建筑书店经销
北京点击世代文化传媒有限公司制版
北京缤索印刷有限公司印刷

*

开本：787×1092毫米　1/16　印张：22¼　字数：414千字
2019年5月第一版　2019年5月第一次印刷
定价：280.00元
ISBN 978-7-112-22404-3
（32286）

版权所有　翻印必究
如有印装质量问题，可寄本社退换
（邮政编码 100037）

《深圳地铁 9 号线工程技术创新与实践》
编审委员会

主编单位：广州地铁设计研究院股份有限公司

审查委员会

主　　审：杜彦良

副 主 审：许少辉　张中安　史海欧　王迪军　于德涌　赵维刚

审 委 会：毛宇丰　罗俊成　韩　瑶　翁德耀　何治新　谢国胜　陈晓丹

编辑委员会

主　　编：丁先立　农兴中　邓剑荣　赵德刚

副 主 编：陈小林　张鸿才　湛维昭　王仲林　王亚平　成武发　胡自林
　　　　　詹占岚　卓文海　项　宝　周　前

编 委 会：王　典　王　新　王艳红　甘世新　苏　蒙　朱志伟　刘　文
　　　　　刘文武　刘成军　刘晓庆　刘敦兴　刘增华　孙元广　阴　燊
　　　　　李凤麟　李　平　李　华　李林林　李恒一　李鲲鹏　吴　刚
　　　　　吴　波　吴殿华　宋晓雪　何春媚　张文奇　张立杰　张远东
　　　　　张继平　陈用伟　陈吉刚　林　斌　罗　旭　罗　坚　罗　慧
　　　　　罗信伟　周　斌　侯世稳　昝子卉　祝徐敏　姚伯坤　郭　莉
　　　　　浦绍乾　黄先健　梁　笛　彭静萍　赖银森　鲍淑红　廖振宁
　　　　　魏诗宬　韦永美

编　　辑：王　冉　欧飞奇　蔡冬云

 序

随着我国城市化建设的发展，城市轨道交通逐渐成为大、中城市公共交通的主干线。城市轨道交通具有客运量大、快捷、安全、准时、低能耗、少污染等特点，是城市客流运输的大动脉，是解决"城市病"的一把金钥匙，是提高市民出行效率、节约时间、改善生活质量、实现"美好生活"的重要措施之一。

近十年来，我国城市轨道交通发展迅速，来自住房和城乡建设部的数据显示，截至2018年底，我国大陆地区（不含港澳台）共有35个城市开通城市轨道交通运营线路185条，运营线路总长度5761.4公里，在实施的建设规划线路总长7611公里（不含已开通运营线路）。进入"十三五"三年来，累计新增运营线路总长度为2143.4公里，年均新增运营线路长度714.5公里，规划、在建线路规模稳步增长。

深圳是我国改革开放后建立的第一个经济特区，是国家"一带一路"规划的15个海上合作战略支点城市之一，是粤港澳大湾区环湾东岸的重要核心。深圳市城市轨道交通9号线工程西起美丽的红树湾，东至古老的文锦渡，是连接原特区内居住区、就业区、商业区和休闲区的局域线，该工程联通上盖购物中心和海滨休闲广场，打破居住组团出行瓶颈，衔接枢纽、构建综合交通，与7号线组网成环缓解城市核心区高峰交通压力，对深圳地铁建设影响较大。设计人员秉承"建地铁就是建城市"的设计理念，攻坚克难，开拓创新，首创设计了高精度液体阻尼预制钢弹簧浮置板；创新设计了标准站统一设计布局等；首次提出了抛石填海地区地铁车站围护结构设计方法；创新了多维空间受限环境下地铁结构设计关键技术；创新设计了盾构区间预埋滑槽技术并制定了相关标准；发明了城市轨道交通线网全局多层次火灾联动控制系统及方法、弱电综合UPS电源系统；获得了多项国家、省、市优秀专利奖、设计奖，促进了城市轨道交通设计、施工和运营水平的发展，为行业做出了重要贡献。

杜彦良

2019年4月19日

前言

广州地铁设计研究院股份有限公司是专业从事城市轨道交通设计的行业甲级设计研究院，一直坚持"设计科技地铁、人文地铁、环保地铁"的品质要求，秉承"美丽地铁、美好生活"的设计理念，坚持创新引领设计、质量铸就品牌，为广州及全国20多个城市输出轨道交通设计精品。

深圳市城市轨道交通9号线工程是我院承担的第一条轨道交通勘察设计总承包线路，线路西起美丽的红树湾，东至古老的文锦渡，整体呈"几"字形敷设，全长25.46km，设22座车站，一段一场，全为地下线，是连接原特区内居住区、就业区、商业区和休闲区的局域线，与7号线组网成环缓解城市核心区高峰交通压力。9号线工程于2009年9月开始开展设计工作，2016年10月建成通车试运营，以"现代之线"、"人文之线"、"宜居之线"展现在深圳市民之前，为深圳建设提速。

9号线穿越填海抛石区、建筑物密集的老城区、繁华的商业区，地下建（构）筑物密集，全线环境敏感点多，是深圳城市轨道交通建设史上最难的一条地铁线，设计团队不畏艰辛、攻坚克难、开拓创新，开展了一系列科研创新工作，将预埋滑槽技术、集中供冷技术、先隧后站技术、新型轨道技术、火灾联动控制技术及综合UPS技术等十多项新技术应用到该工程当中，保证了工程的先进性、安全性、耐久性和舒适性；设计团队还将绿色设计、人文设计、环保设计融入到地铁设计中，改善车站内部、车站出地面建筑及车辆基地的景观，提高地铁设计品质。

历时85个月的洗礼，铅华尽去，留下的是设计团队最真实的感想，最宝贵的经验积累，编辑成本书，以纪念那些峥嵘岁月！

目录

序
前言

1 概　述 ·· 1
  1.1 总　述 ·· 1
  1.2 环境概况 ·· 2
      1.2.1 人文环境 ·· 2
      1.2.2 气候条件 ·· 3
      1.2.3 水文地质条件 ·· 3
  1.3 规划概况 ·· 4
      1.3.1 城市规划 ·· 4
      1.3.2 线网规划 ·· 6
      1.3.3 建设规划 ·· 9
  1.4 工程概况 ·· 10

2 工程特点及难点 ·· 14
  2.1 工程特点 ·· 14
      2.1.1 环境特点 ·· 14
      2.1.2 线路特点 ·· 22
      2.1.3 工程管理特点 ·· 27
  2.2 工程难点 ·· 28
      2.2.1 提高线路服务功能 ·· 28
      2.2.2 提高工程实施及系统运营安全 ·································· 28
      2.2.3 提高设计品质 ·· 29
      2.2.4 限额设计 ·· 29

3 设计思路及设计历程 30

3.1 设计思路 30
3.1.1 线路总体功能提升设计 30
3.1.2 工程实施安全性设计 31
3.1.3 结构耐久性设计 31
3.1.4 地铁品质提升设计 32
3.1.5 限额设计 33

3.2 设计历程 33
3.2.1 工程可行性研究 33
3.2.2 总体设计 34
3.2.3 初步设计 34
3.2.4 施工图设计 35
3.2.5 专题研究 35

3.3 重大技术方案演变 36

4 设计创新及关键技术研究 38

4.1 设计创新点 38
4.1.1 创新点一 38
4.1.2 创新点二 39
4.1.3 创新点三 39
4.1.4 创新点四 40

4.2 关键技术研究 41
4.2.1 标准站布局 41
4.2.2 换乘站方案 66
4.2.3 新型轨道技术 77
4.2.4 桩基托换系统 87
4.2.5 填海抛石基坑支护技术 93
4.2.6 盾构切割桩群技术 99
4.2.7 叠线隧道群洞效应研究 102

4.2.8 多维空间受限条件下工程技术研究 ·············· 106
4.2.9 预埋滑槽技术 ·············· 111
4.2.10 近海环境工程耐久性设计 ·············· 115
4.2.11 系统安全性研究 ·············· 118
4.2.12 节能技术 ·············· 131
4.2.13 地面建筑艺术 ·············· 139
4.2.14 车辆基地自然和谐设计 ·············· 148
4.2.15 公共艺术设计 ·············· 158

5 工程设计与实施 ·············· 167

5.1 行车组织与管理 ·············· 167
5.1.1 重难点及解决措施 ·············· 167
5.1.2 主要设计方案 ·············· 169

5.2 车辆与限界 ·············· 173
5.2.1 概述 ·············· 173
5.2.2 重难点及解决措施 ·············· 175
5.2.3 主要设计方案 ·············· 176
5.2.4 工程实施 ·············· 178

5.3 线路 ·············· 179
5.3.1 概述 ·············· 179
5.3.2 重难点及解决措施 ·············· 181
5.3.3 调线调坡 ·············· 185

5.4 轨道 ·············· 196
5.4.1 概述 ·············· 196
5.4.2 重难点及解决措施 ·············· 197
5.4.3 主要设计方案 ·············· 199
5.4.4 优化实施 ·············· 204

5.5 车站建筑 ·············· 205
5.5.1 概述 ·············· 205
5.5.2 出入口设计 ·············· 206
5.5.3 车站设计方案 ·············· 209

5.6 结构与防水 220
5.6.1 重难点及解决措施 220
5.6.2 主要设计方案 232

5.7 通风与空调系统 233
5.7.1 重难点及解决措施 233
5.7.2 主要设计方案 237
5.7.3 问题处理及对策 240
5.7.4 思考与建议 241

5.8 给排水与气体灭火系统 242
5.8.1 概述 242
5.8.2 重难点及解决措施 242
5.8.3 主要设计方案 245
5.8.4 问题处理及对策 247
5.8.5 思考与建议 248

5.9 动力配电及照明 249
5.9.1 概述 249
5.9.2 重难点及解决措施 249
5.9.3 主要设计方案 250
5.9.4 问题处理及对策 255

5.10 集中供冷系统 259
5.10.1 概述 259
5.10.2 重难点及解决措施 260

5.11 供电系统 262
5.11.1 概述 262
5.11.2 重难点及解决措施 262
5.11.3 主要设计方案 266
5.11.4 问题及处理对策 269

5.12 刚性接触网系统 270
5.12.1 概述 270
5.12.2 技术重难点及解决措施 271
5.12.3 主要设计方案 274
5.12.4 工程实施 278

5.13 通信系统 ····· 278
5.13.1 主要设计方案 ····· 278
5.13.2 技术方案创新和优化 ····· 279
5.13.3 问题处理及对策 ····· 290

5.14 信号系统 ····· 291
5.14.1 概述 ····· 291
5.14.2 主要设计方案 ····· 292
5.14.3 创新和优化设计 ····· 300

5.15 综合监控系统 ····· 303
5.15.1 重难点及解决措施 ····· 303
5.15.2 设计方案 ····· 304

5.16 火灾报警系统和环境与设备监控系统 ····· 307
5.16.1 重难点及解决措施 ····· 307
5.16.2 设计方案 ····· 309
5.16.3 设计优化 ····· 311

5.17 自动售检票系统 ····· 312
5.17.1 重难点及解决措施 ····· 312
5.17.2 设计方案 ····· 314

5.18 车辆段与综合基地 ····· 318
5.18.1 概述 ····· 318
5.18.2 重难点及解决措施 ····· 319
5.18.3 设计方案 ····· 327

5.19 控制中心 ····· 332
5.19.1 概述 ····· 332
5.19.2 设计方案 ····· 333

5.20 安防系统 ····· 335
5.20.1 概述 ····· 335
5.20.2 设计方案 ····· 336
5.20.3 重难点及解决措施 ····· 340
5.20.4 系统特点与创新 ····· 341
5.20.5 总结 ····· 344

6 教训与思考 345

6.1 关于地铁出地面建筑与周边环境融合设计的反思 345
6.2 关于冷却塔设计的反思 346
6.3 关于出入口设计标准的反思 347
6.4 关于盾构区间侵限问题的反思 347
6.5 关于地铁车站管线综合设计的反思 348
6.6 相关建议 349
6.6.1 建立统一的技术标准 349
6.6.2 政府相关部门尽早稳定设计依据 349
6.6.3 建立前期工程资料数据库 350
6.6.4 开展地铁出地面建筑艺术设计，纳入初步设计要求中 350
6.6.5 推动 BIM 在地铁设计中的应用 350

1 概　述

1.1 总　述

深圳市城市轨道交通 9 号线工程位于广东省深圳市，线路西起南山区东部的红树湾南，经过福田区的北部，止于罗湖文锦路（图 1.1-1）。线路全长约为 25.46km，共设 22 座车站，一段一场，全部为地下线路，工程总投资 232 亿元。9 号线以现状覆盖为主，是中心城区内主要居住区与就业片区之间的局域线。

图 1.1-1　深圳市城市轨道交通 9 号线工程线路图

本线设计招标采用勘察设计总承包模式。2009 年 9 月通过招标确定广州地铁设计研究院有限公司（以下简称"广州地铁设计研究院"）为本线的勘察设计总承包单位，开展设计工作。2016 年 10 月 28 日建成通车试运营，设计历程历时 7 年零 1 个月。

1.2 环境概况

1.2.1 人文环境

自1980年8月26日全国人大常委会批准在深圳设置经济特区以来，深圳作为经济特区建市才走过37个年头，是一个年轻的城市。改革开放后，来自全国各地的大量移民涌入深圳，数据显示，截至2010年5月，深圳市总人口约1446万，而流动人口占总人口82%，聚齐了全国56个民族，因此，深圳是个包容的、开放的城市（图1.2-1）。

图1.2-1 深圳城市风貌

深圳人均年龄33.6岁，正是精力充沛、朝气蓬勃的年纪，是充满创造力的年纪，而深圳的主要产业也正是高新技术产业，到2015年，高新技术产业增加值占工业增加值比重达到75%以上，自主创新和打造高端服务正是深圳的代名词。

深圳毗邻香港，与香港的经济和文化交流频繁，西方先进的管理经验和高端的服务标准都通过香港源源不断地向深圳输入，可以说深圳是学贯东西。

深圳地铁的建设同深圳这个新的城市一样，也是包容的、开放的，一方面在不断学习国内外先进设计和管理经验，另一方面也在不断创新，打造地铁的高端服务水平。

1.2.2 气候条件

深圳是我国南部海滨城市。地处广东省南部，毗邻香港，东临大亚湾和大鹏湾，与惠州相连，西至珠江口伶仃洋，与中山、珠海相望，南至深圳河，北与东莞、惠州接壤。

深圳市属亚热带海洋性季风气候，全年气候温和湿暖，夏长冬短，雨量充沛，日照充足，干、湿分明，年平均气温为22.0℃，年相对湿度77%，霜冻机率很小。

深圳的主要气象灾害有台风、暴雨、洪涝等。台风是深圳发生多、危害大的灾害性天气，其影响时间为每年的5～12月，以7～9月为高峰期，台风季节年平均82天；历次台风登陆都带来强降雨或暴雨，引发洪涝或滑坡事故较多，对地铁的施工和运营也造成一定影响。

总体而言，深圳市气候条件较复杂，高温潮湿及海洋气候对工程耐久性设计提出高要求；台风和雨季对土建工程施工和运营影响大，在工程设计中都需充分考虑。

1.2.3 水文地质条件

线路沿线自西向东地质分三个区域，第Ⅰ区域自红树湾南站至下沙站，主要为填海区及海边平原区，上覆地层为填海抛石挤淤地层，抛石层厚达13m，下覆花岗岩残积层，基岩为燕山晚期粗粒花岗岩，基岩起伏明显。第Ⅱ区自车公庙站至红岭南站，地貌主要为台地，局部邱林，上覆较厚冲-洪积砂层和黏土层，遇水极易软化崩解，下覆基岩主要为震旦系混合岩和燕山晚期花岗岩，地层受构造运动影响明显，地层破碎，结构错乱。第Ⅲ区自鹿丹村站至文锦站，该区域地势平坦，上覆较厚冲-洪积砂层，基岩主要为侏罗纪变质岩，断层发育明显。深圳9号线沿线地质断层分布如图1.2-2所示。

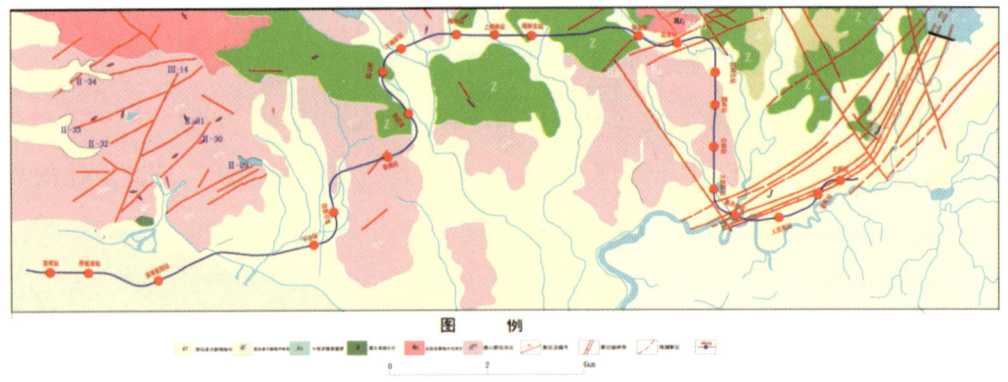

图 1.2-2　深圳 9 号线沿线地质断层分布图

勘察揭露沿线地下水稳定水位埋深 1.20～17.10m。地下水位的变化与地下水的赋存、补给及排泄关系密切，每年二月起随降雨量增加，水位开始逐渐上升，到六月至九月处于高水位时期（丰水期），九月以后随着降雨量减少，水位缓慢下降，到十二月至次年二月处于低水位期（枯水期）。地下水的补给主要源于大气降水补给，并在一定条件下接受海水和河水的侧向补给，水量充沛。

按照国家标准《岩土工程勘察规范》（GB 50021—2001）相关规定，对 9 号线沿线地下水腐蚀性进行评价，结果如下：Ⅰ区线路沿线地下水对混凝土结构具微～中等腐蚀性，对钢筋混凝土结构中的钢筋在长期浸水的条件下具有微～弱腐蚀性，在干湿交替的条件下具微～强腐蚀性；Ⅱ、Ⅲ区线路沿线地下水对混凝土结构具微～弱腐蚀性，对钢筋混凝土结构中的钢筋在长期浸水的条件下具微腐蚀性，在干湿交替的条件下具微～中腐蚀性。地下水的腐蚀性处理是本工程的重点问题之一。

1.3　规划概况

1.3.1　城市规划

深圳是中国改革开放建立的第一个经济特区，国务院定位为全国性经济中心和国际化城市。《珠江三角洲地区改革发展规划纲要（2008-2020年）》从国家层面赋予深圳市国家综合配套改革试验区、全国经济中心城市、中国特色社会主义示范城市、国家创新型城市和国际化城市的战略地位（图 1.3-1）。

1 概述

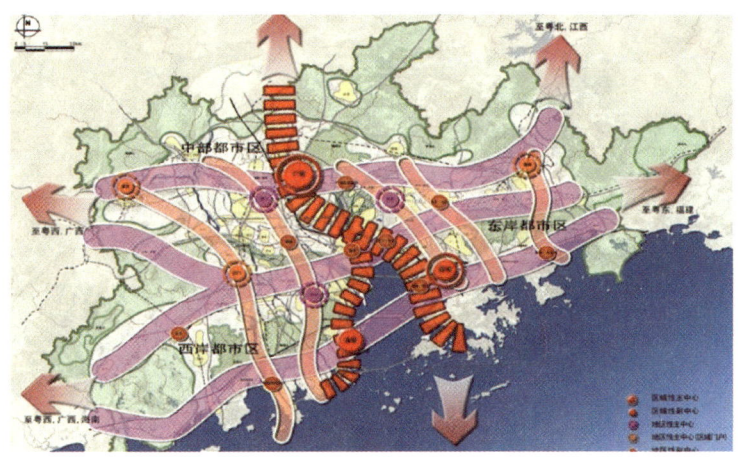

图 1.3-1　深圳市在珠三角城市群中的中心地位

2015年3月,国家公布《推动共建丝绸之路经济带和21世纪海上丝绸之路的愿景与行动》,深圳是国家"一带一路"规划的15个海上合作战略支点城市之一(图1.3-2),新的历史时期,深圳又被赋予了"四个全面"的使命,粤港澳大湾区纳入国家"一带一路"战略,2010年2月作为我国第四个国家级新区的前海深港现代化服务业合作区成立,几大国家战略集于一身,为打造海上丝绸之路桥头堡提供了有力支撑。

深圳市城市空间发展所采取的策略为:"南北贯通、东拓西联"以及"中心强化、两翼伸展"(图1.3-3)。2010年8月,国务院正式批复了《深圳市城市总体规划(2010-2020)》,提出"以中心城区为核心,以西、中、东三条发展轴和南、北两条发展带为基本骨架,形成'三轴两带多中心'的轴带组团结构"。

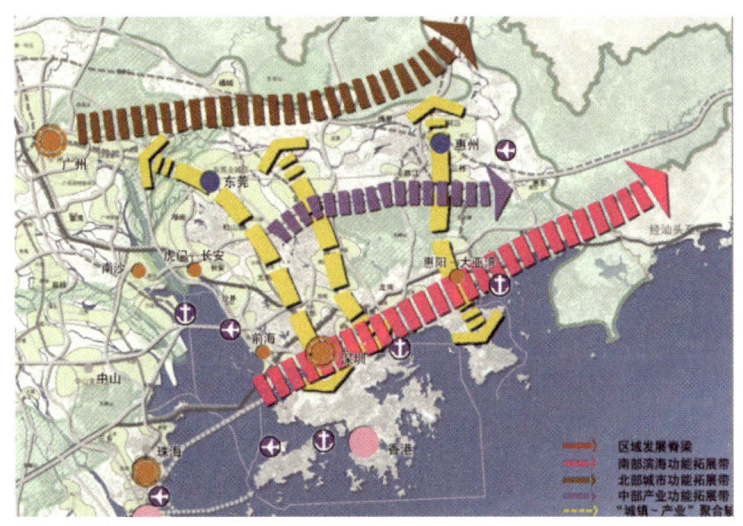

图 1.3-2　深圳市城市空间发展策略

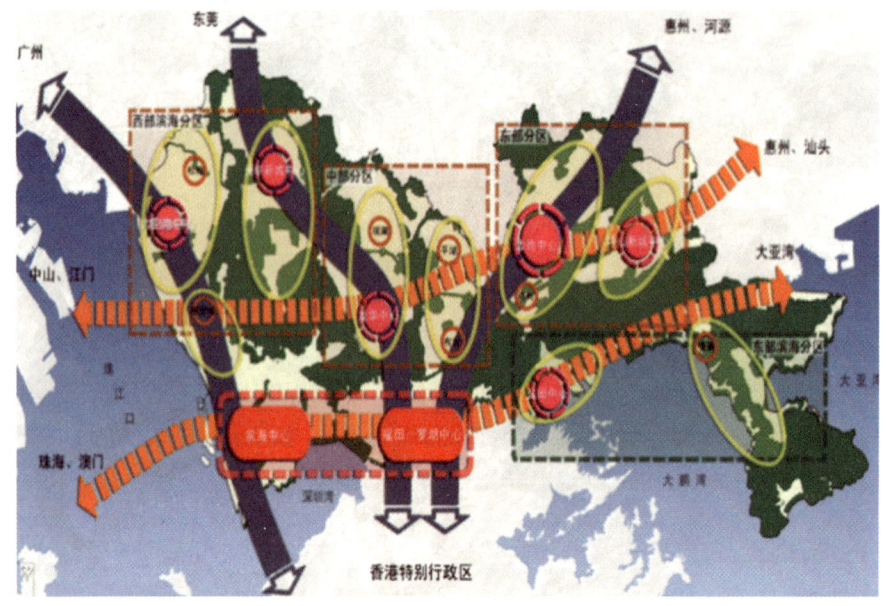

图 1.3-3 深圳市城市空间结构布局

此外，为了加强深圳在粤港澳大湾区东岸的核心效应，以宝安国际机场及空港高铁枢纽为支点，以穗莞深城际、深茂铁路及城市快速轨道交通为支持，以国际会展中心、国际会议中心及科技馆为吸引，着力打造深圳西部大空港城市副中心。

深圳作为粤港澳大湾区环湾东岸的重要核心，具有得天独厚的地理优势及政策支持，近期将打造成为新海上丝绸之路的枢纽城市，为实现国家"一带一路"战略目标提供强有力支持。

1.3.2 线网规划

"十二五"规划期间，深圳市城市建设及经济发展迅猛，城市发展逐渐由原罗湖、福田、南山等主要中心区向外围拓展，居民交通出行距离逐步增加，城市主要道路交通压力不断上升，基于城市现状发展需求，结合城市总体规划，对深圳市轨道交通网络进行了修编完善。

根据《深圳市轨道交通规划（2012～2040年）》，共20条城市轨道交通线路，总长748.5km，其中6、11、13、14、18号线为快速服务线路，共计长约239.5km。普速服务线路15条，长约509km。此外，还包括深惠城际、穗莞深城际、深港西部快轨、虎龙城际、深珠城际，共5条城际线路，长约146.2km（表1.3-1、图1.3-4）。

深圳市远期轨道交通线网构成表　　　　　　　　　表 1.3-1

线路	起点	终点	主要功能	长度（km）
1号线	罗湖火车站	机场东	普速服务	40.8
2号线	赤湾	莲塘	普速服务	38.8
3号线	福田保税区	坪地	普速服务	51
4号线	福田口岸	牛湖	普速服务	31.1
5号线	赤湾	黄贝岭	普速服务	47.2
6号线	科学馆	松岗	快速服务	49.7
7号线	太安	西丽	普速服务	30.3
8号线	文锦渡	葵涌	普速服务	39.6
9号线	文锦渡	前海	普速服务	35.6
10号线	福田保税区	平湖、观澜	普速服务	39.1
11号线	上海宾馆	碧头	快速服务	54.3
12号线	海上世界	新会展中心	普速服务	31.5
13号线	深圳湾	公明	快速服务	39.5
14号线	福田	坑梓	快速服务	52.8
15号线	前海	西乡	普速服务	35.7
16号线	大运新城	田头	普速服务	27.8
17号线	深圳火车站	平湖北	普速服务	25.6
18号线	空港新城	平湖	快速服务	43.2
19号线	坑梓	碧岭	普速服务	23.4
20号线	空港新城	T4枢纽	普速服务	11.5
合计				748.5
深惠城际线	前海	坪地		69.7
穗莞深城际线	妈湾	新塘		37.9
港深西部快轨	深圳机场	香港机场		22.9
中虎龙城际线	坪地	葵涌		12.5
深珠城际线	珠海	前海		3.2
合计				146.2

随着特区面积的扩大，中心区资源的短缺，城市建设不断向外扩张，原网络规模已不能适应城市快速发展需要，目前正在开展新一轮轨道交通规划修编，将按照1000km以上的规模修订轨道交通远景网。

根据深圳市轨道交通线网规划（2016～2035），规划远期全市城市轨道共33

条线路，总长约1335km（含弹性发展线路112km），其中市域快线9条，总长495km，普速线路24条，总长840km。同时，拟在规划的5条城际线路（包括深惠城际、穗莞深城际、港深西部快轨、中虎龙城际、深珠城际）的基础上新增南北向深莞城际和东西向中深惠城际，形成城际线、市域快线、普速线路三层次的轨道线网体系（图1.3-5）。

图1.3-4　深圳市轨道交通远期线网图（2012）

图1.3-5　深圳市轨道交通远期线网修编线路图（公示版）

1.3.3 建设规划

根据《深圳市轨道交通近期建设规划（2011–2016）》，轨道交通三期工程5条线路共计169.6km（图1.3-6），其中7、9、11号线共107km的建设完成，11号线已于2016年6月28日开通，7、9号线已于2016年10月28日开通。6号线、8号线一期工程建设也已启动。

图1.3-6　深圳市轨道交通三期建设规划示意图

根据《深圳市轨道交通第三期建设规划（2011–2020）调整》，本次建设规划调整共涉及8条线路（图1.3-7），包括10号线（福田口岸-平湖中心）、2号线东延线（新秀-莲塘东）、3号线南延线（益田-保税区）、3号线东延线（双龙-富坪街）、4号线北延线（清湖-牛湖）、5号线南延线（前海湾-太子湾）、6号线南延线（深圳北-科学馆）、9号线西延线（红树湾-航海路），共计85.1km，66座车站。本轮建设规划调整方案，已于2015年9月获得国家发改委批复，预计到2020年，形成11条运营线路，总长434.9km的轨道交通网络。

《深圳市轨道交通第四期建设规划（2017–2022年）》（图1.3-8）已于2017年7月获批。其中包括6号线支线、12号线、13号线、14号线、16号线共57个项目，总长148.9km。

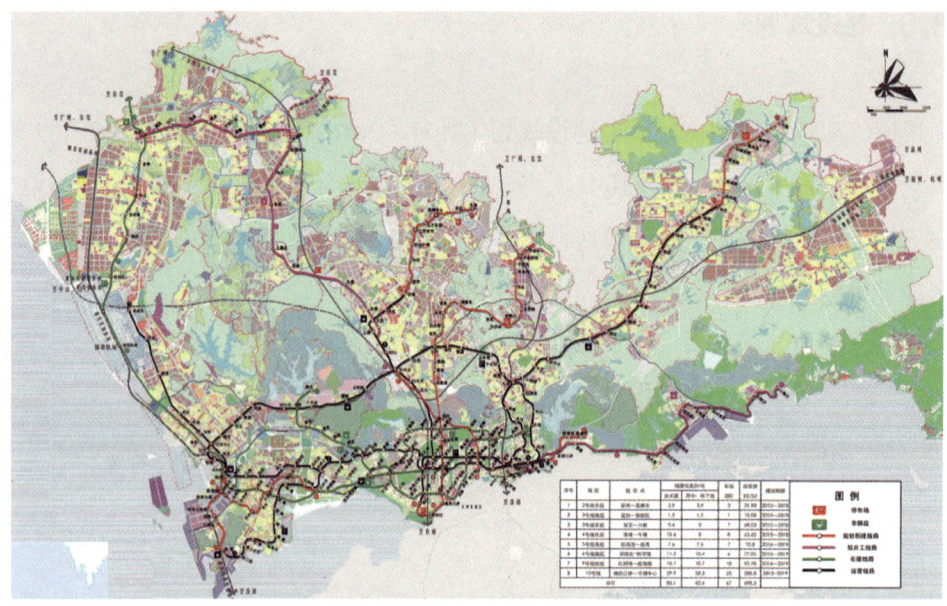

图 1.3-7　深圳市轨道交通三期建设规划调整示意图

图 1.3-8　深圳市轨道交通四期建设规划图

1.4　工程概况

深圳市城市轨道交通 9 号线西起南山区的东部红树湾南站，经过福田区的北部，止于罗湖文锦路（图 1.4-1）。沿途经过深圳湾白石四道－滨海大道－香蜜湖路－景田路－梅林路－银湖汽车客运站－泥岗村－红岭北路－红岭路－滨河大道－向西村路－文锦路，总体呈"几"字形布置。车站共计22座，名称自西向东分别为：红树湾南站、深湾站、深圳湾公园站、下沙站、车公庙站、香梅站、景田站、梅景站、下梅林站、梅村站、上梅林站、孖岭站、银湖站、泥岗站、红岭北站、园岭站、红岭站、红岭南站、鹿丹村站、人民南站、向西村站、文锦站。其中，红树湾南至下沙主要为办公和休闲区；香梅至红岭北为居住区；红岭南至文锦主要为商业区，本线是连接办公、居住、商业和休闲区的城市中心区局域线。

9号线设置一座车辆段和一座停车场，分别为侨城东车辆段和笔架山停车场；设置两个主变电所，分别是侨城东主变电所和体育北主变电所；控制中心与线网其他控制中心合建组成线网指挥中心（NOCC）。

图 1.4-1 深圳9号线线站位布置图

9号线红树湾南站与11号线同台平行换乘，红岭北站与7号线上侧下岛十字换乘，同步实施；车公庙枢纽与1、7、11号线换乘；景田站与2号线换乘；上梅林站与4号线换乘；孖岭站与10号线换乘；银湖站与6号线换乘；红岭站与3号线换乘；红岭南站与1、2号线大剧院站换乘；文锦站与8号线换乘；深圳湾公园站接出入段线，孖岭站及银湖站分别接出、入场线。

全线新建具有大架修功能的侨城东车辆段，车辆段位于深圳湾公园站东北侧，为半地下车辆段，上盖设置为公园，还绿于民；笔架山停车场位于孖岭站东南侧，为全地下停车场，上盖设置为体育公园；全线共设置2处中间风井。

车站和区间类型及规模统计见表1.4-1，结构形式及断面形式见表1.4-2。

深圳9号线车站类型及规模统计表　　　　　表1.4-1

序号	站名	结构形式	车站长度（m）	车站宽度（m）	总建筑面（m²）
1	红树湾南站	两层多柱双岛式多跨结构	620	41.4	62334
2	深湾站	两层单柱双跨岛式结构	210.35	19.6	10986
3	深圳湾公园站	两层双岛多跨结构	656.59	28.4	37300
4	下沙站	两层双柱三跨岛式结构	233	19～23.77	13507
5	香梅站	两层单柱双跨岛式结构	497	20.6	17168
6	景田站	两层单柱双跨岛式结构	245.6	25.4	16291
7	梅景站	两层单柱双跨岛式结构	223	20.6	14317
8	下梅林站	两层单柱双跨岛式结构	298	20.6	14266
9	梅村站	两层单柱双跨岛式结构	212	19	11782
10	上梅林站	三层双柱三跨岛式结构	169	20.8	15756
11	孖岭站	两层双柱三跨岛式结构	357.76	22.2	14856
12	银湖站	两层单柱双跨岛式结构	308	20.6	14925
13	泥岗站	两层单柱双跨岛式结构	210.35	19.6	11479
14	红岭北站	三层单柱双跨侧式结构	359.3（9号线） 168.4（7号线）	29.4（9号线） 21.9（7号线）	32075
15	园岭站	两层单柱双跨岛式结构	538.5	19.4	24662
16	红岭站	三层双柱三跨岛式结构	159.6	23.1	17058
17	红岭南站	两层双柱三跨岛式结构	209.8	21.6	23956
18	鹿丹村站	三层双柱三跨岛式结构	155.8	21.6	23956
19	人民南站	三层无柱岛式结构	168.6	17.81～18.25	12127
20	向西村站	三层单柱双跨侧式结构	201.7	14.6～15.6	14116
21	文锦站	两层单柱双跨岛式结构	500.7	19.93	24222
22	侨城东车辆段				230786
	笔架山停车场				69637

深圳 9 号线区间类型及规模统计表　　　　　表 1.4-2

序号	区间	结构形式	长度（m）	断面形式
1	红树湾南~深湾	盾构	392	圆形
2	深湾~深圳湾公园	盾构	1253	圆形
3	深圳湾公园~下沙	明挖+盾构+矿山法	3125	圆形
4	下沙~车公庙	盾构	648	圆形
5	车公庙~香梅	盾构	1621	圆形
6	香梅~景田	盾构+矿山法	1051	圆形
7	景田~梅景	盾构	868	圆形
8	梅景~下梅林	盾构	483	圆形
9	下梅林~梅村	矿山法	865	圆形
10	梅村~上梅林	盾构	630	圆形
11	上梅林~孖岭	盾构	606	圆形
12	孖岭~银湖	盾构+矿山法	1855	圆形、马蹄形
13	银湖~泥岗	盾构	655	圆形
14	泥岗~红岭北	盾构	1066	圆形
15	红岭北~园岭	明挖	376	框架
16	园岭~红岭	盾构	698	圆形
17	红岭~红岭南	盾构	777	圆形
18	红岭南~鹿丹村	盾构	527	圆形
19	鹿丹村~人民南	盾构	734	圆形
20	人民南~向西村	盾构	821	圆形
21	向西村~文锦	盾构	497	圆形

根据客流预测，9 号线的初、近、远期最大高峰小时断面客流分别为 2.31 万人次、3.34 万人次、4.13 万人次；初、近、远期均采用 6 辆编组的 A 型车的运营组织方案；系统最大设计能力 30 对 /h；最高运行速度为 80km/h；牵引供电制式采用 DC1500V 架空接触网。

2 工程特点及难点

深圳地处粤港澳大湾区,是我国改革开放的前沿城市,其特有的气候条件、地质水文条件及人文环境,影响着城市轨道交通建设的方方面面。深圳9号线是深圳轨道交通建设三期工程中的一条线,与7号线同步实施、同时开通试运营,并共同组成原特区内环线。9号线的设计过程,是对工程所处环境特点、线路本身特点及工程管理特点的理解的过程,也是克服各种难题,不断提升的过程。

2.1 工程特点

2.1.1 环境特点

2.1.1.1 人文环境特点

1. 创新

深圳是个年轻的城市,也是年轻人的城市,深圳是个开放、包容的城市,创新是深圳的一种文化。深圳作为我国改革开放的前沿城市,作为年轻人居多的城市,整个城市都充满着活力,热情奔放,投影到深圳城市轨道交通建设中亦是如此。学习国内外先进设计理念,打破陈规、开拓创新,不拘一格建设高品质地铁,是深圳市对城市轨道交通建设的基本要求。

图 2.1-1 创新打破常规

广州地铁设计研究院在承担深圳9号线工程设计任务时,也将创新作为工作重点,贯穿设计全过程。广州地铁设计研究院开展了大量的调查、研究工作,总结全国各地地铁建设经验,引进国际先进技术,开拓创新,在深圳9号线提出并实践了一系列创新设计,硕果累累,如:盾构区间采用预埋滑槽技术,车站采用综合UPS电源系统,进行了水蓄冷系统研究,进行了制动能量逆变回馈系统研究,采用全新的火灾联动模式和平坡设计等十多项新技术。

2. 高端服务要求

深圳在30年里创造了世界城市化、工业化和现代化的奇迹,深圳还将努力打造成为中国高新技术产业基地和区域性金融中心、信息中心、商贸中心、运输中心及旅游胜地,将成为现代化的国际性城市。未来的30年将是深圳稳固和提升国内地位、走向国际化的发展阶段,是不断提高城市的国际竞争力的过程。地铁是现代化城市的标配,地铁的建设过程也是城市的再建设过程,地铁的高品质也反映着城市的品质,提高城市的竞争力。地铁的服务要走向高效,也要走向高质量、高水平,地铁要提供高端服务是深圳地铁的基本要求。在深圳,由地铁、城际铁路、公交组成的枢纽就有亚洲最大的地下交通枢纽——福田地下交通枢纽(图2.1-2),还有北站枢纽、前海枢纽、坪山枢纽、9号线的车公庙枢纽等,深圳还将建岗厦北枢纽、平湖枢纽、大运枢纽等,以地铁大动脉为主导,以大型综合交通枢纽为节点,建成城市新型交通体系,打造地铁高端服务水平。深圳地铁对每一个设计细节都力求精益求精,体现"工匠精神",功能力求完美化,服务力求人性化,地面建筑更要求艺术化、人文化,体现建地铁就是建城市的理念。

图2.1-2 福田枢纽剖视图

图2.1-3 长圳车辆段规划图

深圳9号线车公庙枢纽是4条地铁线换乘的大型交通枢纽,与地铁公交系统无缝接驳,是轨道交通建设与新型城市建设相结合的体现;9号线还在换乘站设计、车辆段及停车场设计地面景观设计、装修设计、车站地面建筑设计等方面进行了专题研究，开拓创新，努力提高地铁服务水平、打造地铁品质的同时，为美化城市添砖加瓦（图2.1-3）。

2.1.1.2 气候、地质及水文特点

1. 湿热

深圳市属亚热带海洋性季风气候，全年气候温和湿暖，夏长冬短，雨量充沛，日照充足，年平均气温为22.0℃，年相对湿度77%，因此深圳的城市轨道交通工程对通风空调系统使用率较高。

2. 腐蚀

深圳地处海边，受海风影响，空气中氯离子含量较高；海水对地下水有侧向补给作用，地下水中的氯离子含量也较高。深圳地区城市轨道交通工程建设的地面及地下结构对耐久性设计要求高。

3. 抛石挤淤

深圳地处珠三角区域，地层结构具有该区域典型的"上软下硬"的复合地层特点（图2.1-4）。除此之外，深圳填海造路现象明显，在本工程西端的深圳湾片区，上部10m范围内地层以新近抛石挤淤造路的地层为主，抛石粒径0.2～1.0m，淤泥具有流动性、连贯性和承压性特点。

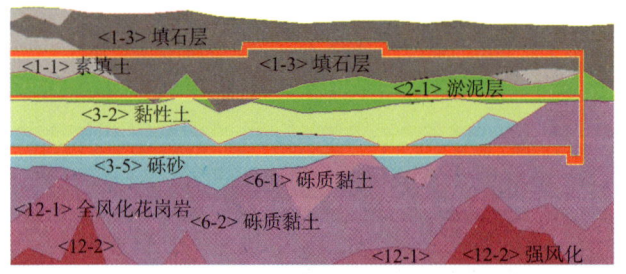

图2.1-4 深圳典型地质剖面

2.1.1.3 沿线周边环境特点

1. "多"

"多"是指9号线工程穿越的建（构）筑物种类和数量繁多，下穿或上跨既有地铁线路9处、下穿民房52栋、下穿高铁站场1处、下穿水体5处、下穿桥梁基础8处等，具体情况如表2.1-1所示。

9号线下穿主要建（构）筑物统计表　　　　　　表 2.1-1

序号	类别	建（构）筑物名称	结构形式	基础/地质	与9号线关系
1	地面建筑	下穿欢乐海岸别墅区	2层框架结构	沉管灌注桩	桩基距离盾构隧道水平距离3m
2		下沙工业厂房	2至8层框架结构共计6栋	沉管灌注桩	桩基距离隧道顶竖向最近距离1.3m
3		下穿市政大院住宅楼	7层砖混结构3栋	挖孔桩/锤击灌注桩	矿山法隧道顶部距离桩基竖向最近2.4m
4		下穿梅林一村住宅	7至8层砖混结构7栋	浅基础	盾构正下穿，基础距离隧道顶4.7m至14.7m
5		下穿泥岗村住宅	7至9层砖混结构20栋	浅基础或桩基	桩基进入隧道，浅基础距离隧道顶
6		下穿先科综合楼	4层框架机构	灌注桩	桩贯穿隧道范围
7		下穿滨苑小区	2至7层框架结构14栋	灌注桩	滨苑小区5栋7层桩基进入隧道范围
8		下穿联城变电站	4层框架结构	预应力管桩	桩基进入盾构区间隧道
9	既有地铁线	上跨11号线车红区间	盾构圆形断面	硬塑黏土/全风化花岗岩	隧道间最近距离竖向2.0m
10		下沙至车公庙区间与7号线上沙至农林区间互相穿越	盾构圆形断面	全、强风化花岗岩	隧道间最近距离竖向1.5m
11		下穿11号线车福区间及1号线车香区间	盾构圆形断面/矿山法马蹄形隧道	全、强风化花岗岩	隧道间最近距离竖向1.5m
12		下穿4号线上莲区间	盾构圆形断面	硬塑状黏土	隧道间最近距离竖向1.9m
13		上跨广深港客运专线	盾构圆形断面	硬塑状黏土、全强风化花岗岩	隧道间最近距离竖向9.8m
14		上跨6号线	盾构圆形隧道/矿山法马蹄形隧道	全强风化混合岩	隧道间最近距离竖向1.23m
15		下穿3号线红老区间	盾构圆形断面	强、中风化花岗岩	隧道间最近距离竖向1.5m
16		上跨1号线科大区间及2号线燕大区间	1号线为矿山法马蹄形断面；2号线为盾构圆形断面	砂砾地层	隧道间最近距离竖向0.7m
17		下穿1号线国老区间	盾构圆形断面	强风化变质岩	隧道间最近距离竖向1.5m
18	高铁	广深高铁罗湖站场	碎石道床	路基	隧道与路基竖向净距20.8m
19	桥梁	侨城东立交	钢筋混凝土结构	钻孔桩直径1.2m	贯穿隧道位置
20		下沙立交桥	钢筋混凝土结构	钻孔桩直径1.2m	贯穿隧道位置

续表

序号	类别	建（构）筑物名称	结构形式	基础/地质	与9号线关系
21	桥梁	狮岭立交桥	钢筋混凝土结构	钻孔桩直径1.2m	贯穿隧道位置
22		春风路立交桥	钢筋混凝土结构	钻孔桩直径1.5m	侵入隧道范围4根，尚有一根在隧道正上方，距离隧道顶1.9m
23	水体	欢乐海岸水体	自然水体	—	隧道顶距离湖底约9m
24		小沙河	混凝土箱涵	—	与车站合建
25		金湖水库	自然水体	—	隧道顶距离湖底约6.5m
26		布吉河	自然水体	—	河底距离隧道顶约18m
27		笔架山河	混凝土箱涵	—	与车站合建

在9号线下穿的建（构）筑物中，具有代表性的区域有泥岗站至红岭北站区间下穿泥岗村等建筑和大剧院至鹿丹村站区间下穿滨苑小区等建筑，分别如图2.1-5、图2.1-6所示。

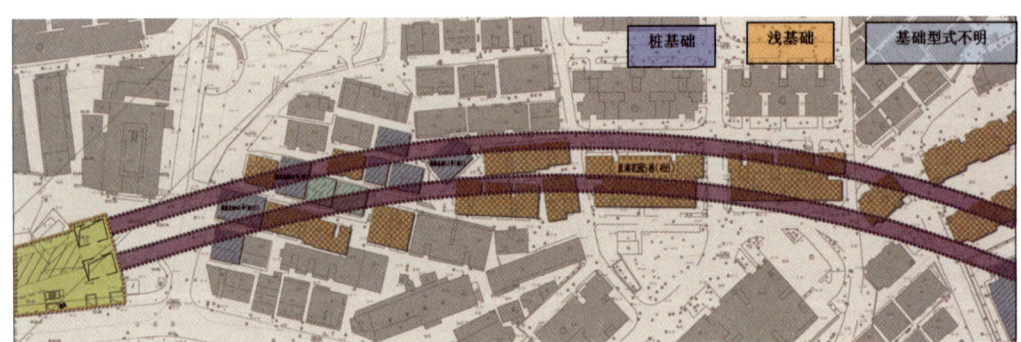

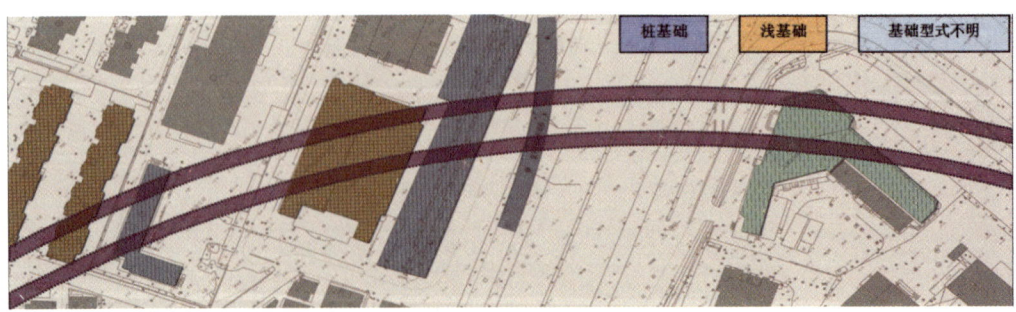

图 2.1-5　泥岗至红岭北站区间下穿泥岗村示意图

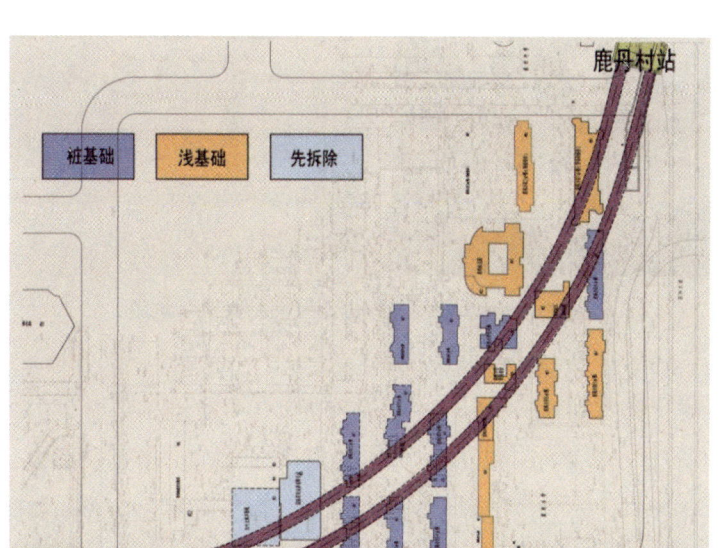

图 2.1-6　红岭南站至鹿丹村站区间下穿滨苑小区示意图

2."近"

9号线工程多处近距离穿越既有或同步实施地铁线路,一般穿越外隧道净距在1.5m左右,在银湖站西端头,5线区间近距离穿越,区间最小净距1.23m;红岭站至红岭南站区间上跨地铁1号线科大区间,距离1号线矿山法区间隧道仅0.7m,是国内已知穿越既有线距离最小的案例,银湖站西端区间隧道关系示意图如图2.1-7所示。

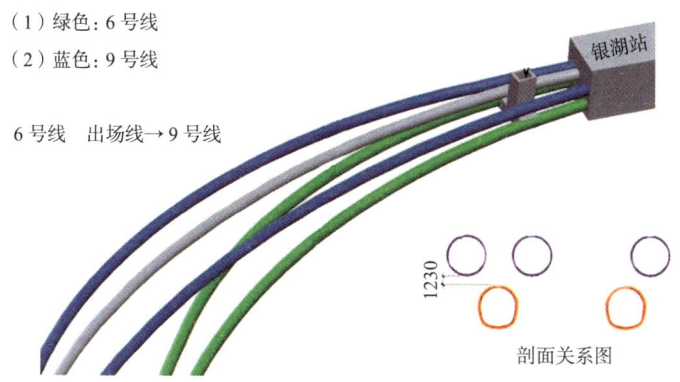

图 2.1-7　银湖站西端头隧道关系示意图

9号线工程有多个车站上方有地下排水干渠贯穿,车站紧邻水体施工,如深圳湾公园站中部与小沙河关系如图2.1-8所示。

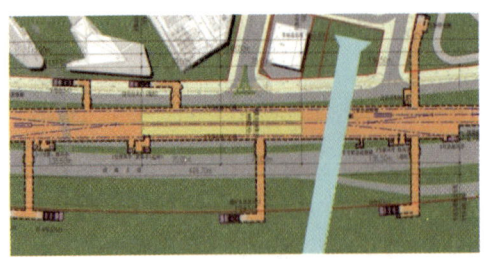
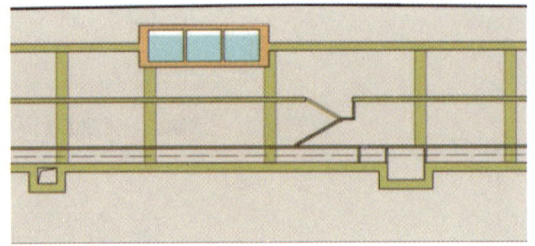

图 2.1-8　小沙河与深圳湾公园站关系示意图

9号线工程穿越老城区较多，车站和区间隧道紧邻建筑物或正下穿建筑、桥梁多。如在梅林路上的梅景站、下梅林站、梅村站等车站沿梅林路敷设，梅林路为双向四车道，道路狭窄，周边建筑林立，管线复杂，以下梅林站为例，如图2.1-9所示。车站南侧紧邻金梅花园，北侧紧邻雨水箱涵和梅林一村，而周边建筑以浅基础结构居多。

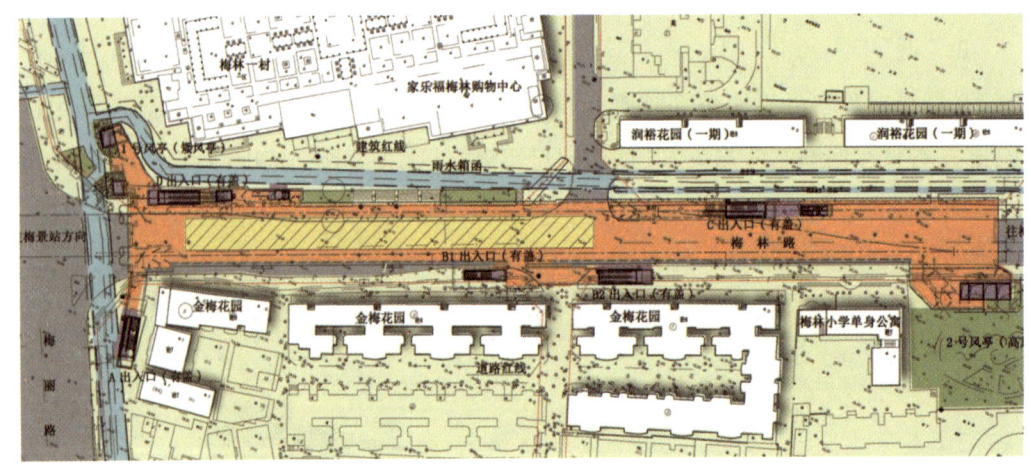

图 2.1-9　下梅林站周边建筑关系示意图

再如，9号线向西村站至文锦站区间侧穿万佳超市，万佳超市为地上33层带三层地下室的高层建筑，盾构区间右线正下穿其地下室围护结构，隧道顶距离围护结构底仅0.3m，如图2.1-10所示。另外，本工程直接穿越且需切割建（构）筑物桩基约180根。

3．"困"

9号线工程还存在一些较特殊的工点，这些工点周边建（构）筑物不仅离得近，而且空间上呈多维包围态势，施工机具施展空间受制约，工程实施时间长、风险高、

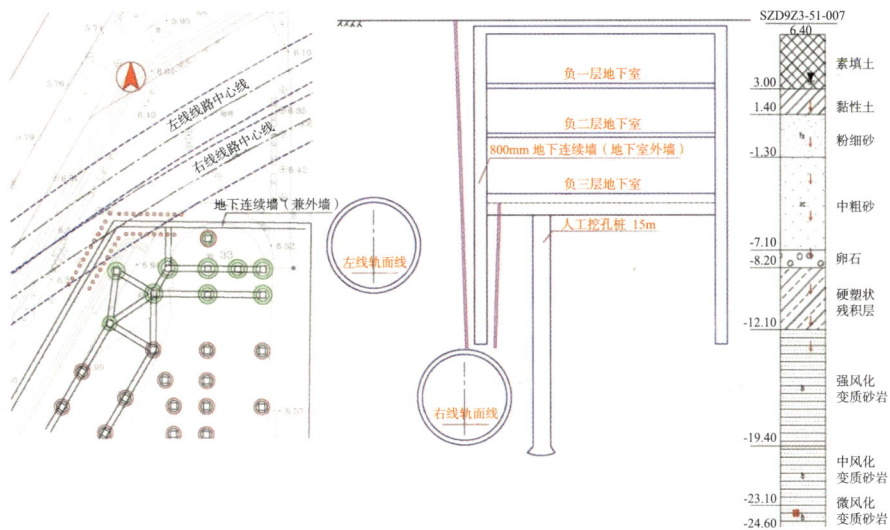

图 2.1-10 向西村站至文锦站区间侧穿万佳超市示意图

难度极大,往往也是全线工期关键节点,以人民南站及红红区间为例说明如下。

人民南站为地下 3 层站,长 167.1m,标准段宽 18.5m,深 28.6m。车站半边位于春风路高架桥下,北侧围护结构距离桥桩基最小净距 1.39m,且在净空仅 8~10m 的桥下实施;南侧紧邻德兴大厦,距离德兴大厦最小净距 2.3m;西端位于建设路上,距离广深高铁 3 道约 22m;东端紧邻人民南路,距离 1 号线既有区间隧道最小净距 12m;车站上方两孔 3m×1.6m 雨水箱涵无法同时改迁;车站上半部分主要处于砂层中,下半部分主要处于断层破碎带中,如图 2.1-11 及图 2.1-12 所示。

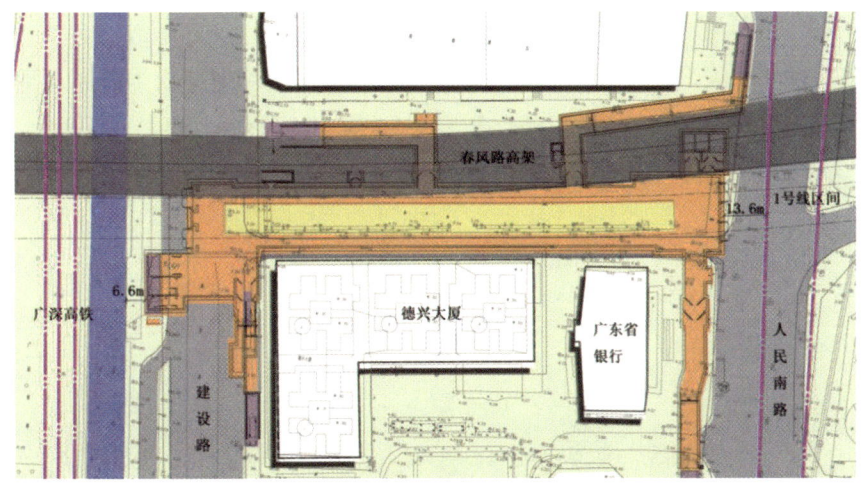

图 2.1-11 人民南站与周边建(构)筑物关系平面图

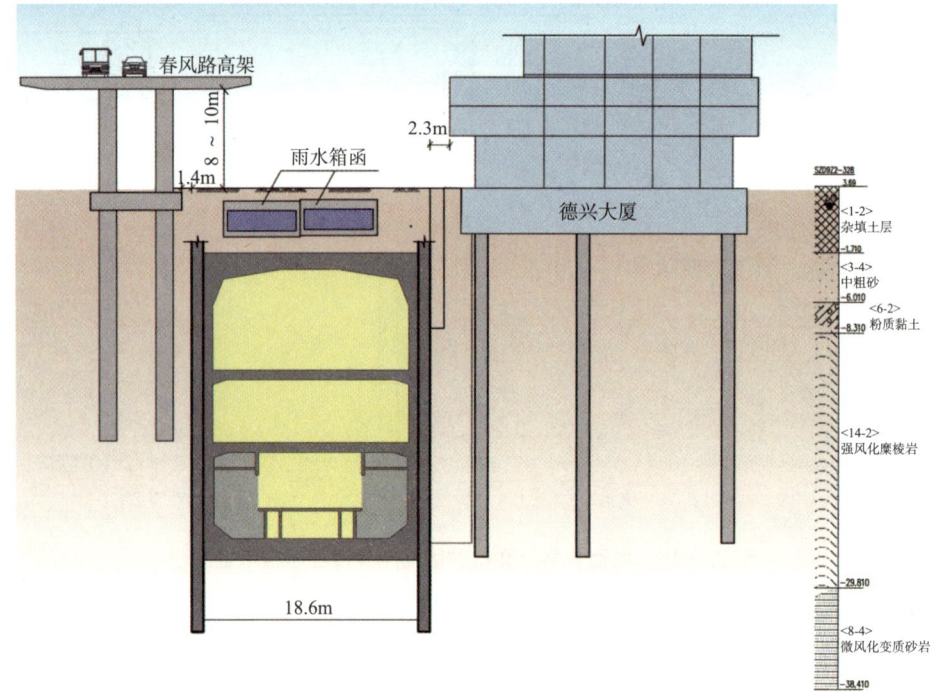

图 2.1-12 人民南站与周边建（构）筑物关系剖面图

红岭至红岭南站区间采用盾构法实施。在红岭南站北端头、深南大道与红岭南路交叉口处，9 号线隧道主要在砂层中穿越，距离深南大道路面净距 7m；近距离上跨既有 1 号线区间隧道，最小净距 0.7m；在 9 号线区间隧道的中上部，区间正穿既有市政过街通道 A、B 通道；线路西侧距离市政过街通道主通道净距 4m；线路东侧紧邻大剧院地下室，如图 2.1-13 所示。

2.1.1.4 环境特点

"密"是 9 号线工程主要的环保特点。9 号线工程西端下穿欢乐海岸大型休闲娱乐场所，再穿越红树林自然保护区范围，之后主要穿越梅林、红岭、人民南、文锦等居住区和商业区，沿线环境敏感点布置如图 2.1-14 所示。

由图可知，9 号线工程沿线环境敏感点密集，环境保护要求高。

2.1.2 线路特点

2.1.2.1 曲线比例高、急弯陡坡

本工程西起南山区总部基地，途径车公庙、景田、梅林、泥岗、蔡屋围、向西至文锦，

2 工程特点及难点

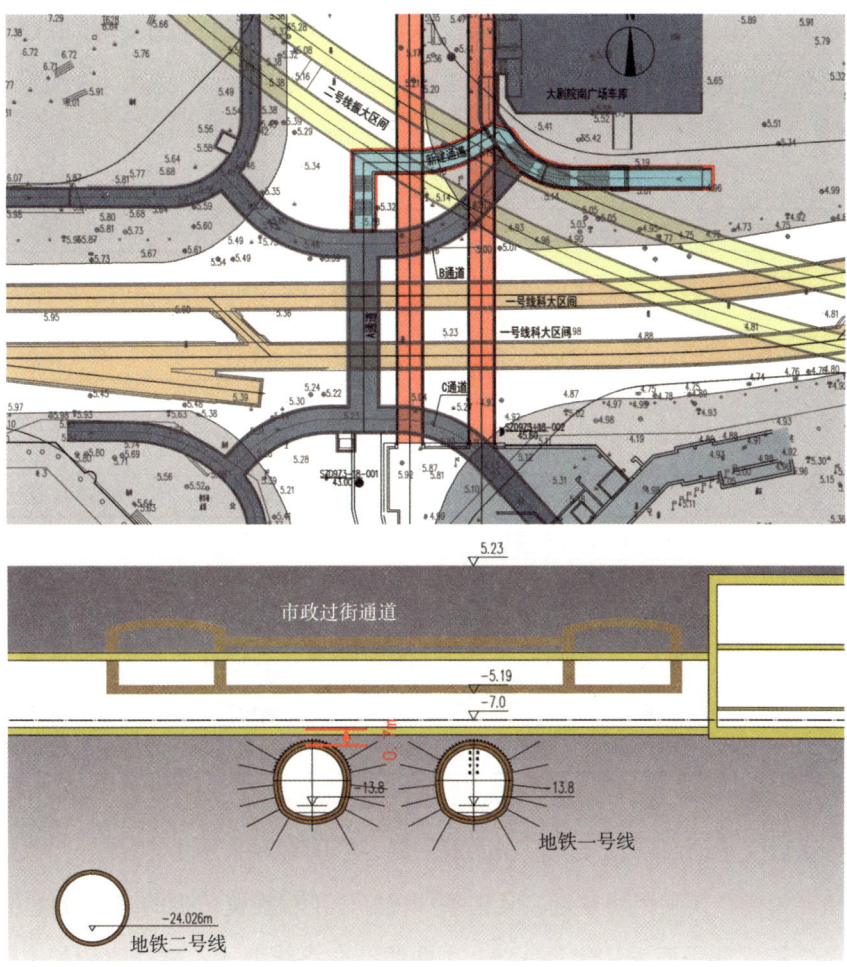

图 2.1-13 红岭至红岭南站区间与周边建（构）筑物关系图

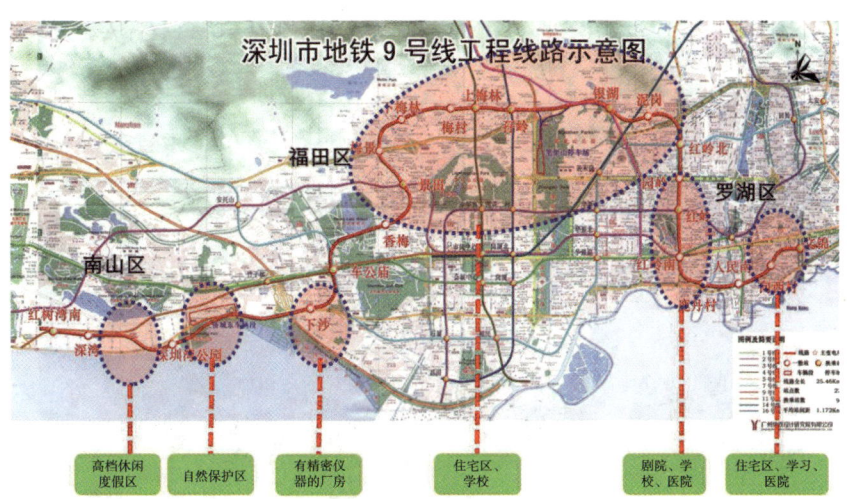

图 2.1-14 9号线沿线环境敏感点分布示意图

均在核心城区敷设，沿线发展成熟，高楼林立，局部道路条件较差，制约线路的控制点众多，全线曲线段比例约占51%（表2.1-2、表2.1-3）。

线路平面特征表 表2.1-2

项目		单位	长度（km）	占全长的百分比（%）
直、曲线分类	直线长度	km	12.495	49.07
	曲线长度	km	12.969	50.93
合计		km	25.464	100

线路平面曲线统计表 表2.1-3

序号	曲线半径（m）	曲线数量（个）	曲线长度（m）	占曲线总长百分比（%）
1	<350	2	448.0630	3.45
2	350 ≤ R < 400	7	3323.5816	25.63
3	400 ≤ R < 650	9	4082.5426	31.48
4	650 ≤ R ≤ 800	7	1624.9625	12.53
5	>800	20	3489.8617	26.91
合计		44	12969.0114	100

部分区段受平面高层及竖向控制因素限制，区间合理采用小半径结合大坡度，实现车站功能较优、换乘距离较近、实施条件较好、工程投资较少的综合较优方案。如向西村至文锦区间平面采用半径345m小曲线结合叠线型式，避让路侧长丰苑33层高层住宅桩基（图2.1-15），因短距离叠线竖向空间所需，右线采用一段29‰的大坡。

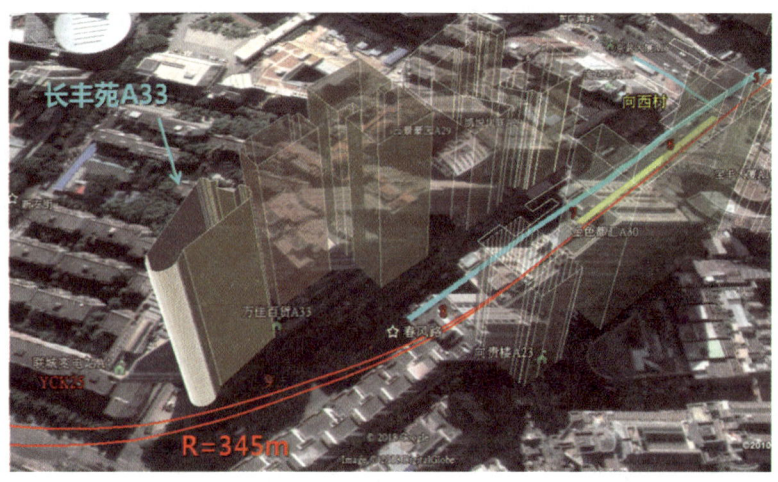

图2.1-15 向西村－文锦区间小半径避让高层卫星示意图

2.1.2.2 与 7 号线构建中心区组合环线

7 号线与 9 号线同为轨道三期工程建设线路，在线网中共同承担南山、福田、罗湖中心区内局域线的功能，7 号线整体线位呈 U 形，9 号线呈"几"字形，分别在西侧车公庙站与东侧红岭北站换乘，构建中心城区环线形态，同时形成环上向外 4 个方向的辐射（图 2.1-16）。

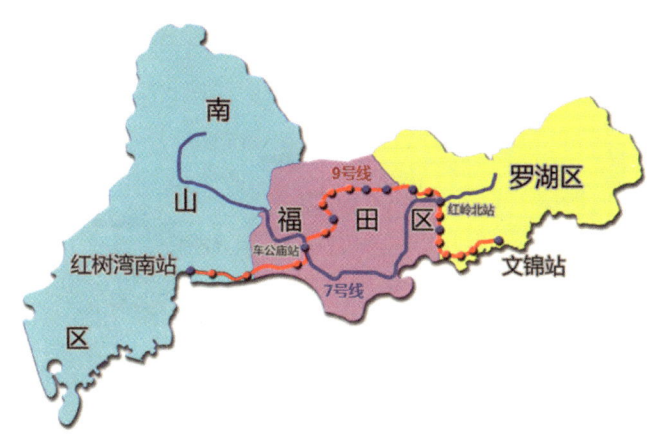

图 2.1-16　7 号线及 9 号线特区核心组合环示意图

2.1.2.3 换乘站比例高

9 号线设 22 座车站，其中换乘站共 10 座，约占 46%，与 1、2、3、4、6、7、8、10、11 号线共 9 条线路形成换乘（图 2.1-17），线路通达性高，为构建中心城区轨道交通网络提供重要支持。

图 2.1-17　9 号线换乘站点位置示意图

2.1.2.4 小间距

9号线定位为城市核心区的局域线，主要服务南山、福田及罗湖区成熟的居住、商业、办公区客流。南山总部基地、车公庙及笋岗片区开发强度大，以高容积率写字楼为主，景田、梅林、泥岗、园岭、文锦为成熟的高密度住宅区，特别是梅林、泥岗片区交通不便，迫切需要覆盖强度高的轨道交通服务，春风路沿线以商业、居住为主，全日客流较充沛。除区域客流要求高密度覆盖外，本线还与多条线路换乘，为实现网络良好的通达性，局部区域站间距较小（图2.1-18）。

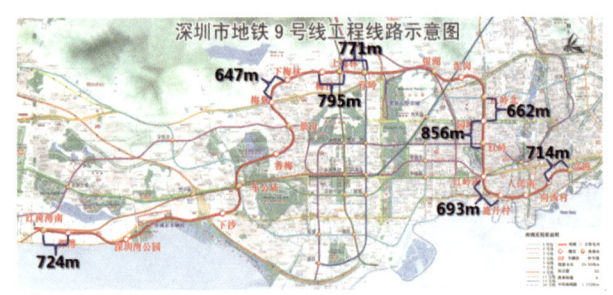

图2.1-18　9号线小站间距分布示意图

2.1.2.5 叠线

春风路道路红线宽仅24m，两侧高楼林立，属于早期罗湖开发区段，建筑基本无退缩，部分高楼地下室紧贴道路红线，且船步路高架桥沿春风路架设，约1.2km与本线共走廊，线路敷设条件困难。此外，南极路口处，春风路道路转角较大，长丰苑高层住宅地下室桩基础紧邻道路，线路平面及竖向通过条件差。因此，向西村站采用叠线形式，以便两侧区间隧道实施（图2.1-19）。

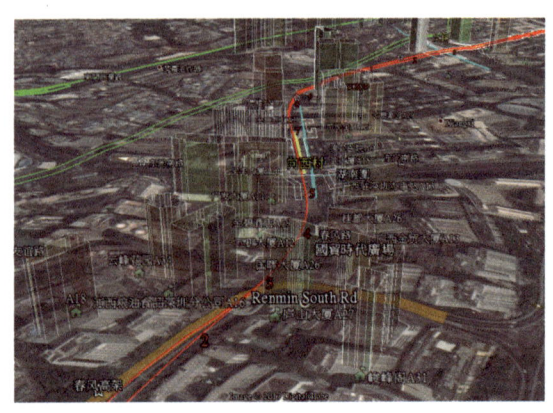

图2.1-19　春风路叠线段示意图

2.1.3 工程管理特点

2.1.3.1 勘察设计总承包模式

深圳市城市轨道交通 9 号线工程设计管理模式采用勘察设计总承包模式，由广州地铁设计研究院作为勘察设计总承包单位，负责包括工程勘测、前期工程设计、主体工程设计和各专题研究工作，设计工作覆盖从工程可行性研究至施工配合的整个过程（图 2.1-20）。

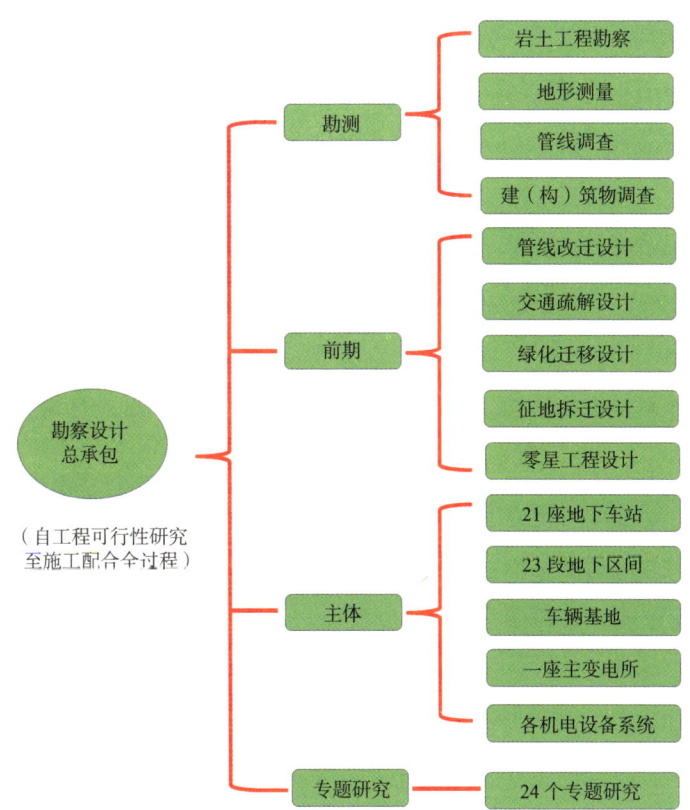

图 2.1-20　勘察设计总承包管理体系示意图

2.1.3.2　BT 模式

深圳市城市轨道交通 9 号线工程采用 BT 投融资管理模式，即由一家央企作为施工单位，融资、建设并负责施工图设计管理工作，建成通车后向市政府"交钥匙"，由深圳市地铁集团负责运营，市政府在规定年限内回购。

2.1.3.3 初步设计概算进行工程结算

根据深圳市地铁集团与 BT 方中建南方集团有限公司签约，9 号线 BT 工程范围的结算以发改委批复的初步设计概算为基数进行结算，这就要求初步设计概算必须非常准确。

2.2 工程难点

根据上文总结和提炼，本工程特点鲜明，政府和市民对创新要求和服务要求高；气候湿热，空气及地下水具有一定腐蚀性，地质条件复杂；沿线建（构）筑物"多"、"近"、"困"；环境敏感点"密"；线路多急弯陡坡，换乘点多，站间距小，具有环线功能；采用勘察设计总承包和 BT 投融资管理模式。

结合工程特点进行剖析，本工程主要有以下四大难点。

2.2.1 提高线路服务功能

（1）本工程线路条件差、曲线和急弯陡坡段多、站点密、环境敏感点多，如何在现有的线路条件下，提高线路的平顺性、乘客的舒适性，降低对环境影响，是本工程的难点。

（2）9 号线以环线功能为主，与 7 号线组网成环，缓解中心城区换乘压力，这使得 9 号线与 7 号线的线路走向都与深圳东西走向带状发展现状不一致，如何通过换乘方式的选择，提高换乘便利性，使得 9 号线兼具环线与直线功能、提高线路服务功能，是本线的难点。

（3）车站是人流密集区，如何通过车站公共区合理布局，减少客流路线交叉，缓解客流拥堵，实现各区域客流平衡，从而提高乘车便利性，是本工程的难点。

2.2.2 提高工程实施及系统运营安全

（1）9 号线周边建（构）筑物"多"、"近"、"困"、地质条件复杂的条件下，如何突破重围，采用先进的设计方法保护周边建（构）筑物的安全，同时保证工程本身质量、安全和工期是本工程的难点。

（2）系统安全关系着线路运营的安全，也直接关系着乘客的生命财产安全，安全责任重于泰山，如何通过系统创新，提高系统运营的安全性、高效性、可监控性，是本工程的难点。

（3）在空气和地下水腐蚀性较高的环境下，如何保证工程耐久性，是本工程难点。

2.2.3 提高设计品质

结合深圳市的气候特点，引用国内外先进设计经验，开拓创新，设计出安全、节能、环保、绿色地铁；设计出高标准、高品质的地铁，体现"建地铁就是建城市"的设计理念，是本工程的难点。

2.2.4 限额设计

鉴于本工程采用以初步设计概算为基数进行工程结算，对初步设计概算准确性要求极高，如何提高初步设计概算准确性、控制工程投资并实现限额设计，是本工程的难点。

3 设计思路及设计历程

3.1 设计思路

本工程总体设计思路是先总结和提炼工程特点，并对工程特点进行剖析，得出工程难点及待解决问题，针对工程难点和问题进行关键技术研究，以研究成果指导工程设计和实施，总体流程如图 3.1-1 所示。

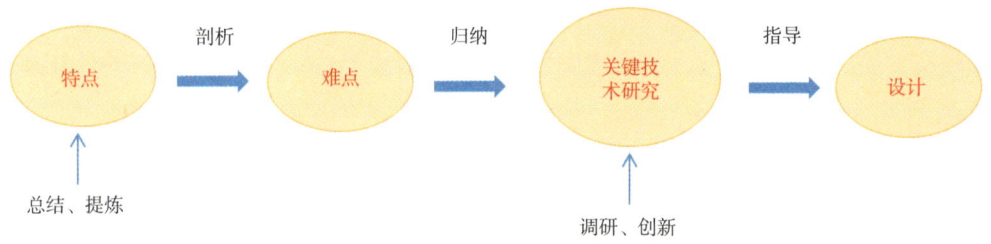

图 3.1-1　设计总体思路示意图

根据本工程的特点和难点，具体设计思路按线路总体功能提升设计、工程实施安全性设计、结构耐久性设计、地铁品质提升设计、限额设计等 5 条主线开展。

3.1.1 线路总体功能提升设计

深圳 9 号线站间距小、换乘站多、曲线占比大且在某些路段形成急弯陡坡，周边环境敏感点"密"，如何提高线路平顺性、乘客舒适性、换乘便利性，减小环境影响，从而提高线路总体服务功能是本工程设计的难点，针对上述难点，设计对线路辐射、线路优化、新型轨道、换乘站方案、标准站布局等作了深入，以指导线路、轨道及车站设计，设计流程如图 3.1-2 所示。

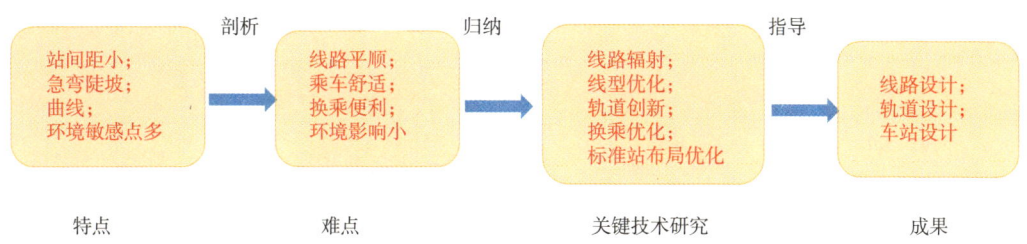

图 3.1-2　线路总体功能提升设计示意图

3.1.2　工程实施安全性设计

9 号线主要在原特区内老城区穿越,沿线周边建(构)筑物"多"、"近"、"困",地质条件复杂,在如此困难的条件下如何保证地铁工程本身及周边建(构)筑物安全,保证工程质量和工期,是本工程的难点,针对上述难点,结合工程实际,设计着重对桩基托换方案、填海抛石区域地铁工程实施方案、叠线隧道联络通道设计方案、盾构下穿并切割建筑物桩群方案、叠线隧道群洞影响、多维受限环境下地铁工程实施方案等进行了深入研究,以指导主体工程设计和施工,设计流程如图 3.1-3 所示。

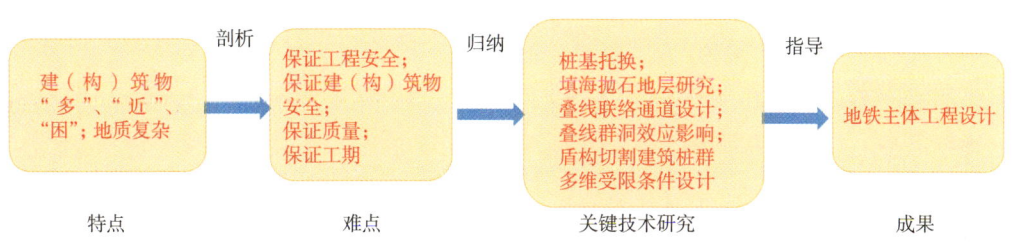

图 3.1-3　工程实施安全性设计示意图

3.1.3　结构耐久性设计

深圳地处海边,其气候湿热,空气和地下水中氯离子含量高,这对 9 号线工程地面和地下结构耐久性有较大影响,针对该问题,设计进行了地面、地下工程钢筋混凝土结构耐久性研究和预留预埋技术研究,以改善结构耐久性和安全性,设计流程如图 3.1-4 所示。

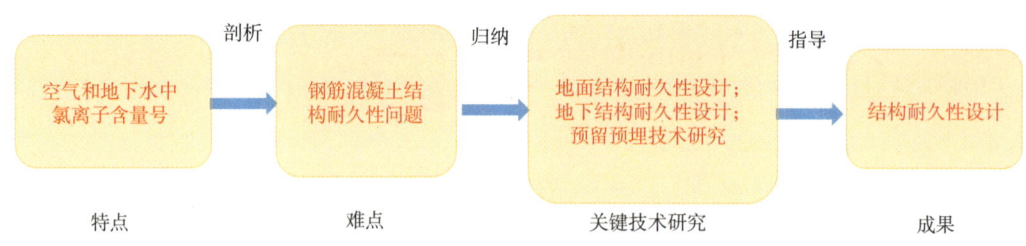

图 3.1-4　结构耐久性设计示意图

3.1.4　地铁品质提升设计

现代化城市的发展，需要发展城市轨道交通以缓解城市交通问题，而城市轨道交通的建设也在改变着城市的面貌，建地铁也是在建城市，这就给地铁的建设赋予更高的使命，如何通过地铁的设计和实施提升城市的文明，促进城市环保、绿色建设，提高城市整体竞争力，是地铁设计面临的挑战。本工程在设计过程中开展了一系列创新研究，如在绿色设计方面，进行了车辆段和停车场绿化平台研究；在节能方面进行了车辆制动能量逆变回馈系统研究、光导管应用研究、智能节能及 LED 灯具研究、水蓄冷系统研究；在环保方面进行了集中供冷系统研究；在公共安全方面进行了综合安防、综合 UPS、火灾联动、地下停车场消防等方面研究；在人文方面进行了装修及艺术墙方案研究、出入口小品研究、车站人性化设计研究等，以整体提升地铁品质，设计流程如图 3.1-5 所示。

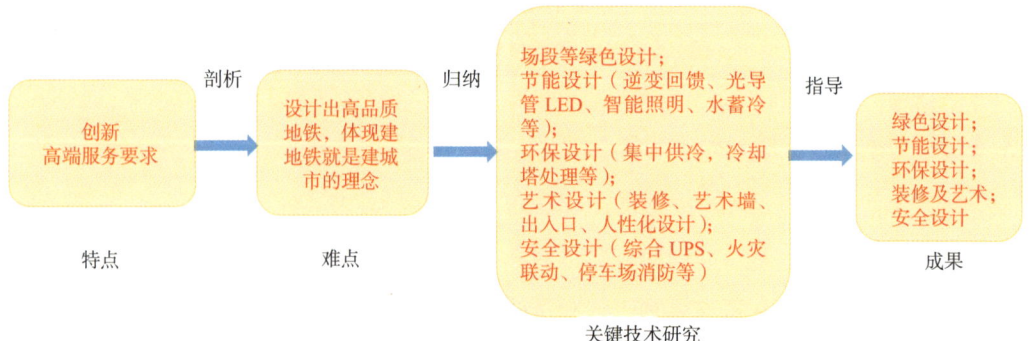

图 3.1-5　地铁品质提升设计示意图

3.1.5 限额设计

深圳 9 号线采用 BT 投融资管理模式，采用初步设计概算进行工程结算，这对初步设计概算准确性要求非常高。初步设计概算一般要求不超过工程可行性研究估算，极限状态下不超过工程可行性研究估算 110%，因此，这间接要求工程可行性研究估算的准确性高。控制工程投资、实现限额设计的首要条件是要准确掌握基础资料，包括客流预测资料、地质水文资料、地下管廊及构筑物资料、建筑物基础资料、地形资料等；其次是基于对规划的理解和客流的分析，稳定线站位方案及系统制式；然后是对各个工点方案的深入研究，稳定工点方案；最后是对工程量的准确计算及对变更的严格把控。以上四个环节缺一不可，深圳 9 号线的工程投资管控严格执行了上述四个环节，并获得良好效果。投资管控流程图如图 3.1-6 所示。

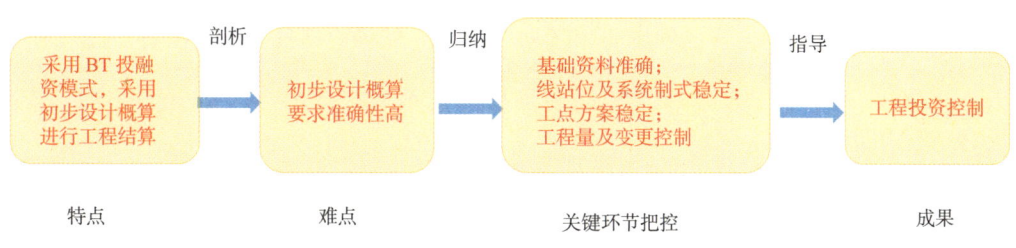

图 3.1-6　限额设计过程控制示意图

3.2　设计历程

3.2.1　工程可行性研究

根据深圳市线网规划及项目建设的必要性，对项目进行地质灾害危险性评估、场地地震安全性评价、节能评估、安全预评价、客流预测、环境影响评估、水土保持方案评估等工作，编制工程可行性研究研究报告，对建设项目的主要技术方案、经济效益、社会效益进行深入研究和评判，为项目决策提供更充分的依据，为下阶段的初步设计拟定主要方案。

2009 年 9 月至 2010 年 2 月完成《深圳市城市轨道交通 9 号线工程可行性研究报告》

编制及专家咨询会，2012年1月完成国家发改委正式审查，2013年8月得到深圳市发改委对工程可行性研究报告的批复（深发改[2013]1101号）。

3.2.2 总体设计

编制各类总体设计文件，编制总限额设计标准与分项限额设计标准，提出全线施工组织设计原则及工期要求。

对管线探测资料和沿线建构筑物基础资料进行现场踏勘核对复查，了解和掌握沿线各种管线的各项规划，对于影响地铁建设的重大管线（如燃气、高压电力线缆等），结合改迁技术经济的可行性，在方案设计阶段对地铁主体工程设计提出指导意见，为地铁工程线路设计、站位设置、附属建筑设置、施工工法提出合理建议。

与规划、建设、水利等部门沟通，充分了解和掌握沿线规划资料和信息，为线路设计、站位选择、附属建筑和设施的布置等提供前提条件。

2010年2月完成了《深圳市轨道交通9号线工程总体设计》文件编制。

3.2.3 初步设计

编制各类初步设计指导文件、各类初步设计支撑性专题、全线初步设计文件、指导性施工组织工序等，编制全线地下结构防水通用图和地下车站建筑通用图设计。

对于管线复杂、重点及特殊车站，在初步设计阶段制作综合管线三维透视安装图；对换乘站进行客流仿真模拟，提交报告和电子数据，并为紧急状态的疏散方案提供依据。

组织对影响安全、设计稳定的重大问题进行方案比选和风险评估。结合环境影响评价要求，完成轨道结构基本形式及分类分段的减振降噪设计。

统一全线各设备系统的选型和技术参数，进行设备国产化研究，提出设备国产化实施方案；控制设备国产化率达到要求。

2010年2月至2011年11月完成了《深圳市城市轨道交通9号线工程初步设计》文件编制及专家、政府评审，因五大技术方案调整，2013年5月完成5站4区间专家和政府评审，2014年5月得到深圳市发展改革委、深圳市交通运输委、深圳市规划国土委、深圳市住房建设局对初步设计的批复（深发改[2014]879号）。

3.2.4 施工图设计

2012年1月至2016年10月,根据批准的初步设计,组织开展施工图设计,及时完成全线各车站、区间、车辆段、停车场、机电设备系统的施工图设计工作,并组织完成全线施工配合工作。

3.2.5 专题研究

3.2.5.1 法定专题研究
(1)《深圳市地铁9号线工程地质灾害危险性评估报告》(深圳市勘察测绘院有限公司,2010年2月)及专家审查意见(2010年3月16日,广东省地质学会组织的专家评审会)。

(2)《深圳市地铁9号线工程场地地震安全性评价报告》(深圳市荔兴抗震技术有限公司,2010年3月)。

(3)《深圳市地铁9号线工程节能评估报告书》(广州地铁设计研究院有限公司,2011年12月)及专家审查意见(2012年2月17日,中国国际工程咨询公司组织)。

(4)《深圳市地铁9号线工程安全预评价报告》(中国安全生产科学研究院,2011年10月)。

(5)《深圳市城市轨道交通9号线工程环境影响报告书》(环境保护部华南环境科学研究所,2013年3月)及专家评审意见(广东省环境保护厅,2013年5月)。

(6)《深圳市地铁9号线工程可研客流预测》(深圳市城市交通规划设计研究中心有限公司,2010年4月)及专家评审意见(深圳市发展和改革委员会,2010年1月11日)。

3.2.5.2 配套专题研究
(1)《沿线交通规划及相关配套市政设施研究》。

(2)《沿线城市规划及土地利用评价分析》。

(3)《外部电源专题研究》。

(4)《轨道交通换乘研究》。

(5)《交通疏解、管线迁改方案研究》。

(6)《拆迁统计及调查报告》。

（7）《地下空间有效利用专项报告》。

（8）《主要工法及大型施工设备资源调查与研究》。

（9）《施工场地调查及布置专题研究》。

（10）《水土保持方案报告书》。

（11）《防洪评价报告书》。

（12）《地铁周边关系协调报告》。

（13）《车辆制式及编组专题研究（系统选型及列车编组）》。

（14）《国产化方案》。

（15）《节能专题》。

（16）《工程财务、经济评价和风险评估》。

（17）《供电制式专题研究》。

（18）《车站周边建（构）筑物保护专册》。

（19）《运营服务标准专题研究》。

（20）《蓄冷中央空调可行性专题研究》。

（21）《火灾及疏散模拟分析》。

（22）《刚性接触网与接触轨比选研究专题》。

（23）《设备及管理用房设置专题研究》。

（24）《大型管涵迁改方案专题研究报告》。

3.3 重大技术方案演变

深圳9号线工程初步设计于2012年11月经过政府及专家审查，但在2013年初原地铁三号线公司（与广州地铁设计研究院签订9号线勘察设计总承包合同的建设单位）与深圳地铁公司合并，合并后考虑深圳地区地铁技术标准统一性要求等因素，9号线进行了以下5项技术标准变更：

（1）取消水蓄冷系统。

（2）隧道通风系统尽量采用双活塞形式（原设计全部为单活塞，现改为根据地面条件半数车站采用双活塞的方案）。

（3）取消车辆再生制动能量逆变回馈系统。

（4）部分车站改为复合墙结构形式（原方案仅三个站为复合墙结构，后增加至半数车站为复合墙结构形式)。

（5）气体灭火介质由 IG541 改为七氟丙烷。

除了以上 5 大技术标准发生变化外，下沙站由于车公庙枢纽方案影响，导致下沙站站位及埋深调整，由地下三层站调整为地下两层站；泥岗站、红岭南站、鹿丹村站结合旧城改造分别由地下三层、五层、四层站调整为地下两层、两层、三层站；银湖站因为规划调整，与远期 6 号线南延线换乘，并同步实施，由地下两层站变为地下三层叠线换乘站。

4 设计创新及关键技术研究

9号线主要穿越原特区内老城区,与7号线组成区域内环线。该线换乘站多,周边环境复杂,地质条件差,工程实施难度大,设计和实施过程中遇到难题多。9号线工程设计历时7年零1个月,设计团队一方面深入研究工程自身特点和难点,另一方面进行大量的调查、研究,引用了国内外大量先进设计方法和科技成果,并开拓创新,在确保工程安全的前提下,努力提高设计水平,提高地铁的品质,打造现代化地铁工程。

本工程在设计过程中针对工程特点和难点,进行了大量专题研究,积累了宝贵的设计经验,并进行分类归纳,可供同类工程参考。

4.1 设计创新点

4.1.1 创新点一

针对9号线组合成环功能、地形差异及"几"字形平面线型约束等难题,提出了交换线位的同站台换乘和叠线避让设计理念,首创设计了高精度液体阻尼预制钢弹簧浮置板道床,首次设计了地铁桁架双块式轨枕与新型高平顺道岔,创新设计了标准站统一设计布局等,实现了线路服务功能的大幅提升。

(1)建立了车站三维客流仿真模型,提出了"中间进两端出"的客流疏散方式,优化了楼、扶梯布置形式,编制了车站公共区布局设计标准,解决了客流交叉与疏散难题。

(2)系统性优化了全线换乘方式,提出了左右线位交换的平行同台换乘、平行叠线换乘等设计方法,实现了大客流的便捷换乘,解决了环线功能和东西走廊直线功能需求冲突的难题。

(3)发明了高精度液体阻尼预制钢弹簧浮置板,突破性地设计了长行程液压缓冲新型车挡,建立了轨道结构的低动力优化设计方法,实现了地铁线路精准减振降噪的效果（预制板地段的隧道壁平均 VLZmax 较普通整体道床降低了 24.2%），提升了线路的动态性能。

（4）提出了岔区轨道刚度均匀化设计方法，设计了地铁桁架双块式轨枕及新型高平顺道岔，建立了适应地铁特点的 CP Ⅲ 网建网方法，实现了铺轨/板的毫米甚至亚毫米级控制，提高了线路平顺性。

4.1.2　创新点二

针对 9 号线周边建筑物"多"、"近"、"困"及近海地质等特点，首次提出了抛石填海地区地铁车站围护结构设计方法，构建了全线既有桩基处置系统设计体系，提出了叠线隧道相对位置与施工最合理工序及明挖竖井内设置楼梯间连接左右区间的设计，创新了多维空间受限环境下地铁结构设计关键技术。

（1）首次提出了抛石填海地区地铁车站围护结构设计方法，确定了欠固结地层计算参数，完成了抛石挤淤地层加固和地下连续墙成槽设计，有效解决了围护结构完整性、连续性及渗水漏砂问题，保证了地铁结构及其施工过程的安全。

（2）构建了全线既有桩基处置系统设计体系，首创了明挖基坑围护桩兼作桥梁托换桩、矿山法结构承载托换、盾构下穿建筑物切割桩群等设计技术，解决了地铁结构近接既有周边地下构筑物的安全问题。

（3）创新了盖挖逆作与先隧后站结合的车站设计方法，提出了在车站内部临时线路和永久线路相结合的设计策略，实现了车站内用临时线路与永久线路的无缝衔接，减少了车站标准段宽度。

（4）首次设计了车站 9m 站台大跨度无柱结构，提高了空间利用率，改善了车站空间视觉效果；通过局部地层加固、破除回填及盾构控制参数等综合设计，实现了狭小空间内超近距离（0.7m）穿越既有线的安全控制，为同类工程提供了范例。

4.1.3　创新点三

针对 9 号线近海环境强腐蚀性特点，创新设计了盾构区间预埋滑槽技术及环境条件-最佳配合比的耐久性设计方法，提高了结构的安全性和耐久性；发明了城市轨道交通线网全局多层次火灾联动控制系统及方法、弱电综合 UPS 电源系统及供电方法，提高了地铁安全运营水平。

（1）提出了地铁精细化设计和装配式施工的理念，创新设计了盾构区间预埋滑槽技术，建立了地铁预埋滑槽设计标准，实现了后期设备"零钻孔"安装，不仅改善了作业环境，缩短了工期，同时提高了结构的安全性和耐久性。

（2）针对不同区段腐蚀环境的差异，提出了环境条件-最佳配合比的耐久性设计方法，确定了不同腐蚀环境下混凝土不同成分的配合比，延长了材料在腐蚀条件下的使用寿命。

（3）发明了应用于城市轨道交通工程线网全局的多层次火灾联动控制系统及方法，建立了程式化的消防联动控制系统，创新了叠线隧道联络通道的设计形式，构建了综合监控系统统一的综合信息平台，实现了层次化的针对轨道交通不同地点的消防救灾策略。

（4）发明了应用于城市轨道交通的弱电综合 UPS 电源系统及供电方法，创新性地提出了全面解决轨道交通弱电系统 UPS 电源综合性问题的技术方案，解决了城市轨道交通多弱电系统电源综合集成、经济、可靠供电的技术难题，提高了地铁安全运营水平。

4.1.4　创新点四

提出了"美丽地铁，美好生活"的设计理念，创新了地面建筑的艺术设计形式、车辆基地与城市公园结合设计形式、岭南元素多种展示设计形式，重点解决了地铁出入口风亭与周边环境融合、地面冷却塔对环境影响、土地资源稀缺、文化承载等难题，践行了深圳市"建地铁就是建城市"的设计理念。

（1）提出了地铁地面建筑设计与城市环境提升相结合的设计理念，创新了融合环境、历史、人文特点的地铁出入口、风亭、冷却塔一体化设计方法，解决了有限空间内地铁出地面建筑对城市环境影响大的难题，提高了地铁建设的文化素养。

（2）首次设计了地铁车辆基地上盖城市公园，创新了城市公园与地铁车辆基地结合的设计方法，解决了地铁车辆基地占地及环境影响、城市绿地面积及土地资源限制的难题，改善了城市环境，实现了还绿于民。

（3）提出了"宜居生活"的地铁装修主题，创新了大面积镂空天花、岭南建筑中花窗格元素、文化艺术墙相结合的设计方法，实现了地铁建筑本身的简约、现代、与传统文化的碰撞融合,解决了文化传承难题,彰显了深圳"宜居"的城市文化特色。

4.2 关键技术研究

4.2.1 标准站布局

4.2.1.1 车站公共区布局分类

1. 现状问题

地铁车站在实际运行过程中,将面临高峰客流、突发性大客流等情况,特别是在节假日或者体育比赛等重大活动时,可能导致突发性大客流,如果无良好的应对和处置办法,大量客流涌入站台,使得非付费区、付费区、站台公共区的人员密度大大增加,极限情况下会导致公共区超过最大人员荷载密度,此时如果有突发事件发生,往往容易发生骚乱和践踏事件,造成大量人员伤亡的后果。

图 4.2-1 地铁大客流场景

地铁车站公共区是空间相对狭小但人流密集区,进站与出站客流、购票等候客流、过站(过街)客流相互交织,容易形成拥堵,不利于客流疏散。在站台公共区,由于列车较长且呈线性布置,从列车内下到站台的客流基本呈均匀的沿列车线性分布,所有客流需集中到楼扶梯位置,再经由楼扶梯疏散至站厅,楼扶梯布置的疏散点越多,疏散能力越强,沿列车方向线性分布越均匀,越有利于乘客疏散。

随着人们生活水平的逐渐提高,对乘坐公共交通的标准也有更高的要求,本着"以人为本"的设计理念,如何让乘客更快速、更舒适地进入地铁列车或疏散,即如何优化地铁车站公共区的布置、楼扶梯的设置形式等一直是地铁工程研究的重要课题。

2. 布局分类

一般来说,每个城市地铁均有数条地铁线路并分期建成,而每期或每条线路的标准车站公共区布局均采用每期或每条线路独立的做法,这就形成了中国当前已建地铁中的标准车站公共区布局类型众多、标准多样的情况。

通过对国内各大城市已建地铁线路的调研分析,归纳出地铁标准车站公共区布局类型主要如下:

(1)两侧楼扶梯、中间折跑楼梯及电梯(图 4.2-2)。

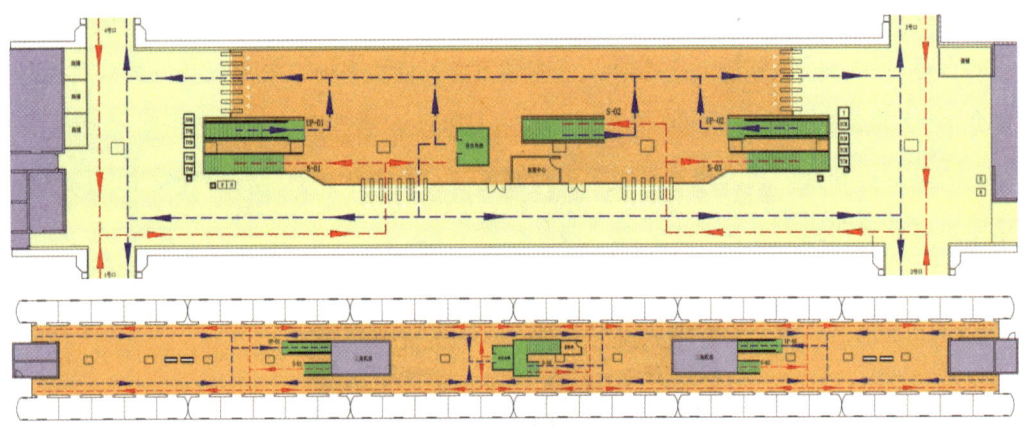

图 4.2-2　标准站公共区布局图(类型一)

(2)两侧扶梯、中间直跑楼梯及电梯(图 4.2-3)。

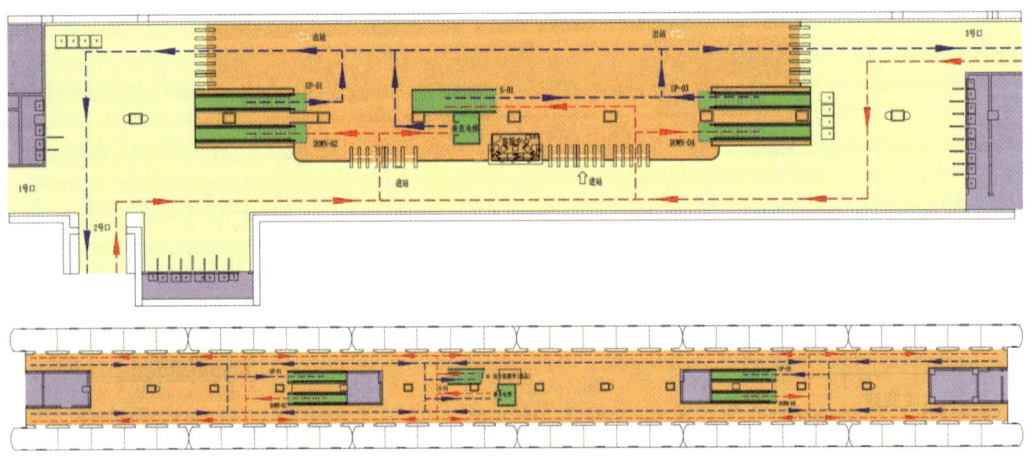

图 4.2-3　标准站公共区布局图(类型二)

（3）两侧扶梯、中间两直跑楼梯、端部电梯（图4.2-4）。

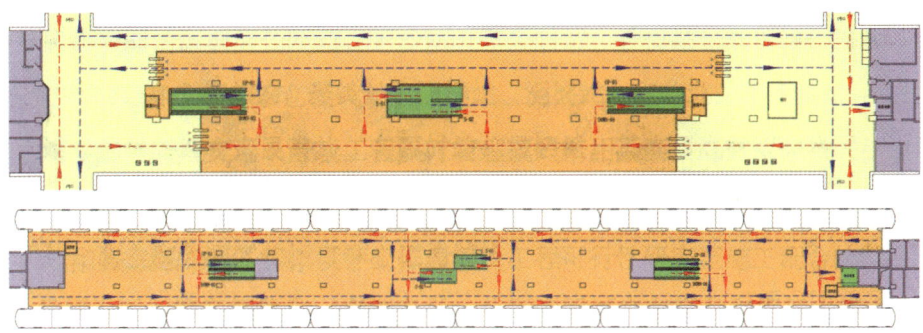

图4.2-4　标准站公共区布局图（类型三）

（4）两侧单扶梯、中间直跑楼梯及扶梯、端部电梯（图4.2-5）。

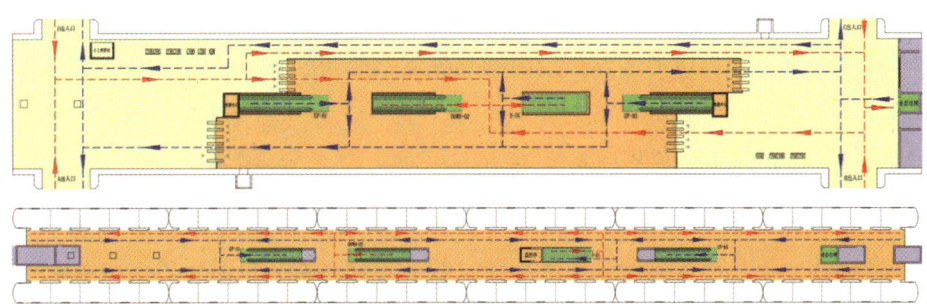

图4.2-5　标准站公共区布局图（类型四）

（5）两侧楼扶梯及扶梯、中间折跑楼梯及电梯（图4.2-6）。

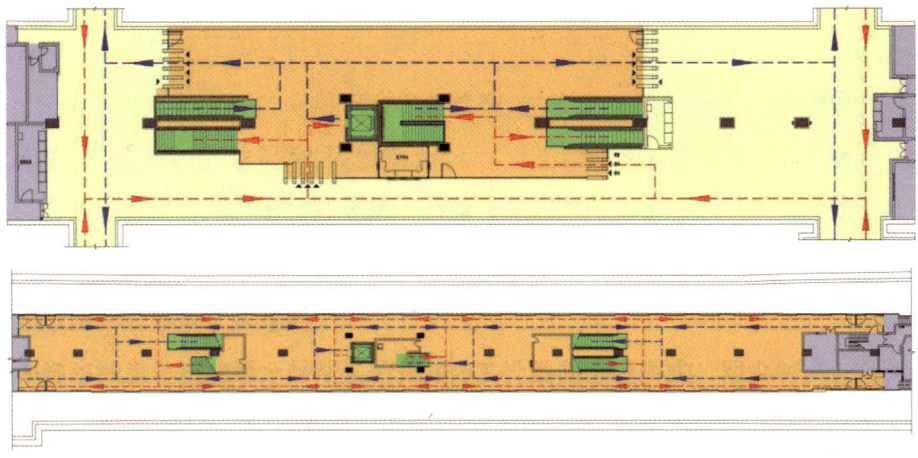

图4.2-6　标准站公共区布局图（类型五）

（6）两侧楼扶梯及扶梯、中间电梯（图4.2-7）。

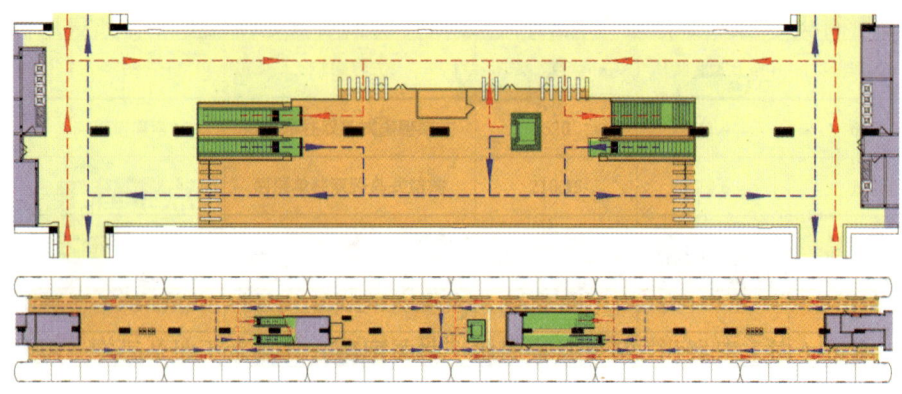

图4.2-7　标准站公共区布局图（类型六）

以上是调研国内已建地铁线路后，归纳出的6种主要的标准车站公共区布局类型，根据建设成本及实际运营情况分析，上述6种公共区布局各有优缺点，深圳9号线设计时进行了具体分析研究。

4.2.1.2　车站公共区布局研究

当前，我国大城市流动人口比例高，居民出行量大，轨道交通承担的客流负荷高，车站拥挤问题突出，严重影响了轨道交通运营效率和安全。目前轨道交通车站行人设施规模和布局的确定，一般采用简单的静态容量计算方法，无法反映客流动态特性。随着计算机仿真技术的发展，行人微观仿真模型逐渐成为车站行人与设施关系分析的有效手段。然而目前的行人仿真模型存在难以达到车站拥挤状态下行人密度、无法反映拥挤状态下行人挤压力等不足，同时车站行人设施设计也存在规模测算和布局方法上的问题。对此，本次归纳分析研究现状，采用理论分析与仿真模型构建相结合的方法进行分析研究。

1. 既有车站公共区布局研究

本次研究根据广州、深圳等地区既有地铁车站公共区布局及客流疏散问题，进行理论及客流仿真模拟分析。

理论分析：主要从工程经济、售检票机位置、楼扶梯布置形式等方面的合理性进行分析。

客流仿真模拟分析：主要对正常运行工况和事故工况进行分析。分析正常运行工况的空间利用率、高平峰客流密度分布及平均行走距离，分析事故工况下站台到站厅的疏散时间。本次客流仿真模拟分析统一假定车站正常运行的远期高峰小时客流为15000人/h（其中进站客流7000人/h，出站客流8000人/h），远期运行30对/h，事故状态的疏散客流按一列车满载客流1860人+站台候车人数（300人），模拟正常运行工况和事故工况的客流运动过程，分析客流风险点，为车站公共区布局优化提供依据。

1）深圳地铁1号线车站公共区布局分析

（1）理论分析

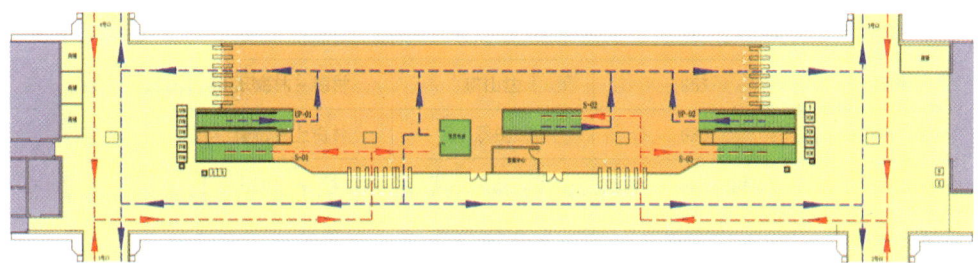

图4.2-8 站厅层公共区平面布置图

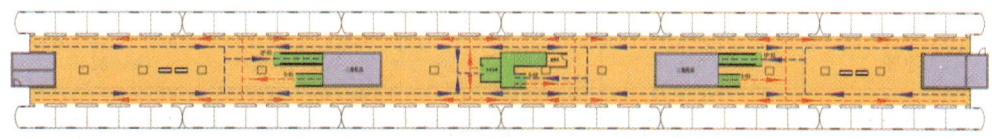

图4.2-9 站台层公共区平面布置图

图4.2-8和图4.2-9为深圳地铁1号线标准车站站厅、站台公共区布局平面图，特点如下：

① 线路采用6A车辆编组。

② 站厅公共区采用单柱结构形式，柱跨8m，公共区长82.75m，宽17.4m。

③ 站厅付费区长57.2m，宽12m，非付费区左端宽10.75m，右端宽14.8m，非付费区通道宽度4m。

④ 站厅非付费区两端靠墙布置商铺，靠楼扶梯布置充值售票机。

⑤ 站厅付费区中部设置进出站闸机，两端设置出站闸机。

⑥ 站厅付费区中部设置一个客服中心，一台垂直电梯，一部折返楼梯，两端各设置一组楼扶梯。

⑦ 站台公共区端墙净距124.1m，站台宽10m，侧站台宽2.56m。

⑧站台公共区中间布置监控亭，楼扶梯下三角房长7.4m。

优点分析如下：

①出站闸机位于两端同侧，数量合理，利于疏散。

②垂直电梯位于中部，减少乘客穿梭距离。

③客服中心、站台监控亭均设置一个，位于站厅、站台中部，经济适用。

缺点分析如下：

①柱跨8m，间距过小，遮挡视线。

②站厅公共区长度较短，造成非付费区宽度过小，影响客流集散空间。

③站厅两端商铺过多，客流容易积压，不利疏散。

④站厅中部设置进出站闸机，使得进出站客流交织，容易造成客流拥堵。

⑤中间一部折返楼梯，疏散宽度较小，造成事故工况疏散时间较长，两端各一组楼扶梯，无下行扶梯，服务标准较低，易造成电梯前排队拥堵。

⑥站台层端墙净距、侧站台宽度均较小。

⑦楼扶梯下三角房长度过长，占用大量站台层公共区集散面积。

（2）客流仿真模拟分析

①正常运行工况仿真模拟分析。

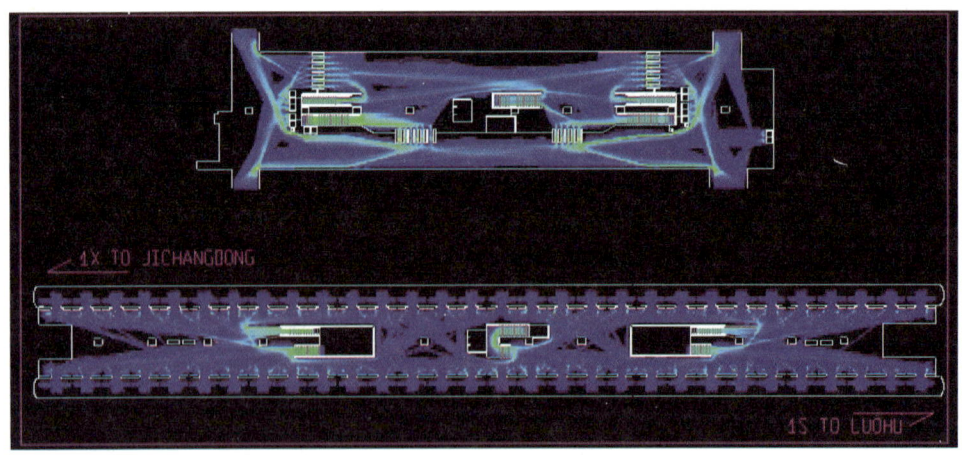

图4.2-10 空间利用率图

从高峰小时空间利用率图（图4.2-10）可以看出，三组楼扶梯、进出闸机以及售票机的利用率较高，其中站台两端楼扶梯的利用率要高于中部楼梯。另外远期售票机数量可以满足要求（图4.2-11）。

4 设计创新及关键技术研究

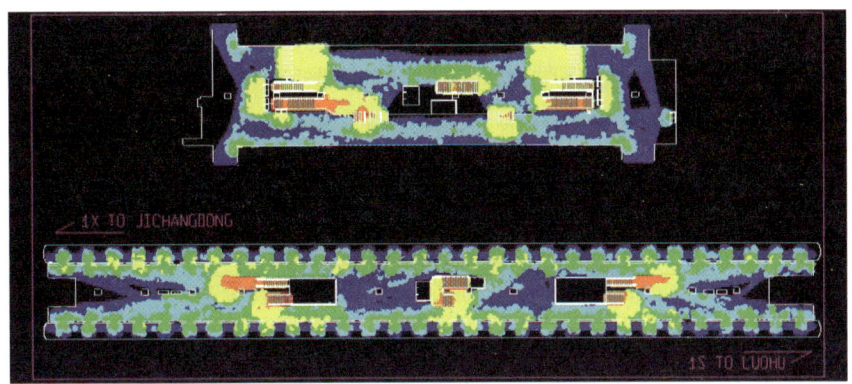

图 4.2-11　高峰小时瞬时最大客流密度分布图

从高峰小时客流密度图（图 4.2-12）可以看出，站台两端扶梯口的客流密度最大，达到了 3 人 /m^2 左右，高峰小时的平均客流密度基本在 1.5 ~ 2 人 /m^2，另外站厅左端楼梯口瞬时客流密度较大，主要因为该楼梯口与进站闸机距离较短，缓冲空间有限（图 4.2-13）。

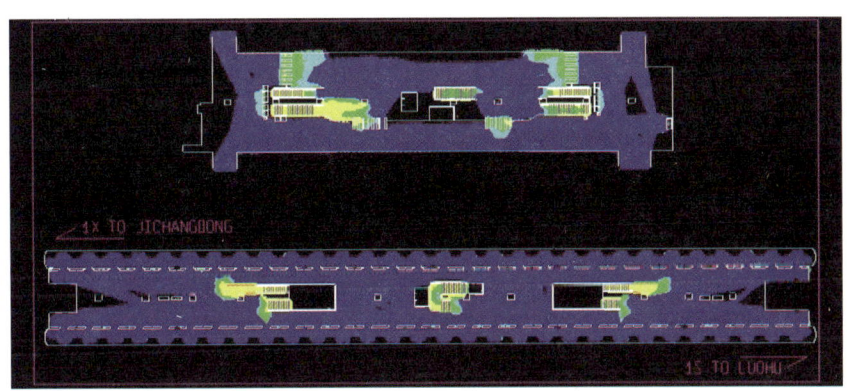

图 4.2-12　高峰小时平均客流密度分布图

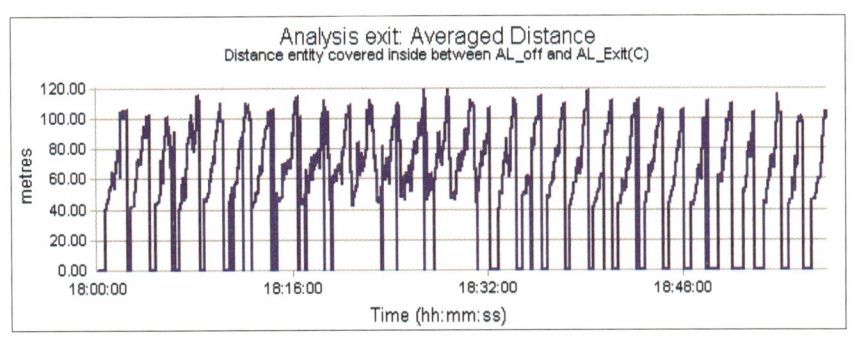

图 4.2-13　乘客从下车至典型出口走行距离统计图

47

从下车乘客走行距离和时间统计图（图4.2-14）可以看出，乘客从下车开始，至到达典型出口（以C口为例）为止，平均走行时距离约75m，平均走行时间约87s。

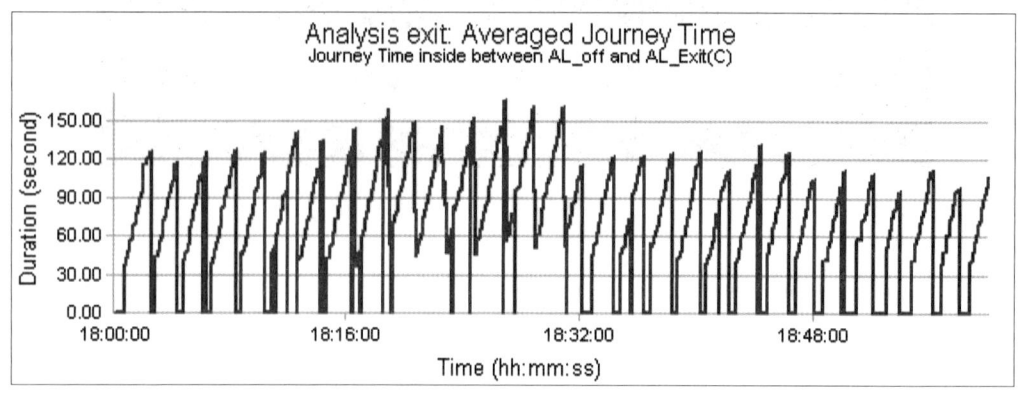

图4.2-14　乘客从下车至典型出口走行时间统计图

② 事故疏散工况仿真模拟分析

假定18点01分开始紧急疏散，此时站台有300人，事故列车载客1860人，总计需疏散2160人。

从疏散统计图（图4.2-15、图4.2-16）可以看出，该站从18点01分开始紧急疏散，01分35秒第一位乘客疏散至站厅闸机处，6分39秒最后一位乘客疏散至站厅闸机处（从到达站厅至到达闸机耗时约10s），疏散全部乘客至站厅的时间总计为5分29秒。

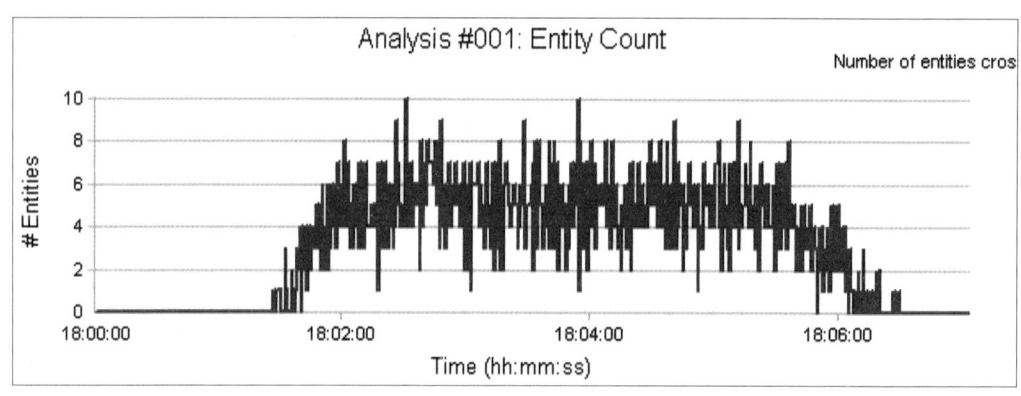

图4.2-15　疏散（至站厅）人数统计图

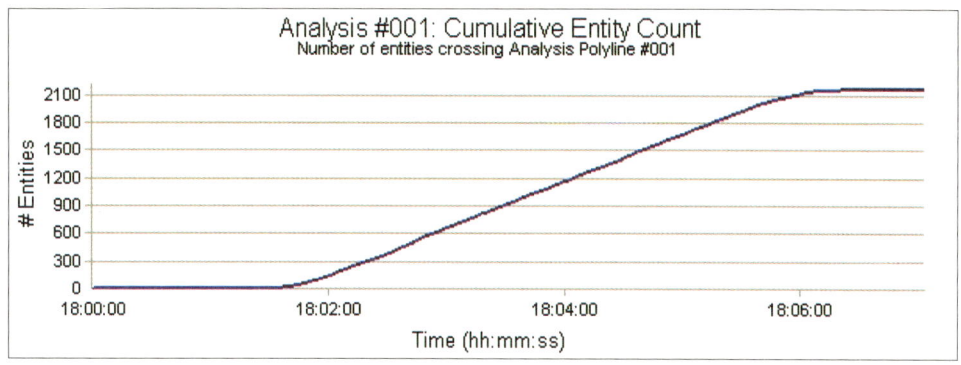

图 4.2-16 累计疏散（至站厅）人数统计图

2）深圳地铁 2 号线车站公共区布局分析

（1）理论分析

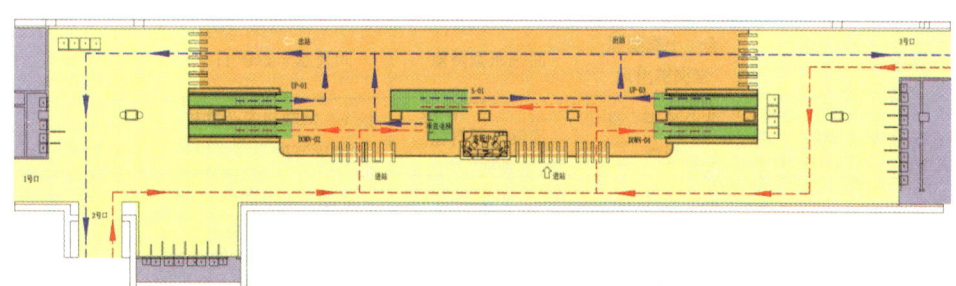

图 4.2-17 站厅层公共区平面布置图

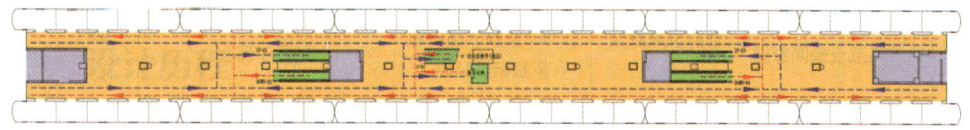

图 4.2-18 站台层公共区平面布置图

图 4.2-17 和图 4.2-18 为深圳地铁 2 号线标准车站站厅、站台公共区布局平面图，特点如下：

① 线路采用 6A 车辆编组。

② 站厅公共区采用单柱结构形式，柱跨 9m，公共区长 86.9m，宽 17.25m。

③ 站厅付费区长 58.1m，宽 12.65m，非付费区左端宽 14.25m，右端宽 14.57m，非付费区通道宽度 4.05m。

④ 站厅非付费区两端靠墙、靠楼扶梯布置充值售票机。

⑤ 站厅付费区中部设置进站闸机，两端设置出站闸机。

⑥ 站厅付费区中部设置一个客服中心，一台垂直电梯，一部直跑楼梯，两端各设置一组上下行扶梯。

⑦ 站台公共区端墙净距 115.9m，站台宽 10m，侧站台宽 2.52m。

⑧ 站台公共区中间布置监控亭，楼扶梯下三角房长 5.2m。

优点分析如下：

① 站厅公共区采用单柱结构形式，柱跨 9m，既经济适用，又不遮挡视线。

② 充值售票机靠两端墙体布置，有效避开了进出站客流。

③ 站厅付费区中部设置进站闸机，两端设置出站闸机，数量合理，使得进出站客流流线清晰无交织。

④ 垂直电梯位于中部，减少乘客穿梭距离。

⑤ 客服中心、站台监控亭均设置一个，位于站厅、站台中部，经济适用。

⑥ 两端各设置一组上下行扶梯，服务标准较高。

缺点分析如下：

① 非付费区宽度较小，影响客流集散空间。

② 中间一部直跑楼梯，疏散宽度较小，造成事故工况疏散时间较长。

③ 站台层端墙净距、侧站台宽度均较小。

④ 楼扶梯下三角房长度较长，占用站台层公共区集散面积较大。

（2）客流仿真模拟分析

① 正常运行工况仿真模拟分析

从高峰小时空间利用率图（图 4.2-19）可以看出，三组楼扶梯、进出闸机以及售票机的利用率较高，其中站台两端楼扶梯的利用率要高于中部楼梯。另外远期售票机数量可以满足要求（图 4.2-20）。

从高峰小时客流密度图（图 4.2-21）可以看出，站台两端上行扶梯口的客流密度最大，达到了 3 人 /m^2 左右，高峰小时的平均客流密度基本在 1.5 ~ 2 人 / m^2，整体服务水平相对较好。

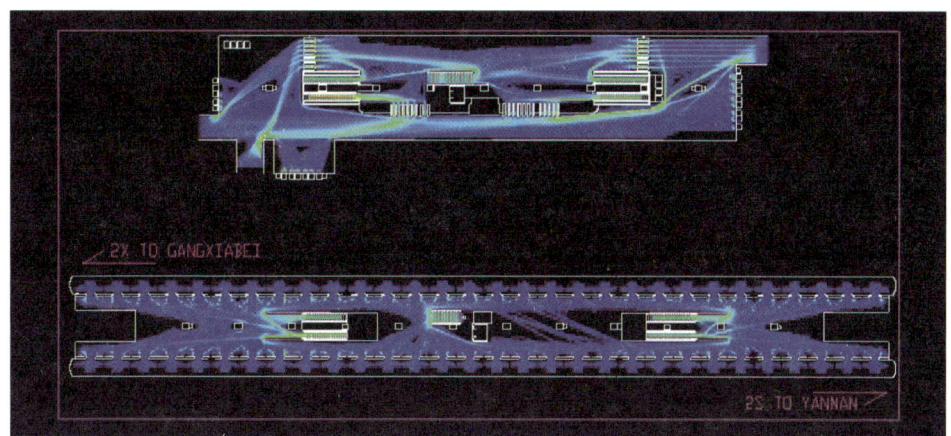

图 4.2-19 空间利用率图

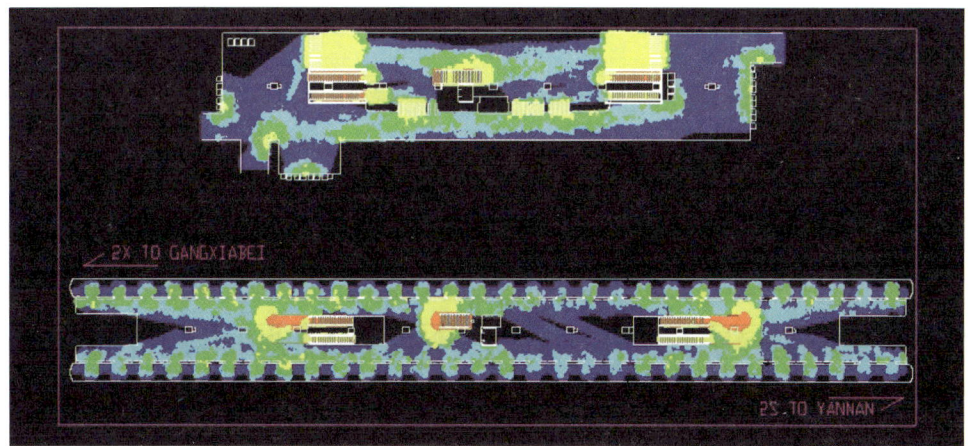

图 4.2-20 高峰小时瞬时最大客流密度分布图

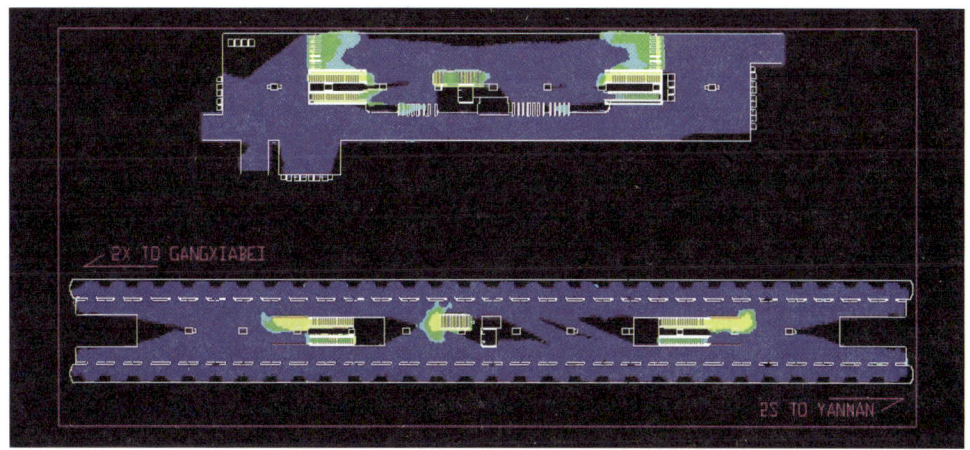

图 4.2-21 高峰小时平均客流密度分布图

从下车乘客走行距离（图 4.2-22）和时间统计图（图 4.2-23）可以看出，乘客从下车开始，至到达典型出口（以 C 口为例）为止，平均走行时距离约 90m，平均走行时间约 100s。

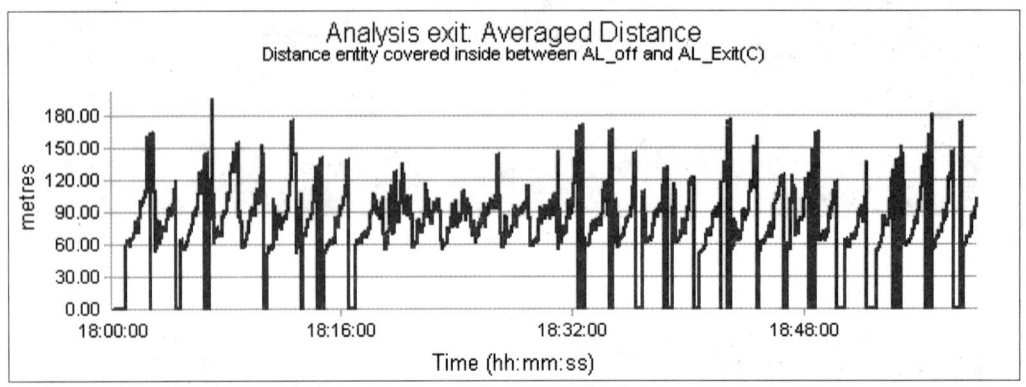

图 4.2-22　乘客从下车至典型出口走行距离统计图

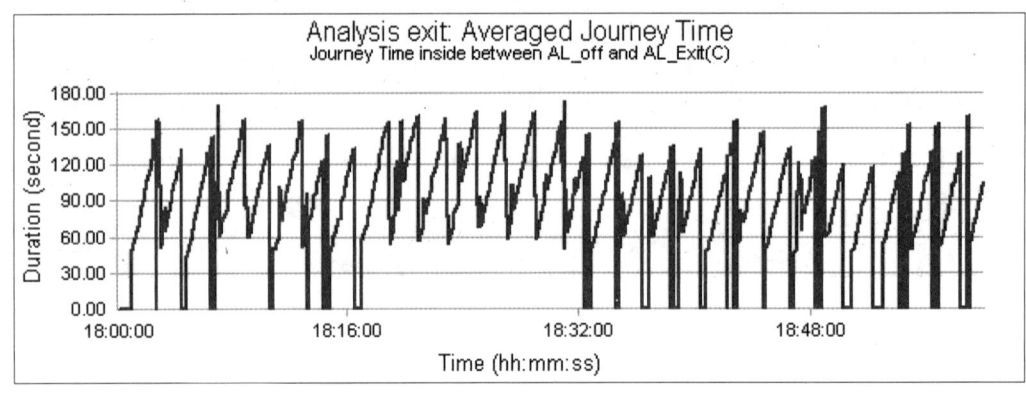

图 4.2-23　乘客从下车至典型出口走行时间统计图

② 事故疏散工况仿真模拟分析

假定 18 点 01 分开始紧急疏散，此时站台有 300 人，事故列车载客 1860 人，总计需疏散 2160 人（图 4.2-24）。

从疏散统计图（图 4.2-25）可以看出，该站从 18 点 01 分开始紧急疏散，01 分 22 秒第一位乘客疏散至站厅闸机处，6 分 22 秒最后一位乘客疏散至站厅闸机处（从到达站厅至到达闸机耗时约 10s），疏散全部乘客至站厅的时间总计为 5 分 12 秒。

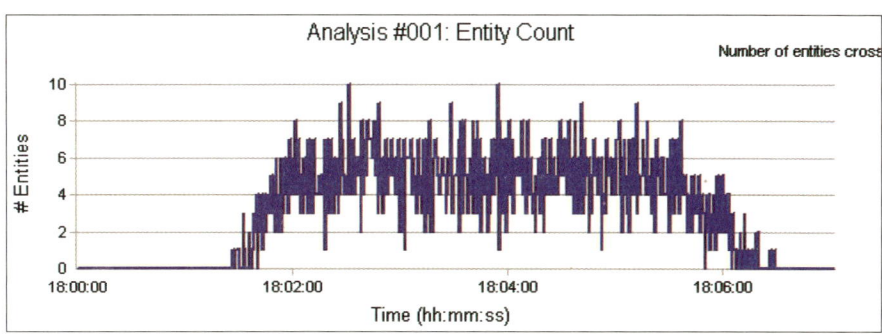

图 4.2-24　疏散（至站厅）人数统计图

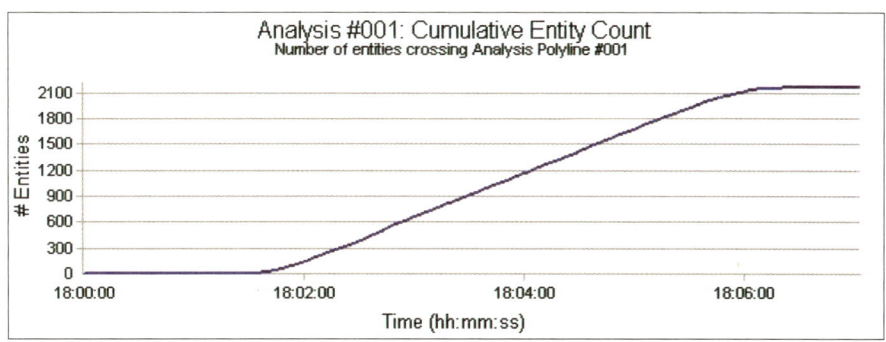

图 4.2-25　累计疏散（至站厅）人数统计图

3）广州地铁 1 号线车站公共区布局分析

（1）理论分析

图 4.2-26 和图 4.2-27 为广州地铁 1 号线标准车站站厅、站台公共区布局平面图，特点如下：

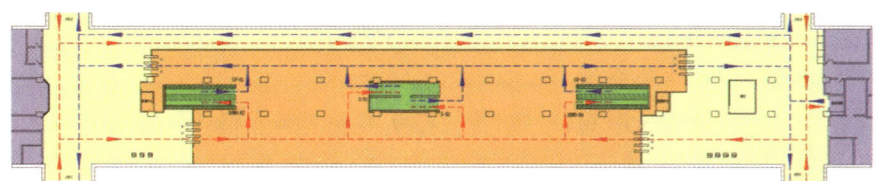

图 4.2-26　站厅层公共区平面布置图

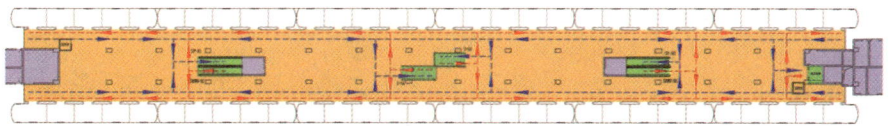

图 4.2-27　站台层公共区平面布置图

① 线路采用 6A 车辆编组。

② 站厅公共区采用双柱结构形式，柱跨 8.2m，公共区长 112.2m，宽 19.1m。

③ 站厅付费区长 79m，宽 16.2m，非付费区左端宽 13.25m，右端宽 19.1m，上侧通道宽度 2.85m。

④ 站厅非付费区下端靠进站闸机位置布置充值售票机，右端布置银行。

⑤ 站厅付费区两端下部设置进站闸机，两端上部设置出站闸机。

⑥ 站厅付费区两端各设置一个客服中心，中间布置两部平行直跑楼梯，两端各设置一组上下行扶梯，非付费区右端布置一部垂直电梯。

⑦ 站台公共区端墙净距 122.3m，站台宽 12m，侧站台宽 3.2m。

⑧ 站台公共区两端各布置一个监控亭，楼扶梯下三角房长 4m。

优点分析如下：

① 站厅付费区两端下部设置进站闸机，两端上部设置出站闸机，进出站客流流线清晰无交织。

② 站厅付费区中间布置两部平行直跑楼梯，疏散宽度较宽。

③ 两端各设置一组上下行扶梯，服务标准较高。

④ 侧站台宽度 3.2m，较宽，利于客流集散。

⑤ 扶梯三角房长度 4m，较短，占用站台层公共区集散面积较小。

缺点分析如下：

① 站厅公共区采用双柱结构形式，柱跨 8.2m，间距过小，遮挡视线。

② 站厅公共区长 112.2m，过长，不经济。

③ 站厅两端非付费区宽度不一致，且左端宽度过小，影响客流集散空间。

④ 站厅非付费区下端靠进站闸机位置布置充值售票机，购票排队客流阻挡进站客流，容易造成拥堵。

⑤ 站厅右端非付费区中间布置银行，排队客流占用非付费区集散空间，影响进出站客流流线。

⑥ 站厅付费区两端下部设置进站闸机，使得进站客流排队空间较小，容易造成客流拥堵，进一步影响客流疏散。

⑦ 站厅两端出站闸机数量较少，影响客流疏散。

⑧ 站厅付费区两端各设置一个客服中心，不经济。

⑨ 站厅非付费区右端布置一部垂直电梯，易造成客流长距离穿梭。

⑩ 站台层端墙净距较小。

⑪ 站台公共区两端各布置一个监控亭，不经济，且影响客流集散。

（2）客流仿真模拟分析

① 正常运行工况仿真模拟分析

从高峰小时空间利用率图（图 4.2-28）可以看出，三组楼扶梯、进出闸机的利用率较高，另外远期售票机数量可以满足要求。

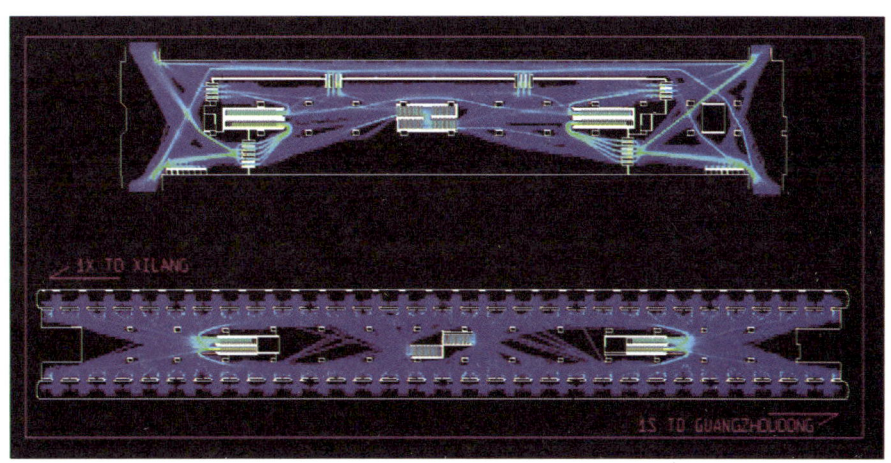

图 4.2-28　空间利用率图

从高峰小时客流密度图（图 4.2-29、图 4.2-30）可以看出，站台两端上行扶梯口的客流密度最大，达到了 3 人 /m^2 左右，高峰小时的平均客流密度基本在 1.5 ~ 2 人 / m^2，整体服务水平相对较好。

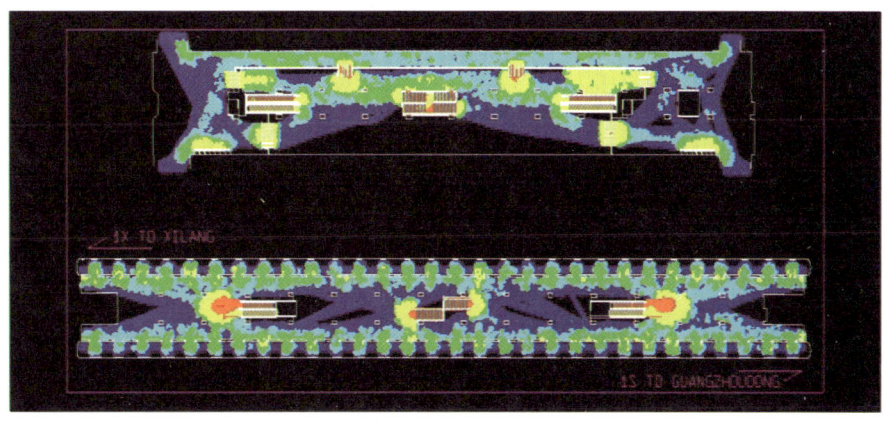

图 4.2-29　高峰小时瞬时最大客流密度分布图

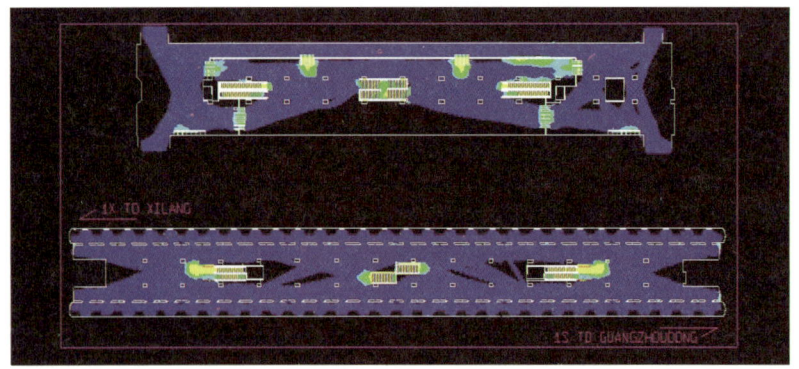

图 4.2-30 高峰小时平均客流密度分布图

从下车乘客走行距离（图 4.2-31）和时间统计图（图 4.2-32）可以看出，乘客从下车开始，至到达典型出口（以 C 口为例）为止，平均走行时距离约 111m，平均走行时间约 119s。

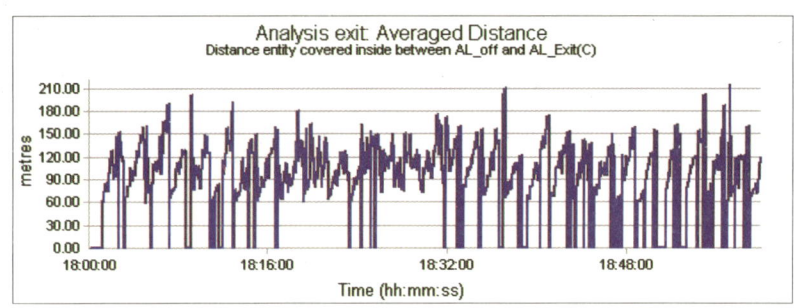

图 4.2-31 乘客从下车至典型出口走行距离统计图

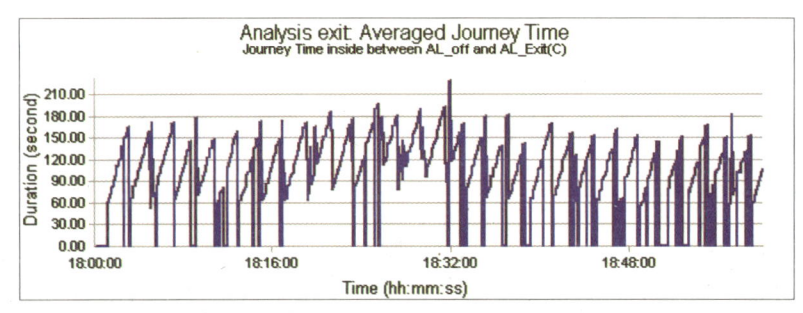

图 4.2-32 乘客从下车至典型出口走行时间统计图

② 事故疏散工况仿真模拟分析

假定 18 点 01 分开始紧急疏散，此时站台有 300 人，事故列车载客 1860 人，总计需疏散 2160 人。

从疏散统计图（图 4.2-33、图 4.2-34）可以看出，该站从 18 点 01 分开始紧急疏散，01 分 33 秒第一位乘客疏散至站厅闸机处，7 分 02 秒最后一位乘客疏散至站厅闸机处（从到达站厅至到达闸机耗时约 10s），疏散全部乘客至站厅的时间总计为 5 分 52 秒。

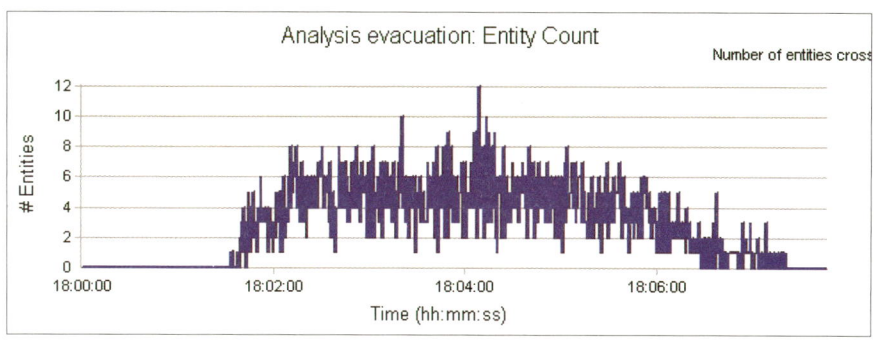

图 4.2-33　疏散（至站厅）人数统计图

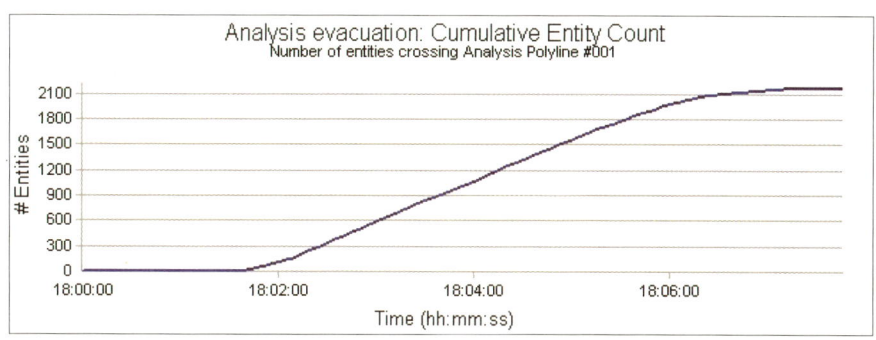

图 4.2-34　累计疏散（至站厅）人数统计图

4）广州地铁 2 号线车站公共区布局分析

（1）理论分析

图 4.2-35 和图 4.2-36 为广州地铁 2 号线标准车站站厅、站台公共区布局平面图，特点如下：

① 线路采用 6A 车辆编组。

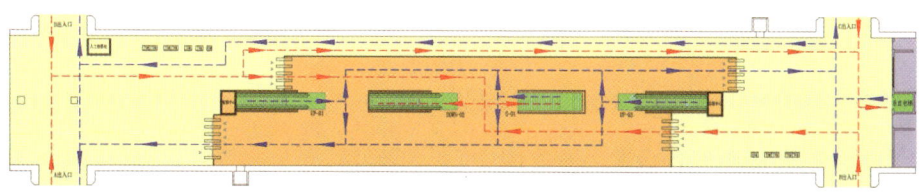

图 4.2-35　站厅层公共区平面布置图

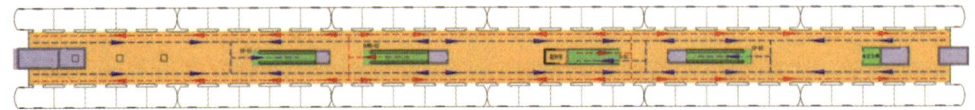

图 4.2-36 站台层公共区平面布置图

② 站厅公共区采用无柱结构形式，公共区长 110.2m，宽 15.7m。

③ 站厅付费区长 65.1m，宽 13.3m，非付费区左端宽 24.3m，右端宽 18.7m，上侧通道宽度 2.4m。

④ 站厅非付费区左上端靠进站闸机位置布置人工售票亭、充值售票机，右下端靠进站闸机位置布置充值售票机。

⑤ 站厅付费区左端上部、右端下部设置进站闸机，左端下部、右端上部设置出站闸机。

⑥ 站厅付费区两端各设置一个客服中心，中间靠左布置一部下行扶梯、靠右布置一部直跑楼梯，两端各布置一部上行扶梯，非付费区右端布置一部垂直电梯。

⑦ 站台公共区端墙净距 125m，站台宽 8m，侧站台宽 2.6m。

⑧ 站台公共区中部布置一个监控亭，楼扶梯下三角房长 4.3m。

优点分析如下：

① 站厅非付费区左端宽 24.3m，右端宽 18.7m，宽度较宽，利于客流集散。

② 站台中部布置一个监控亭，经济适用。

缺点分析如下：

① 站厅公共区长 110.2m，过长，不经济。

② 站厅两端非付费区宽度不一致，且左端宽度过大，不经济。

③ 站厅非付费区靠进站闸机位置布置充值售票机，购票排队客流阻挡进站客流，容易造成拥堵。

④ 站厅付费区左端上部、右端下部设置进站闸机，左端下部、右端上部设置出站闸机，进出站闸机交错，造成进出站客流交织，容易拥堵。

⑤ 站厅付费区两端设置进站闸机，使得进站客流排队空间较小，容易造成客流拥堵，进一步影响客流疏散。

⑥ 站厅两端出站闸机数量较少，影响客流疏散。

⑦ 站厅付费区两端各设置一个客服中心，不经济。

⑧ 站厅付费区仅布置一部直跑楼梯，疏散宽度较小，造成事故工况疏散时间较长。

⑨ 站厅付费区仅布置一部下行扶梯，服务标准较低，易造成拥堵。
⑩ 站厅非付费区右端布置一部垂直电梯，易造成客流长距离穿梭。
⑪ 站台层端墙净距、侧站台宽度较小。
⑫ 站台层楼扶梯下三角房长 4.3m，较长，占用站台层公共区集散面积较大。

（2）客流仿真模拟分析

① 正常运行工况仿真模拟分析

从高峰小时空间利用率图（图 4.2-37）可以看出，三组楼扶梯、进出闸机的利用率较高，另外远期售票机数量可以满足要求。

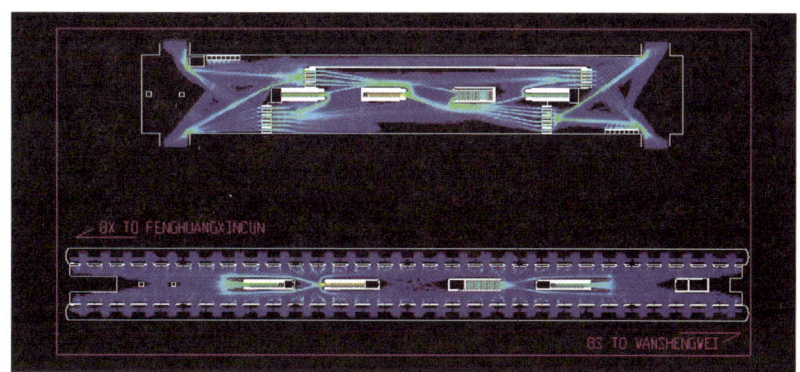

图 4.2-37　空间利用率图

从高峰小时客流密度图（图 4.2-38、图 4.2-39）可以看出，站台两端上行扶梯口的客流密度最大，最高达到了 5 人 /m² 左右，上行扶梯压力相对较大。高峰小时的平均客流密度基本在 1.5 ～ 2.5 人 /m²，整体服务水平相对较好。

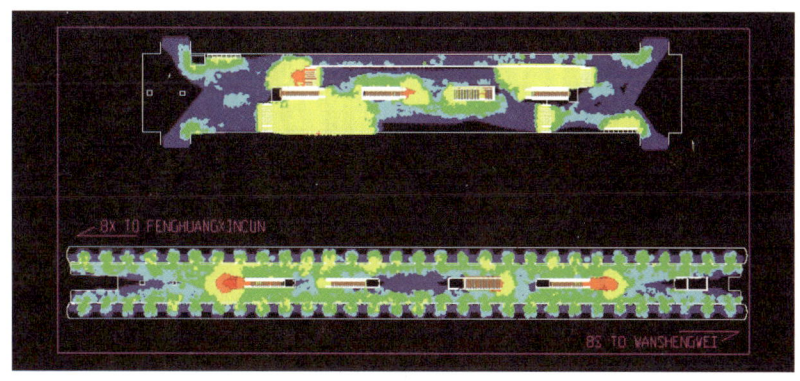

图 4.2-38　高峰小时瞬时最大客流密度分布图

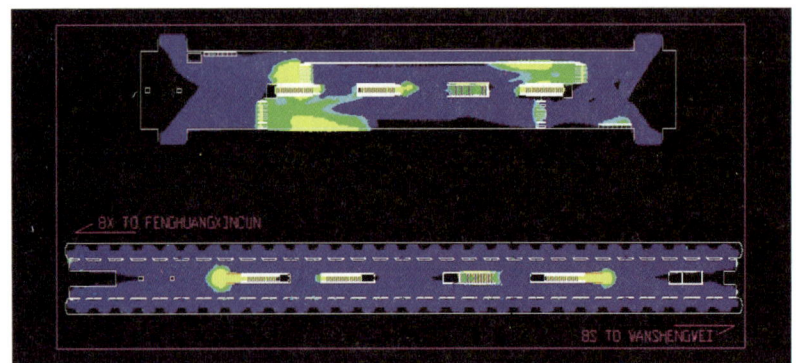

图 4.2-39 高峰小时平均客流密度分布图

从下车乘客走行距离（图 4.2-40）和时间统计图（图 4.2-41）可以看出，乘客从下车开始，至到达典型出口（以 C 口为例）为止，平均走行时距离约 110m，平均走行时间约 133s。

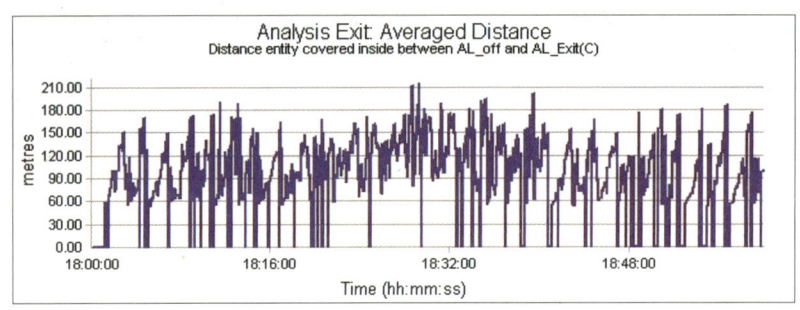

图 4.2-40 乘客从下车至典型出口走行距离统计图

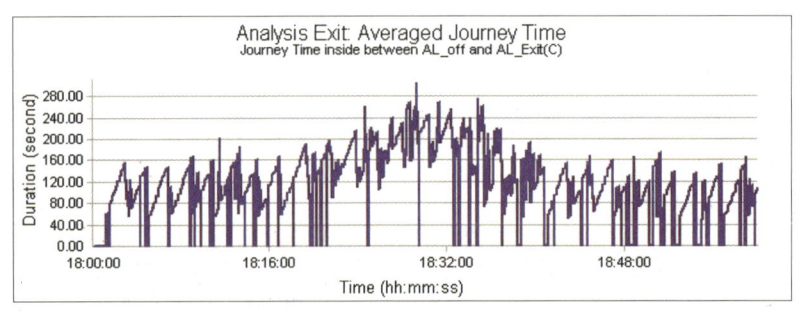

图 4.2-41 乘客从下车至典型出口走行时间统计图

② 事故疏散工况仿真模拟分析

假定 18 点 01 分开始紧急疏散，此时站台有 300 人，事故列车载客 1860 人，总计需疏散2160人。

从疏散统计图（图4.2-42、图4.2-43）可以看出，该站从18点01分开始紧急疏散，01分29秒第一位乘客疏散至站厅闸机处，8分37秒最后一位乘客疏散至站厅闸机处（从到达站厅至到达闸机耗时约10s），疏散全部乘客至站厅的时间总计为7分27秒。由于仅两台扶梯加一台楼梯投入疏散，总的疏散时间较长。

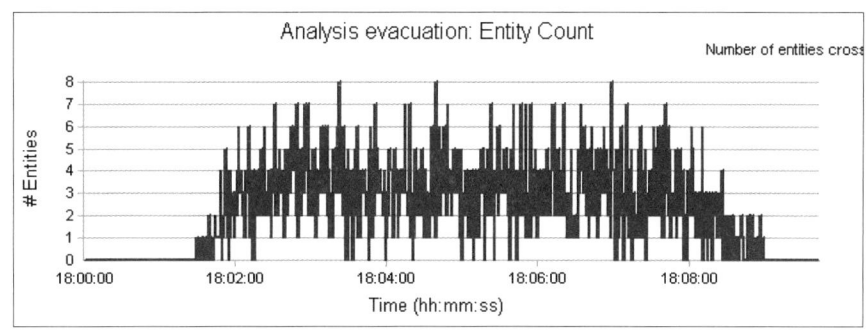

图4.2-42　疏散（至站厅）人数统计图

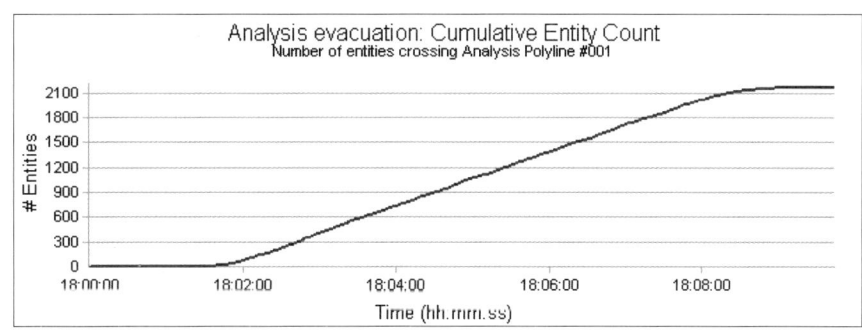

图4.2-43　累计疏散（至站厅）人数统计图

2. 既有车站公共区布局分析对比（表4.2-1）

既有车站公共区布局分析对比表　　　　表4.2-1

对比点	线路	深圳		广州	
		1号线	2号线	1号线	2号线
理论分析对比	结构形式	优	优	较差	较优
	柱跨	较差	优	较差	优
	站厅公共区长度	较差	较优	较差	较差
	非付费区宽度	差	较差	较差	较优
	售票机位置	较优	优	较差	较差

续表

对比点	线路	深圳		广州	
		1号线	2号线	1号线	2号线
理论分析对比	进出站闸机位置	较优	优	较优	较差
	出站闸机数量	优	优	差	较差
	客服中心位置、数量	优	优	较差	较差
	站台监控亭数量	优	优	较差	优
	垂直电梯位置	优	优	差	差
	楼梯形式、位置	较优	较优	优	较差
	扶梯位置、数量	较差	优	优	较优
	站台公共区端墙净距	较优	较优	较优	较优
	侧站台宽	较优	较优	优	较优
	站台三角房长度	差	较差	较优	较优
正常运行工况仿真分析	空间利用率	较优	较差	较优	较优
	高峰小时瞬时最大客流密度分布	较差	较优	较优	差
	高峰小时平均客流密度分布	较优	较优	优	较差
	下车乘客行走距离	较优	较差	差	差
事故工况仿真分析	站台至站厅疏散时间	较优	优	较差	差

3. 深圳地铁9号线公共区布局优化设计分析研究

（1）理论分析

通过对广州地铁1、2号线、深圳地铁1、2号线公共区布局对比表的分析研究，将对比点中的最优及较优方案再加以改进优化，去除所有较差及最差方案，综合研究后得出深圳9号线公共区布局如图4.2-44和图4.2-45所示。

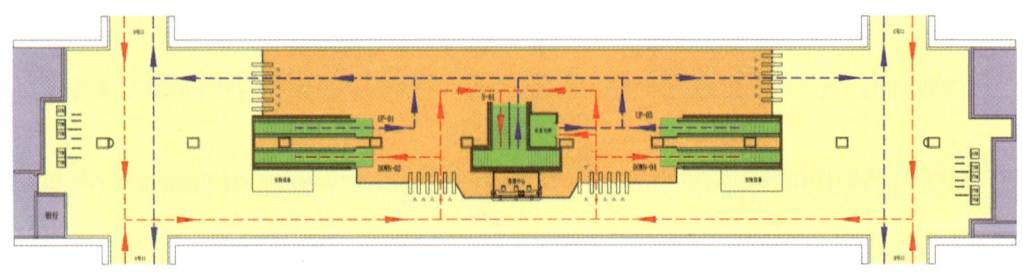

图4.2-44 站厅层公共区平面布置图

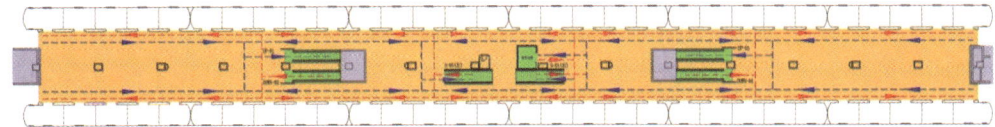

图 4.2-45　站台层公共区平面布置图

图 4.2-44 和图 4.2-45 为深圳地铁 9 号线标准车站站厅、站台公共区布局平面图，特点如下：

① 线路采用 6A 车辆编组。

② 站厅公共区采用单柱结构形式，公共区长 90m，宽 17.7m。

③ 站厅付费区长 52m，宽 14.1m，非付费区左右端宽均为 19m，非付费区通道宽度 3.6m。

④ 站厅非付费区左端靠墙布置充值售票机、银行，右端靠墙布置充值售票机。

⑤ 站厅付费区中部设置进站闸机，两端布置出站闸机。

⑥ 站厅付费区中部布置一个客服中心、一部 T 型楼梯、一部垂直电梯，两端各布置一组上下行扶梯。

⑦ 站台公共区端墙净距 133.5m，站台宽 10.4m，侧站台宽 2.93m。

⑧ 站台公共区中部布置一个监控亭，楼扶梯下三角房长 3.5m。

（2）客流仿真模拟分析

① 正常运行工况仿真模拟分析

从高峰小时空间利用率图（图 4.2-46）可以看出，三组楼扶梯、进出闸机利用率较高，且相对较为均衡，另外远期售票机数量可以满足要求。

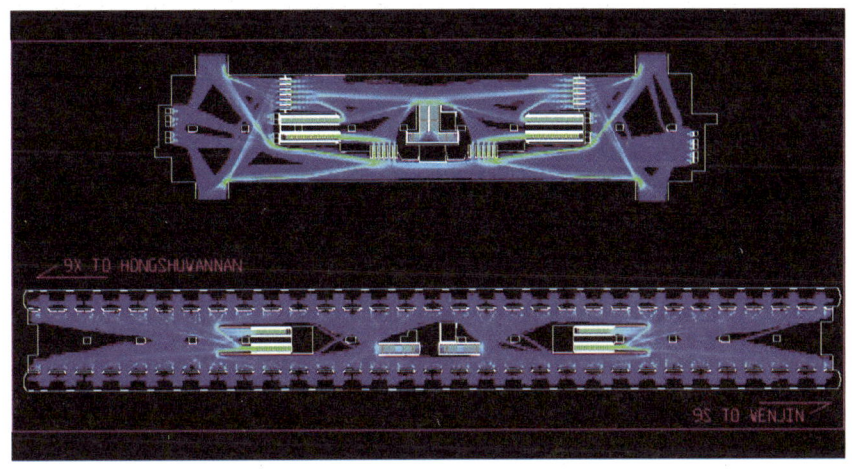

图 4.2-46　空间利用率图

从高峰小时客流密度图（图 4.2-47、图 4.2-48）可以看出，站台两端上行扶梯口的客流密度最大，达到了 3 人 /m^2，高峰小时的平均客流密度基本在 1.5～2 人 / m^2，整体服务水平相对较好。

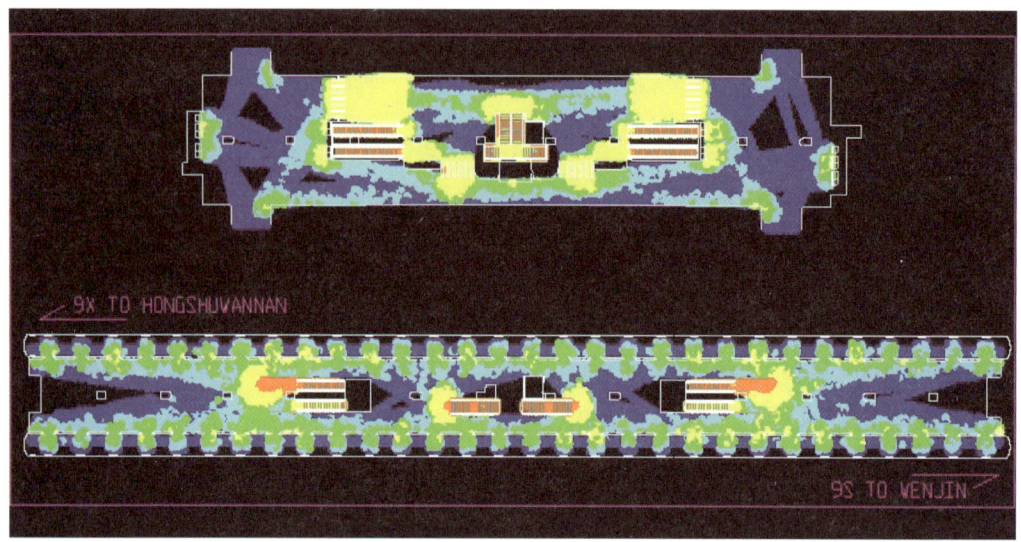

图 4.2-47　高峰小时瞬时最大客流密度分布图

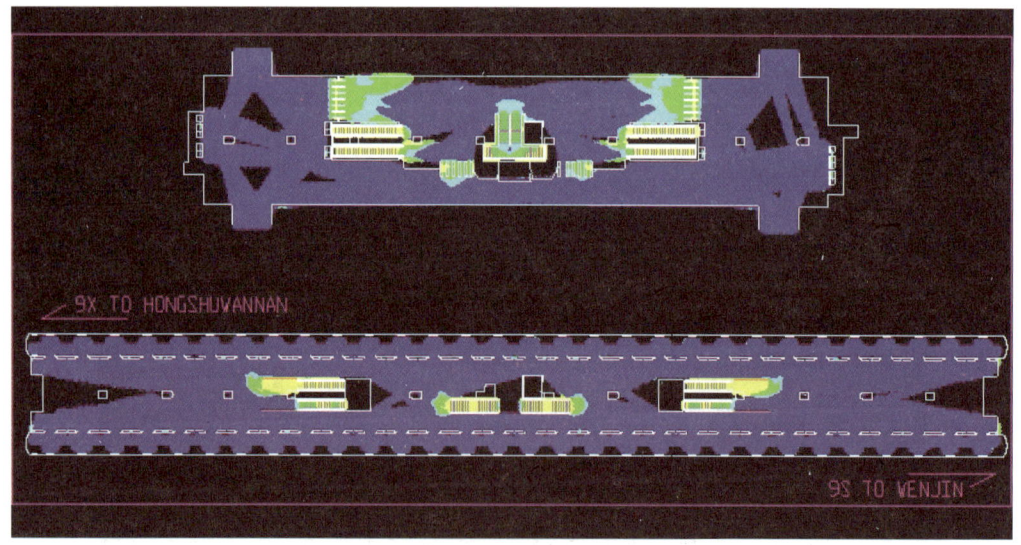

图 4.2-48　高峰小时平均客流密度分布图

从下车乘客走行距离（图 4.2-49）和时间统计图（图 4.2-50）可以看出，乘客从下车开始，至到达典型出口（以 C 口为例）为止，平均走行时距离约 71m，平均走行时间约 90s。

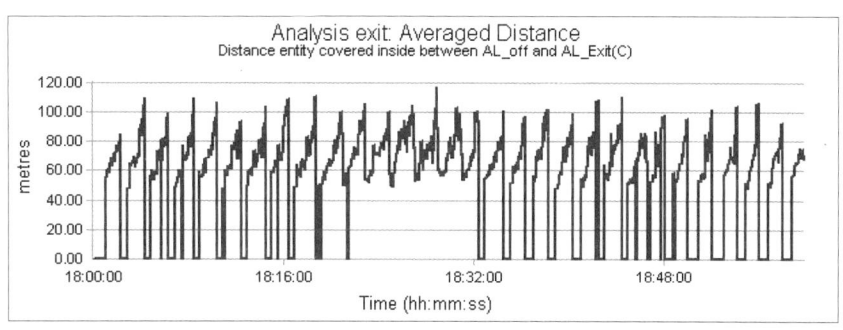

图 4.2-49　乘客从下车至典型出口走行距离统计图

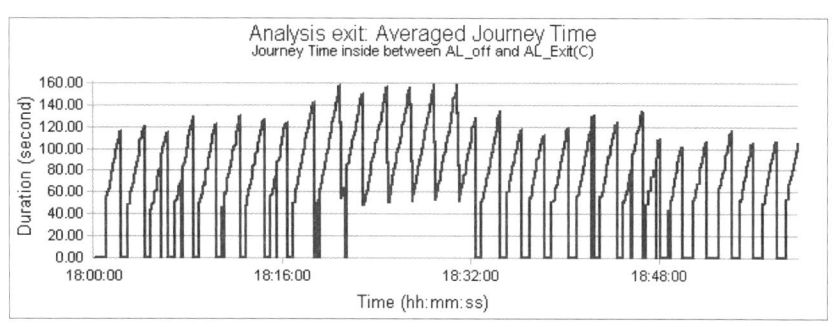

图 4.2-50　乘客从下车至典型出口走行时间统计图

② 事故疏散工况仿真模拟分析

假定 18 点 01 分开始紧急疏散，此时站台有 300 人，事故列车载客 1860 人，总计需疏散 2160 人。

从疏散统计图（图 4.2-51、图 4.2-52）可以看出，该站从 18 点 01 分开始紧急疏散，01 分 27 秒第一位乘客疏散至站厅闸机处，6 分 19 秒最后一位乘客疏散至站厅闸机处（从到达站厅至到达闸机耗时约 10s），疏散全部乘客至站厅的时间总计为 5 分 9 秒。模拟结果显示该站疏散功能较好。

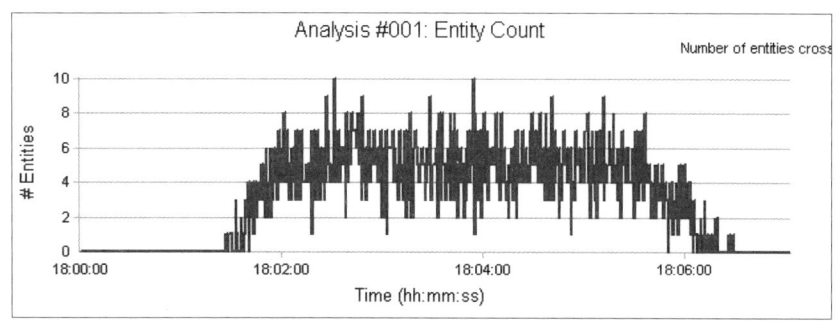

图 4.2-51　疏散（至站厅）人数统计图

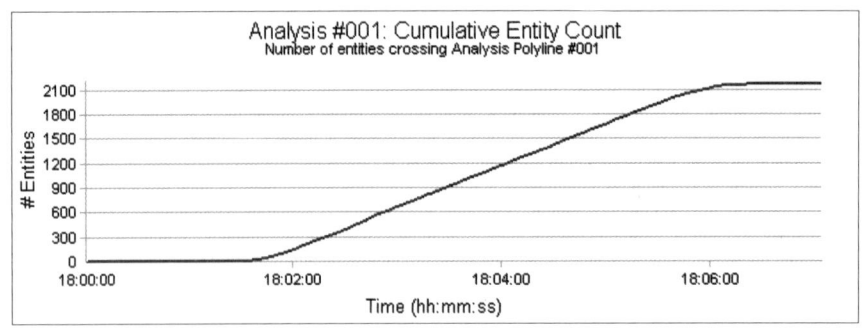

图 4.2-52 累计疏散（至站厅）人数统计图

4.2.1.3 小结

如何优化地铁车站公共区布局一直是地铁工程研究的重要课题，本次研究对这一课题进行了深入分析，得出了各方面均较优的公共区布局方案，该方案经济适用，服务标准高，客流交织少，进出站迅速，事故工况疏散时间最短，且已经受了9号线1年半的实际运营考验，各方评价良好，无乘客投诉。目前该公共区布局已经在广州、深圳地区按标准化推广，全国其他城市也在推广应用中。

4.2.2 换乘站方案

4.2.2.1 研究内容

深圳地铁9号线全线共设车站22座，其中普通车站12座，换乘车站10座。分别与1号线（车公庙站、红岭南站）、2号线（景田站、红岭南站）、3号线（红岭站）、4号线（上梅林站）、6号线（银湖站）、7号线（红岭北站）、8号线（文锦站）、11号线（红树湾南站）、10号线（孖岭站）换乘。换乘模式有平行换乘、节点换乘和通道换乘三大类。

如何做好换乘车站设计，达到方便快捷的换乘功能，是本次设计的重点研究内容。

4.2.2.2 研究目的

通过对车站换乘模式的理论研究，在结合工程实例分析的基础上，提出换乘车站评价体系；并结合9号线具体工程实际情况，对全线10座换乘车站进行梳理与分析，针对不同的换乘模式、换乘节点及相应的公共区布置进行分析与研究。在此基础上，对界面划分与运营模式提出建议，从而稳定方案，并指导下一阶段的方案深化，减少反复与调整，便于初步设计工作的顺利开展。

4.2.2.3 换乘车站方案研究

换乘站根据两条或多条线路关系、建设时序，一般可分为上下重叠换乘、水平平行换乘、十字换乘、丁字换乘、L型换乘和通道换乘，各种换乘的优缺点如图 4.2-53～图 4.2-57 所示。

1. 适用的换乘模式小结

（1）立足线网角度，进行同步规划，同步设计，尽量避免或减少通道换乘的模式。

（2）在有条件的前提情况下，应尽可能采用同站台换乘的换乘模式。

（3）采用站内节点换乘，对于节点规模应有充分的考虑。

（4）由于换乘站客流普遍较大，换乘客流集中，站台宽度应比规范要求和计算结果适当加大，留有一定的富余量。

（5）换乘站的服务水平应比普通站高，换乘流线尽量实现扶梯换乘。

2. 深圳 9 号线换乘模式统计

换乘模式统计如表 4.2-2 所示。

分类	示意图	特 点
岛式站台	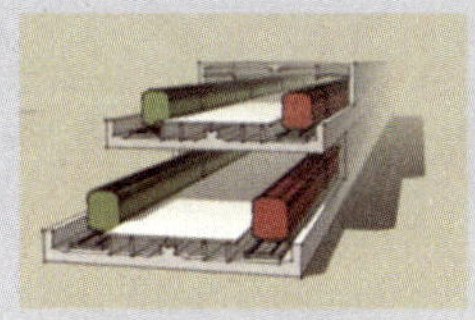	● 同步实施两线车站，车站整合度高，共用站厅公共区 ● 不同线路之间同站台换乘，部分客流需要转换站台换乘 ● 车站宽度小，同岛式车站 ● 区间叠线，对线路设计要求高
岛式站台	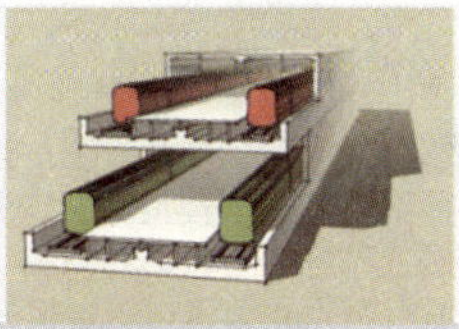	● 同步实施两线车站，车站整合度高，共用站厅公共区 ● 重叠站台分属不同线路，乘客换乘需要上下站台转化 ● 车站宽度小，同岛式车站
侧式站台	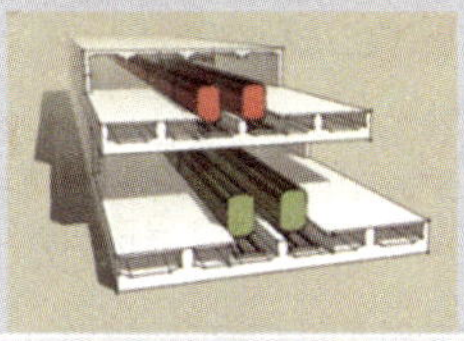	● 同步实施两线车站，车站整合度高，共用站厅公共区 ● 站台背离，乘客换乘不便捷，适用于终点车站的单向客流转换 ● 最底层的侧式站台，对区间工法影响大，需综合考虑
侧式站台	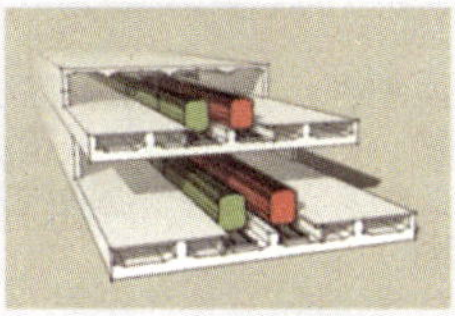	● 区间重叠但采用侧式站台，换乘客流必须通过站厅转换，功能组织不合合理，区间实施难度大 ● 无价值方案

图 4.2-53 上下重叠式换乘

分类	示意图	特点
岛式站台	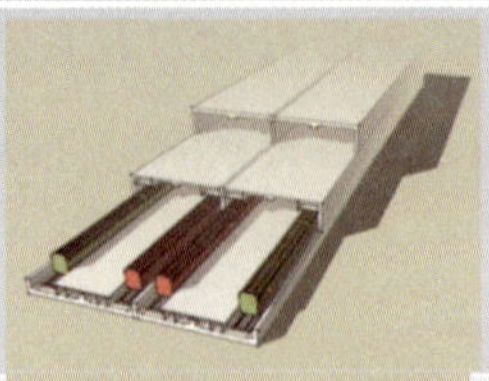	• 两线车站可同步实施，也可分期实施，工程灵活性高 • 不同线路之间同站台换乘，部分客流需要转换站台换乘 • 车站埋深小，有利减小土建规模 • 高度小，宽度大，空间效果要求高 • 区间线路存在重合段，对线路设计要求较高
岛式站台	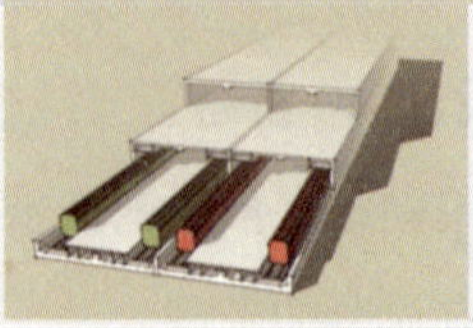	• 两线车站可同步实施，也可分期实施，工程灵活性高 • 两线站台无法互通，只能通过站厅组织换乘，适用于不同票制线路 • 车站高度小，宽度大，对空间效果要求高，影响土建规模
侧式站台	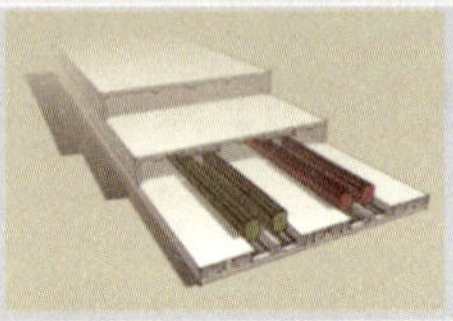	• 两线车站可同步实施，也可分期实施，工程灵活性高 • 不同线路之间同站台换乘，部分客流需要转换站台换乘，对终点车站单向客流组织有利 • 车站埋深小，有利减小土建规模 • 高度小，宽度大，空间效果要求高
侧式站台	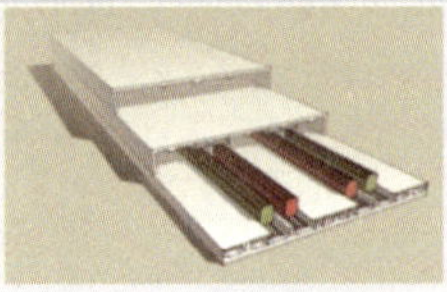	• 区间重合但站台之间不联通，换乘客流必须通过站厅转换，与进出站客流混杂，功能组织不合理，区间实施难度大 • 无价值方案

图 4.2-54　水平平行式换乘

分类	示意图	特点
岛岛十字	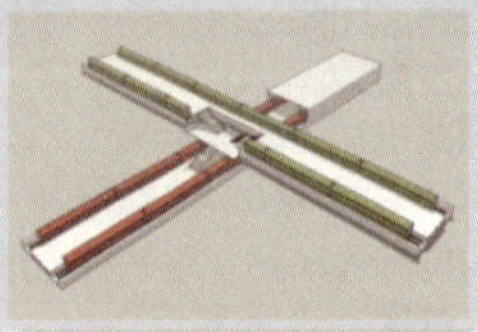	• 同步实施两线车站，车站整合度高，共用站厅公共区 • 换乘距离短，换乘客流均匀 • 换乘节点宽度受站台宽度限制 • 在站台容易出现进出站客流与换乘客流之间互相干扰交织的现象 • 两线线路区间工法简单易于实施
岛侧十字	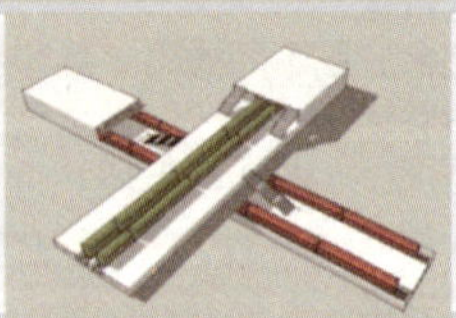	• 同步实施两线车站，车站整合度高，共用站厅公共区 • 换乘方便，换乘距离短，换乘客流均匀，相互干扰较小，尤其适用于侧式车站为终点站的情况 • 侧式站台车站存在换乘客流过轨更换站台情况 • 侧式站台对区间工法影响较大
岛侧十字	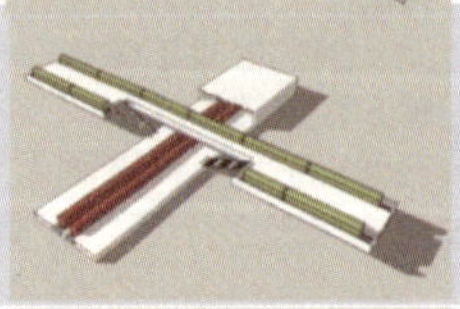	• 同步实施两线车站，车站整合度高，共用站厅公共区 • 换乘方便，换乘距离短，换乘客流均匀，相互干扰较小 • 侧式站台车站换乘客流过轨更换站台对岛式站台客流影响较大 • 底层侧式站台对区间工法影响较大
侧侧十字	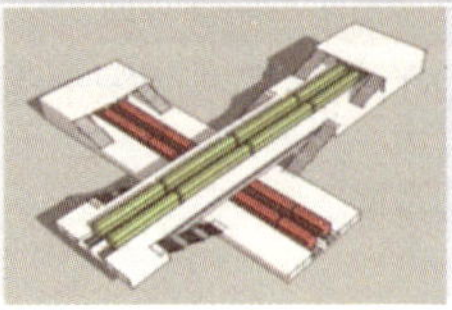	• 同步实施两线车站，共用站厅公共区，车站规模大，垂直交通设备多，不利于投资建设及运营管理 • 换乘距离短，换乘客流均匀，但两线之间过轨更换站台对导向要求高 • 双线侧式站台对区间工法影响较大

图 4.2-55　十字相交换乘

分类	示意图	特点
岛岛换乘		• 两线车站可同步实施，也可分期实施预留节点，工程灵活性高 • 底层车站换乘客流在车站尽端，客流组织不均匀，客流较大时需通过站厅组织换乘客流 • 上层站台有进出站、换乘客流的交汇，对规模与换乘设备要求高
岛侧换乘		• 两线车站可同步实施，也可分期实施预留节点，工程灵活性高，存在调整为换乘功能形式更优的岛侧十字换乘车站，预留条件好 • 两线站台搭接，预留节点规模稍大 • 存在客流过轨更换站台的现象，对导向设置要求高 • 上层侧式站台对区间工法影响大
		• 两线车站可同步实施，也可分期实施预留节点，工程灵活性高 • 底层换乘客流在车站尽端，客流组织不均匀，客流较大时需通过站厅组织换乘客流 • 侧式车站存在客流过轨更换站台的现象，上层站台存在进出站、换乘客流的交汇，对换乘节点规模、换乘设备以及导向设置要求高 • 底层侧式站台对区间工法影响大
侧侧换乘		• 两线车站可同步实施，也可分期实施预留节点，但站台搭接预留节点规模大 • 两线车站共用站厅公共区，车站规模大，垂直交通设备多，不利于投资建设及运营管理 • 两线之间过轨更换站台容易在上层车站导致人流聚集，对导向要求高 • 双线侧式站台对区间工法影响较大

图 4.2-56　丁字相交换乘

分类	示意图	特点
岛岛换乘		• 两线车站可同步实施，也可分期实施预留节点，工程灵活性高，预留工程量小 • 换乘较方便，但换乘客流不均匀，在站台有进出站、换乘客流的互相干扰，两线换乘集中在车站端头，换乘客流大时，易出现交通"瓶颈"问题，对换乘节点规模要求高
岛侧换乘		• 两线车站可同步实施，也可分期实施预留节点，工程灵活性高，预留工程量较小 • 两线换乘集中在车站端头，存在客流过轨更换站台的现象，换乘客流大时，易出现交通"瓶颈"问题，对导向指引、换乘节点规模以及下层侧式站台规模有影响 • 上层侧式站台对区间工法影响大
		• 两线车站可同步实施，也可分期实施，工程灵活性高，预留节点工程量较小 • 两线换乘集中在车站端头，存在客流过轨更换站台的现象，换乘客流大时，易出现交通"瓶颈"问题，对导向指引、换乘节点规模以及下层岛式站台规模有影响 • 底层侧式站台对区间工法影响大
侧侧换乘		• 两线车站可同步实施，也可分期实施预留节点，预留节点规模大 • 两线车站规模大，垂直交通设备多，不利于投资建设及运营管理 • 两线之间过轨更换站台容易在换乘节点形成瓶颈，对换乘节点规模以及导向指引要求高 • 双线侧式站台对区间工法影响较大

图 4.2-57　L 型相交换乘

换乘模式统计表　　　　　　　　　　　　表 4.2-2

序号	9号线换乘站名称	换乘线路	换乘模式分析
1	红树湾南站	11号线	同期建设线路，平行换乘
2	车公庙站	1、7、11号线	既有线路，同期建设线路，节点换乘
3	景田站	2号线	既有线路，节点换乘
4	上梅林站	4号线	既有线路，通道换乘
5	孖岭站	10号线	规划线路，通道换乘
6	银湖站	6号线	规划线路，平行换乘
7	红岭北站	7号线	同期建设线路，节点换乘
8	红岭站	3号线	既有线路，通道换乘
9	红岭南站	1、2号线	既有线路，通道换乘
10	文锦站	8号线	规划线路，通道换乘

下面重点选取红树湾南站、车公庙及红岭北站三个换乘站进行说明。

1）红树湾南站

（1）站位及站址环境

红树湾南站是9号线的起点站，与11号线换乘，11号线为城市快速干线。站位设于红树湾南二路与白石四道交叉口以北的绿地上，大致沿着白石四道东西走向，与白石四道有小角度斜交。已建地铁2号线红树湾站位于9号线红树湾南站西北角，直线距离约300m。车站周边地块规划为深圳湾总部基地，土地开发以高端办公、商务公寓为主，配套有部分商业、文化建筑（图4.2-58）。

（2）设计条件分析

场地周边环境开阔，现状为待开发区域，可提供充分的施工场地，且地下无控制性的管线，施工条件良好。

换乘的11号线同为三期工程，车站设计应考虑与11号线同步实施，11号线红树湾南站为中间站，应对不同的换乘方式进行比较。

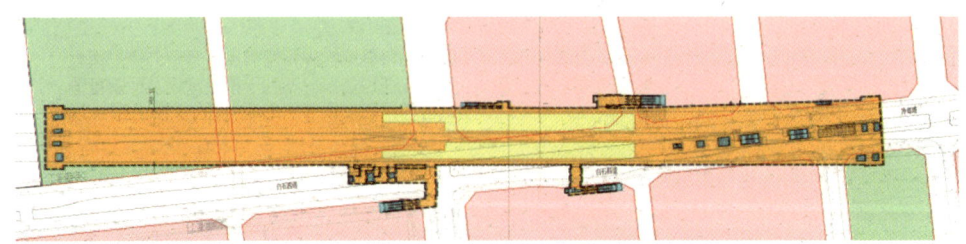

图 4.2-58　红树湾南站总平面图

与 2 号线红树湾站之间的衔接关系。二者之间相距较远（直线距离 300m），2 号线在设计时也未对 9 号线与 11 号线的换乘予以预留考虑。考虑到两个站的换乘必要性不强，故暂时不考虑两站间采用通道换乘方案。

9 号线西端设站后折返线，东端设 9、11 号线渡线。

（3）换乘模式选择

红树湾南站 9 号线与 11 号线两线线路平行，客流量大，换乘客流比例较高（表 4.2-3）；而且毗邻红树湾公园，节假日突发客流也较多，设计中重点考虑设置舒适开敞的车站空间和便捷的换乘流线，在线路敷设时考虑采用双岛四线换乘方式。

早高峰换乘客流量表　　　　　　　　　　　　　　表 4.2-3

远期 9、11 号线红树湾南站早高峰换乘客流量					
	9 号线南行	9 号线北行	11 号线东行	11 号线西行	合计
9 号线东行	—	—	459	103	562
9 号线西行	—	—	137	1528	1665
11 号线西行	1051	85	—	—	1135
11 号线东行	99	788	—	—	887
合计	1149	873	596	1631	4248

双岛四线换乘方案有地下两层平行换乘及地下三层叠线换乘两种方式，地下三层双岛四线换乘的优点是横断面较小，换乘行走距离较短，缺点是车站埋深较深，不便于施工，站厅面积小，不便于客流集散；地下两层双岛四线换乘站的优点是便于同站台同方向换乘，且车站埋深较浅，便于施工，站厅面积大，便于客流集散，缺点是车站标准段较宽，对施工场地要求较高。从换乘数据看，9 号线右线与 11 号右线 9 号左线与 11 号线左线换乘需求较小。因此，根据本站工程实施条件及具体换乘需求，红树湾南站设为地下两层双岛四线换乘是最合理的。站台宽度为 12m，单柱设置，侧站台宽度达到 3.5m（图 4.2-59）。

红树湾南站 9、11 号线高峰换乘客流 4248 人。

（4）客流模拟分析

根据上述比较结论，本次对推荐的"同层式岛岛平行换乘"方案进行客流模拟。

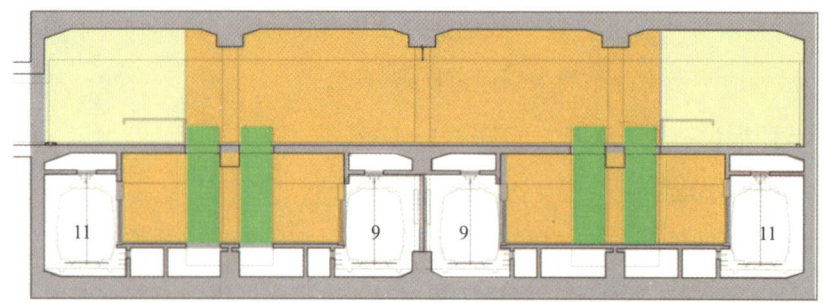

图 4.2-59 横剖面换乘关系示意图

① 空间使用率情况

从高峰小时空间使用率（图 4.2-60）分析结果得出，站厅层东侧的进闸机利用率较高，出闸机利用率均不高，另外远期售票机数量也基本可以满足要求。

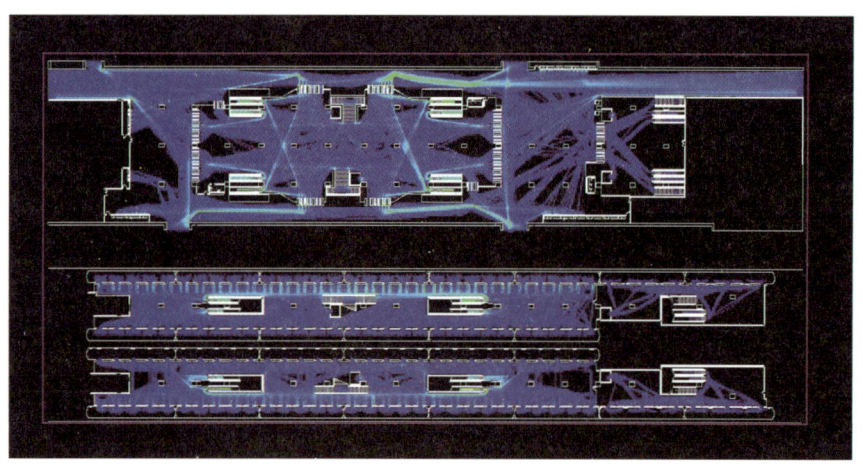

图 4.2-60 红树湾南站高峰小时空间使用率图

② 客流密度分布

高峰小时客流密度分析结果得出，11 号线站台客流密度相对较大，最大客流密度达到了 3 人 /m^2 左右，其中局部点客流拥堵；高峰小时的平均客流密度基本在 1.5 ~ 2 人 /m^2，整个服务水平相对较好。

11 号线站台客流密度分布不均匀，两节头等车对应的站台客流密度很低，站台使用效率低。

③ 站台客流密度图

从站台客流密度分析得出，11号线客流密度大，尤其是普通车候车区客流密度局部时间超过2人/m^2，但整个站台服务水平较好。

（5）结论

利用基于个体的人员动力学模型LEGION，建立红树湾南站的地铁车站疏运模型，设定客流量时间曲线、进出站通道、闸机、售检票模式、限流方案等，对远期设计客流进行数值模拟分析，通过模拟可以得出以下结论：

① 远期高峰在设计客流冲击情况下，9号线的站台、11号线的站台以及站厅不会出现持续拥堵的情况，整体服务水平良好。

② 模拟发现在建筑结构拐角位置、楼扶梯位置及闸机位置，出现乘客高密度区域，建议基于模拟的空间使用情况，可以在低使用频度的区域，合理布置车站用房和商业用房。

③ 建议适当增加进闸机的数量（特别是东北侧闸机），同时东西两侧的两组出闸机可适当设置双向闸机，以方便乘客进出。

综上所述，红树湾南站的"同层式岛岛平行换乘"方案，在对建筑拐角进行优化、适量增加进站闸机后，在远期设计客流情况下，能够安全、便捷地工作，达到设计要求。

2）车公庙站

深圳中心区城市呈现东西向发展态势，并形成前海-南山、福田-罗湖双中心，根据客流预测情况，7号线西段深云、农林方向与9号线东段景田、梅林方向交互较大（9号线南行与7号线北行），同时，9号线西段深湾、下沙方向与7号线东段石厦、上沙方向交互较大（9号线北行与7号线南行）。因此，宜实现以上交互量大方向的同站台换乘，即远期全日交互量21783人次，约占总量的53%（表4.2-4）。

远期7、9号线全日换乘量统计表　　　　　　　　　　　　　　表4.2-4

	9号线北行	9号线南行	7号线北行	7号线南行	合计
9号线北行	—	—	4252	6747	11000
9号线南行	—	—	4253	5544	9797
7号线北行	5250	6456	—	—	11705
7号线南行	4318	4263	—	—	8581
合计	9568	10718	8505	12292	41083

考虑到 7、9 号线右线自西向东为上行方向，两线左线均为下行方向，因此，将 7 号线经农林后，左右线交换线位，在车公庙站实现 9 号线右线与 7 号线右线及两线的左线实现同站台换乘，实现大客流交互方向的同站台便捷换乘（图 4.2-61）。

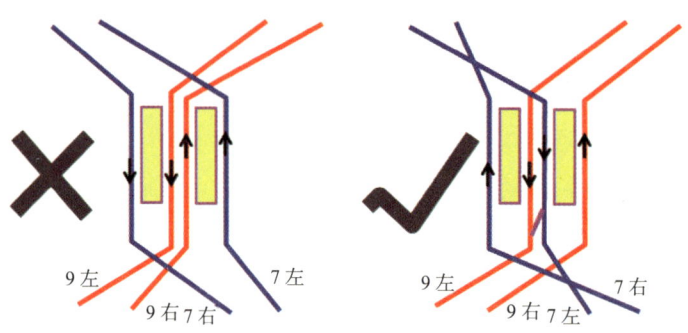

图 4.2-61　车公庙站同站台换乘线位布置示意图

推荐采用的两线左、右线各分居一个站台一侧的方案（图 4.2-62），不仅可实现大客流交互方向的同站台换乘，同时两线左线位于内侧，线间距为 5m，有利于在该处共走廊较短的困难情况下联络线的布置，同时也有利于控制车站规模。

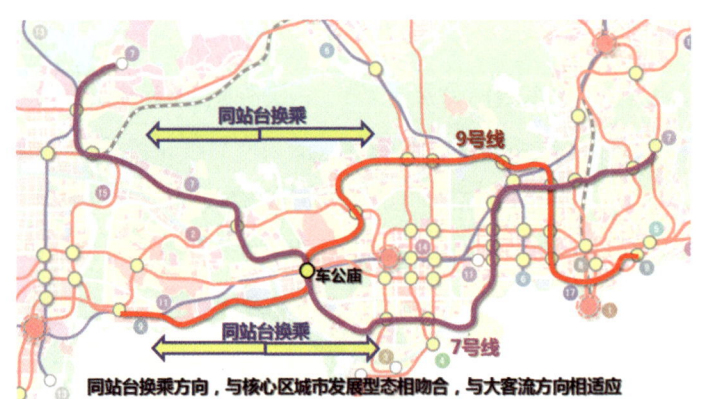

图 4.2-62　7、9 号线车公庙换乘同站台换乘方向示意图

上述换乘方案既使得 9 号线与 7 号线成环，从特区内的外围疏解南北方向客流，疏解中心城区的交通压力，同时，在车公庙站进行的同向换乘选择，也最大限度保证了线路东西向换乘的便利性，相当于在车公庙站的北边和南边，分别有两条贯穿的沿东西向分布的直线，与城市东西向发展形态保持一致，最大限度提高了线路服务功能。

3）红岭北站

（1）站位及站址环境

红岭北站是 9 号线与 7 号线的换乘站（图 4.2-63），站位设于红岭北路与八卦三路十字路口交界处，两线垂直相交，9 号线平行红岭北路布置，7 号线平行八卦三路布置。

（2）设计条件分析

7、9 号线红岭北站同属于轨道交通建设规划的三期工程，考虑同步设计、同步实施；9 号线红岭北站站后设存车线，因此 9 号线规模较大，在考虑 9 号线与 7 号线的竖向关系时，宜将 9 号线置于 7 号线之上，以减少工程量。

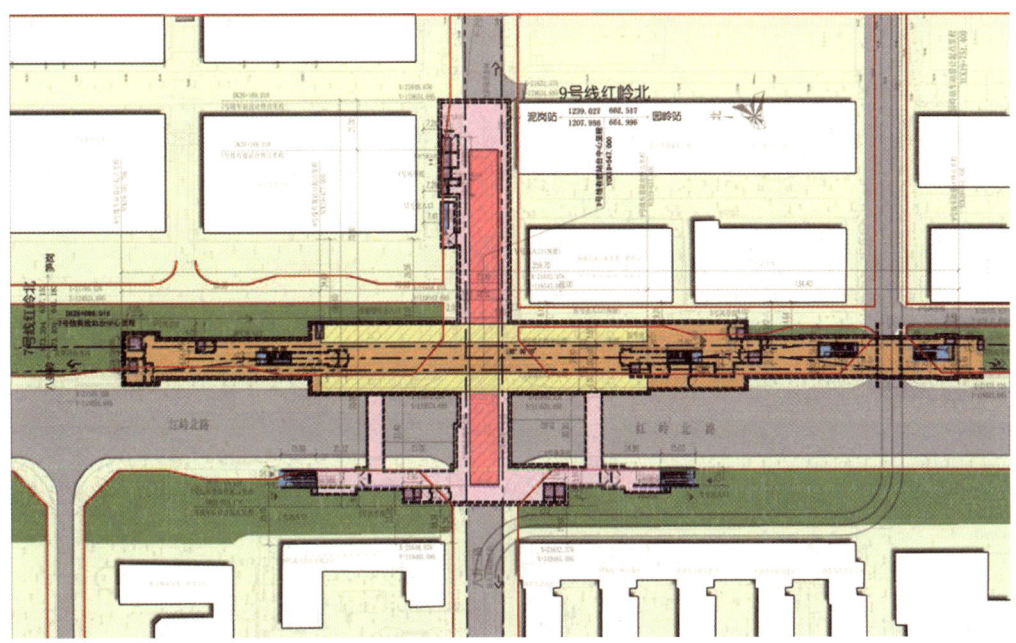

图 4.2-63　红岭北站位关系示意图

（3）车站设计方案

推荐方案为采用侧岛十字换乘形式（三层），如图 4.2-64、图 4.2-65 所示。其中 7 号线车站沿八卦三路、梅园路呈东西向布置于路中，车站西端为盾构始发端，东端区间采用明挖法施工。9 号线车站沿红岭北路呈南北向布置于东侧绿化带下，车站内设置停车线，车站地面共设 5 座出入口（一部垂直电梯），5 组风亭（1 组为高风亭）。

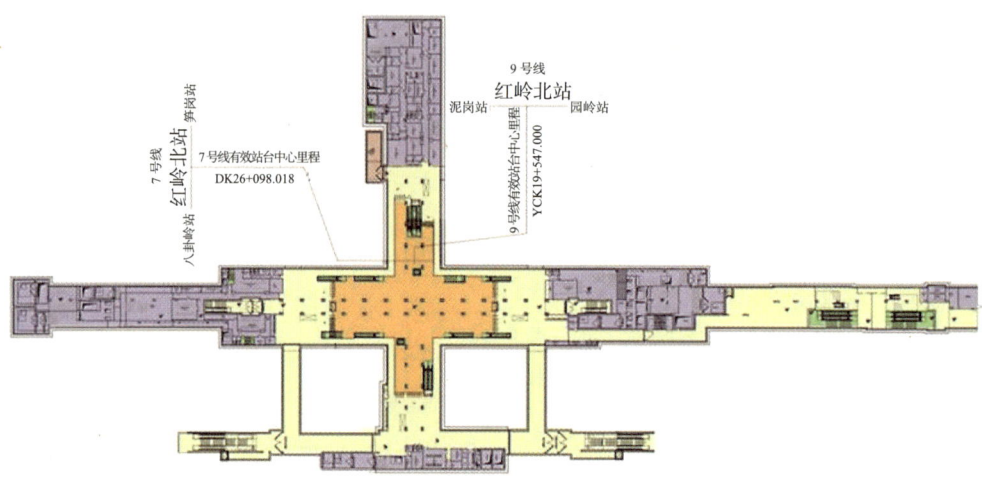

图 4.2-64　站厅层（负一层）平面图

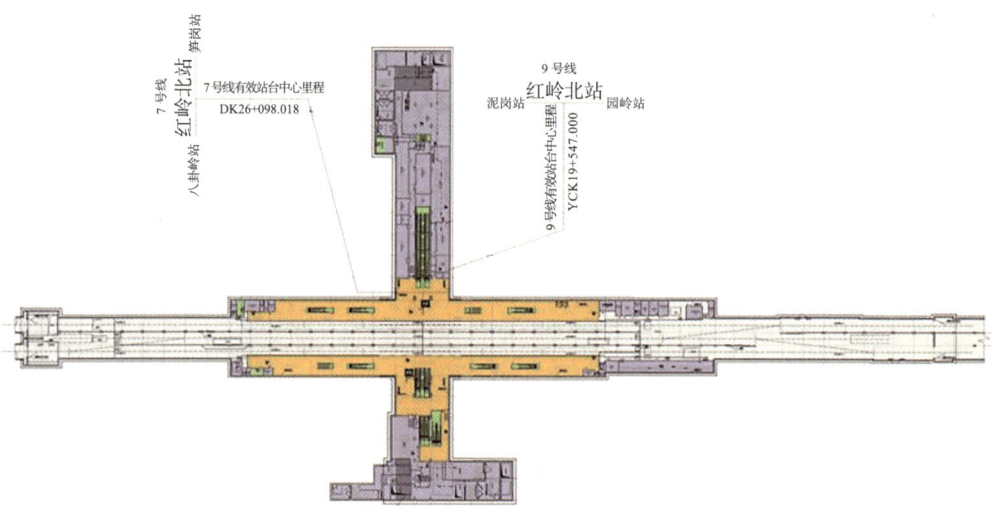

图 4.2-65　负二层 9 号线站台层平面图

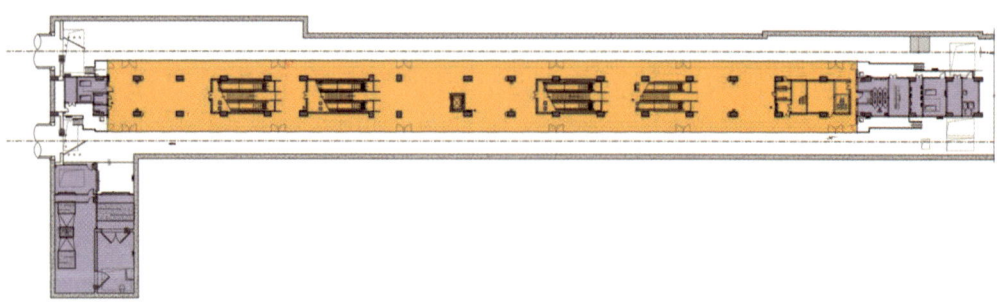

图 4.2-66　负三层 7 号线站台层平面图

比较方案为 7 号线布置在 9 号线东侧，7、9 号线在车站范围内形成 T 型岛岛换乘模式，如图 4.2-66 所示，其中 9 号线为地下二层岛式站台，有效站台宽 14m，7 号线为地下三层岛式车站，有效站台宽为 12m。7、9 号线在换乘节点处设有约 6m 的换乘楼梯，换乘能力和换乘条件比岛侧方案差。

（4）客流模拟分析结论

利用基于个体的人员动力学模型 LEGION，建立红岭北站的地铁车站疏运模型，设定客流量时间曲线、进出站通道、闸机、售检票模式、限流方案等，对远期最大极端客流进行数值模拟分析，通过模拟得出以下结论：

① 采用十字换乘方案可行。远期最大高峰客流冲击情况下，9 号线的站台、7 号线的站台以及站厅不会出现持续拥堵的情况，不会出现乘客大量滞留的情况。

② 模拟发现在建筑结构拐角位置、楼扶梯位置及闸机位置，出现乘客高密度区域，建议基于模拟的空间使用情况，可在低使用频度的区域，合理布置车站用房和商业用房。

③ 十字换乘时，9 号线站台的南行站台密度比北行方向站台密度要大，最大密度位置在上行楼扶梯入口的位置。

④ 十字换乘时，站厅靠近 3 号出入口处闸机的高密度区域较大，建议增加该处的进站闸机数量。

⑤ 十字换乘时，平均换乘行走距离约 88m，T 字换乘时，平均换乘行走距离约 105m，T 字换乘较十字换乘行走距离长 17m，约增加 20%。

综上所述，红岭北站的十字换乘方案在远期最大客流情况下，能够安全、便捷地工作，最终选择十字换乘方案。

4.2.3 新型轨道技术

4.2.3.1 地铁桁架双块式轨枕

现有城市轨道交通中，普遍使用的轨枕类型为混凝土短轨枕和混凝土长轨枕，二者各有优缺点：短轨枕结构简单、道床水沟布置灵活，但整体性稍差，施工时轨距及轨底坡较难保证；长轨枕整体性好、施工速度快、轨距及轨底坡易保证，但轨枕与道床新旧混凝土的接触面积较大，施工时如振捣不密实，易产生裂缝。短轨枕与长轨枕常见病害如图 4.2-67、图 4.2-68 所示。

图 4.2-67　短轨枕病害　　　　　　　　　图 4.2-68　长轨枕病害
（a）轨底坡偏差；（b）扣件偏斜　　　　　　　　　（道床开裂）

国内外客运专线和高速铁路中，使用较广泛的为桁架双块式轨枕，既可保证轨底坡、提高施工精度，又可以减少预制轨枕与现浇道床混凝土的分界面，加强轨枕与道床的连接，确保轨道结构的整体性，但客专用双桁架钢筋结构复杂（图4.2-69），需专业工厂生产焊接，精度要求高，造价高。

考虑到地铁车辆轴重较小、速度相对较低以及25m轨排吊装施工，本线设计中将桁架双块式轨枕由双桁架结构简化为单桁架结构，这一简化的核心问题是需要解决桁架钢筋在外力作用下变形引起的轨距变化以及桁架钢筋的生产工艺。单桁架的强度及刚度按一个携带简单机具设备的成年人(合计100kg)在单桁架钢筋上行走时，桁架基本无变形来加以确定，简化后的单桁架钢筋结构简单，减少了材料用量，生产焊接方便，降低了造价。

单桁架双块式轨枕轨排的重量与传统短轨枕相当，但轨排刚度及铺轨精度可媲美长轨枕，达到了预期使用效果（图4.2-70）。

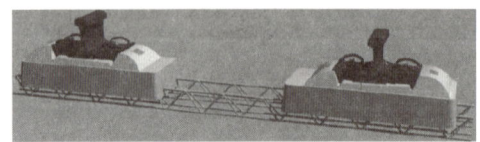
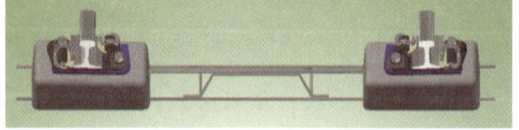

图 4.2-69　双桁架双块式轨枕　　　　　　图 4.2-70　单桁架双块式轨枕

4.2.3.2　高平顺性道岔

道岔是轨道系统中的薄弱环节，也是影响轨道平顺性的关键环节，针对传统道岔轨道刚度不均匀，尖轨、基本轨及辙叉磨耗快，尖轨扳动力大等导致轨道平顺性差的问题，本工程在国内首次开展了"深圳地铁道岔寿命延长技术专题研究"，该专题由西南交通大学牵头，代表了国内道岔技术的新水平。

1. 岔区轨道刚度均匀化

道岔区钢轨件的断面变化均较大，尖轨宽度及高度均小于标准轨，而辙叉断面又比标准轨大很多；此外，道岔区的轨下弹性垫板均采用均一材质和硬度，当钢轨件断面减少或增大时，轨下垫板的宽度和刚度也相应减少或增大，加剧了道岔区轨道刚度的不均匀，对轨道平顺性的影响非常不利。本线设计中在分析了岔区轨道刚度分布规律的基础上，首次分区将板下垫板的刚度进行了调整，来实现道岔区刚度均匀化，从而提高列车过岔时的横向和纵向平顺度（图 4.2-71）。

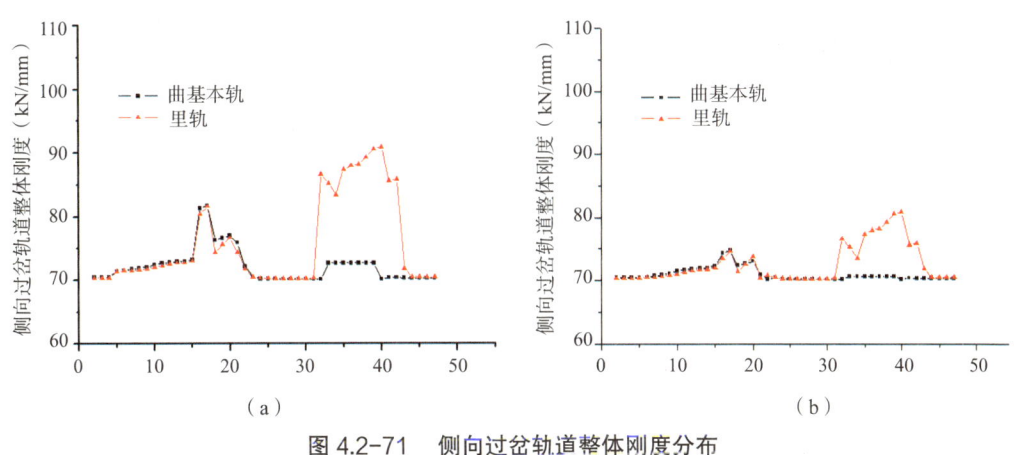

图 4.2-71 侧向过岔轨道整体刚度分布
（a）均匀化前的道岔整体刚度；（b）均匀化后的道岔整体刚度

2. 岔区钢轨件设轨底坡或轨顶坡

地铁速度低、轴重轻，正线设置 1:40 的轨底坡，道岔一般不设轨底坡。

本线的曲线尖轨 9 号岔在尖轨及辙叉部位首次设计了 1:40 轨顶坡，其余部位则设置了 1:40 轨底坡，使得车辆通过岔区时的轮轨接触关系与非道岔区一致，从而提高过岔平稳性，同时也可降低轮轨磨耗和病害，消减了道岔区的振动源强。

3. 尖轨、基本轨及辙叉硬化加强处理

尖轨、基本轨及辙叉等钢轨件均为道岔中的易损件，传统道岔的这些钢轨件强度及硬度都与普通钢轨件相同，如通常所用的 U75V 热轧 AT 轨硬度一般在 280～320 HBW，高锰钢辙叉硬度不超过 229HBW，长期使用易产生病害（图 4.2-72），从而影响到轨道的平顺性。

本线9号道岔将尖轨、基本轨进行在线热处理，使其表面硬度提高至375HBW，将辙叉进行爆炸硬化处理，表面硬度提高至250～300HBW。表面处理后的钢轨成为外硬内韧的复合结构，提高其耐磨性，延长使用寿命，对轨道平顺性有利。

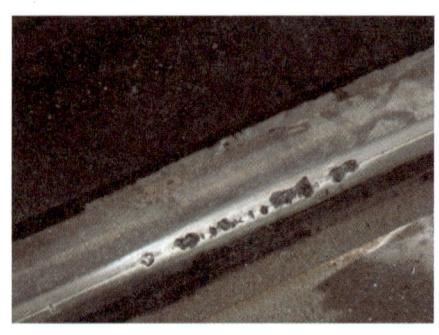
（a）

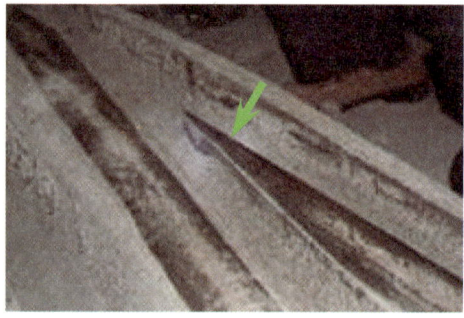
（b）

图4.2-72 传统尖轨及辙叉病害
（a）传统尖轨剥落掉块；（b）传统辙叉叉心塌陷

4. 转辙器采用辊轮滑床板系统

为降低道岔尖轨的扳动力，提高地铁道岔转换系统中工务、信号专业的安全系数，本线正线曲尖轨9号道岔转辙器设计时，首次采用了辊轮滑床板系统（图4.2-73）。

根据测试，与涂有润滑油的传统滑床板（图4.2-74）相比，采用了辊轮滑床板系统的道岔扳动力降低7%～10%；与未涂润滑油的传统滑床板相比，扳动力最大降低约30%。辊轮滑床板系统降低了尖轨扳动力，改善了尖轨的密贴状态，提高了列车过岔平顺性。

图4.2-73 辊轮滑床板系统

图4.2-74 传统地铁滑床板

5. 滑床板采用新型弹性夹扣压

目前地铁道岔滑床板和护轨垫板普遍采用弹片扣压，装卸不便，扣压力不稳定。本线正线 9 号道岔设计时，首次采用了弹性夹扣压，现场使用效果极好（图 4.2-75）。

图 4.2-75　弹性夹扣压滑床板

4.2.3.3　高精度液体阻尼预制钢弹簧浮置板

地铁下穿居民区、学校等振动敏感地段，通常采用特殊减振钢弹簧浮置板，其 Z 振级减振效果一般在 15dB 以上。

传统钢弹簧浮置板均采用"钢筋笼法"方案，它是一种在铺轨基地将浮置板结构钢筋绑扎成型，与轨排和隔振器外套筒拼装一体，整体吊装就位后，现浇混凝土构筑浮置板轨道的施工工艺。

针对钢弹簧浮置板采用"钢筋笼现浇法"施工时，速度相对较慢、铺设精度不易保证、施工环境差、可维修性差的问题。受深圳市地铁集团有限公司委托，依托深圳地铁 9 号线工程，广州地铁设计研究院联合隔而固（青岛）振动控制有限公司开展了"厂内预制钢弹簧浮置板铺设试验段"科研项目。

项目组主要从预制板的形式尺寸及配筋计算、隔振器的疲劳验算、减振效果预评价及验证、预制板的制造及拼装等方面进行了相关研究。

1. 预制钢弹簧浮置板尺寸的确定

（1）预制板尺寸对板受力的影响

预制板的板长、板宽及板厚对预制板本身的受力情况有较大的影响，考虑到隔振器的布置情况对板的受力影响较大，为简化分析，本次仅考虑最不利情况下，预制板四端布置隔振器的工况。

不同尺寸下预制板的受力情况对比表　　　　表 4.2-5

变量名	定量参数	变量参数	弯矩值对比
长度	宽 2.7m；厚 0.34m	从 2.4m 增加至 6m	最大横向增加 10 倍
宽度	长 3.6m；厚 0.34m	宽从 2.4m 增加至 3.2m	最大纵向降低 33%
厚度	长 3.6m；宽 2.7m	厚从 0.28m 增加至 0.37m	最大纵向 / 横向增加 22%/16%

通过表 4.2-5 所示的对比分析可以看出，预制板的板长对弯矩的影响最大，板长从 2.4m 增加至 4.8m 时，最大横向弯矩值增加约 6 倍，增加至 6m 时，最大横向弯矩值增加约 10 倍。板宽增加时，最大纵向弯矩值有一定的降低，板厚增加时，最大纵向和横向弯矩值都有一定程度的增加。

弯矩越大，对预制板的施工质量及配筋要求越高，结合预制板结构受力情况，需合理的选择预制板尺寸。

（2）线下基础对预制板尺寸的制约

地下线大多采用盾构法施工，本工程圆形隧道内壁直径为 5.4m，限界较紧张。在满足建筑限界要求的前提下，预制板的宽度要考虑隧道两侧疏散平台、电缆支架、消防水管及废水管的安装空间需求，厚度要考虑隧道顶部的接触网安装净空需求。钢弹簧浮置板设计轨面至隧道内壁底的高度一般不宜超过 940mm，板宽一般不宜超过 2.7m。

（3）运输吊装对预制板尺寸的制约

地铁隧道内采用的铺轨小车起吊重量一般为 10t，铺轨时 2 台小车一起作业。根据现场经验，考虑到门吊的起重能力以及走行支墩的承载力，单块预制板的重量一般不宜超过 15t。C50 混凝土的密度按 2500kg/m^3，单块预制板的体积不宜超过 6m^3。

（4）预制板尺寸的确定

结合预制板结构受力特性、线下基础及施工吊装的制约、减振效果要求等因素，对地下线而言，推荐在小半径曲线地段采用 3.6m×2.7m×340mm 的预制短板，在直线及大半径地段采用 4.8m×2.7m×340mm 的预制长板，隔振器统一采用液体阻尼。

2. 预制板的配筋计算

确定预制板的尺寸后，建立"钢轨 - 扣件 - 预制板 - 隔振器"一体化模型（图 4.2-76），计算得到截面最大弯矩值及剪力值，进行配筋计算，并根据《铁路桥涵钢筋混凝土和预应力混凝土结构设计规范》检验钢筋、混凝土应力水平及裂缝宽度。

3. 预制板减振效果的预测

根据 GB/T 13441.1 及 GB/T 13442，振动对人体的健康、舒适与感知影响频率范

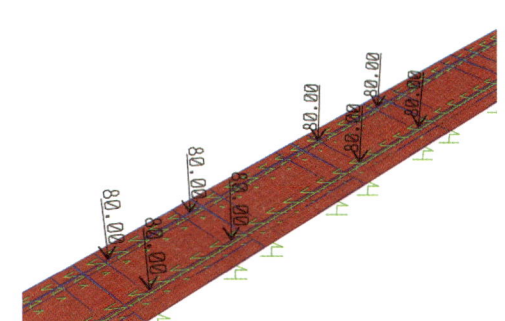

图 4.2-76 "钢轨－扣件－预制板－隔振器"一体化计算模型

围主要为：1～80Hz，期间以 1/3 倍频程来划分。在地铁运行引起的各类振动中，垂向振动要远大于横向振动，故一般仅分析 80Hz 以内的垂向振动。

地铁运行引起的垂向振动 Z 振级 VL_Z 按以下公式进行换算：

$$VL_Z = 10 \log \left[\sum_{i=1}^{20} 10^{(L_{ai} - W_i)/10} \right]$$

$$L_{ai} = 20 \log (a_i / a_0)$$

式中：L_{ai}——第 i 个中心频率上的振动加速度级；

W_i——计权因子；

a_i——第 i 个中心频率上的振动加速度；

a_0——基准加速度，取 10^{-6}m/s^2。

通过有限元将轮轨作用力施加到钢轨-扣件-轨道板-隧道一体化模型中，进行结构动力响应分析。提取普通整体道床工况和液体阻尼钢弹簧浮置板工况下隧道壁处的垂向振动加速度时域数据。再将时域数据进行傅里叶变换，即得到频域数据（图 4.2-77）。

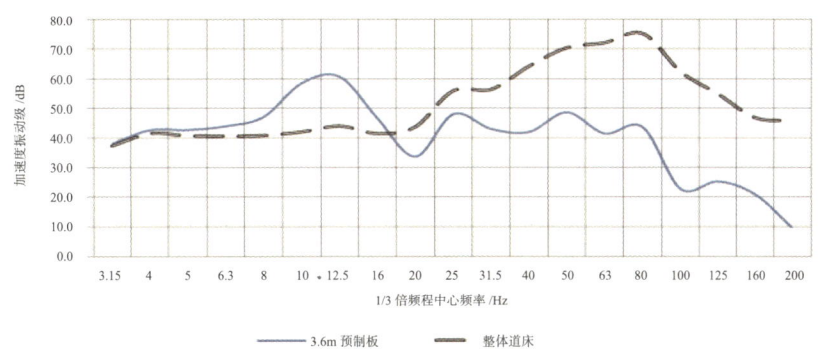

图 4.2-77 预测隧道壁分频振级对比

根据预测结果及公式换算，1～80Hz 范围内隧道壁处 Z 振级及各类型钢弹簧浮置板相对于普通整体道床的减振效果如表 4.2-6 所示。

弹簧浮置板长度对减振效果的影响表　　　　　　　　　　表 4.2-6

类型	隧道壁 Z 振级 (dB)	减振效果
普通整体道床	78	—
3.6m 钢弹簧预制短板	63.5	14.5
4.8m 钢弹簧预制长板	62.8	15.2
25m 钢弹簧现浇长板	60.9	17.1

4. 深圳地铁 9 号线预制钢弹簧浮置板的铺设应用效果

2015 年 11 月，梅村站附近的 645m 长预制钢弹簧浮置板试验段铺设完成（图 4.2-78），本试验段属首次在国内预制板结构中采用液体阻尼，且在华南地区属于首次采用预制式钢弹簧浮置板。

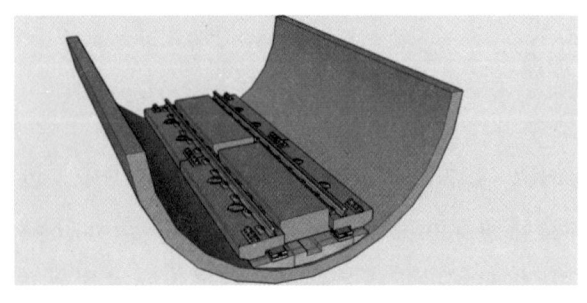 

（a）　　　　　　　　　　　　　　　　（b）

图 4.2-78　高精度预制钢弹簧浮置板轨道

2016 年 10 月，北京铁科工程检测中心对梅村站预制钢弹簧浮置板的减振效果做了测试，共测试了 10 趟车。根据测试结果，普通整体道床的隧道壁平均 VL_{zmax} 为 82.44dB，预制板地段的隧道壁平均 VL_{zmax} 为 62.53dB，1～200Hz 范围内的分频振级均方根差值为 19.9dB，达到了预期的减振设计效果 (图 4.2-79)。

4.2.3.4　CP Ⅲ 建网方法

轨道控制测量一般利用土建施工单位移交的施工控制点测设铺轨基标。

传统铺轨基标测设采用常规的附合导线测量方法，首先测设控制基标，而后在控

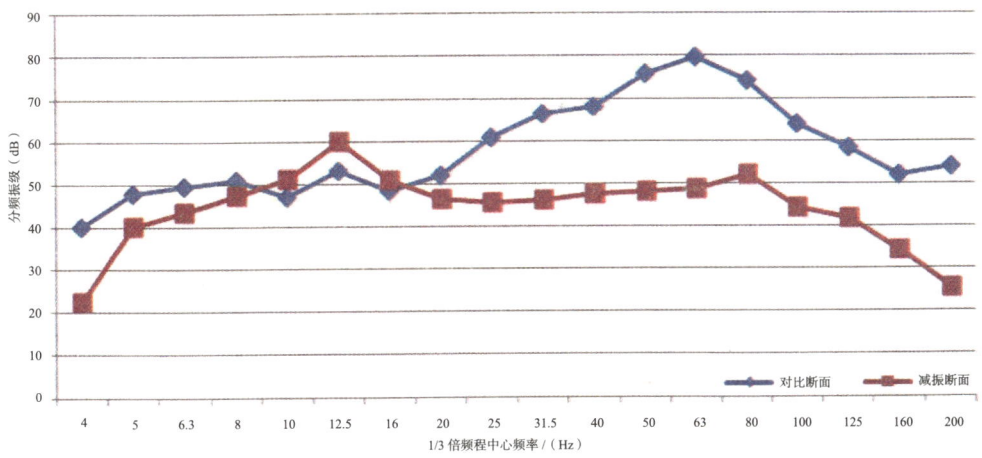

图 4.2-79 预制钢弹簧浮置板与普通道床隧道壁分频振级对比图

制基标间测设加密基标,导线条件和平差方式较单一,其多级控制测量易造成测量过程中误差不易检核和误差积累,对轨道平顺性不利。

本线铺轨借鉴客专高铁技术,采用了轨道控制网(CPⅢ)测量方法,它是一种沿线路布设的三维控制网,采用自由设站进行边角交会测量,测站和测点均强制对中。控制点通常成对设置在隧道侧墙,直线段按 60m 间距布设,曲线地段根据曲线半径的大小最大加密至 30m 间距布设。CPⅢ测量标志通常由永久性的预埋件、测量杆和精密棱镜组成(图 4.2-80),应用轨道控制网(CPⅢ)进行铺轨时(图 4.2-81),采用专用检测装备——轨道几何状态测量仪(轨检小车)来指导整体道床混凝土浇筑前对轨排进行调整,从而实现轨道精度的检测与控制,为良好的轮轨工作状态提供了重要基础条件,大大提高轨道的平顺性(表 4.2-7)。

图 4.2-80 预埋件、测量杆及棱镜

图 4.2-81 CPⅢ测量技术铺轨

CP Ⅲ 与传统基标测设的精度对比 表 4.2-7

类别	CP Ⅲ 控制点	传统基标
方向	1.8 "	6 "
高程	±0.2mm	±2mm
距离	±1mm	±3mm

隧道内沉降量大，沉降无规律，已布设的控制点易发生变化。本线在实施过程中选择坚固不易变形的位置埋设控制点，且在轨道铺设前，采用全站仪对铺轨区间已建控制网的控制点全部搭接设站一次，观察设站精度，如无法满足设站精度及时复测控制点，并对数据进行重新平差。

CP Ⅲ 控制网中控制点的测量数据，已在本线竣工后全部移交给运营部门，可提高后续轨道几何尺寸检测工作的效率。

4.2.3.5 长行程液压缓冲新型车挡

本工程线路终端文锦站东端头东侧有现状北斗污水泵站，距离车站结构外轮廓仅2.8～5.2m。此外，在与污水泵站管理单位协调过程中，新发现在污水泵房西侧现状有一污水池，该污水池直接坐落于车站设置范围内，且与北斗污水泵站相连，目前正在使用，拆除或改移均很困难。为了避开该污水池，车站东端头长度需压缩约8m，为此，需从线路、信号、轨道等专业研究采取综合措施加以解决。

经多专业综合分析，线路条件及信号系统要求的各种距离均已无法实现。为此，轨道专业打破常规，设计采用了长行程液压缓冲新型车挡（图 4.2-82），在不降低车挡设防撞击速度的前提下，缩短了车挡占用线路的长度，解决了该问题。

图 4.2-82　文锦站东端长行程液压车挡

4.2.4 桩基托换系统

深圳9号线工程下穿建（构）筑物种类和数量多，建（构）筑物的基础形式及与地铁结构的关系多种多样，采取的处理措施也因地制宜，本节就9号线工程遇到的几类桩基托换问题进行讨论。桩基托换是地铁工程建设中经常遇到的问题，主要的托换手段有主动托换和被动托换，本工程中遇到桩基托换的解决手段也不例外，但在具体问题的处理中，细节和技巧又有所不同。总结本工程中所遇到的桩基托换处理方案，大致分为6种类型，下面就各种类型的处理细节及优缺点进行分析，供类似工程参考。

4.2.4.1 桥桩进入明挖区间隧道内，利用明挖基坑围护桩兼作桥梁托换桩

9号线出入段线线间距5m，采用明挖法施工，下穿侨城东立交桥。立交桥两根直径1.2m钻孔灌注桩基侵入明挖区间范围内，需要托换处理，其平剖面关系如图4.2-83所示。

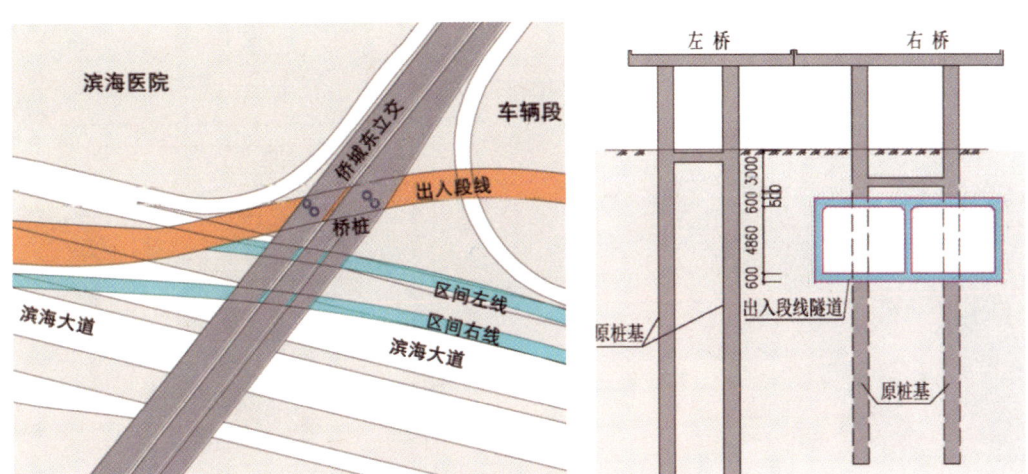

图4.2-83 侨城东立交桥桩基与出入段线区间关系图

考虑到桩基托换需要在桥下紧邻桥台位置施工，桥梁不能拆除，施工空间受限，托换桩施工困难，经充分研究，设计采用局部加强明挖基坑围护桩，兼做桥梁托换桩的方案，减小托换梁跨度和托换桩施工难度，具体实施方案如图4.2-84所示。

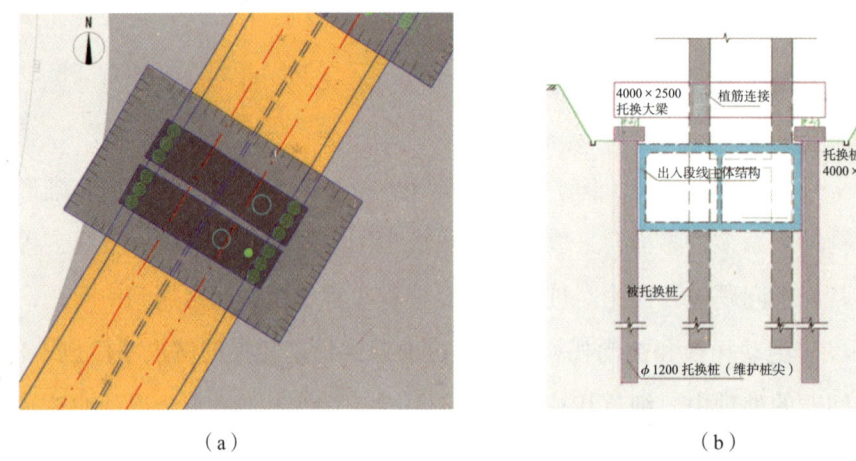

(a) (b)

图 4.2-84 侨城东立交桥桩基托换剖面图

该设计方案的优点是在空间有限的情况下，减少托换桩的施工难度，减小托换梁的设计跨度，降低工程成本；其缺点是托换桩兼做围护桩，同时承受竖向和水平方向荷载，托换桩受力复杂，基坑有一定安全风险，需要充分考虑。

4.2.4.2 天桥桩基进入矿山法隧道，采用矿山法结构承载托换方案

9号线香梅站至景田站区间在景田路狮岭公园位置有一座狮岭人行天桥，其基础形式为桩基，侵入矿山法区间隧道，桥桩与隧道关系如图 4.2-85 所示。

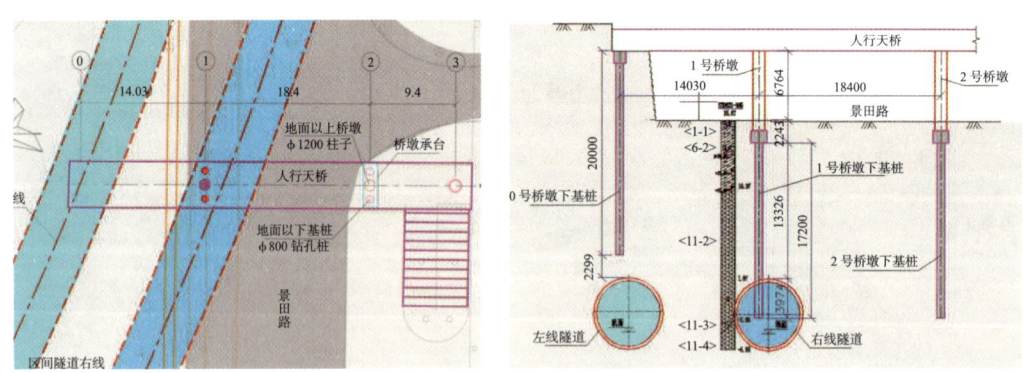

图 4.2-85 狮岭天桥桩基与隧道关系图

隧道中下部位于中、微风化混合岩中，上部位于强风化混合岩中，采用矿山法施工，桥桩侵入隧道上部，为摩擦桩，需要托换处理。考虑到该桥桩进入隧道范围较少，隧道范围内桩基承担的荷载小，经分析，采用加大矿山法隧道二衬结构断面，直接用隧道二衬结构承载上部桩基传来的剩余荷载完全满足要求，且处理简单，工程造价低，

故设计采用了该方案。

施工桩基托换前,需要在地面用临时钢构支托桥梁,对需要托换的桩基进行卸载处理。

该方案的缺点是桥梁桩基直接作用在隧道结构上,隧道结构在列车荷载作用下产生长期微幅振动,该振动传至桥桩及桥梁上部结构,一方面影响桥桩与土层之间的侧摩阻力,逐步加大桥桩对隧道结构的作用,另一方面影响桥梁上部结构受力,一般不建议采纳。

4.2.4.3 建筑物桩基进入盾构区间隧道,采用树根桩托换方案

9号线泥岗至红岭北站区间下穿泥岗村后,在临近红岭北路位置,正下穿先科综合楼。先科综合楼分主楼和前楼,前楼为3层框架结构,主楼为8层框架结构,区间有限下穿其前楼,区间隧道与建筑关系如图4.2-86所示。

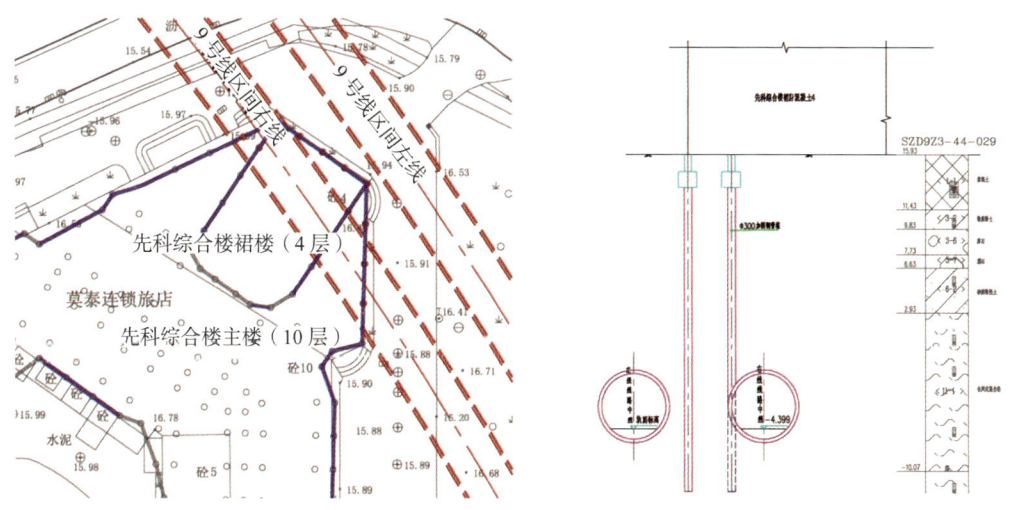

图4.2-86 先科综合楼桩基与隧道关系图

先科综合楼桩基为直径0.65m锤击沉管灌注桩,单桩承载力1800kN,需要托换处理。该楼前楼中部为酒店大厅,为不影响酒店正常营业,托换工作只能限制在大厅两侧耳间进行。

设计根据现场实施条件,进行了桩基托换和筏板基础托换两种方案备选。采用筏板基础托换的筏板平面布置如图4.2-87所示。

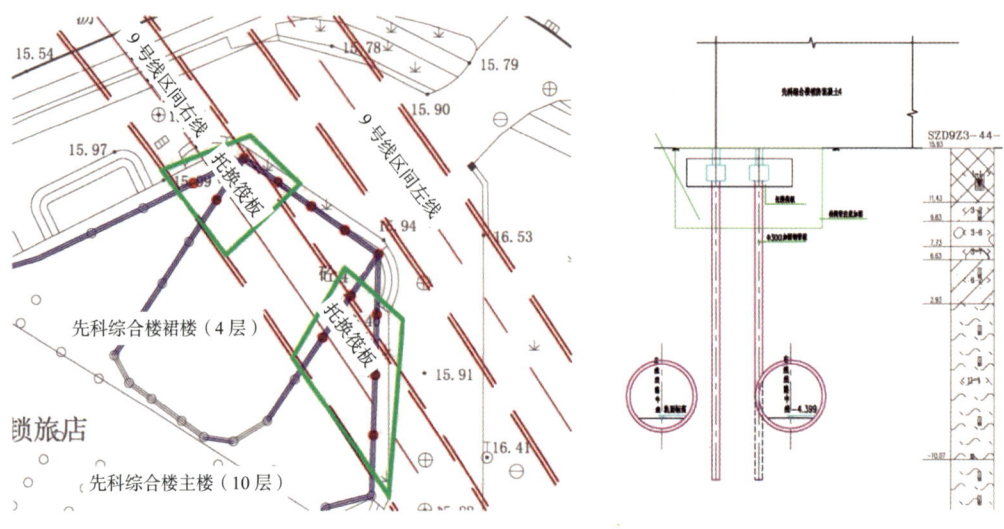

图 4.2-87　先科综合楼桩基筏板托换加固示意图

筏板占用面积大，基础施工对原建筑影响大，且筏板下的地基承载力不高，变形大，需要通过大范围注浆改良，工程费用高，工期长，质量难以控制。

桩基托换方案采用短桩置换长桩，即在原桩基周边布置一圈短桩，用大承台将原桩基承台包裹，形成整体，共同受力，其布置图如图 4.2-88 所示。

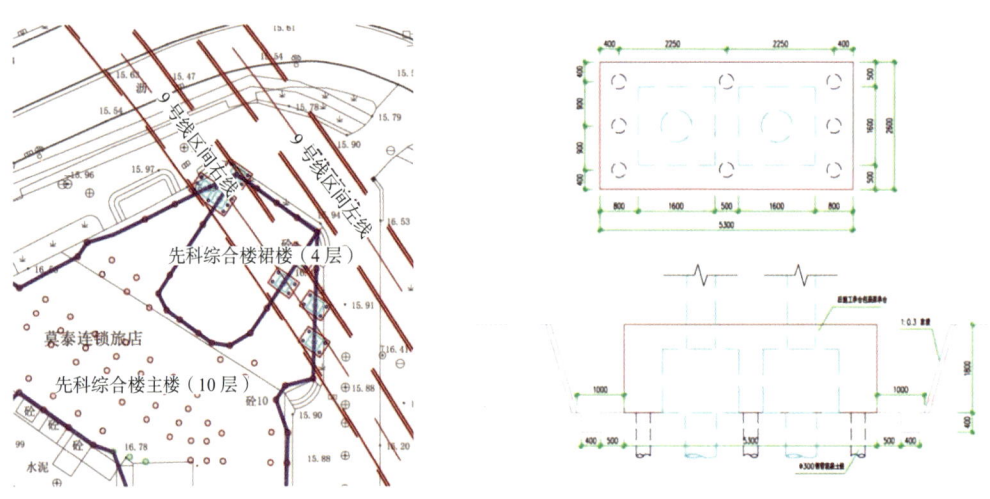

图 4.2-88　先科综合楼桩基托换加固示意图

本段区间隧道埋深 20m，短桩长度可设计 19m 长，持力层较厚，短桩承载力可充分发挥，短桩采用钢管混凝土桩，在减小桩径便于施工的同时，提高桩本身的承载力。该方案托换桩承载力有保证,可以完全不考虑原桩作用,且处理范围小,施工作业简便,托换处理后,盾构机可以直接切割原桩通过。

4.2.4.4 建筑物桩基进入盾构区间隧道,采用筏板基础托换方案

9号线工程向西村站至文锦站区间在春风路与南极路交叉口南侧穿越联城变电站,其结构形式为3至4层钢筋混凝土框架结构,盾构区间穿越其3层结构的西北角,其建筑基础形式为直径350mm预应力管桩,群桩基础,桩长约11m,有16根桩进入右线区间隧道2m范围,需要处理,其位置关系如图4.2-89所示。

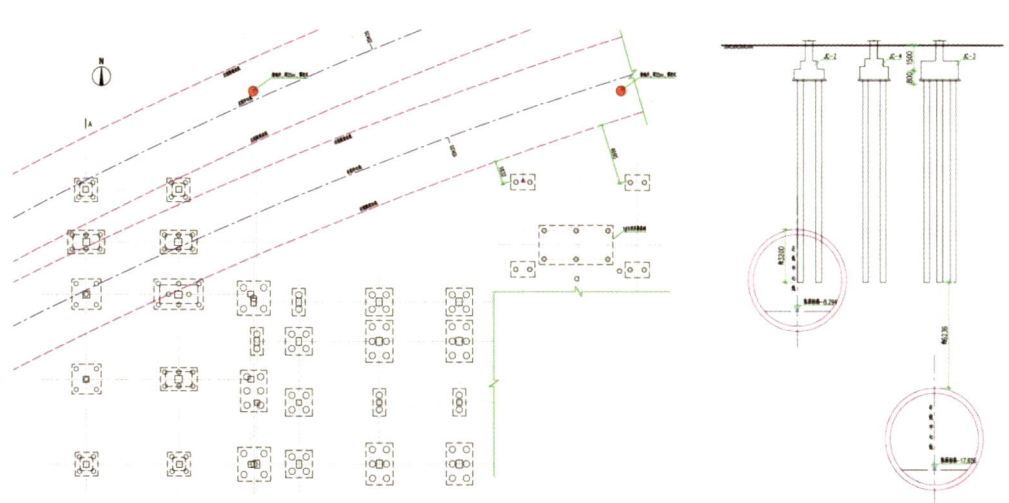

图4.2-89 联城变电站桩基与隧道关系图

建筑物桩基处理有两种方案:方案一为采用筏板替换;方案二为采用树根桩替换,下面就这两种方案进行对比分析。

根据盾构影响范围建筑物桩基布置图可知,在影响范围内,桩群分布较均匀、集中,桩长较短,若采用树根桩方案托换,则托换承台基本连成一体,托换桩长不得超过9m,桩基持力层少,托换桩发挥作用有限。

考虑到上部建筑仅有3层,且柱跨不大,仅6m,柱下桩基承载力小,采用筏板托换方案,可将该区域内所有承台连成一体,通过注浆改善筏板下地层承载力,控制变形,达到托换目的。

经比选,联城变电站桩基托换方案采用筏基托换方案,托换后,原桩不考虑受力,加固图如图4.2-90所示。

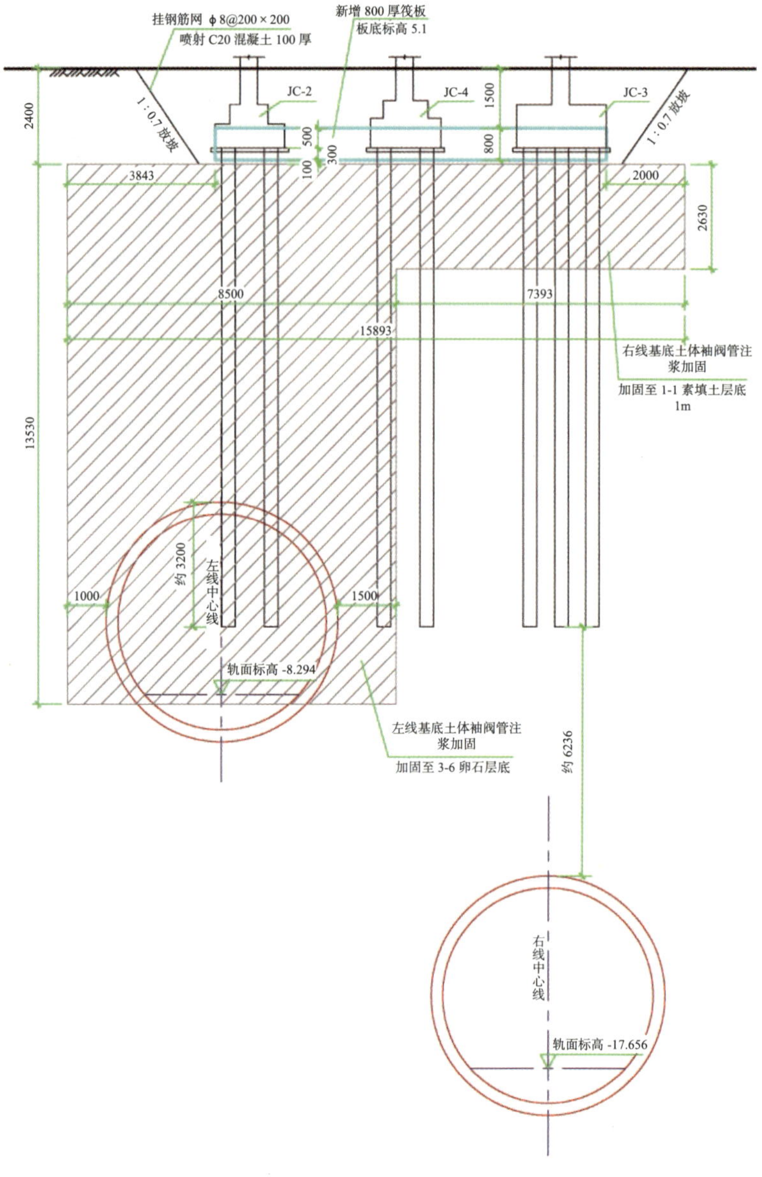

图 4.2-90 联城变电站桩基加固图

4.2.4.5 桥梁桩基紧邻明挖基坑，且桩端位于基坑底以上标高，采用长桩托换方案

人民南站北侧紧邻春风路高架桥设置，车站围护结构距离桥桩基最小净距仅 1.4m，桥桩长 18～21.5m，采用直径 1.5m 钻孔灌注桩，桩底位于强风化糜棱岩，为端承摩擦桩。车站基坑埋深 28.7m，围护结构施工及车站开挖将使得地层应力向基坑方向卸载，在侧土压力作用下，桥桩极易产生整体偏移，桥桩与基坑关系如图 4.2-91 所示。

为保护桥梁的整体安全,在车站基坑开挖前,需要对桥梁进行加固处理。可选用的桥梁处理方案有地面架设支架将桥梁整体支托以及加固桥梁基础使桥桩基础稳固两种方案。

人民南站施工场地极其狭小,桥下还要预留雨水箱涵改迁的位置,在桥下设置支托系统对施工影响极大,无法实施。设计经过分析,采用加固桥梁基础的方案,采用长桩加固短桩,其具体设计如图4.2-92所示。

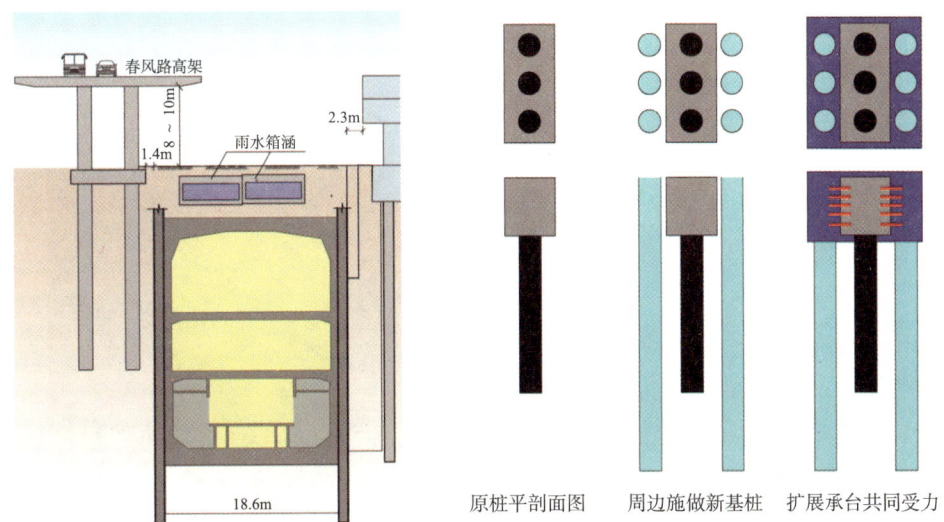

图4.2-91 春风路高架桥桩基与人民南站基坑关系图　　图4.2-92 春风路高架桥桩基用长桩加固短桩示意图

采用该方案加固桥梁桩基,一方面保证了基坑开挖过程桥梁桩基竖向承载力要求,另一方面也增加了桩基整体抗侧土压力的能力,对地面施工也不影响,设计简单,可参考价值高。

4.2.5 填海抛石基坑支护技术

4.2.5.1 填海区地质

深圳9号线工程红树湾南站至深圳湾公园站区段共三站两区间处在抛石填海地区。原始地貌为滨海滩涂,后经填海造地整平为现状地貌。地质土层中不良土层主要为填石层、淤泥层。

填石层厚度 6～11m，主要由黏性土、砂土、碎石或少量建筑垃圾组成，结构混乱，其中碎石粒径 2～10cm，次棱角状，含量约 20%，填石中块石最大块径可达 1～2m，含量约 60%，母岩成分主要为中、微风化花岗岩。

淤泥层厚度 3～4m，呈流塑~软塑状态，结构松软，承载力低，有臭味，具有天然含水量大、孔隙比大、压缩性高、抗剪强度低等特点，具触变性、流变性和不均匀性。

现场开挖出来的抛石组成情况如图 4.2-93 所示。

图 4.2-93　现场开挖出来的抛石组成情况

抛石填海地层的主要特点是：①抛石地层的地层差异性大，主要依据填料的不同，渗透性差异大，对围护结构设计计算各参数的选取存在困难；②大块的填石对围护结构特别是地下连续墙的施作存在很大困难，围护结构垂直度难以保证。

4.2.5.2　填海区围护结构选型

1 号线在前海片区的类似地铁基坑在围护结构选型时采用过钻孔咬合桩（图 4.2-94），由于咬和桩超缓凝混凝土凝固时间不足（60h 初凝），产生极大的扩孔，造成后期在黏土层与淤泥层结合部产生鼓包现象。同时素桩混凝土流失严重，无法起到整体连续的效果。一旦遇到孤石则无法正常成孔，同时由于孤石的存在导致钻孔桩在施工时时常发生钻杆偏斜，造成斜孔。施工到一半时不得不进行设计变更，采用钻孔桩加高压旋喷的设计方案。

图 4.2-94　1 号线咬合桩施工效果

1 号线后，类似地层主要采用大直径钻孔桩加桩间高压旋喷止水的围护结构形式，且考虑到抛石地区施工的垂直度控制困难，围护结构采用分离式结构形式，在钻孔桩与主体结构墙之间留有一定的肥槽（如 2 号线红树湾站）。

采用钻孔桩方案常遇到的问题是桩间止水效果差异性大，且该地区地下水与海水连通，地下水丰富。部分区段出现比较严重的桩间涌水涌砂问题；围护桩结构刚度小，部分区段由于局部桩后水土压力过大，出现过钢支撑失稳及围护桩断桩现象，造成工程事故。同时由于桩直径较大且钻孔桩与主体结构墙留有肥槽，加大了车站基坑的设计宽度，会增加一些管线迁改和交通疏解困难。

9 号线在抛石填海地区围护结构选型时，首次采用地下连续墙形式，能够较好地解决围护结构漏水漏砂问题，同时可避免由于基坑增加肥槽加宽而增加对部分管线的迁改。

4.2.5.3　填海地层计算参数确定

抛石填海层地质参数的选取是本工程的一个难题，目前国内尚无统一的标准。本工程拟通过对抛石填海地层模型的两种假设来推导计算，通过计算与实际监测数据对比反分析，试图给出适合抛石填海地层参数的经验方法。

（1）第一种是分层模型，抛石地层，未按挤淤处理，按抛石层与淤泥层相互独立来考虑，淤泥层按淤泥的地质参数来确定，抛石层参数按照地层各组成成分（黏性土、砂土、碎石或少量建筑垃圾等）的比例按经验取值。材料参数如表 4.2-8 所示。

材料参数表　　　　　　　　　　　　表 4.2-8

岩土分层	γ（kN/m³）	C（kPa）	φ（°）	m（MN/m⁴）
填石层	2.0	0	30	15
淤泥	16.6	12.00	10.00	2.8

注：γ 为重度；C 为内粘聚力；φ 为内摩擦角；m 为土的水平抗力系数的比例系数。

（2）第二种是交互模型，抛石挤淤地层按淤泥来选取 C、Φ 等地质参数，同时土体自重考虑抛石的作用，按加权办法计算确定，计算如公式（4.2.4-1）所示。

$$F（C、\varphi、\gamma、m）=[F（C、\varphi、\gamma、m）_1 h_1 + F（C、\varphi、\gamma、m）h_2]/h \quad (4.2.4-1)$$

4.2.5.4　填海地层处理

填石层中的部分石块较大（块径达 1~2m），对连续墙的成槽造成了极大的困难，9 号线设计时，通过对基坑工程周边条件分析，在有条件的区域，优先采用放坡对抛石进行预处理，采用黏性土进行换填。通过现场开挖试验（图 4.2-95），确定了现场放坡开挖的合理坡度。现场试验证明，在深度 5m 以内，采用放坡换填方案合理可行。深度超过 5m 时，由于地下水涌入量较大，且放坡坡度稳定性差，进行换填代价大，方案可行性差。

图 4.2-95　现场试挖状况

经过试验段经验总结，抛石层预处理措施如下：

（1）抛石层埋深≤5m 范围，采取换填处理，回填为黏性土。当坡高小于 3m 时，按 1∶1 的坡率直接放坡刨除抛石，当坡高大于 3m 时，可视情况采用 1∶2 的坡率放坡开挖，坡顶采用 φ8@200×200 挂网喷浆，面层厚度 80mm，宽度不小于 1m。坡面上可根据具体情况设置泄水孔。

（2）抛石层埋深≥5m 范围，开挖困难，换填代价大，采用冲击锤冲孔处理抛石，再用槽壁机成槽。

（3）抛石区下方存在较厚淤泥，槽壁稳定性差，成槽时容易塌孔，应加大泥浆比重，同时减少连续墙槽幅宽度（取 4m 一幅），以确保连续墙成槽质量。

4.2.5.5 围护结构设计

围护结构的设计按设定的开挖工况和实际施工顺序逐阶段计算其内力和变形，根据增量法原理，计算时计入结构的先期位移值以及支撑的变形，按"先变形后支撑"的原则进行结构分析，最终的位移及内力值应是各阶段之累加值。

计算水土对围护结构的侧压力时，除黏性土层按水土合算外，其余岩土层按水土分算。围护结构内力和变形、支点力等的计算采用弹性支点法。土的水平抗力系数按 M 法确定。以深湾站主体基坑为例，计算分别采用 4.1.3 节的两种模型参数输入，图 4.2-96 为计算后地下连续墙的最大位移、最大弯矩、最大剪力的包络图。

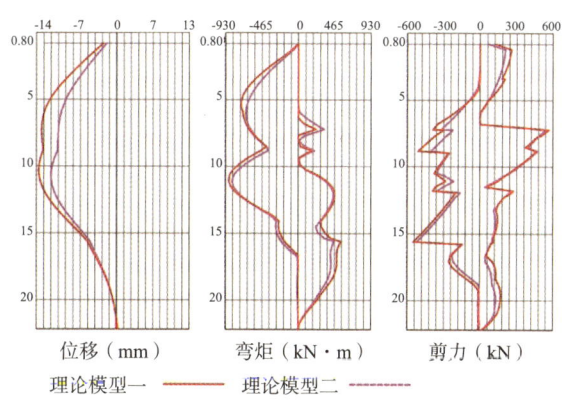

图 4.2-96 位移、内力包络图

将两种理论模型的计算结果进行比较，可发现采用理论模型一计算比理论模型二计算结果大。采用模型一计算的最大位移、最大弯矩、最大剪力分别为 11.9mm、843kN·m、541kN，采用模型二计算的最大位移、最大弯矩、最大剪力分别为 13.7mm、873 kN·m、563kN。采用模型二计算得到的最大位移、最大弯矩、最大剪力分别比模型一大 15%、3.6%、4.1%。

根据上述比较可知采用模型二计算比模型一计算偏于保守，其中对位移的影响最大，对最大弯矩、最大剪力的影响偏小。分析其原因，主要是因为对于本基坑，最大弯矩、最大剪力发生在基坑深度 11m 处，而抛石填石深度为 8.5m，故而对最大弯矩、最大剪力的影响不大。

4.2.5.6 监测数据与计算数据对比

1. 连续墙深层水平位移比较

根据现场施工数据,选取最具典型意义的基坑长边中点附近的连续墙深层水平位移测点,并与理论计算模型进行比较,如图 4.2-97 所示。

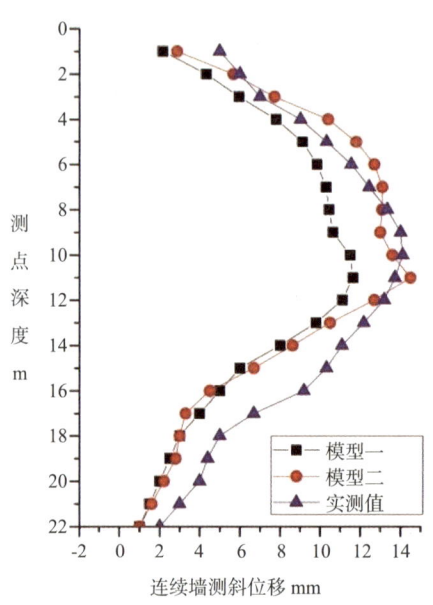

图 4.2-97 连续墙水平位移的模拟值与实测值比较

由图中可以看出,连续墙水平位移实测值的最大值与模型二计算值比较接近,比模型一计算值大 14%。实测数据表明,在抛石填海土层中,由于其组成成分的复杂性、离散性,且下卧 2～3m 的淤泥层,造成连续墙的水平位移较大。

2. 地表沉降比较

设计时按每 20m 布置一个监测断面,每个断面布置 6 个点,基坑一侧 3 个点,分别距离地下连续墙 2m、7m、16m,将实测数据与计算相比较,如图 4.2-98 所示。

由图 4.2-98 可以看出,地表沉降实测数据与模拟计算的结果均比较接近,其中与模型二的曲线更为接近,由此可看出,抛石填海地层的地面沉降一般会比较大,主要原因是地层不稳定,特别是下卧淤泥层极易受扰动。

4.2.5.7 实施效果与讨论

9 号线红树湾南站、深湾站、深圳湾公园站均采用地下连续墙围护结构形式,图 4.2-99、图 4.2-100 分别是 9 号线红树湾南站及深湾站的地下连续墙实际施工效果。

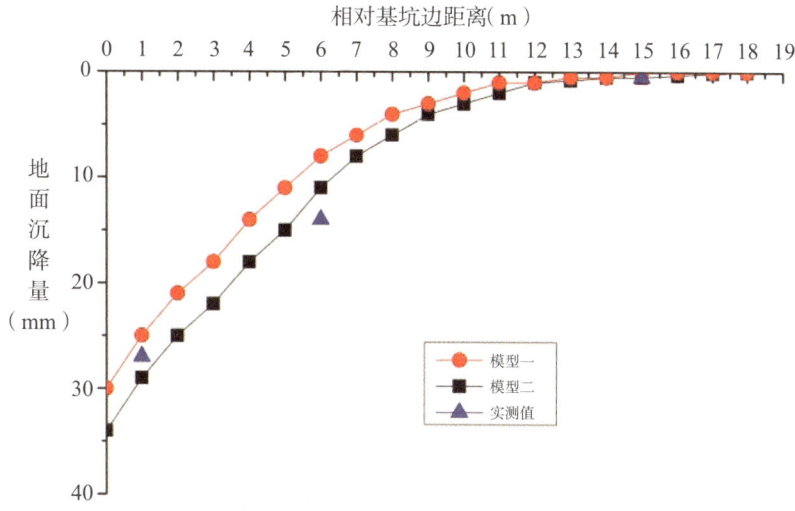

图 4.2-98 地面沉降的模拟值与实测值比较

图 4.2-99 红树湾南站基坑开挖照片　　图 4.2-100 深湾站连续墙墙面效果

通过研究及施工实践证明，采用一定的设计及施工处理措施，在抛石填海区围护结构采用地下连续墙方案合理可行，且具备一定优势。

4.2.6 盾构切割桩群技术

9 号线工程红岭南站至鹿丹村站区间下穿红叶立体影院、国泰君安证券有限公司、滨苑小区、滨河小学、滨苑幼儿园等 14 栋建筑。建筑与地铁区间关系如图 4.2-101 所示。

在上述 14 栋建筑中，红叶立体影院与国泰君安均为 3 层钢筋混凝土框架结构，其基础形式为直径 1.5m 钻孔灌注桩；滨苑小区为 7 层钢筋混凝土框架结构，基础为直径 340mm 沉管灌注桩，群桩基础，单桩承载力 35t，其典型桩基布置图如图

4.2-102 所示。滨河小学及滨苑幼儿园为 4 至 7 层钢筋混凝土框架结构，基础与滨苑小区相同。

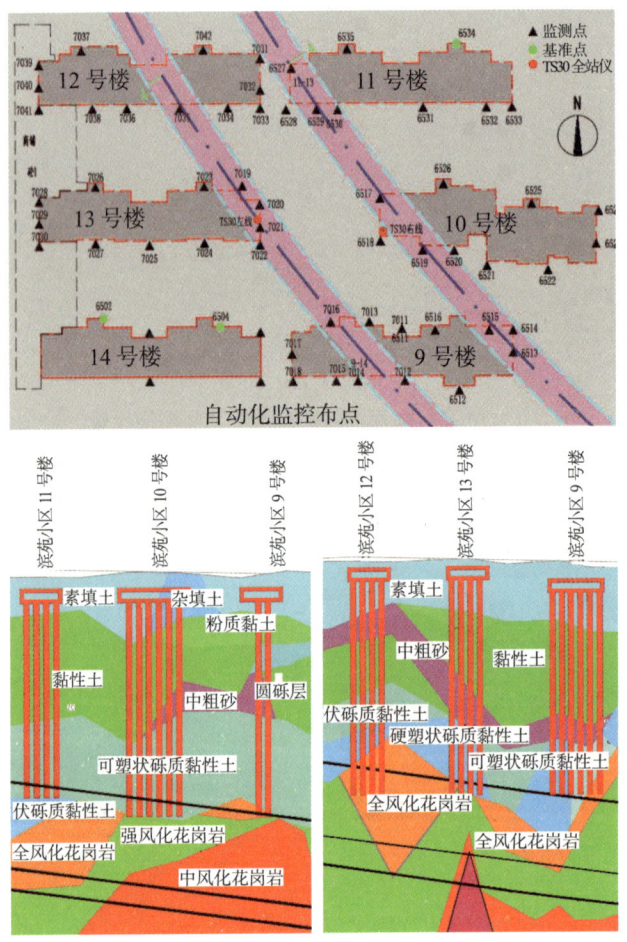

图 4.2-101 红岭南站至鹿丹村站区间建筑物与地铁隧道关系图

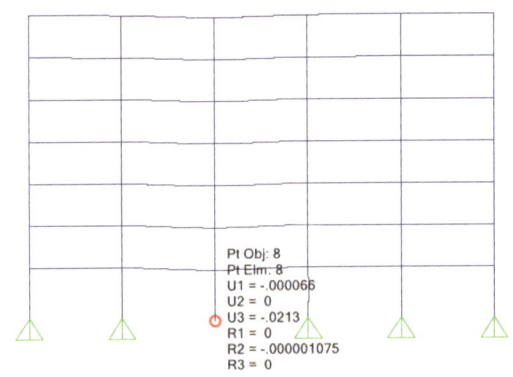

图 4.2-102 滨苑小区典型桩基布置图

红叶立体影院、国泰君安及滨苑小区 9 号、10 号、11 号、12 号、13 号建筑桩基进入盾构区间隧道范围内，需要处理。红叶立体影院与国泰君安结合旧城改造，采取了拆除建筑并拔桩处理。滨苑小区拆迁异常困难，进度无法满足工期要求，采取桩基托换处理受到居民阻扰，也无法实施。本工程只能采用盾构机直接切割桩基的方案。针对上述问题，设计作了如下研究：

（1）考虑盾构机直接切割滨苑小区 9 号至 13 号建筑盾构隧道范围内桩基，分析建筑的破损情况，并分析该部分桩基直接作用在盾构隧道上，对隧道结构受力的影响。

根据滨苑小区建筑布局，切桩后受力最不利一榀框架进行受力分析，计算模型如图 4.2-96 所示。

根据分析结果可知，梁柱节点位置梁裂缝宽度较大，梁处于屈服状态，切割位置桩沉降，基本可控，结构局部虽然破坏严重，但整体没有倒塌危险。

在盾构切桩范围，假设被切割桩基直接支承于盾构隧道结构上，并考虑盾构机对土层的扰动及后期隧道振动影响，单桩承载力全部由隧道结构承担，对隧道结构受力进行分析，荷载模型如图 4.2-103 所示。

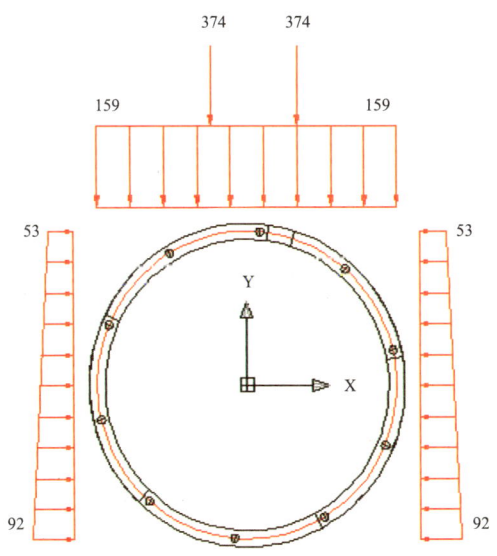

图 4.2-103　盾构管片结构荷载模型

根据分析，普通钢筋混凝土管片结构无法满足受力要求，需采用钢管片承载。

（2）盾构施工可能存在问题分析：盾构施工下穿建筑群时，需要连续切割建筑物桩基共计 137 根。沉管灌注桩在盾构机切割范围虽然没有钢筋，为素混凝土结构，但其700mm长桩头是钢筋混凝土结构，对盾构机影响大，是重大风险源。

根据上述分析，设计提出如下几项措施：

① 对滨苑小区建筑群进行鉴定，分析其结构质量是否达到原设计要求。

② 下穿建筑物范围盾构隧道采用钢管片结构，管片结构需满足承载上部建筑桩基传递的荷载要求。

③ 运用自动化检测手段对建筑群所有受力柱及隧道结构变形进行监测。

④ 选择扭矩大、刀盘切割硬物能力强的盾构机，盾构机刀盘配置以滚刀为主，盾构过每栋建筑前后设计换刀点，以检查、更换刀具情况，调整好盾构机掘进姿态，控制渣土排放速度，控制地层变形。

⑤ 为防止盾构机掘进过程中发生突发情况，在每栋建筑基础位置布置袖阀管，采用注浆方式加固地层，提高地层稳定性，并在盾构掘进过程中根据检测情况及时补充注浆，控制建筑物变形。

⑥ 盾构掘进后尚需继续对建筑物的变形进行检测，并再次对建筑物质量情况进行鉴定，排除危险，必要时采取强制拆除措施。

基于设计的认真分析，并采取一系列的措施后，区间下穿滨苑小区得以顺利实施（图4.2-104）。尽管如此，整个过程对所有参建单位和个人都是巨大考验，对类似工程的设计和处理尚需慎之又慎。

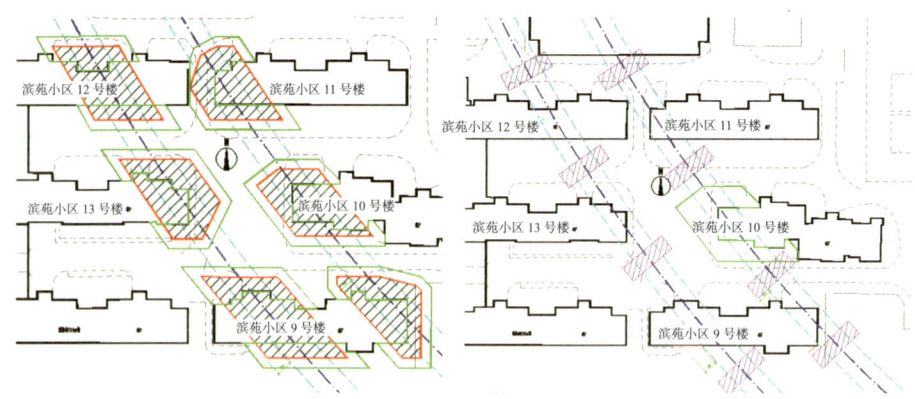

图 4.2-104　建筑物加固平面布置及换刀点加固图

4.2.7　叠线隧道群洞效应研究

9号线工程银湖站为6、9号线上下叠线换乘站。9号线在上，其两端区间采用盾构法施工；6号线在下，其两端区间采用矿山法施工，且在车站西端头接9号线入场线，在车站两端形成5线隧道重叠交错的情形，且区间正上方为金湖水库，银湖站西端头隧道关系如图4.2-105所示。

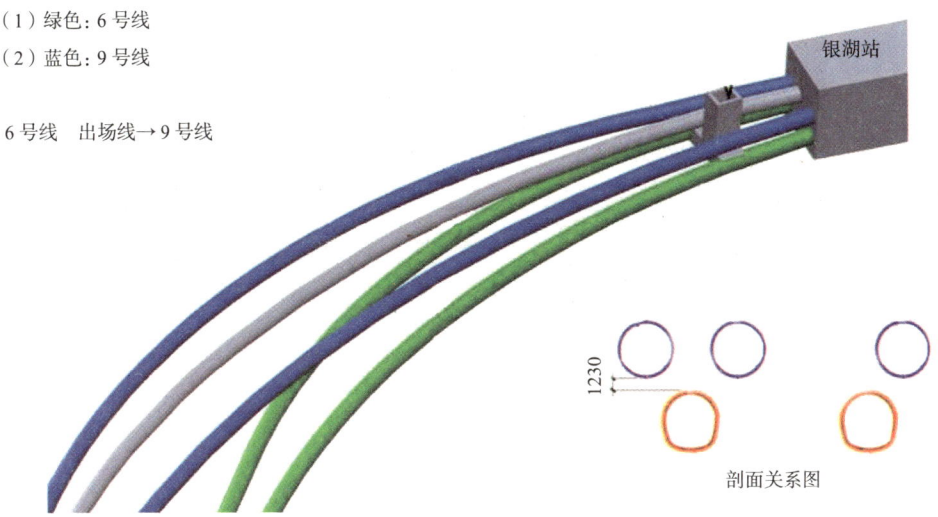

图 4.2-105　银湖站西端头隧道关系示意图

本工程的难点及风险点主要有：

（1）隧道群上方为金湖水库，隧道施工对地层的扰动容易引起透水事故，从而引发矿山法隧道施工可能产生坍塌事故，或盾构施工隧道冒顶事故；

（2）多隧道长距离平行叠线，隧道间净距小，施工风险点多；

（3）多隧道依次施工，对地层反复扰动，后施工隧道施工过程中，控制不当容易引发先施工隧道变形甚至破坏；

（4）若9号线先施工并投入运营，6号线矿山法隧道后施工，则后施工隧道对已运营隧道的保护要求更高，9号线隧道的变形有导致运营安全事故的风险。

根据上述分析，设计提出9号线隧道与6号线隧道重叠段需同步实施，并分析了重叠隧道间先后施工顺序对彼此的影响、重叠隧道间相互影响范围，以确定隧道群的先后施工顺序及6号线区间隧道首期施工范围。

采用ABAQUS有限元分析软件建模进行二维数值模拟分析，结构和地层均采用线弹性材料，计算单元采用二维（CPE4、CPE3）模拟，X向为水平方向，Y向为竖直方向，Z向为隧道掘进方向。两线隧道相互影响分析时，取X方向土体尺寸为60m，Y方向为50m；研究5线隧道时，土体尺寸X方向为100m，Y方向为50m。

边界条件取下边固结，上边自由，左右 X 方向约束。

计算时，按先施工下方 6 号线隧道，后施工上方 9 号线隧道，9 号线在 6 号线正上方和斜上方，计算模型如图 4.2-106 所示。

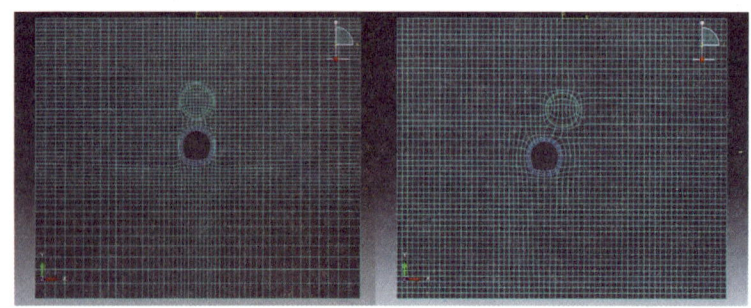

图 4.2-106　隧道横断面图

再按先施工上方 9 号线隧道，后施工下方 6 号线隧道，9 号线在 6 号线正上方和斜上方，计算模型同图 4.2-106，只是将盾构隧道的内单元设置为"死"，矿山法隧道内单元设置为"活"。

对出入段线隧道的处理，按已施工完 6、9 号线正线四隧道，后施工出入段线隧道分析，计算模型如图 4.2-107 所示。

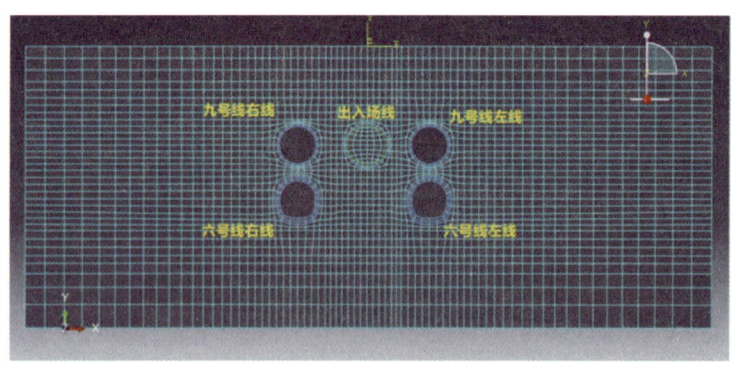

图 4.2-107　隧道关系断面图

根据分析，计算结果如下：

（1）6 号线先施工，9 号线正上跨 6 号线，净距 1.23m，6 号线隧道拱顶最大上浮约 2.8mm，最大下沉量约 -3.2mm；隧道底板最大上浮和下沉均在 1.5mm 左右。

（2）6 号线先施工，9 号线斜上跨 6 号线，竖向净距 1.23m，水平净距为零，6 号线隧道拱顶最大上浮约 1.5mm，最大下沉量约 -1.7mm；隧道底板最大上浮和下沉均在 0.8mm 左右。

（3）9 号线先施工，6 号线在 9 号线正下方采用矿山法施工，竖向净距 1.23m，计算时模拟超前小导管对地层注浆加固、上半断面开挖、上半断面拱架架设、下半断面开挖、下半断面钢架架设、模筑法施工钢筋混凝土二次衬砌的过程，9 号线区间隧道会下沉，最大沉降量约为 -3mm。

（4）9 号线先施工，6 号线在 9 号线斜下方采用矿山法施工，竖向净距 1.23m，水平净距为零，计算时模拟超前小导管对地层注浆加固、上半断面开挖、上半断面拱架架设、下半断面开挖、下半断面钢架架设、模筑法施工钢筋混凝土二次衬砌的过程，9 号线区间隧道会下沉，最大沉降量约为 -1.7mm。

（5）6 号线和 9 号线 4 条正线隧道均已经施工完成，后施工出段线隧道，研究出段线盾构隧道施工对已经施工的 4 条区间隧道影响，研究群洞效应，出段线与 9 号线左右线最小净距分别为 2.89m、4m。研究表明，出段线隧道的施工对先施工的四条隧道的位移都有一定影响，对上方的 9 号线影响稍大，最大底板沉降量约为 2.4mm，对下方的 6 号线影响相对较小，最大沉降量约为 1.6mm。

结论：上下重叠隧道之间，当竖向净距一定时，无论新建隧道是上跨既有隧道还是下穿既有隧道，其对既有隧道位移的影响都是在轴线重合时最大，随着水平距离的增加，位移影响相应减小；对于上下重叠隧道，若先施工下隧道后施工上隧道，则上隧道施工对下隧道的整体位移影响小，若反过来先施工上隧道后施工下隧道，则下隧道施工对上隧道的整体位移影响大，甚至超过一倍；多条重叠隧道近距离穿越，形成群洞的情况下，后施工隧道对先施工隧道的影响较大，群洞效应明显。出段线的施工对 6 号线的影响甚至超过 9 号线在 6 号线正上方施工对其影响，出段线对 9 号线隧道的影响也接近 6 号线在 9 号线正下方施工对其产生的影响。

设计还就金湖水库对工程的影响提出处理方案：对于矿山法隧道的施工，考虑到矿山法隧道上半部分位于强风化混合岩中，该地层遇水易软化崩解，设计考虑将其上半断面采用深孔注浆加固，加固范围至隧道外 1m 范围（不得进入盾构隧道范围），矿山法开挖前，需打探孔检测渗水情况，并对加固区取芯检测，以检验加固区质量；盾构掘进过程中，加强对盾构姿态、土仓压力及涌水情况、地面变形等的监测，控制好掘进与出渣关系，若发现喷涌现象，及时改良渣土，必要时采用双螺旋输送机，以控制喷涌问题。

4.2.8 多维空间受限条件下工程技术研究

地铁人民南站位于深圳市罗湖区,东西向布置,车站长 167m,底板底埋深 28.3m,宽 18.6m,为地下三层大跨度无柱车站;车站北侧距离高架桥桩基最近 1.4m,南侧距离建筑物最近 2.6m,车站顶板上为 2 孔 3m×1.6m 雨水箱涵,埋深 4.1m,无法同时改迁;车站一半处于断层破碎带范围。人民南站与周边建筑物及箱涵管线如图 4.2-108 所示。

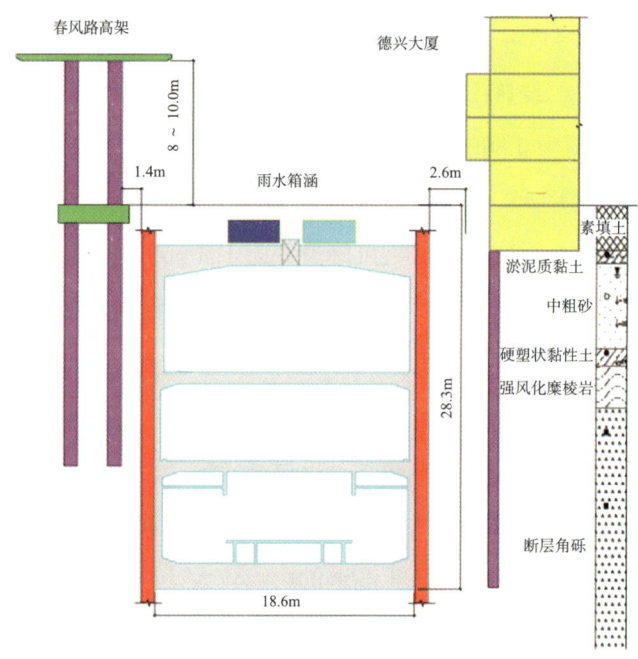

图 4.2-108　人民南站与周边建(构)筑物关系图

4.2.8.1　本工程难点

1. 雨水箱涵改迁问题

车站顶板上的两孔雨水箱涵总宽度达 6m,且位于车站顶板中部,必须先对其进行改迁,车站才有施工条件,但车站周边场地狭小,没有改迁两孔箱涵的场地,只能建一孔箱涵用以中转,因此车站顶板上的雨水箱涵势必要通过中转箱涵反复导改,影响工期;车站必须采用盖挖法施工,顶板上还需至少顶着其中一孔箱涵,施工风险高。

2. 建（构）筑物加固问题

人民南站北侧高架桥桩基埋深仅达到车站负二层板深度，距离车站基坑地下连续墙最近距离仅1.4m，地层为破碎带，地下连续墙开槽施工期间极易扰动地层，引起槽壁坍塌，从而引起桥桩位移，造成桥梁开裂、结构损坏甚至灾难性事故；德兴大厦桩基距离车站基坑地下连续墙也仅4m左右，风险同样存在；车站一半位于破碎带，地下水丰富，涌水量大，基坑施工期间容易造成地下水流失，从而引起周边建（构）筑物沉降，需要研究安全可靠的加固处理措施，以确保车站施工期间及运营后周边建（构）筑物的安全。

3. 施工工期问题

本站埋深28.3m，地下三层车站，车站半边地下连续墙结构位于高架桥下，施工作业高度受限，连续墙钢筋笼只能分四段吊装，影响工期；车站顶板上的两孔雨水箱涵只能同时改迁一条，需要反复导改，影响工期；车站采用盖挖法施工，出土和进料作业面小，施工进度慢，影响工期；车站采用盖挖法施工，顶板上有雨水箱涵，车站不具备盾构机吊出或始发条件，只能采取盾构机从车站内通过的方案；综上，根据工期测算，本站施工工期极为紧张，若按照传统的施工工序，即待车站主体施工完成后再施工两端区间隧道，则势必影响两端区间以及相邻车站施工工期，需采用特殊的施工工序——"先隧后站"加以解决。

4. "先隧后站"问题

"先隧后站"是在车站范围内先施工区间隧道，后施工车站主体结构的施工方法；本区段区间隧道采用盾构法施工，本站采用盖挖逆作法施工。按传统的先隧后站设计方法，为满足盾构区间限界要求并满足一定的安全施工距离要求，车站标准段需要加宽，一般每侧至少加宽0.8m，这将减小车站与周边建筑物的有限距离，严重恶化施工安全条件，需要研究新的设计方法解决。

4.2.8.2 德兴大厦加固

德兴大厦地面以下有1层地下室，地面以上30层，基础为钻孔灌注桩，桩径0.8~1.0m，桩长位于车站底板底，其桩基距离车站围护结构最近约4.6m。根据地质勘察资料，基坑上半部分位于砂层或糜棱岩层，下半部分位于断层，地层条件极差，围护结构施工极易引起地层变形和水土流失，从而影响建筑物安全，设计需要考虑对建筑物进行加固处理。加固方案如图4.2-109所示。

图中，在地层为砂层和糜棱岩层范围，围护结构施工时，先在围护结构两侧采用双管旋喷桩加固地层，旋喷桩直径 0.6mm，间距 0.45m，相互咬合，形成挡水和挡土帷幕；在基坑下半部分的糜棱岩范围，地层破碎，水量大，为确保围护结构施工不造成槽壁塌方，采用袖阀管对地层进行加固处理，填充岩石裂隙，阻断渗水通道。

4.2.8.3 "先隧后站"方案实施

1. 车站内线路设计

本站由于受雨水箱涵和施工场地影响，采用盖挖逆作法施工，即各层结构板的施工顺序是自上而下施工；本站亦受到施工工期影响，前后区间隧道的施工进度较车站快，根据工程筹划，车站围护结构和顶板施工完成后，盾构区间需要从车站内穿过，从而形成在车站内先施工区间隧道，后施工负二层板、负三层板，破除车站内的区间隧道，再施工底板和侧墙的施工工序。

在车站范围内，若线路按永久线路敷设，由于盾构区间隧道断面较大，盾构机在车站标准段将与围护结构冲突，需要将车站加宽，如图 4.2-110 所示。

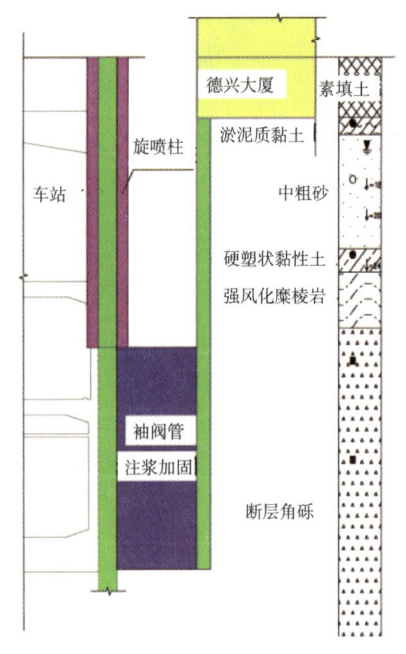

图 4.2-109 德兴大厦加固方案

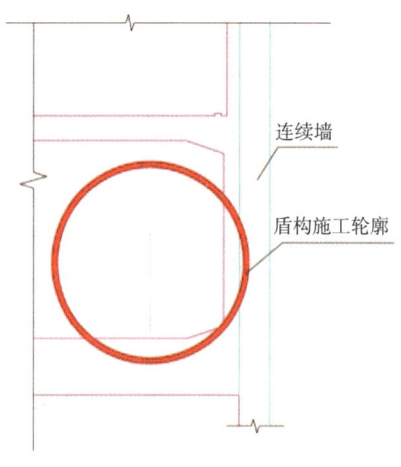

图 4.2-110 盾构区间隧道与围护结构冲突示意图

由图可见，盾构施工的外轮廓在车站标准段已经与地下连续墙冲突，再考虑施工安全距离，车站标准段地下连续墙每侧至少需要外移 0.8m，车站需要加宽 1.6m，车站规模加大，投资增加，且没有场地施工。

为解决上述问题，节约施工空间，避免围护结构外扩影响周边建筑物安全，需将车站范围内线路优化，采用临时线路向车站内部偏移。该临时线路需满足三个条件：一是不与标准段围护结构及中间临时立柱冲突；二是车站范围内的临时隧道拆除后，轨道可以按永久线路铺设，车站内的临时线路对车站两端区间永久线路无影响；三是临时线路应满足盾构掘进的最小半径要求。据此，车站范围内临时线路采用250～350m的小半径S形弯向车站内部偏移，偏移开始点和结束点都在车站端头连续墙内侧与线路交点处，临时线路平面图如图4.2-111所示。

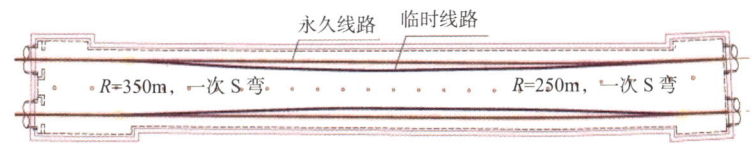

图4.2-111 先隧后站的临时线路平面图

临时线路与永久线路在车站标准段剖面关系如图4.2-112所示。

采用临时线路后，仅需要在车站两端小范围将车站宽度加宽，标准段维持原车站宽度，节约了施工场地和工程造价。

2. 隧道与车站接口处理

本站采用先隧后站施工，车站施工完负二层底板进入负二层土方开挖时，逐渐将车站内的隧道结构暴露出来，拆除车站内隧道结构后方可施工车站底板、侧墙，并处理车站与区间隧道的接口。接口处理前及处理后的对比如图4.2-113所示。

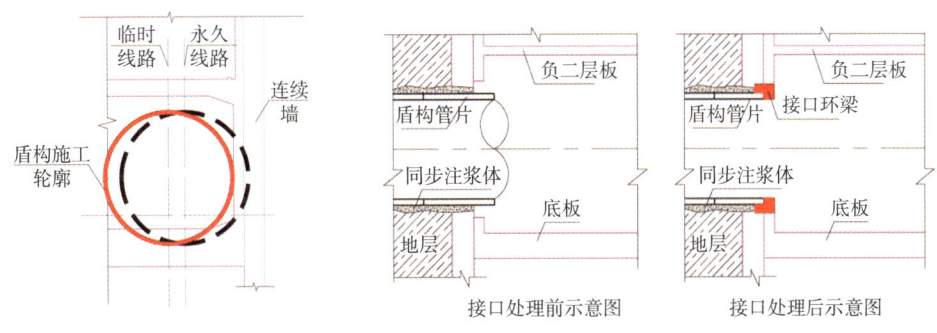

图4.2-112 "先隧后站"临时线路剖面图　　图4.2-113 车站与区间接口处理前后对比示意图

由图 4.2-113 可知，在区间与车站接口位置，需要局部破除围护结构和盾构管片，施做接口环梁。破除部分连续墙施工接口环梁的过程中，连续墙与管片之间形成渗漏通道，引起水土流失，施工前需对地层进行加固处理。设计采用在车站内施工三排 6m 长袖阀管注水泥水玻璃浆液对地层进行加固，形成环形保护罩，管环向间距 1m，径向间距 0.3m，注浆管布置立、剖面如图 4.2-114 所示。

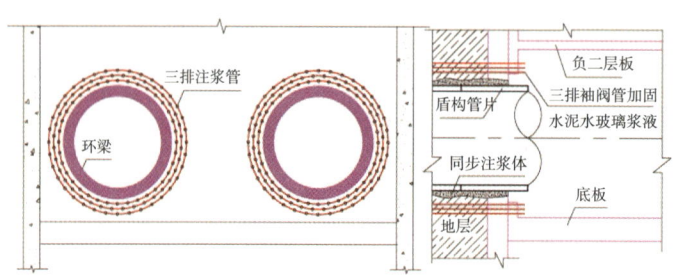

图 4.2-114　接口注浆加固处理立、剖面图

4.2.8.4　工程实施效果

目前车站主体结构已经全部施工完成。

1. 春风路高架桥加固实施效果

根据施工过程记录，在车站主体工程施工过程中，春风路高架桥最大累计桩基沉降为 27.59mm（此时正在施工车站底板），满足规范规定的沉降差要求，其沉降过程记录如图 4.2-115 所示。

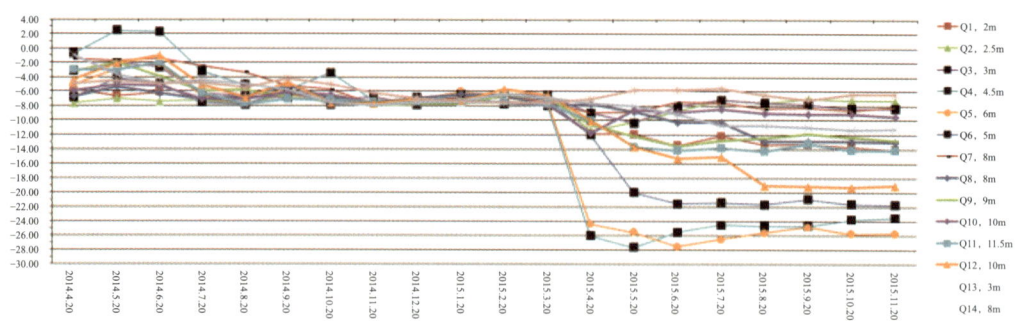

图 4.2-115　春风路高架桥累计沉降量图

2. 德兴大厦加固实施效果

德兴大厦经过注浆加固隔离后，其建筑物角点最大累计沉降量为 8.26mm（此时正在施工车站底板），满足规范规定的建筑物沉降差要求，其沉降过程记录如图 4.2-116 所示。

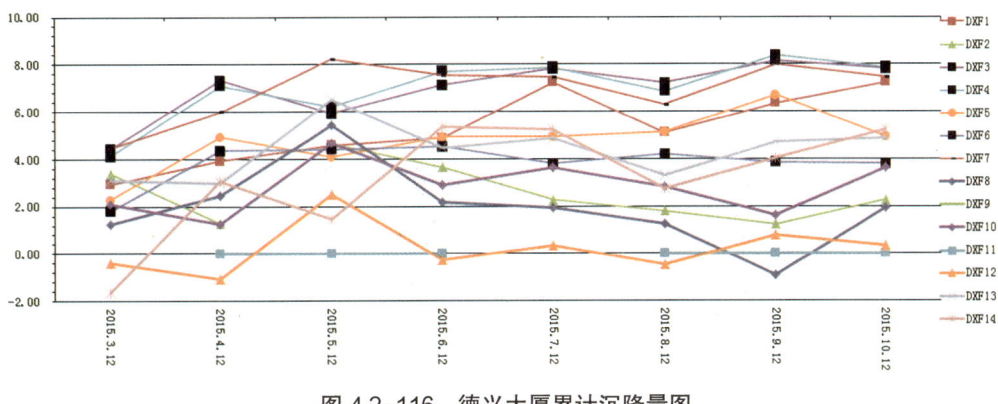

图 4.2-116　德兴大厦累计沉降量图

4.2.8.5 "先隧后站"技术实施效果

本站"先隧后站"实施顺利,虽然在车站内的临时线路需经过两个小半径 S 形弯道,但施工过程控制严格,隧道施工最大偏差在 35mm 以内,且在车站端头接口位置基本控制无偏差,在拆除车站内管片后,车站两端的永久线路与车站内永久线路实现了无偏差顺接。

4.2.9　预埋滑槽技术

4.2.9.1　预埋滑槽技术原理

深圳 9 号线盾构区间采用预埋滑槽技术以安装固定隧道内的各种设备和管线,并在人民南站实验性地应用了预埋套筒技术,以安装车站内的管线。

在地铁盾构区间隧道内,沿隧道纵向敷设着大量管线和设备,通过连接构件安装固定在隧道结构上,如图 4.2-117 所示。

隧道内管线和设备安装固定在隧道结构上的传统施工工艺,是在隧道结构上钻孔植筋或打膨胀螺栓,通过固定支架或直接用螺栓固定在隧道结构上,如图 4.2-118 所示。

这种施工工艺对隧道结构造成一定损伤,影响结构的安全性和耐久性,特别是在像深圳这样的沿海城市,空气和地下水对结构腐蚀明显,结构耐久性设计和保护一直是一门课题。

为有效解决上述问题,设计考虑在盾构区间率先考虑采用预埋滑槽技术,即在盾构管片生产时,在管片上预埋一定数量的滑槽,待隧道施工管片拼装完成后,预埋在管片上的滑槽形成线性固定构件，在滑槽上任意位置通过配套螺栓都可以固定支架或直接安装固定设备，如图 4.2-119 所示。

图 4.2-117　隧道内敷设的管线和设备

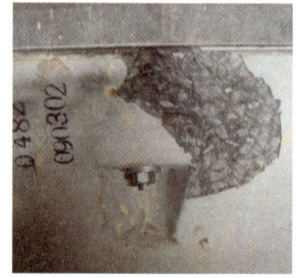
图 4.2-118　管线和设备的安装固定

图 4.2-119　预埋滑槽技术

与预埋滑槽技术相对应，预埋套筒技术是在结构上某些位置预埋套筒，从而在结构上形成单点固定装置，以固定各种连接件或直接固定设备。

采用预留预埋技术的优点很明显：

（1）可以减少甚至杜绝在隧道结构上进行破坏性钻孔，从而提高结构的安全性和耐久性，延长结构全寿命周期，降低工程成本，提高工程社会经济效益。

（2）可总体上提高设计与施工水平，实现精细化设计、精细化施工。

（3）可提高设备安装施工效率，缩短工期，节约人工成本。

（4）可改善设备安装作业环境，提高工人职业健康。

4.2.9.2 预埋滑槽技术尚需注意的几点问题

1. 预埋滑槽的规格及其安装形式

预埋槽道的安装固定方式有预埋和外挂两种,外挂根据其外挂点形式可分为通过螺栓手孔外挂或通过预埋件外挂两种,如图 4.2-120 所示。

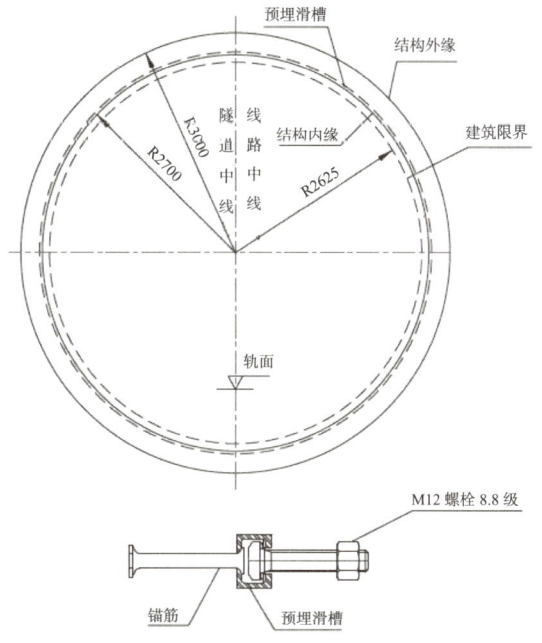

图 4.2-120 三种固定形式

不同的固定方式，槽道需要的规格不同，对比上述三种固定形式，采用预埋方式，槽道后的锚杆间距一般为200mm左右，槽道受力均匀，需要的结构刚度小，成本低；采用螺栓手孔的安装固定方式，则螺栓手孔之间的间距一般约1.6m，固定点间距远大于预埋槽，其要求槽钢刚度大、造价高、且稳定性差，该方案的优点是槽道可更换，且可在需要的位置设置，布置灵活；采用预埋件固定方式需要先在槽道上预埋可长期使用、耐久性好的固定件，如陶瓷套筒，且固定件的距离不能太大也不宜太小，一般间距在600mm左右。

2.采用预埋滑槽后对既有结构的受力影响

在盾构管片上通过预埋滑槽进行管线和设备安装固定时，需要对管片的受力进行分析，设计对预埋滑槽与盾构管片的共同受力建模计算，其模型如图4.2-121所示。

根据建模计算，结果如下：

（1）隧道管片在荷载作用下，变形约0.03%，变形极小，管片开槽后，有一定程度的增加，但仍未超过整体的0.05%。

（2）混凝土应力状态不高，开槽后，该位置混凝土应力略有增加，不超过8%，也远低于混凝土轴心抗压强度。

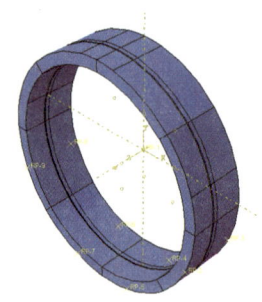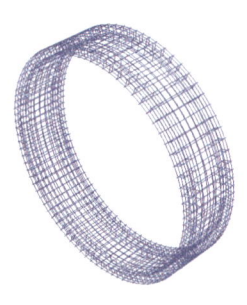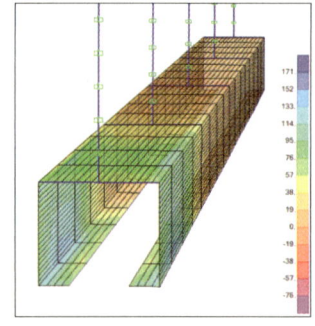

图4.2-121　计算模型

（3）混凝土主拉应力明显低于混凝土开裂容许应力，开槽前后，最大主拉应力变化不超过10%。

（4）钢筋的拉应力明显低于屈服应力，开裂前后钢筋应力变化不超过2%。

（5）管片裂缝宽度、滑槽受力和变形满足规范要求。

3.预埋滑槽及其螺栓副的防腐设计标准

预埋滑槽在混凝土管片中具有不可替换性，因此，其防腐性能是设计的关键。对目前国内外大量的钢结构防腐进行调查研究的结果表明，对于普通碳钢，目前最有效的防腐技术是采用热浸镀锌技术，镀锌要求需满足《锌覆盖层 钢铁结构防腐蚀的指南和建议 第2部分：热浸镀锌》GB/T 19355.2 以及《金属覆盖层 钢铁制件热镀锌层技术要求及试验方法》GB/T 13912 的要求，热浸镀锌的腐蚀等级和速率、首次维修寿命等宜按照现行国家标准《锌覆盖层 钢铁结构防腐蚀的指南和建议 第1部分：设计与防腐蚀的基本原则》GB/T 19355.1 的相关规定执行，热浸镀锌层厚度一般取 $80\mu m$，对防腐要求较高的工况，宜采用不锈钢槽道，并应避免金属间的接触腐蚀。

4. 预埋滑槽的防迷流设计要求

为满足防迷流的要求，预埋滑槽要与结构钢筋无接触安装，且预埋滑槽及其锚筋与结构钢筋之间的距离，需满足钢筋混凝土结构保护层厚度的相关要求。

4.2.10 近海环境工程耐久性设计

红树湾南站～下沙站（不含）三站三区间位于抛石填海地区，填海区地表海水较发育，与地下水具有较强的水力联系。

按照国家标准《岩土工程勘察规范》(2009年版)（GB 50021）第12.2条规定，对本次勘察所取地下水水样进行了腐蚀性评价，当环境类型为Ⅰ类时：在长期浸水情况下，地下水对混凝土结构具强腐蚀性，腐蚀介质类型为 SO_4^{2-}，对混凝土中钢筋具弱腐蚀性；在干湿交替情况下，地下水对混凝土结构具强腐蚀性，腐蚀介质类型为 SO_4^{2-}，对混凝土中钢筋具强腐蚀性，腐蚀介质类型为 Cl^-。当环境类型为Ⅱ类时：在长期浸水情况下，地下水对混凝土结构具中等腐蚀性，腐蚀介质类型为 SO_4^{2-}，对混凝土中钢筋具弱腐蚀性；在干湿交替情况下，地下水对混凝土结构具中等腐蚀性，腐蚀介质类型为 SO_4^{2-}，对混凝土中钢筋具强腐蚀性，腐蚀介质类型为 Cl^-。

本工程进行耐久性设计的依据为《混凝土结构耐久性设计规范》（GB/T 50476—2008）、《铁路混凝土结构耐久性设计规范》（TB 10005—2010）。两本规范针对耐久性设计的主要措施是提高混凝土强度等级、限制最大水胶比和加大混凝土保护层厚度。环境作用等级决定设计应采用的措施。

根据规范规定，处于"干湿交替环境"中的"薄壁混凝土结构"环境作用等级最高，在单一腐蚀介质环境中的最低混凝土强度等级为C50。而对于地下车站衬砌，特别是矿山法隧道衬砌，现阶段在混凝土浇捣和养护的施工过程中难以控制干缩裂缝的产生，施工缝位置的渗漏普遍存在，单纯通过提高混凝土强度等级可能无法达到耐久性要求的密实性目标。

通过参考其他工程研究成果，可总结出以下规律：

（1）水胶比减小，混凝土强度和抗腐蚀耐久性能提高，但混凝土并非水胶比越小、强度越高，性能就越好。水胶比小，混凝土的工作性相对较差，不利于混凝土的施工应用，增加由于施工因素造成的混凝土缺陷；同时水胶比小，胶凝材料用量相对较大，将增加混凝土的干缩变形和绝热温升，使得混凝土的开裂风险显著上升。

（2）掺合料特别是粉煤灰可减少混凝土的单位用水量，提高混凝土的工作性能；与不掺掺合料的普通混凝土相比，干缩小、绝热温升小、体积变形由收缩变为膨胀，抗氯离子渗透及抗硫酸盐侵蚀性能显著提高。虽然掺加掺合料降低了混凝土的早期强度，但后期强度有所发展；对极限拉伸性能而言，掺合料混凝土的极限拉伸值在后期反而明显超过了普通混凝土。

（3）单掺矿渣的混凝土较双掺矿渣和粉煤灰的钢筋混凝土耐久性能更优；而双掺粉煤灰与矿渣的混凝土比单掺矿渣的混凝土综合性能更优，且以20%粉煤灰+40%矿渣的配伍相对最优。在水胶比为0.4时，若要满足标养28d混凝土氯离子扩散系数小于$4\times10^{-12}m^2/s$的钢筋混凝土100年耐久性指标要求，则胶凝材料中矿渣的掺量不应小于30%。

（4）引气混凝土（含气量4%～5%）较非引气混凝土（含气量1%～2%）的工作性增加，抗压强度有所降低，干缩值和碳化深度略有增加，但其极限拉伸性能及抗氯离子渗透和硫酸盐侵蚀性能明显增强。

（5）在混凝土配制时，可优先考虑聚羧酸系减水剂。

（6）当钢筋混凝土构件厚度大于30cm时，一侧表面接触室内干燥空气或多风环境、另一侧表面接触含盐环境水或湿润土体的情况下可不考虑干湿交替结晶膨胀破坏。

（7）随着水胶比的增大，混凝土的开裂温降有增大的趋势，开裂风险降低；增大掺合料掺量，优化掺合料组合，双掺矿渣和粉煤灰较单掺矿渣有利于减小混凝土的开裂温度，提高混凝土的抗裂性；掺引气剂改善了混凝土的抗裂性能；改变外加剂品种，对混凝土的抗裂性影响不明显。

（8）根据配合比优化试验结果以及相关规范，推荐了不同腐蚀环境下的混凝土参考配合比和混凝土性能控制指标参数。根据混凝土性能试验，严重和非常严重腐蚀环境作用等级的工段混凝土优先推荐水胶比 0.38 且掺加 15% ~ 20% 粉煤灰 +35% ~ 40% 矿渣的引气混凝土，可满足钢筋混凝土 100 年耐久性要求。

9 号线根据地质报告，采用以下混凝土配合比进行腐蚀性地区耐久性设计：

① 氯盐非常严重腐蚀环境下的推荐混凝土参考配合比

水胶比：不大于 0.38；矿渣粉掺量：35% ~ 40%；粉煤灰掺量：15% ~ 20%；含气量：4% ~ 5%；坍落度：出机口 180mm ± 20mm；强度等级：C35；标养 28d 氯离子扩散系数（RCM 法）小于 $4.0 \times 10^{-12} m^2/s$；标养 28d 混凝土抗硫酸盐等级不小于 KS120；标养 28d 混凝土试件 60d 快速碳化深度小于 20mm。

② 非常严重氯盐加严重硫酸盐腐蚀环境下推荐混凝土参考配合比

水胶比：不大于 0.38；矿渣粉掺量：35% ~ 40%；粉煤灰掺量：15% ~ 20%；含气量：4% ~ 5%；坍落度：出机口 180mm ± 20mm；强度等级：C35；标养 28d 氯离子扩散系数（RCM 法）小于 $4.0 \times 10^{-12} m^2/s$；标养 28d 混凝土抗硫酸盐等级不小于 KS150；标养 28d 混凝土试件 60d 快速碳化深度小于 20mm。

③ 中等腐蚀环境下的推荐混凝土参考配合比

水胶比：不大于 0.40；矿渣粉掺量：35% ~ 40%；粉煤灰掺量：15% ~ 20%；含气量：4% ~ 5%；坍落度：出机口 180mm ± 20mm；强度等级：C35；标养 28d 氯离子扩散系数（RCM 法）小于 $5.0 \times 10^{-12} m^2/s$；标养 28d 混凝土抗硫酸盐等级不小于 KS90；标养 28d 混凝土试件 60d 快速碳化深度小于 20mm。

④ 侵蚀性碳酸腐蚀环境下的推荐混凝土参考配合比

推荐混凝土配合比主要参数：水胶比：不大于 0.36；矿渣粉掺量：35% ~ 40%；粉煤灰掺量：15% ~ 20%；含气量：4% ~ 5%；坍落度：出机口 180mm ± 20mm；强度等级：C40；标养 28d 氯离子扩散系数（RCM 法）小于 $4.0 \times 10^{-12} m^2/s$；标养 28d 混凝土抗硫酸盐等级不小于 KS120，56d 标养混凝土抗硫酸盐等级不小于 KS150；标养 28d 混凝土试件 60d 快速碳化深度小于 20mm。

⑤ C50 结构强度推荐混凝土参考配合比

水胶比：不大于 0.35；矿渣粉掺量：30% ~ 35%；粉煤灰掺量：10% ~ 15%；含气量：4% ~ 5%；坍落度：出机口 180mm ± 20mm；强度等级：C50；标养 28d 氯离子扩散系数（RCM 法）小于 $4.0 \times 10^{-12} m^2/s$；标养 28d 混凝土抗硫酸盐等级不小于 KS120；标养 28d 混凝土试件 60d 快速碳化深度小于 20mm。

4.2.11 系统安全性研究

4.2.11.1 层次化消防救灾设计方法

城市轨道交通线路长,整个消防控制系统复杂,各环节、各系统相互关联,当地铁系统中的某一点发生火灾时,如何及时有效地控制灾情发展,对于整个城市轨道交通的安全运行具有非常重要的意义。

广州地铁设计研究院一直在持续研究轨道交通层次化消防联动控制技术,在深圳地铁9号线设计过程中,申请了"应用于城市轨道交通的火灾联动控制系统及方法"发明专利,2011年获得国家发明专利授权。

1. 主要发明技术内容

针对常规消防系统的缺陷,发明了一种应用于城市轨道交通工程线网全局的层次化的消防联动控制系统及方法;系统综合集成了主控系统(或综合监控系统)、火灾自动报警系统、机电设备监控系统EMCS(或环境与设备监控系统BAS)、通信系统、智能低压系统和通风空调系统等;通过火灾自动报警系统实现火灾探测及报警,根据不同的火灾位置选择其对应的火灾模式指令,向主控系统和机电设备监控系统等发送火灾模式指令;机电设备监控系统(EMCS)接收火灾自动报警系统(FAS)、主控系统发送的火灾模式指令,根据环控工艺要求,实现模式指令分解,智能低压控制系统等根据EMCS发出的控制指令,完成对防排烟设备、消防救灾设备、疏散系统设备的控制,自动执行相应的消防救灾模式,实现火灾模式指令的执行。

1)火灾模式指令传输通道设计

火灾模式指令通过以下四种通道之一传输:

(1)工点火灾→工点火灾报警控制盘(FACP盘)→机电设备监控系统在综合后备盘(IBP盘)内的可编程逻辑控制器→机电设备监控系统的主控制器→现场控制器→现场被控设备,该通道属自动控制方式。

(2)工点火灾→工点火灾报警控制盘(FACP盘)→车站级主控系统→机电设备监控系统的主控制器→现场控制器→现场被控设备,该通道属半自动控制方式。

(3)工点或隧道区间火灾→综合后备盘(IBP盘)按钮→机电设备监控系统在综合后备盘(IBP盘)内的可编程逻辑控制器→机电设备监控系统的主控制器→现场控制器→现场被控设备,该通道属半自动控制。

（4）隧道区间火灾→车站火灾报警控制盘（FACP 盘）→火灾自动报警系统的冗余骨干传输网络→中央级火灾自动报警系统→中央级主控系统→车站级主控系统→主控系统的前置通信处理器→机电设备监控系统的主控制器→现场控制器→现场被控设备，该通道属半自动控制。

轨道交通层次化消防联动控制系统如图 4.2-122 所示。

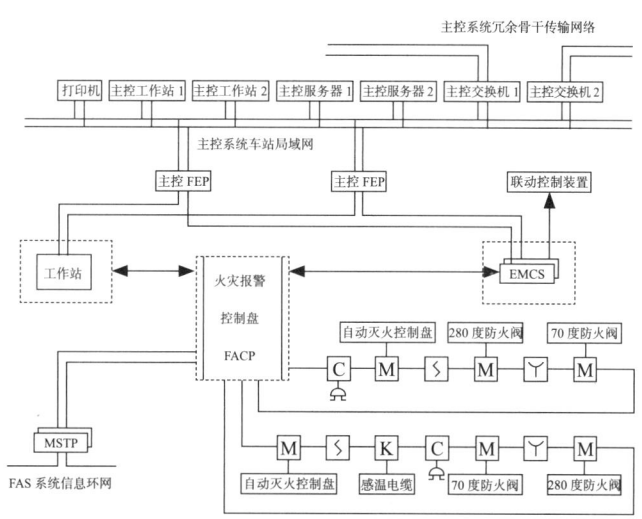

图 4.2-122　轨道交通层次化消防联动控制系统图

2）火灾模式指令代码设计

火灾自动报警系统发送给机电设备监控系统的火灾模式指令以电报码的格式发送，每一个电报码由 17 个字节构成，其具体字节段为：电报码结构的开始字节；电报码头；13 个字节的电报码内容；电报码结构的结束字节；数据完整性检查的校验字节，电报码具体结构如表 4.2-9 所示。

电报码结构　　　　　　　　　　　　表 4.2-9

电报码结构开始字节	电报码头	电报码内容	电报码结构结束字节	数据完整性检查字节
1 字节	1 字节	13 字节	1 字节	1 字节

3）火灾模式指令传输网络设计

火灾自动报警系统通过图形监控计算机的两个以太网接口与车站级主控系统的两台前置通信处理器冗余连接，用于向车站级主控系统传送火灾信息。由车站级主控系统（简称 SMCS）向中央级主控系统（简称 CMCS）报告相关火灾信息。主控系统相互连接形成全线主控系统冗余骨干传输网络。

系统信息传输网络采用环形网络结构的闭环通信方式，用于传输火灾自动报警系统的重要运营信息和全部维修信息。

4）现场设备

现场设备包括以下火灾探测或监视报警设备：带地址码的智能型火灾探测器；手动火灾报警按钮和报警电话插孔；感温电缆；红外光束对射式感烟探测器；红外线火焰探测器；闭路电视监视系统；火灾事故广播；消防电话；固定的对讲电话和对讲电话插孔；消防调度通话组。

5）车站级设备

环境与机电设备监控系统包括设置在车站控制室 IBP 盘内的可编程逻辑控制器，该可编程逻辑控制器通过串行 RS485 接口与火灾自动报警系统的火灾报警控制盘 FCAP 连接。

环境与机电设备监控系统还包括设置在设备监控室的车站环境控制系统冗余控制器，该车站环境控制系统冗余控制器与主控系统的前置通信处理器冗余连接实现通信。

6）层次化消防联动控制技术的实现步骤

基于上述消防联动联动控制系统，本发明技术提供了一种应用于城市轨道交通的层次化消防联动控制技术，包括以下步骤：

（1）通过火灾自动报警系统检测是否有火灾报警信号：通过自动确认方式或人工确认方式确定火灾报警信号。通过以下三种方式之一即可自动确定为火灾报警信号：

① 当任何一个报警区域内有一个感烟或感温探测器报警，同时有一个手动报警按钮报警。

② 在同一个报警区域内有两个探测器同时报警。

③ 在受气体自动灭火系统保护的重要设备用房，有一路烟感报警和一路温感报警。

所述人工确认方式是通过人员现场确认或通过闭路电视确认。在车站级火灾自动报警系统收到火灾报警而不能自动确认的情况下，若报警区域在闭路电视监视范围，消防值班员通过闭路电视进行报警确认；若报警区域不在闭路电视监视范围，则立即通知现场值班员，携带手持式无线消防调度电话到报警现场进行报警确认。

火灾自动报警系统火灾报警确认流程如图 4.2-123 所示。

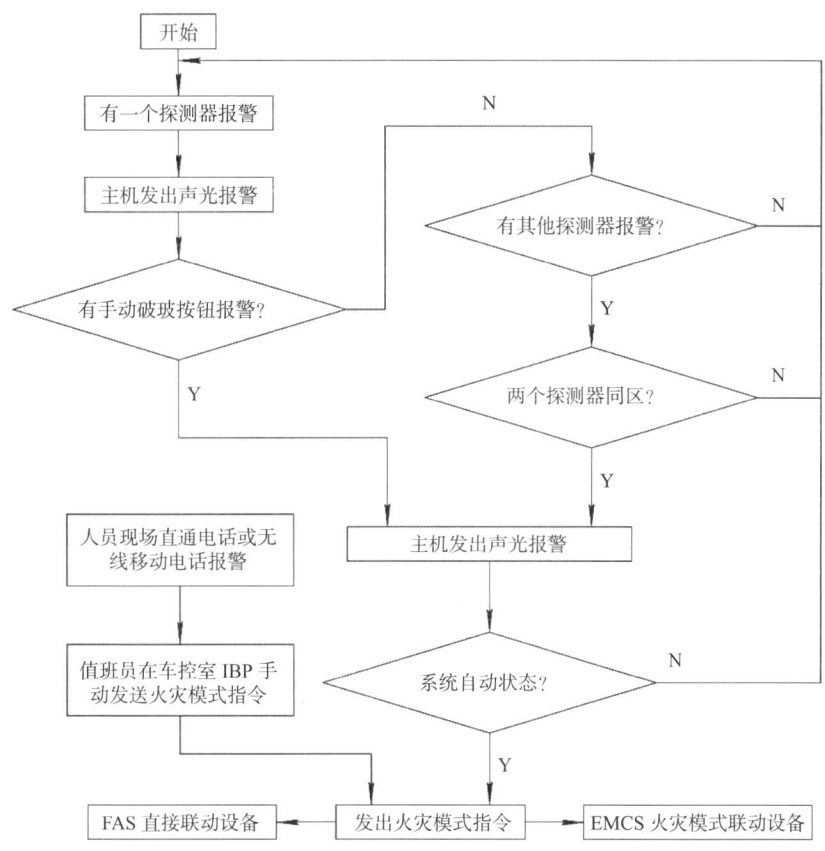

图 4.2-123　火灾自动报警系统火灾报警确认流程图

（2）当火灾自动报警系统检测到火灾报警信号后，直接向机电设备监控系统发送火灾模式指令，或者通过主控系统向机电设备监控系统发送火灾模式指令；火灾自动报警系统发送给机电设备监控系统的火灾模式指令采用所述"三选二"方法进行确认：

① 当机电设备监控系统收到的第一个和第二个数据电报码通过校验且所包含的火灾模式指令代码相同，则火灾报警信号有效。

② 当机电设备监控系统收到的第一个、第二个、第三个数据电报码中有两个通过校验且所包含的火灾模式指令代码相同，则火灾报警信号有效。

③ 当机电设备监控系统收到的第一个、第二个、第三个数据电报码中没有两个通过校验或没有两个数据电报码包含的火灾模式指令代码相同，则火灾报警信号无效。

（3）机电设备监控系统接收并分解上述火灾模式指令，按照预定的方式控制消防设备执行相关的消防救灾模式。

火灾模式指令通过前述四种通道之一传输；机电设备监控系统收到火灾自动报警系统或主控系统的火灾模式指令后，执行以下消防救灾模式：

① 机电设备监控系统接收火灾自动报警系统的火灾模式指令后，执行车站防烟、排烟模式。

② 通过主控系统接收列车区间停车位置信号，根据列车火灾部位信息，执行隧道防排烟模式。

③ 根据灾害模式要求，接收车站级和中央级开启屏蔽门允许指令，进行开门控制，执行站台防排烟模式。

④ 根据灾害模式要求，执行车站给水/排水、应急照明、自动售检票系统闸机释放、门禁释放等消防模式。

2. 发明技术的原创性与重要性

（1）建立了程式化的针对轨道交通线网全局的消防联动控制系统，该系统包括主控系统 MCS（或综合监控 ISCS）、机电设备监控系统 EMCS（或环境与设备监控系统 BAS）、火灾自动报警系统 FAS、通信系统、智能低压系统、通风空调系统、门禁系统、自动售检票系统 AFC 等。

（2）提出了全新轨道交通线网消防救灾应急预案，该方法是国内第一个系统化地针对轨道交通线网全局的消防救灾方法。

（3）实现了层次化的针对轨道交通不同地点的消防救灾方法。

（4）构建了主控系统统一的综合信息平台，有效整合了系统资源，系统响应速度快、联动能力强。

（5）创建了智能低压系统，大大提高监控管理能力。

（6）创建的消防联动系统规模大、效率高。

（7）消防信息传输可靠性及利用率高。

（8）消防报警信息与维修信息分别传输，可靠性高。

（9）火灾模式指令采用代码传送机制，可靠性及效率高。

（10）创建了后备联动方式，提高操作可靠性及效率。

（11）创建了针对轨道交通隧道区间的特殊联动，解决轨道交通的特殊需求。

本发明专利实现了轨道交通线网全局的消防联动控制，有效整合了系统资源，是确保乘客安全出行、保障人民生命财产安全的利器，可移植性强，有效指导了消防救灾工作。

3. 发明专利技术实施效果的确定性

（1）本发明技术是国内自主设计、制造的轨道交通综合消防联动控制系统，已成功应用于粤港澳大湾区深圳城市轨道交通9号线、7号线、11号线，广州地铁5号线～7号线、9号线、13号线等，成功实现国产化，打破了国外技术垄断与壁垒，为地铁综合自动化的建设建立了标杆，推动了行业的技术升级与民族工业的发展，推动了国家技术的进步。

（2）本研究已申请系列专利，在国内国际技术刊物上发表论文数十篇，项目研发人员参与编制了多个城市轨道交通技术规范，具有极大的学术价值。

（3）系统成功采用了多项先进技术，显著提高了城市轨道交通消防救灾响应速度及协调能力，提高地铁安全运营水平，解决了轨道交通多系统的联合协调动作的关键技术问题。

（4）本专利技术的有效实施，提高了城市轨道交通科学管理水平，改善了轨道交通运营人员劳动条件，确保了乘客生命财产安全。

（5）本发明专利先后获得广州市发明专利金奖、广州市科技进步一等奖、华夏科技进步二等奖、广东省优秀专利奖、中国优秀专利奖等。

4.2.11.2 弱电综合UPS电源系统及供电方法

在深圳地铁9号线设计过程中，广州地铁设计研究院申请了"应用于城市轨道交通的弱电综合UPS电源系统及供电方法"发明专利，2013年获得国家发明专利授权。

1. 主要发明技术内容

发明了一种应用于城市轨道交通的弱电综合UPS电源系统及供电方法，包括电源输入配电系统、UPS及蓄电池组系统、智能配电系统和UPS监控系统；通过电源输入配电系统实现主电源、备用电源经双电源切换装置后连接到UPS主机；UPS及蓄电池组系统包括每台UPS的整流/逆变主电路、静态旁路、检修旁路和蓄电池组；智能配电系统包括双电源自动切换开关及配电断路器、可编程逻辑控制器及检测设备，用于向轨道交通的各弱电系统分配电力；利用其可编程逻辑控制器检测市电及电池电压，当两路主、备交流市电异常时，根据预定的设计方案分时控制给各弱电系统配电的馈出回路断电；利用UPS监控系统对上述各系统进行监控，并通过全线综合监控系统网络对全线UPS进行监控。信号设备集中站弱电综合UPS电源系统图如图4.2-124所示。

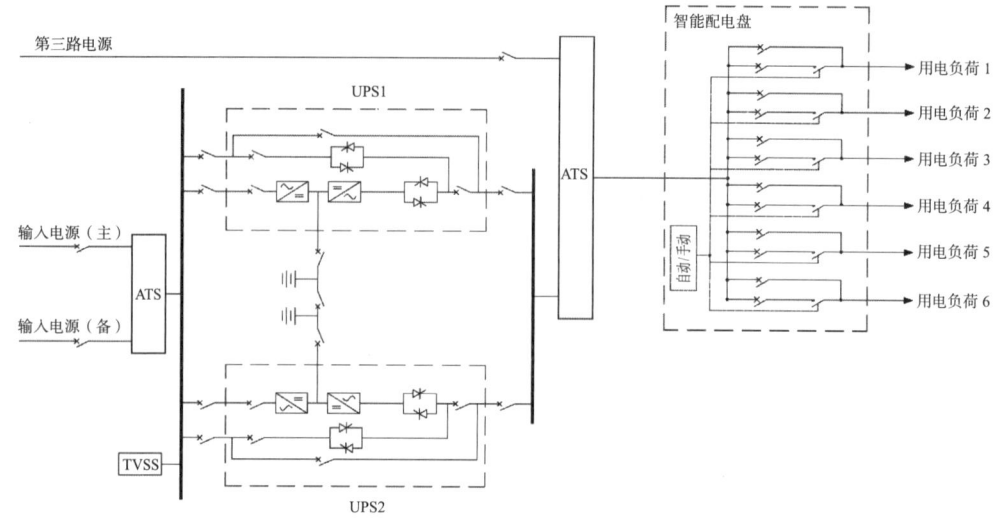

图 4.2-124　信号设备集中站弱电综合 UPS 电源系统图

2. 发明技术的原创性与重要性

本专利针对涉及城市轨道交通安全运营的综合监控、FAS、BAS、通信、信号、门禁、AFC、自动灭火、站台门控制电源等弱电系统的供电高可靠性及实时响应的要求，创新性地提出了全面解决轨道交通弱电系统电源可靠性问题的技术方案，彻底解决了城市轨道交通多弱电系统电源综合集成、经济、可靠供电的技术难题，具有以下原创性与重要性：

（1）本发明有效整合了所有轨道交通弱电系统的供电电源，更好地整合了系统电源资源。

（2）在信号设备集中站及控制中心，采用并机冗余方案，其余站点采用单机方案，在提高系统可靠性的同时，节省了系统投资。

（3）并机冗余 UPS 系统方案，设置两台 UPS 主机，蓄电池组按一套配置，整套蓄电池组容量满足所有弱电系统后备延时的用电需求，每台 UPS 单机容量均能满足系统总容量需求。

（4）给信号系统配电时，采用冗余配线方案，其余负荷采用单回路配电方案，极大地提高了对影响轨道交通行车安全的信号系统设备的供电可靠性。

（5）UPS 的两路主、备电源来自本站点降压所不同的两段 0.4kV 母线，经第一双电源切换开关给 UPS 供电，实现 UPS 的一级负荷供电需求。

（6）在智能配电盘系统设置第二双电源自动切换开关，UPS 输出与第三路交流电源经智能配电系统的双电源切换开关自动切换后给负载供电，UPS输出为主用电源，确保UPS输出异常时负载不停电运行。

（7）智能配电系统可智能检测市电及巡检电池，当两路主、备交流市电异常时，各馈线回路经给定延时分别自动断电切除负载，确保各负载后备供电时间。

（8）在智能配电盘设置手动旁路开关，当可编程逻辑控制器出现故障或任何负荷接触器误跳闸时，可通过旁路开关实现对负载的供电。

（9）UPS智能监控系统的核心控制单元与车站级综合监控系统间采用冗余通信方式进行信息交换，通过全线综合监控系统网络对全线UPS进行监控管理。

3. 专利技术实施效果的确定性

（1）本发明专利技术适用于城市轨道交通工程，以解决城市轨道交通弱电电源系统的可靠性、稳定性为核心目标。

（2）本研究成果已应用于国内几十个城市的轨道交通工程，显著提升了弱电综合UPS电源系统供电可靠性水平和智能化运行水平。

（3）本专利技术实施后，显著提高了UPS电源系统的可靠性，降低了UPS系统的投资、减少蓄电池总容量配置且增加各系统的后备总容量、减少土建投资、节约维护成本，实现对UPS的智能监控与运营管理，极大地提高了地铁安全运营水平。

（4）运行实践证明，本系统运行稳定，自动化水平高，维护工作量小，管理维护手段先进，解决了轨道交通弱电电源系统可靠性的关键技术问题，具有极高的社会效益与经济效益。

（5）2015年，本发明技术获广东省优秀专利奖；2016年被中国土木工程学会城市轨道交通技术工作委员会授予"2016技术创新推广项目"，在全国轨道交通建设中予以推广。2017年通过广东省土木建筑学会组织的专家鉴定，鉴定委员会认为，研究成果达到国际领先水平，推动了行业的技术进步，具有广阔的推广应用前景。

4.2.11.3 地下停车场消防设计

1. 研究内容

深圳地铁9号线笔架山停车场是国内目前最大的地下地铁停车场，其消防设计是重点研究难题。

停车场用地西侧为皇岗路、南侧为笋岗西路、东北侧为福田河，地块长1010m左右，宽110～200m左右，呈南北走向，与正线垂直。笔架山停车场主体建筑南北长约925.7m，标准段东西宽115.4m，总建筑面积73464.3m^2，地下一层，埋深

11.1～13.1m，顶板覆土厚度1～3m，出入场道路设两处，主出入口与皇岗路连接，次出入口与笋岗西路连接（图4.2-125）。

图4.2-125　笔架山停车场俯视图

2. 研究难点

1）防火分区的划分原则

本项目的地下空间功能包括地下一层的停车列检区、出入场线及道岔区、运转综合用房区、综合办公区、综合检修区、设备区、材料备品库区、牵引降压混合所区、污水处理站及洗车机设备用房区、地下两层的司机休息区。由于本项目为地铁停车场，目前尚无专用防火规范与之匹配，本停车场主要用于停放地铁列车及简单检修功能，且地铁列车与小汽车性质不同，因此本停车场采用《汽车库、修车库、停车场设计防火规范》（GB 50067—2014）进行防火分区划分不合适，而专门针对地铁颁布的《地铁设计规范》（GB 50157—2013）亦无地铁停车场设置在地下的相关规定。因此，如何为本项目选用合适的防火规范，以便合理合规地进行各区域防火分区的划分，成为整个建筑消防设计的重点。

2）消防疏散的设置

本项目为全地下地铁停车场，地下建筑面积达7万 m^2，且位于笔架山公园内，建成后地面需恢复为高标准的体育公园，考虑公园景观要求，停车场出地面的安全出口数量需尽量少，但本项目全部位于地下，且面积巨大，防火分区数量相应会很多。因此，如何合理合规的进行疏散设计，在满足相应疏散要求的前提下，尽可能少的设置安全出口，以便减小停车场总体规模，少占公园地面用地，减少对地面公园景观的不利影响成为整个停车场及建筑消防设计的难点和重点。

3）技术方案论证

（1）通过设置通风井的方式，设置地下消防车道

本项目位于笔架山公园内，考虑公园景观要求及游人较多，地面不适宜设置消防车道。根据本停车场特点，停车场埋深11.1～13.1m，地下一层，可将消防车道设置在地下（图4.2-126）。一般情况下消防车道均位于地面，周边为开敞空间，消防车道本身为安全区域。而本停车场位于地下，消防车道亦设置在地下，考虑消防车道本身的安全，可参考地面消防车道的开敞空间形式，通过在消防车道上方设置大面积的采光通风井的方式，达到消防车道本身安全的要求，根据消防局的意见，消防车道上方设置同消防车道同宽同长的采光通风井，这样可以使本项目地下消防车道与地面消防车道通风效果一致。但本项目地面需恢复为公园，设置大规模的通长采光通风井将极大影响公园景观及游人活动，可采用折中方案，即在保证消防车道安全的前提下，尽可能少地设置采光通风井，根据《建筑设计防火规范》GB 50016—2006归纳出满足自然排烟的条件为：①排烟口距离最远点水平距离不应超过30m；②排烟口的净面积不应小于所属区域建筑面积的5%。当一个区域设置的排烟口同时满足上述两条时，即认为该区域满足自然排烟条件。综上所述，在消防车道上方按60m左右净距设置排烟口，且排烟口总面积占消防车道总面积比约30%，使得整个消防车道满足自然排烟条件，且排烟口面积余量较大，至此，可认为消防车道安全，消防车道为安全区。考虑停车场上部需恢复为公园，可同时将上述排烟口用作停车场其他区域的机械排风、排烟及新风口，减少设置新的新风、排风口，以减少对地面公园的占地及景观影响。

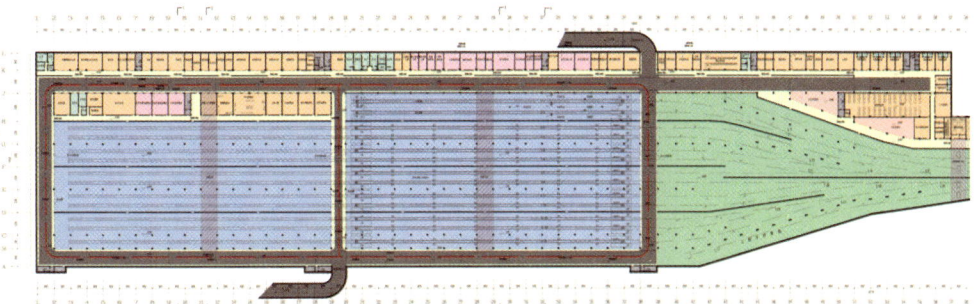

图4.2-126　笔架山停车场停车列检库周边设置环形消防车道

（2）根据使用功能的不同，进行防火分区的划分

根据消防局意见及消防从严原则，本项目在无特定专业消防规范匹配的前提下，可参考《建筑设计防火规范》（GB 50016—2014）进行防火分区划分。停车场除消防车道外及咽喉区均设置自动灭火系统，根据各种使用功能的不同，按不同建筑类别进行防火分区划分。停车列检区按丁、戊类厂房考虑，每个防火分区面积按2000m²以内控制；出入场线及道岔区可参考地铁区间隧道，由于无车辆、人员停留，且内部无可燃物，防火分区面积不限；运转综合用房区、综合办公区、综合检修区、设备区、牵引降压混合所区、污水处理站及洗车机设备用房区、地下两层的司机休息区按民用建筑考虑，每个防火分区面积按1000m²以内控制；材料备品库区按戊类仓库考虑，防火分区面积按2000m²以内控制。考虑地面公园景观要求，每个防火分区面积在均匀设置的同时，尽量接近控制指标，以减少出地面安全出口的数量。

由于停车场为全地下形式，设置有停车列检区、出入场线及道岔区、运转综合用房区、综合办公区、综合检修区、设备区、材料备品库区、牵引降压混合所区、污水处理站及洗车机设备用房区、司机休息区等多种功能分区，为了防止彼此之间的火灾蔓延，设计中对运转综合用房区、综合办公区、综合检修区、设备区、材料备品库区、牵引降压混合所区、污水处理站及洗车机设备用房区、司机休息区等防火分区（图4.2-127），均采用防火墙、甲级防火窗、特级防火卷帘及甲级防火门进行围闭。停车列检区及出入场线及道岔区因其功能特殊，其防火分区除采用防火墙、甲级防火窗、特级防火卷帘及甲级防火门进行围闭外，地铁列车穿行部位的防火分隔需进行特殊设计。停车列检区每个防火分区并列停放两列车，南北向连接外部轨道用于车辆进出，高宽为7m×12.2m，由于上部设置柔性架空接触网，无法设置防火卷帘、防火门。综上所述，对于该类防火分区南北侧开口部位，采用防火水幕系统进行防火分隔，开口尺寸需满足《自动喷水灭火系统设计规范》（GB 50084—2001）（2005年版）对于防火分隔水幕尺寸限制要求。防火水幕系统在开口部位顶部设置喷淋管及喷头，平时不使用时，完全不影响车辆进出，火灾时喷头喷出水幕，亦不影响车辆迁出及人员疏散。出入场线及道岔区东西侧采用结构墙、甲级防火门及特级防火卷帘进行防火分隔，北侧接区间隧道，南侧接停车列检库，南侧开口部位高宽为7m×92.9m，由于上部设置柔性架空接触网，无法设置防火卷帘、防火门，且因宽度过宽，远远超过《自动喷水灭火系统设计规范》（GB 50084—2001）（2005年版）对于

防火分隔水幕尺寸限制（宽度不宜超过15m）要求，考虑该区域为无人区，且与停车列检区之间设置有7m宽消防车道，消防车道上方设置有满足自然排烟条件的排烟风口，因此参考民用建筑相邻两座多层之间的防火间距6m的要求，出入场线及道岔区南侧开口处不设置防火分隔物。

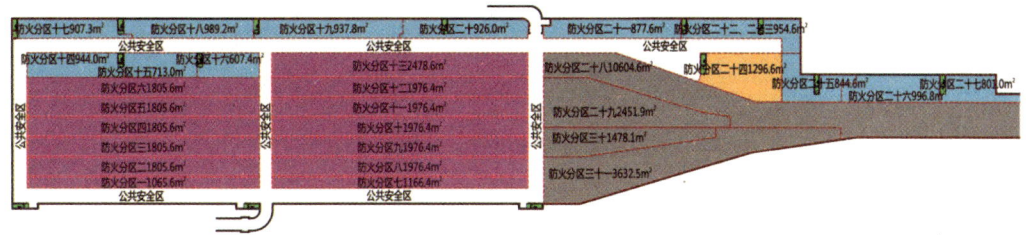

图 4.2-127　笔架山停车场防火分区划分

（3）通过公共安全区的设置，减少安全出口的数量

本停车场防火分区类型多，需根据不同的防火分区类型考虑消防疏散及安全出口的设置。本项目主要功能为地铁列车的停放及简单检修，面积最大区域亦为停车列检区，设有防火分区13个，南北两大块，如按《建筑设计防火规范》（GB 50016—2014）要求，每个防火分区需至少有1个直通室外的独立安全出口，每个安全出口宽度按最小2.5m考虑，则停车场整体宽度至少需增加2.5m×7=17.5m，地下建筑面积至少需增加9000m² 左右，将大大增加停车场的规模，且地面增加大量的安全出口，极大影响地面公园景观空间的连续性。考虑上述影响，在停车列检区的每个防火分区取消设置直通室外的独立安全出口，引入公共安全区的概念（图 4.2-128），停车列检区外围及中间设有环形消防车道，火灾情况下，人员疏散至该区域即认为安全，考虑停车场为全地下，火灾时人的恐慌心理，消防环道的四角及中间横穿消防车道位置结合周边防火分区协调设置安全出口，使得疏散到公共安全区（消防车道）的人员能够就近通过附近的安全出口疏散到地面。停车列检区每个防火分区长宽为162m×12.2m，根据《建筑设计防火规范》（GB 50016—2014）表3.7.4要求，设置于地下的丁、戊类厂房内任一点至最近安全出口的直线距离按45m控制，考虑停车列检库每个防火分区南北向设置防火水幕，可用作安全出口，但为满足疏散距离要求，可在每个防火分区长边的中间位置设置一个甲级防火门，用于疏散到相邻防火分区的安全出口，至此，停车列检区每个防火分区设置有3个安全出口，疏散距离小于45m,满足《建筑设计防火规范》（GB 50016—2014）对地下厂房的消防疏散要求。

出入场线及道岔区的安全疏散可参考《地铁设计规范》（GB 50157—2013）第 28.2.4 条对区间隧道的规定，即两条单线区间隧道应设联络通道，相邻两个联络通道之间的距离不应大于 600m。本停车场出入场线及道岔区总长 550m 左右，南侧为开放式设置，可用作安全出口，另外在西侧结构墙中间位置设置一个甲级防火门用作第二安全出口。

运转综合用房区、综合办公区、综合检修区、设备区、材料备品库区、牵引降压混合所区、污水处理站及洗车机设备用房区、司机休息区的安全出口设置，为了减少安全出口的数量，我们尽可能多地在两个相邻防火分区的分界线位置设置安全出口，使得两个相邻防火分区共用直通室外的安全出口，同时结合公共安全区（消防车道）的疏散需求。另外考虑减少对地面景观的影响，安全出口都尽量结合排烟风口设置，使得地面建（构）筑物能够局部集中，以减少地面建（构）筑物的用地面积。除了设置直通室外的共用安全出口，为了满足每个防火分区至少两个安全出口及疏散距离的需要，我们在每个防火分区远离直通室外安全出口侧，与相邻防火分区的防火隔墙上设置甲级防火门，用作第二安全出口，疏散距离按《建筑设计防火规范》（GB 50016—2014）第 5.5.17 条要求控制，即设置自动喷水灭火系统时，直通疏散走道的房间疏散门至最近安全出口的直线距离按 50m（位于两个安全出口之间的疏散门）和 27.5m（位于袋形走道两侧或尽端的疏散门）控制。

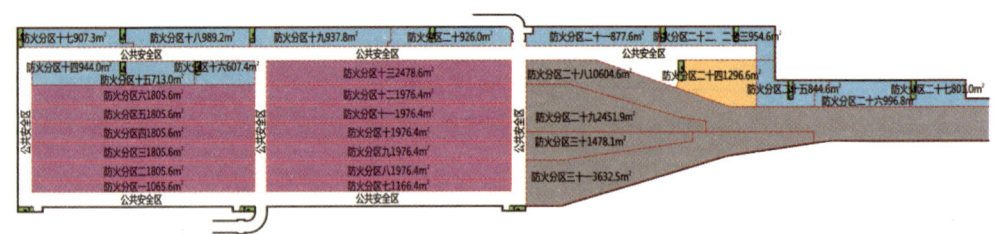

图 4.2-128　笔架山停车场公共安全区

（4）防火分区的分割

在非停车列检区，防火分割采用防火墙、防火门或防火玻璃进行防火分区分割，在停车列检区，沿股道纵向的防火分割采用防火墙分割，垂直股道方向的防火分割由于受到接触网、列车的影响，无法采用防火墙分割，设计采用防火水幕分割，每段水幕墙长度不超过 15m。

4.2.12 节能技术

4.2.12.1 再生制动能量逆变回馈技术

1. 技术背景

深圳地铁 9 号线采用 VVVF 动车组列车，含电制动和机械制动。电制动包括再生制动和电阻制动，机械制动采用压缩空气踏面制动；常用制动优先选用电制动，电制动力不足时，用机械制动力补足；电制动优先采用再生制动，再生负荷不足时，接通制动电阻。

当再生制动能量不能完全被其他车辆或用电设备吸收时，会造成牵引网电压升高，影响地铁车辆的用电安全，因此需要有装置将剩余能量消耗掉，以维持电网电压稳定。据估算，地铁再生制动产生的反馈能量一般为牵引能量的 20%～40%，该再生制动能量除了一定比例（一般为 20%～80%，根据列车运行密度和区间距离的不同而异）被其他相邻启动运行的列车吸收利用外，剩余能量将主要被列车的吸收电阻、机械制动摩擦以发热的方式消耗掉或被线路上的吸收装置吸收。

传统的列车电阻制动是将制动电阻装设在车辆底部，其产生的热量散发在地铁隧道内，会造成站内及区间隧道温度升高，增加通风系统的运行能耗。另一方面车载制动电阻增加了列车自重和列车投资，增加了牵引能耗，亦导致车下设备总体布置困难，且造成大量的能源浪费，并使地铁的建设费用和运行费用增加。

2. 工程研究

工可及初步设计 F 版文件，根据本工程站间距较短，列车起动及刹车制动频繁，再生制动能量丰富的特点，为减少车载设备重量，节约能源，总体组研究采用将车辆再生制动产生的能量逆变回馈给本工程 35kV 中压供电网络的技术方案，在车辆电气传动系统设计中，取消车载制动电阻，在全线 12 个牵引变电所分别设置一套列车再生制动能量逆变回馈装置。

列车再生制动能量吸收处理方式，在技术路线上包括以下三种方式：耗能型、储能型和逆变回馈型。耗能型吸收装置结构简单、技术成熟，主要采用车载或地面电阻消耗；根据储能介质的不同，储能型分为电容储能型和飞轮储能型两大类；逆变回馈型吸收装置，根据能量反馈给电网电压等级的不同分为 35kV 逆变回馈装置和 0.4kV 逆变回馈装置。

电阻耗能型，对辅助列车制动有效，但通过电阻集中消耗再生电能，没有节能效果。飞轮储能型，目前不具备国内工程应用条件。电容储能型，目前价格较高，其产品的可靠性和可维护性有待进一步检验。逆变回馈型，国外有成熟产品，国内较多厂家相继自主研发了列车再生制动逆变回馈装置，设备投资逐步降低。

列车再生电能通过逆变回馈能实现在轨道交通供电系统内部的再次利用，能减少对城市电网的电力需求，且逆变电能对城市电网基本没有冲击影响。因此，逆变回馈型再生制动能量吸收装置是实现列车再生制动电能二次利用的发展方向。

根据本工程车辆专业与供电系统的接口方案，为了更好地节能降耗，车辆专业拟取消车载制动电阻，设置了完备的机械制动功能。

再生制动能量逆变回馈装置的设置，应遵循以下两个基本原则：

（1）基本消除列车电制动失效的发生，保证车辆电制动功能的充分发挥。

（2）将列车再生制动时所产生的富余电能充分吸收，逆变回馈至轨道交通供电网络，实现电能的二次利用，实现牵引供电系统节能运行。

结合国外逆变回馈装置和国内地面制动能量吸收装置的设计经验，9号线列车制动能量吸收装置设置在各牵引变电所内。

3. 技术实施

针对9号线工程，广州地铁设计研究院对在不同位置的牵引所设置地面列车制动能量逆变回馈装置进行了仿真分析，当全线不设置制动能量吸收装置时，列车电制动失效率平均超过30%；全线的牵引变电所均设置制动能量吸收装置时，列车电制动失效率为0；选择个别牵引所设置制动能量吸收装置时，列车电制动失效率约为15%。

因此，鉴于深圳9号线工程车辆取消了车载制动电阻，为确保车辆电制动功能的充分发挥，充分吸收列车富余的再生制动电能，减少车辆机械制动使用的概率，在全线12座牵引变电所均各设置一套列车再生制动能量逆变回馈装置。

广州地铁设计研究院对逆变回馈装置的特点、装置的功能、参数配置及与供电系统的参数配合进行了深入研究，期望充分发挥逆变回馈系统的功能，最大程度实现列车牵引制动电能的二次利用，在9号线工程的每座牵引变电所均设置了一套制动能量逆变回馈装置，设置独立的逆变变压器和配套的35kV馈线开关，系统方案详见图4.2-129，该方案对既有的传统整流牵引机组影响较小，可确保列车的牵引与制动功能的实现。

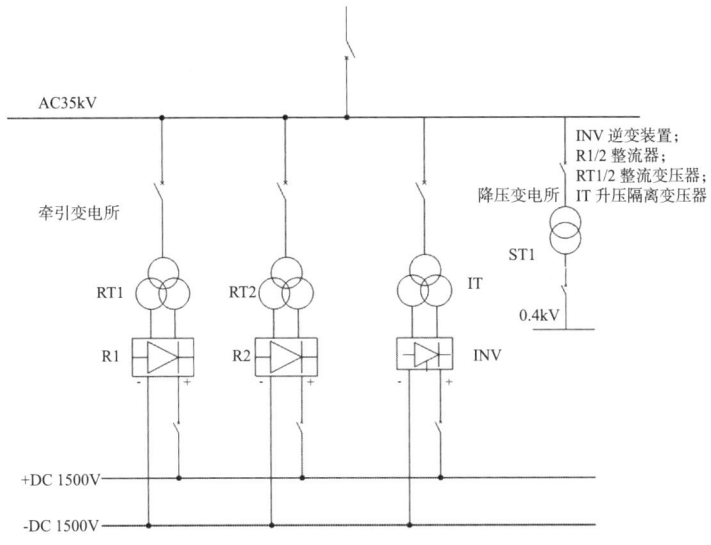

图 4.2-129　牵引变电所逆变回馈装置主接线方案

再生制动能量逆变回馈装置的主要技术参数：

（1）系统额定电压：DC1500V。

（2）再生控制电压：DC1620V～1800V（可调）。

（3）额定功率：1000kW。

（4）短时逆变功率：4500kW（30s）。

（5）瞬时最大消耗功率：4500kW。

4. 社会经济效益

采用列车再生制动能量逆变回馈技术既减轻了车体重量，抑制地铁隧道内温升，又降低了环控系统的能耗，减小车辆维修量，在产生经济效益的同时也产生巨大的社会效益，因此再生制动能量利用技术的深度开发，对我国城市轨道交通的技术发展、节能、环保都有重要意义。

在本工程初步设计专家审查前，根据深圳市地铁集团有限公司决定，深圳地铁三期车辆仍采用自带车载制动电阻，且取消逆变回馈装置，深圳 9 号线工程后续设计中，取消了地面型逆变回馈装置。

尽管列车再生制动能量逆变回馈系统方案没有最终在本工程付诸实施，但对该技术方案的先行研究，积累了重要的技术经验；目前深圳地铁所有新建线路均设置了列车再生制动能量逆变回馈系统，实践证明，是对广州地铁设计研究院进行该技术引领的充分肯定。

4.2.12.2 智能照明控制系统

深圳地铁 9 号线全线采用智能照明控制系统;通过智能控制系统可实现对灯具的开关控制、调光控制、模式控制及与其他设备系统的联动控制等功能,控制方式灵活、方便、便于操作、易于维护。

系统主要由智能照明主机、网络控制器、控制模块、智能面板开关、人机界面及传感器等组成;智能面板开关一般安装在现场易操作处,控制模块则安装在动力配电箱内,负责执行面板开关以及逻辑运算等发出的命令,对灯光进行单独操作或联动控制;系统配置液晶触摸屏,使用者可对室内智能系统进行图形化集中管理。

9 号线智能照明控制系统采用 EIB 总线技术,EIB 是 Electrical Installation Bus(电气安装总线)的简称,是全球电气布线领域使用范围最广泛的行业规范和标准,系统具有以下特点:

1) 安全性

(1) 系统全部元件通过一条总线连接,采用 24V 安全低电压供电方式,大大降低了电气火灾的发生率。

(2) 所有人手能触及到的传感器(智能面板开关、移动感应器等)均采用 24V 直流电源控制,安全可靠,操作方便,极大减少了触电的不安全隐患。

2) 可靠性

(1) 系统分区就地控制,完全独立,互不干扰,一个分区停止工作不影响其他分区和设备的正常运行;系统中任意器件损坏不会影响整个系统的正常工作。

(2) 所有开关模块,其触点的机械寿命均大于 100 万次,触点的电气寿命均大于 10 万次。

(3) 系统的任意元件都具有内置的处理器和存储单元,可完全独立工作,且不因停电而丢失数据,系统分区就地控制由独立的控制面板操作完成。

(4) 所有照明回路采用多种控制形式,可集中控制或区域就地控制;即使中央监控功能停止工作也不影响各分区功能和设备的正常运行,网络通信控制也不因此而中断。

3) 兼容性和可扩展性

(1) EIB 是开放的系统,具有良好的兼容性,系统功能强大。

(2) EIB 技术采用全球公认的通讯协议和技术标准,不同品牌厂商的产品在该开放的系统中是完全兼容的,互相之间可以实现迅速而准确的通讯和控制,而无需通过网关等协议转换设备。

4.2.12.3 绿色节能 LED 灯具

1. LED 发光原理

LED 也就是发光二极管（Light Emitting Diode）的简称，导通时产生光的半导体组件。

2. LED 灯具在深圳地铁 9 号线的应用

深圳地铁 9 号线全线大面积使用 LED 灯具，不仅响应了国家节约能源的号召，其高性能及高可靠性也给运营维护带来了极大的便利。9 号线 LED 灯具使用范围为：站厅、站台公共区、出入口通道及飞顶、有人值守的办公管理用房等。

4.2.12.4 光导照明系统

光导照明又叫日光照明、自然光照明、管道天窗照明、无电照明等。光导照明主要由采光罩、防雨帽、光导管、漫射器组成。室外自然光透过采光罩进入系统内部，经光导管高效传输到管道底部，再由高透光、高扩散的漫射器将自然光均匀照射到室内需要光线的任何地方（图 4.2-130）。

图 4.2-130　深圳湾公园站光导管实施图

光导照明系统直接传输自然光，全光谱、无频闪、无眩光，工作环境更加舒适，减少疲劳和灯光引起的各种疾病，提高工作效率。

9 号线在侨城东车辆段上部恢复公园的盖板上和深圳湾公园站的站厅区域顶板采用了光导照明技术。

侨城东车辆段存在大面积上盖公园，需长期照明；光导照明的采光罩配合公园景观布置，不影响美观，采用光导照明技术后，白天基本可实现不需电光源照明，节约用电、节能减排。

深圳湾公园车站位于滨海大道下方，车站公共区上方为道路中间绿化带，在绿化带内设置有4个大型光导管，采光罩配合绿化设置，不影响道路景观和功能，在车站站厅采用光导照明技术，提高了乘客舒适性，同时实现节约用电。

4.2.12.5 水蓄冷系统

目前应用较为普遍的蓄冷技术有水蓄冷和冰蓄冷两种方式。蓄冷技术是将夜间电网多余的谷段电力与水的显热相结合来蓄冷，并在白天用电高峰时段使用储存的低温冷冻水提供空调用冷。即空调主机晚上在谷段电价制冷用作蓄冷，高峰电价时段空调主机尽量不开机，为电网"削峰填谷"而节约电费支出。

1. 采用水蓄冷的优缺点

水蓄冷空调代表着当今世界中央空调的先进水平（图4.2-131），预示着中央空调的发展方向，有如下优点：

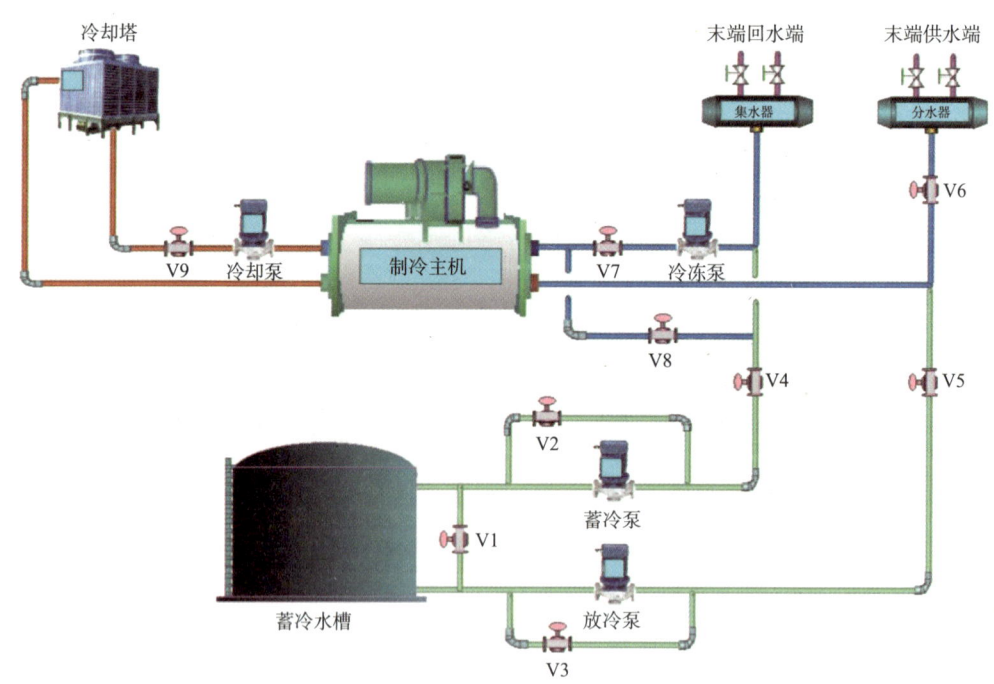

图 4.2-131　典型水蓄冷系统示意图

（1）减少空调主机设备投资：在做水蓄冷系统改造后，水蓄冷空调系统相当于增加了一台备用机组，减少空调主机容量，减少相应的供配电设施。

（2）优化空调系统：原中央空调系统设计属于耗能型中央空调系统设计，通过水蓄冷系统的设计可将原系统进行优化，使系统运行更加经济、合理。

（3）降低运行电费：充分利用电价优惠政策，在夜间低谷电价时段制冷，在高峰电价时段放冷使用，能够做到部分削峰，大大降低空调运行电费。通常可节约运行费用 25% 以上。

（4）可节省空调运行电量：

① 由于蓄冷过程在夜间进行，夜间气温相比白天较低，制冷机效率大大上升，制冷单耗下降。

② 由于蓄冷时制冷机满负荷地高效运行，避免了正常供冷时难以避免的"大马拉小车"的现象，可有效地节省电量。

③ 可以在较小的负荷时（如只需给夜间设备房供冷）由蓄冷水池直接供冷，而无需开主机，节能效果明显。

④ 水蓄冷空调是节能型空调，水蓄冷空调比常规空调节约电量最高可达 10% 左右。

（5）增加了空调系统的可靠性：

① 具有应急功能，在突然停电时，不需开主机，只需开供冷泵，使用备用电源仍可维持空调供冷。

② 电力供应紧张时，供电部门对正常中央空调要限电使用，但在全国各地，蓄冷中央空调往往得到额外支持，不在限制范围。

③ 运行方式灵活：空调可按原有系统单独运行，也可与增加的蓄冷系统结合运行。

（6）节省空调和电力设备的维护保养费用

① 空调设备容量减少，电力设备容量降低，维护保养的人力、材料的消耗都将减少。

② 贮存装置调剂余缺，使制冷系统保持在最佳负荷下高效运转，避免"大马拉小车"。每天的设备运行时间随之大幅度减少，从而也延长了设备的使用寿命，减少了维护保养费用。

（7）系统简单、方便

① 水蓄冷运行简便，易于操作，放冷速度、大小可依据外部冷负荷任意供给，可即需即供，通常 10min 内即可达到所需温度，常规空调约需 0.5h。

② 采用现有常规制冷机组，无需双工况机组，其设备及控制方式与常规空调相似，技术要求低，维修方便，无需特殊的技术培训。

水蓄冷系统的缺点：

（1）由于水蓄冷是以显热方式进行冷量储存的，因此，其蓄冷设施所占体积相对于冰蓄冷系统要大。设计可以综合利用消防水池、原有的蓄水设施或建筑物地下室等作为蓄冷容器来减少占用空间，降低初投资。

（2）蓄冷水池体积较大，表面散热损失也相应增加，所以需要增加保温层。

（3）蓄冷水池内不同温度的冷冻水容易混合，会影响蓄冷效率，所以水池布水很关键。

2. 蓄冷系统设计运行方式

全日负荷运行数值与逐时末端冷负荷以及主机供冷、蓄冷水池蓄冷与放冷的相互关系如图4.2-132所示。

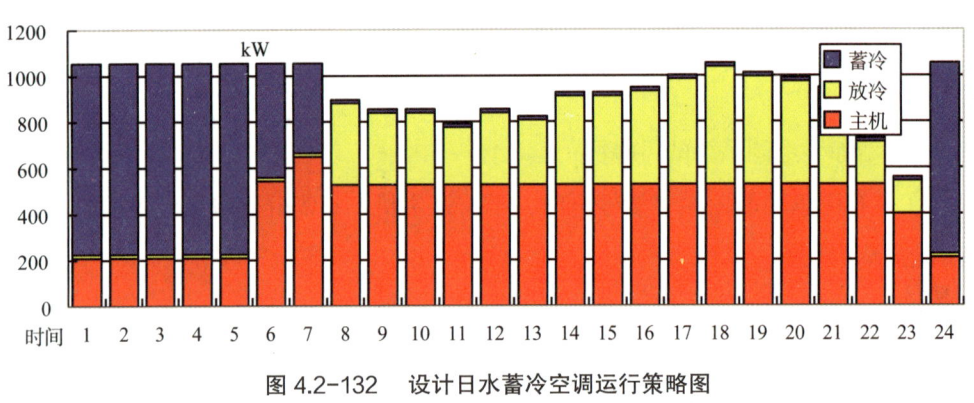

图4.2-132　设计日水蓄冷空调运行策略图

从0点～早上7点，双主机全部开启满负荷运行，除满足夜间电设备房空调负荷，其余冷源通过水蓄冷的形式储存在蓄冷水池中；早上8点～晚23点，通过开启一台主机制冷，剩下末端需要的冷负荷通过蓄冷水池放冷来补充，较为灵活地满足地铁站内空调负荷需求。

通过合理制定运行策略，优化控制思路，确立水蓄冷空调方式在地铁运用中的优势，提出了蓄冷空调运用于地铁的系统设计，是常规空调基础上的改进，可提高供冷系统安全性和可靠性，减小主机容量；实现调荷节电、削峰填谷、缓解高峰期电力供求矛盾、提高电网负荷率、节省运营电费，在能源综合利用及环境保护方面发挥更好的效益；同时响应政府的节能政策，促进完成政府规定的节能指标，提高本项目的社会形象。

对9号线车站的常规空调、分站水蓄冷空调作经济性比较，得出水蓄冷的经济性较好，经初步计算比选，若地铁9号线因地制宜地结合车站采用水蓄冷系统，每年可节省电费约为 35 ~ 45 万元，增加初投资部分约 5 年左右收回，20 年节能效益约为 800 万元，节省率约为 25%。

4.2.13 地面建筑艺术

为更好地与城市周边环境相结合，把地铁建设融入到城市建设中，体现"建地铁就是建城市的设计理念"，广州地铁设计研究院对全线车站的出入口及风亭等出地面建筑设计进行了详细研究，并挑选了深圳湾公园站、下沙站、梅村站、上梅林站、红岭站和文锦站等 6 个车站进行了特色设计，将地铁出入口和风亭融入自然，注入文化。

4.2.13.1 深圳湾公园站

深圳湾公园站位于滨海大道路中（图 4.2-133），上方设物业开发区域，大量疏散楼梯间、风井及冷却塔均位于路中绿化带内（图 4.2-134），如按常规地铁做法，绿化带内将产生一长串高低长短不一的建构筑物，极度影响环境景观。基于此，特别对该区域地面建筑进行美化设计。针对该站点的地理位置及地面建筑特点，做了鱼鳍及风帆两种方案。

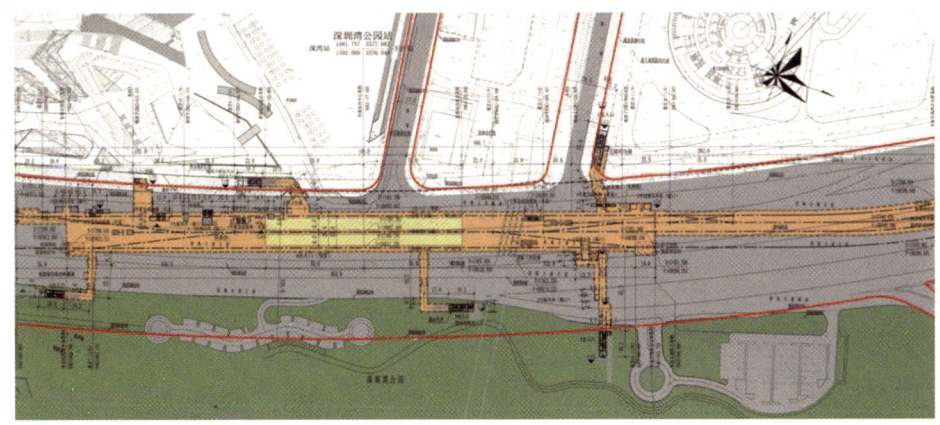

图 4.2-133　总平面图

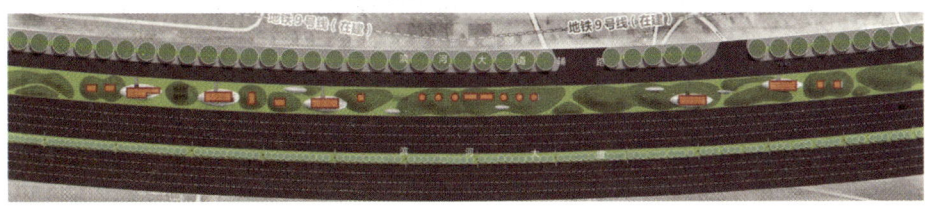

图 4.2-134　路中绿化带内地面建筑分布图

该方案提取思路来自于深圳湾公园位于深圳的地理位置，深圳湾公园站南侧为红树林自然保护区，该保护区声名远扬，几乎成了深圳的城市名片，其特有的海洋景观和丰富的自然景观资源吸引着世界各地的游客慕名而来。方案设计过程将海浪及鱼鳍的形象图像化，组合延伸至绿化带中，以其简洁流畅的形象和海洋气息来扩展深圳这个海滨城市特有的市政景观（图4.2-135、图4.2-136）。

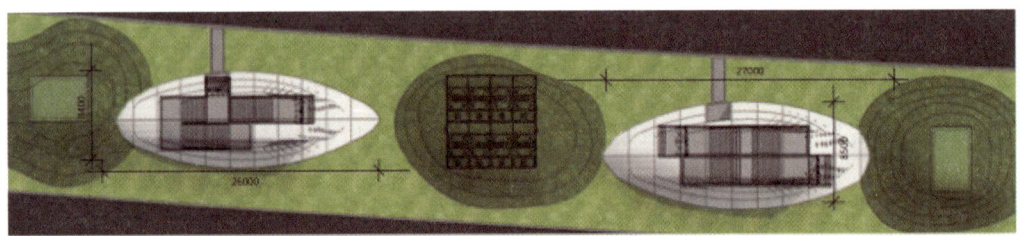

图4.2-135　深圳湾公园站鱼鳍方案（一）

图4.2-136　深圳湾公园站鱼鳍方案（二）

风帆方案提取思路同样来自于深圳湾公园位于深圳的地理位置，选取深圳湾海洋文化中的风帆形态作为设计方案出发点（图4.2-137）。

4 设计创新及关键技术研究

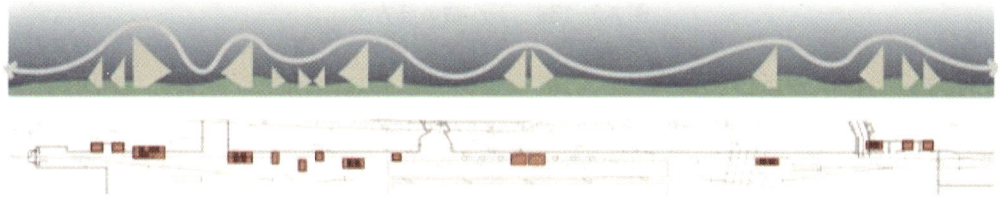

图 4.2-137　深圳湾公园站风帆方案

4.2.13.2　下沙站

下沙站西端风亭位于滨河大道南侧的绿化带内（图 4.2-138），与南侧人行道隔了一条辅道，采用分散的矮风亭布置，疏散楼梯间有盖，南侧小区内高层可直视该风亭组，影响景观。基于此，特别对该区域地面建筑进行美化设计。针对该站点的地理位置、地面建筑特点及历史背景，做了鱼篓方案（图 4.2-139）。

图 4.2-138　下沙站风亭位置及周边现状图

图 4.2-139　下沙站鱼篓方案

该方案提取自下沙站点位置的历史背景，改革开放之前，下沙只是一个小渔村，"耕山耕海八百年"描绘了当时的下沙村民，世世代代以渔业及耕种为生，过着日出而作，日落而息的生活。渔具（渔网，鱼篓等）承载了下沙村悠久的历史和深厚的文化底蕴，设计采用了鱼篓为主题。

4.2.13.3　梅村站

梅村站和上梅林站均位于梅林片区（图 4.2-140、图 4.2-141），该片区为深圳的老居住区，梅村站 1 号风亭组、上梅林站 2 号风亭组均采用高风亭，贴连出入口布置，体量较大，且靠近人行道。基于此，特别对该区域地面建筑进行美化设计。针对该站点的地理位置、地面建筑特点及历史背景，设计了采摘杨梅的文化墙方案（图 4.2-142、图 4.2-143）。

图 4.2-140　梅村站风亭位置及周边现状图

图 4.2-141 上梅林站风亭位置及周边现状图

该方案来源于梅林片区的历史。据记载,"梅林"来源于当年这里山多林密,长了很多杨梅树,故而得名"梅林"。直到如今,梅林人对于"梅"这个字一直有着深刻的眷恋,现在梅林片区许多新开的道路大多用"梅"字来命名,如梅彩路、梅秀路、梅村路、梅丽路、梅韵路、梅华路,当然还有最正宗的梅林路。

图 4.2-142 梅林片区的杨梅文化

图 4.2-143 梅林文化墙方案

4.2.13.4 红岭站

红岭站 2 号风亭组及 B 出入口位于荔枝公园内(图 4.2-144),荔枝公园作为深圳悠久的代表性公园,风亭及出入口的加入,难免存在不协调感,影响公园景观。基于此,特别对该区域地面建筑进行美化设计。针对该站点的地理位置、地面建筑特点设计了岭南特有的镬耳墙方案和园林建筑方案。

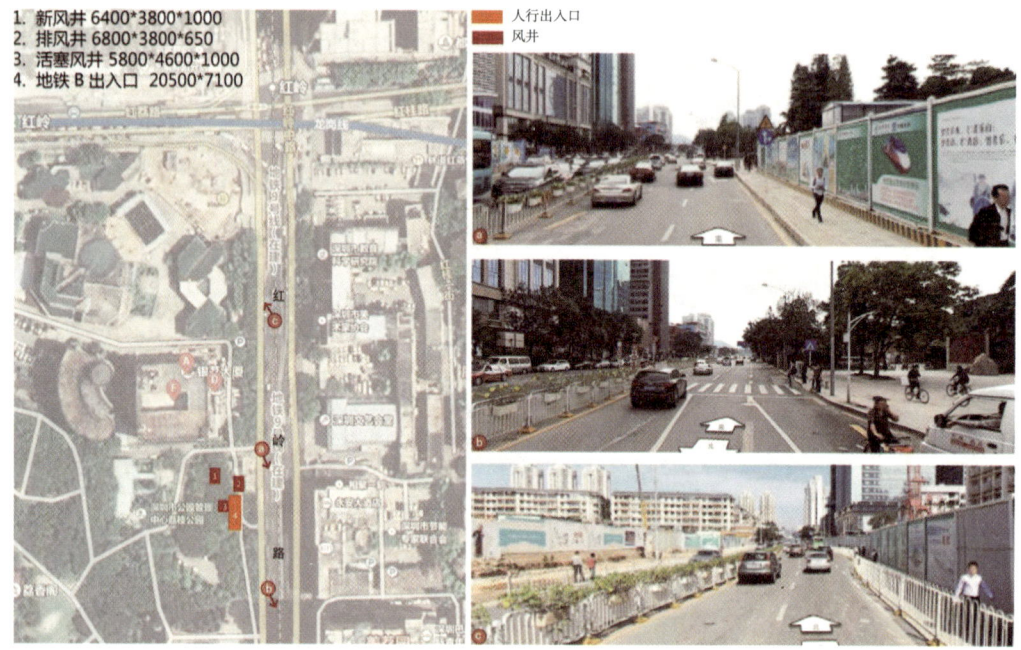

图 4.2-144 红岭站风亭位置及周边现状图

设计灵感来源于岭南建筑特有元素——镬耳墙（图 4.2-145），镬耳墙象征着官帽两耳，具"独占鳌头"之意，唯有功名的乡村方能采用，也是当时家境殷实的象征。镬耳状建筑具有防火，通风性能良好等特点。火灾时，高耸的山墙可阻止火势蔓延和侵入；微风吹动时，山墙可挡风入巷道，进而通过门、窗流入屋内。民间还有"镬耳屋"蕴含富贵吉祥、丰衣足食一说。镬耳墙是岭南人民生活智慧的结晶和对美好生活的向往。

设计灵感来源于荔枝公园内的代表建筑——邀月亭（图 4.2-146）。荔枝公园是典型的以岭南园林文化为主题的开放式公园，因园内 500 余株亭亭如盖、自成体系的荔枝树而得名。园林建筑在形式上，有比较鲜明的特色：一是体型轻盈、通透、朴实、体量较小；二是装修精美、华丽，大量运用木雕、砖雕、陶瓷、灰塑等民间工艺、门窗格扇、花罩漏窗等都精雕细刻，再镶上套色玻璃做成纹样图案，在色彩光影的作用下，犹如一幅幅玲珑剔透的织锦。因此，独具特色且细节丰富的园林建筑元素成为代表红岭站的最佳元素。

图 4.2-145 镬耳墙方案

图 4.2-146 园林建筑方案

4.2.13.5 文锦站

文锦站 1 号风亭组、D 出入口、冷却塔均位于春风路与文锦南路交叉口西北角（图 4.2-147、图 4.2-148），考虑现场条件限制，风亭组的 4 个风亭结合一起设置为有盖高风亭，高风亭上部设置冷却塔，高风亭北侧紧贴高风亭设置 D 出入口（图 4.2-149），该组合建筑总长 37.5m，高 12m，体量较大，按传统地铁地面建筑设计手法将对现场环境造成一定影响，在体量不便缩小的前提下，如何采用创新的设计手法对该大体量地面建筑进行修饰美化，是本次设计的重要研究课题。

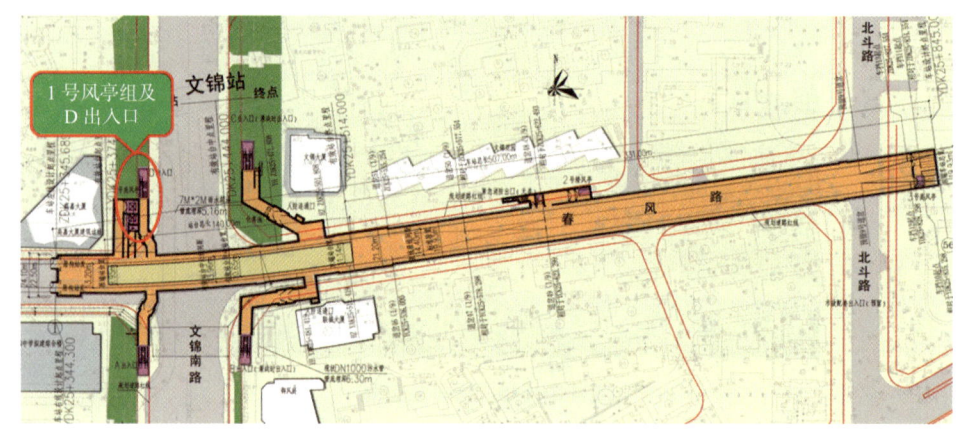

图 4.2-147　文锦站总平面图

图 4.2-148　文锦站风亭位置及周边现状图

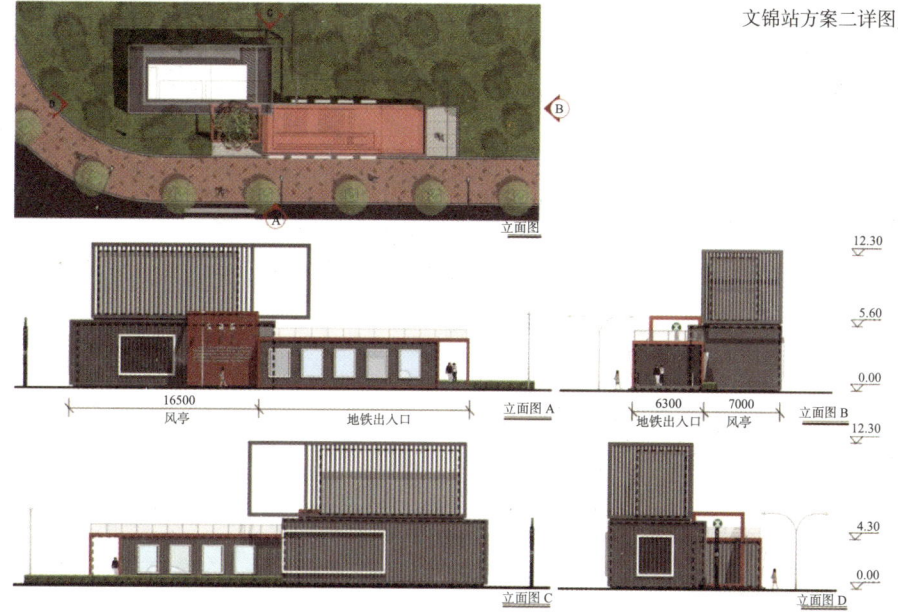

图 4.2-149　风亭、出入口平立剖面图

作为深圳与香港的重要联系点之一、深圳的"非典型"窗口——文锦无疑是一个有故事的老地方,如何从文锦的文脉中抽丝剥茧,找到能代表文锦过去,又能连通香港、深圳未来的切入点,是整个设计过程中的一大重点和难点。

从历史到人文,追本溯源,综合各方面因素,项目团队提出了几个探索方向:集装箱、深港文化桥梁、深圳老报纸(图 4.2-150 ~ 图 4.2-152)。

经多方讨论研究,确认"深圳老报纸"为最终的设计方向。

文锦就像一张老报纸,生动地记录了深圳这个国际城市的诞生、成长和进步,是其社会、历史、文化的一个重要载体。在它身上,能读到老深圳的味道,看到深港文化碰撞出的惊艳火花。因此,我们以"深圳老报纸"为设计灵感,以报纸的形态为出发点,勾勒出文锦站地铁口的精致姿态(图 4.2-152)。

图 4.2-150　集装箱方案

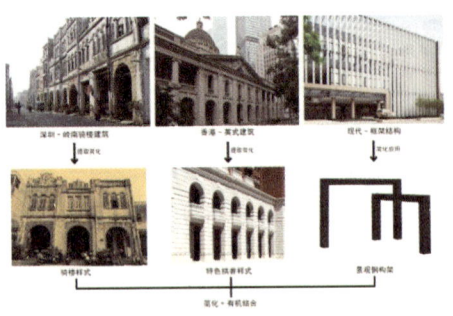

图 4.2-151　深港文化桥梁方案

图 4.2-152　文锦站出入口、风亭、冷却塔一体化特色设计

该方案已经过了近两年的运营考验，周边环境融洽，市民反馈良好，成为一道美丽的风景。

4.2.14　车辆基地自然和谐设计

4.2.14.1　侨城东车辆段绿化平台设计

侨城东车辆段景观工程位于深圳市福田区南部（图 4.2-153），整个地块被白石路、侨城东路、红树林路，滨海大道四条城市干道所包围。场地分为地铁 9 号线侨城东车辆段地铁停车检修场与场前办公楼区两部分，地块长约 1000m，宽约 240m，总用地面积约 24.1 公倾。

1. 周边环境分析

车辆段南侧为红树林自然保护区（图 4.2-154），保护区内除红树林植物群落外，还有其他 55 种植物，千姿百态。它是深圳区内的一条绿色长廊，背靠美丽宽阔的滨海大道，与滨海生态公园连为一体（图 4.2-155）。

图 4.2-153　地块区域位置及建设过程鸟瞰图

图 4.2-154　红树林区域图

图 4.2-155　红树林自然保护区现状图

2. 设计理念

城市到自然的过渡：针对公园开发愿景的定位，景观设计强调了体验感和适宜性，通过绿地和树林的自然演变，结合人类活动，对公园景观进行整体塑造，使公园成为一种新的开放空间形态，在重视现有基地环境的同时，融入新的景观建设，借用公园来重塑生活、生态与休闲的现代特质（图 4.2-156）。

图 4.2-156　停车场绿化公园示意图

3. 设计手段

设计以现代简洁的空间语言作为表现手段,红树林管理用房以绿核为主题,以圆形形态强调其生态保护管理核心的职能。城市公园以曲线及大片的草坪绿地提供多功能的空间活动场所,也为后期公园职能变动提供便利性。场前区中庭以一个螺旋的绿岛为使用者提供休闲放松的空间,绿化设计以亚热带乡土树种为主,适当引进外来品种,满足本区域的绿化要求,周边绿化带区域强调保留与利用现有自然树种,将可利用的、观赏价值高的苗木形成不同主题的植物群落,如荔枝林、榕树林,增加观赏价值高的品种,满足观赏需要。

4. 主要技术标准

(1) 透水材料的运用

经济性:造价低廉。

环保性:使用可回收材料制作。

生态性:减少雨水径流,利于水分储存和渗透。

舒适性:具有环境的亲和力。

透水材料及实际效果如图 4.2-157 所示。

(2) 太阳能灯具的运用

低碳性:有效减少电量的使用,减少碳排放。

环保性:以可再生的太阳能为主要电力来源。

太阳能灯具,可以有效减少白天的照明电耗,充分利用太阳光能,是一种绿色健康、节能环保的照明产品,可以和地面草坪灯、景观灯结合使用(图 4.2-158)。

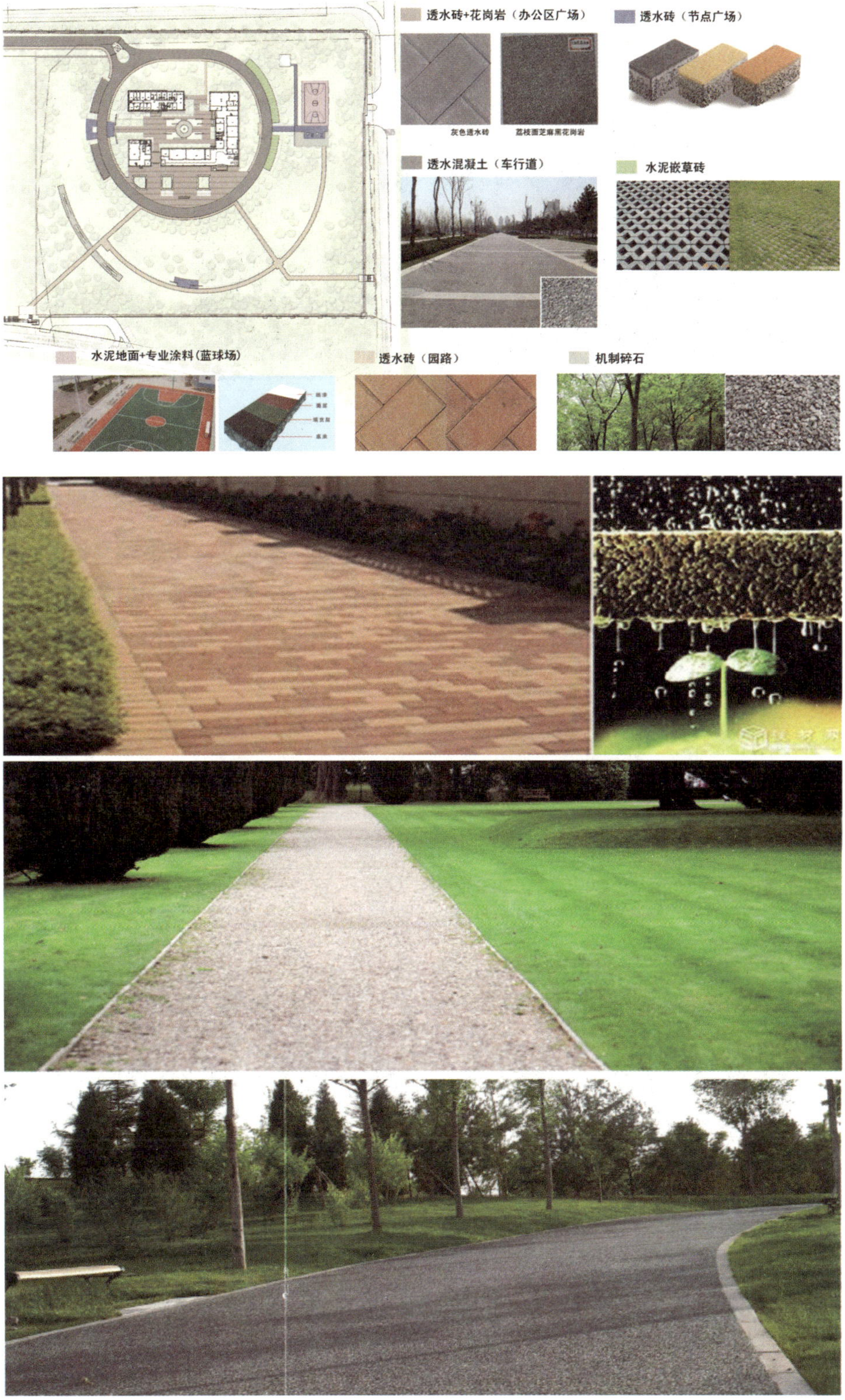

4 设计创新及关键技术研究

图 4.2-157 透水材料

图 4.2-158　太阳能灯具的运用

（3）景观轻质土壤的运用

将普通土壤和轻质土壤混合使用，减少土壤容重和改善土壤质量；根据回填土的设计厚度，采用不同的土壤回填类型，减少轻质土的用量（图 4.2-159）。

4 设计创新及关键技术研究

景观轻质土壤主要材料

种类\参数	泥炭土	膨胀珍珠岩	硅石	普通土壤
容重	0.2—0.3	0.1	0.1—0.2	1.2—1.3
堆重	0.6—0.7	0.7—0.9	0.7—0.9	1.9—2.1
价格(花卉市场)	357/立方	157/立方 100/立方(焦作厂家)		180/立方

轻质土壤的配比 根据采用不同的材料种类和配合比，轻质土壤有不同功能和价格。以下是几种常用的配比方案：

	方案一	方案二	方案三
配比	泥炭，珍珠岩，硅石 2 : 1 : 1	泥炭，珍珠岩 1 : 3	珍珠岩
价格	262 每立方	207 每立方	157 每立方 100 每立方(焦作厂家)
功能	增加土壤有机质含量 增加土壤疏松度 增加土壤保水保肥能力 增加土壤微量元素 调节土壤 PH 质	增加土壤有机质含量 增加土壤疏松度 增加土壤保水保肥能力 调节土壤 PH 质	增加土壤疏松度 增加土壤保水保肥能力 调节土壤 PH 质

以经济适用的原则选用方案三

填土方案 在超荷载区域下部采用轻质土壤，上部采用普通土壤。
注：普通土壤和轻质土壤的容重分别采用极限湿重2.0和0.8。按2：1配比，混合土壤极限湿重为1.6。

总结：
超荷载区域约估为2342立方，按普通种植土综合单价65/立方，轻质土珍珠岩综合单价135，按2：1比例配置，增加约55000的造价。

如果全部用轻质土代替普通土壤有两个不利因素：1. 防风固定能力不足，大型乔灌木的栽植和管理受限。2. 成本过高。
结合以上两个因素，根据回填土的厚度不同采取两种措施：
1. 将普通土壤和轻质土壤混合使用。有限度的减小土壤容重和改善土壤质量（以两份普通土壤和一份轻质土壤为基础配比，按实际回填厚度调整）。
2. 根据回填土的设计厚度采用不同的土壤回填类型，减少轻质土的用量。如图所示：超荷载区域约估为2342立方，按普通种植土综合单价65/立方，轻质土珍珠岩综合单价135，普混合土壤综合单价88.3，增加约55000的造价。

图 4.2-159　笔架山停车场绿化体育公园

4.2.14.2 笔架山停车场上盖体育公园

1. 设计背景

深圳是个发展迅速的国际化的、创造了巨大财富的蓬勃发展的新城市，这个 30 岁以下人群占总人口 70% 的年轻化城市，它的运动场地却是稀缺的。根据规划要求，笔架山停车场要求设计成地下停车场，地面恢复成国际一流的体育公园。

根据规划要求，项目组首先分析停车场周边 5km 内现有运动场地及运动设施的分布情况，结果如图 4.2-160 所示。

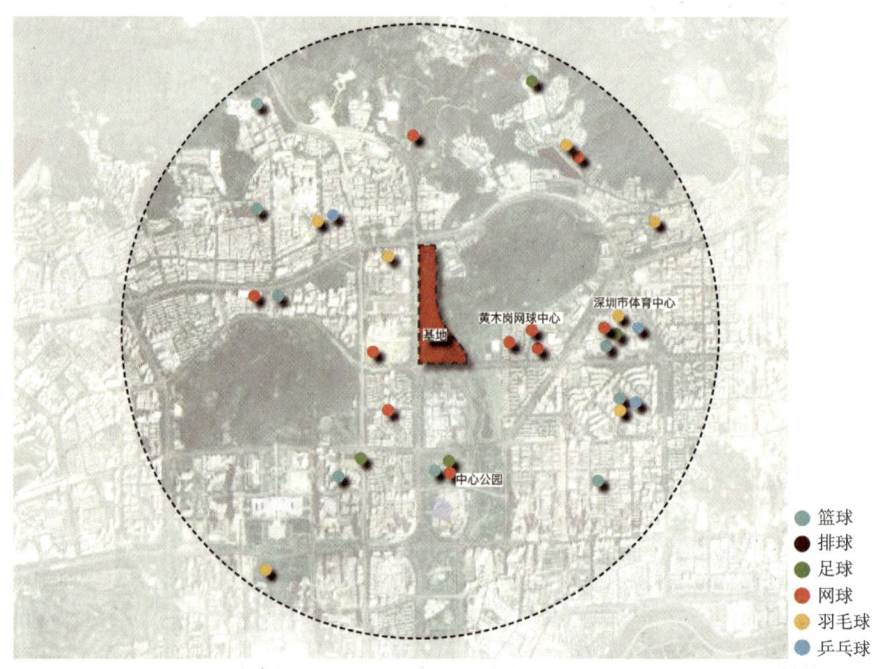

图 4.2-160　笔架山停车场周边运动设施分布示意图

周边体育场地多数功能单一，景观性差，公园主体性和文化性弱；专业性的极限运动场地十分缺乏；缺少大型、公益性及专业化的运动场地。

2. 设计思考

上盖的笔架山体育公园以"运动的姿态、浪漫的花朵、丰富的活动、多彩的空间"为设计出发点，提出"紫荆曼舞，华彩律动"的设计主题，意欲表达"让身心在曼妙动人的自然环境中运动，让生活在淋漓的运动中华彩飞扬"的设计思想。

笔架山体育公园将分为三大运动组团（图 4.2-161），为市民提供丰富的运动场地（图 4.2-162、图 4.2-163）。

4 设计创新及关键技术研究

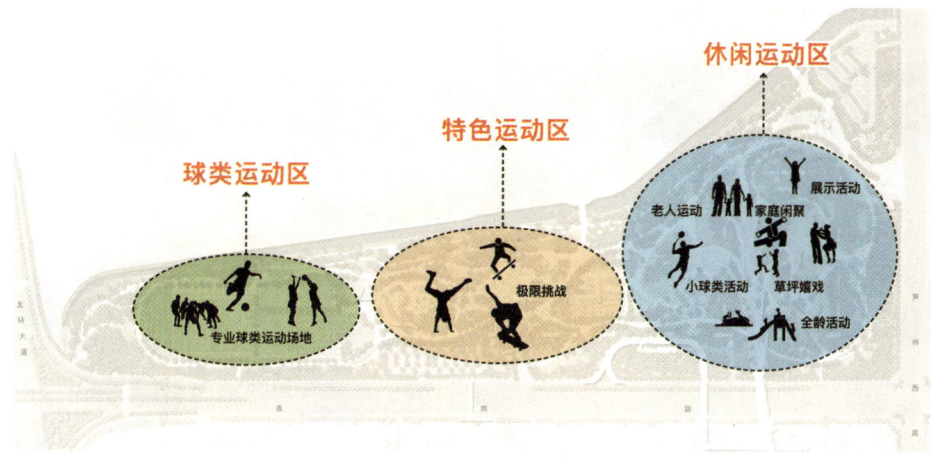

图 4.2-161　笔架山体育公园分为三大运动组团

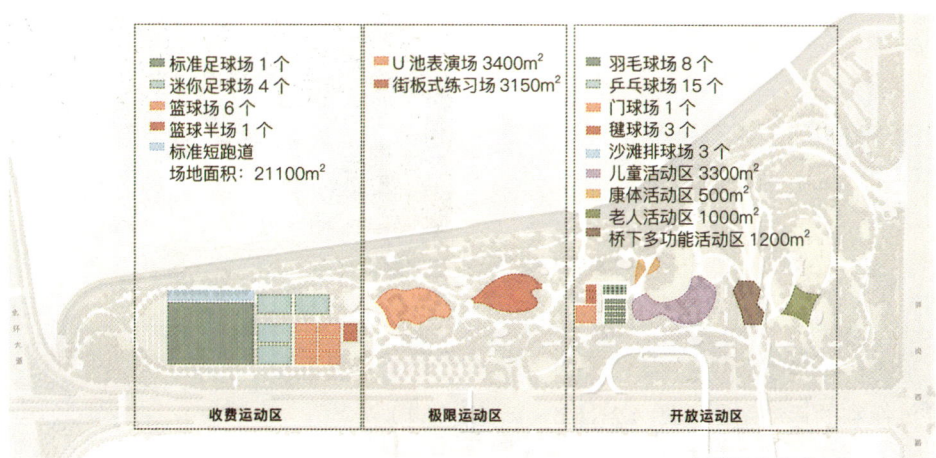

图 4.2-162　三大运动组团为市民提供丰富的体育活动场所

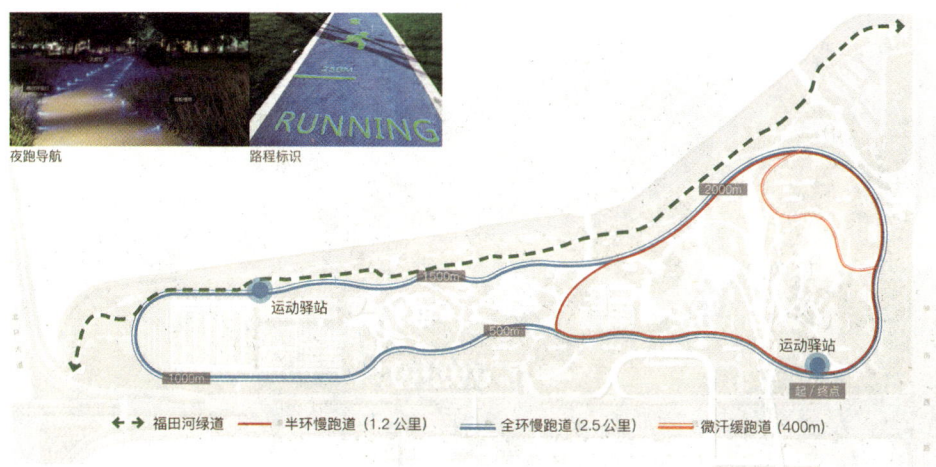

图 4.2-163　串联三大运动组团的跑道、绿道系统

3. 设计主题

笔架山体育公园以"紫荆曼舞,华彩律动"为设计主题,以紫荆花为"园花"和"设计基础元素",体育运动主题公园的定位,由此浮出水面(图4.2-164)。

图 4.2-164　紫荆花主题标志图

笔架山体育公园将成为深圳城市发展的新名片,以丰富、专业的运动平台,为市民提供便利的运动场所(图4.2-165～图4.2-169)。

图 4.2-165　笔架山体育公园鸟瞰效果图

图 4.2-166　公园入口区效果图

图 4.2-167　阳光草坪效果图

图 4.2-168　儿童运动区效果图

图 4.2-169　特色运动区练习场效果图

4.2.15　公共艺术设计

4.2.15.1　车站装修设计

全线车站装修方案整体简约素雅；镂空天花，外露管线及建筑结构体现了车站本身的工业美；在柱子上方的铝板侧封面加入了岭南古建筑的元素符号"花窗格"，赋予了车站浓厚的文化气息；全线标准站天花设计方案一致，重点站及特殊站点根据车站建筑结构特色，以及提取的车站周边城市元素进行重点设计，区别于标准站；地面采用标准规格的灰色花岗岩、墙面为搪瓷钢板、天花为铝合金天花，地面及墙面装饰材料全线统一，增强了"一线一景"的统一性。

1. 重点站

（1）红树湾南站

红树湾南站为深圳地铁9号线的第一个重点站，除了满足全线统一风格，还根据特色建筑空间及周边特色环境文化进行优化设计。红树湾南站周边将来是深圳市规划的超级总部基地。在装修上采用了更现代化的手法，以方格为主要元素结合方形灯具，更简约时尚（图4.2-170）。

图 4.2-170　红树湾南站站厅层实景图

（2）深圳湾公园站

深圳湾公园站为深圳地铁 9 号线的第二个重点站，周边紧邻红树湾自然保护区，装修采用了拟物的手法，将车站柱子及天花变成一棵棵绿树。实现地下和地面景观紧密结合，同时在站厅设置了两面马赛克墙，展示红树湾自然保护区的自然风光（图 4.2-171）。

图 4.2-171　深圳湾公园站实景图

（3）上梅林站

本站将全线主题和设计手法再一次进行升华，在花格设计和大面积镂空天花设计的基础上，加入了与红树湾南站相同的设计手法，体现上梅林区域的宜居文化和商业繁华（图 4.2-172）。

图 4.2-172　上梅林站实景图

（4）红岭南站

本站周边为大剧院、京基一百大厦，是深圳重要的老牌商业区域。本站装修更现代和简约，同时采用了弧形的天花造型，提升空间的层次感（图 4.2-173）。

图 4.2-173　红岭南站实景图

2. 特色站

（1）下沙站

下沙站周边有 KKONE 商场，车站建筑层高特别高，采用弧形造型天花提升商业氛围，充分利用建筑空间（图 4.2-174）。

图 4.2-174　下沙站实景图

（2）人民南站

人民南站临近深圳火车站，是深圳市罗湖区最早的商业中心区。该站利用高层高及无柱的建筑特色，装修手法上极大的抬升了空间，同时运用彩虹为元素，丰富车站空间的色彩（图 4.2-175）。

图 4.2-175　人民南站实景图

（3）深湾站

车站装修采用了仿清水混凝土柱，并对柱头两侧的吊顶进行了加密及曲线处理（图4.2-176）。

图4.2-176　深湾站实景图

（4）鹿丹村站

该站临近深圳原住民聚居的"鹿丹村"，装修上采用了马赛克柱子、水磨石地面等充满居住生活元素的手法（图4.2-177）。

图4.2-177　鹿丹村站实景图

4.2.15.2　艺术墙设计

为反映各车站的历史文化、周边环境特点，9号线各站点均设置了别具特色的艺术墙，主要如下：

（1）红树湾南站

黑脸琵鹭是世界级珍稀候鸟，在全球仅剩3000多只。艺术墙画面主体含三只黑脸琵鹭。它们巨大的身形与远处深圳湾海岸线风景形成一种强烈的对比，以夸张的艺术手法给予公众强有力的视觉冲击和记忆，传达出一个清晰有力的信息，黑脸琵鹭就在这里，深圳湾红树林是它们仅存不多的栖息地（图4.2-178）。

图4.2-178　红树湾南站艺术墙实景图

（2）深湾站

作品设计的灵感来源于枝繁叶茂的老榕树及色彩斑斓的贝壳，利用各种贝壳粘结成水乳交融的"榕景"，一方面体现深圳"拓荒牛"榕荫后人的历史贡献，另一方面反映来自不同民族、地域的"新移民"凝聚、延续……水乳交融、和谐相处的社区文明，突出"来了就是深圳人"的开放多元、相互包容的城市特质（图4.2-179）。

图4.2-179　深湾站艺术墙实景图

（3）香梅站

各种门牌的形状、色彩、材质不一，放在一起，形成了五彩缤纷的画面，这些层次丰富的色彩由全国各地的门牌组成，犹如一首悠久历史的颂歌（图4.2-180）。

图 4.2-180 香梅站艺术墙实景图

(4)下梅林站

作品描绘了一幅郁郁葱葱、生机勃勃的林间景象:叽喳的鸟儿、慵懒的猫儿、层叠的翠绿、逸静的林荫……在这繁忙的都市生活中,希望这一米青翠、一丝悠闲能让步履匆匆的人们放慢脚步,轻松地去体验这份宁静(图 4.2-181)。

图 4.2-181 下梅林站艺术墙实景图

(5)梅村站

公园梅林葱郁,树影斑斓,争荣景秀。作品利用废弃金属材料进行创作,暗喻梅村建设者的坚毅精神和守正不阿的开拓情怀。梅花是中华民族的精神象征,具有强大而普遍的感染力和推动力。坚韧不拔,凌寒留香,奋勇当先,自强不息是梅花的精神品质(图 4.2-182)。

图 4.2-182 梅村站艺术墙实景图

（6）银湖站

作品用翻制的方式呈现了深圳常见的具有特色的植物，用常见的人工材料——水泥，来表现一片片树叶的精妙与优美（图4.2-183）。

图 4.2-183　银湖站艺术墙实景图

（7）红岭北站

作品通过收集特定时期有价值的深圳报纸，以特殊工艺技术进行组合切割，再使用琉璃铸造工艺封存每个年轮式"记忆单体"，以集合的形式共同讲述文本语境中特定的"深圳记忆"（图4.2-184）。

图 4.2-184　红岭北站艺术墙实景图

（8）红岭南站

这幅作品来源于作者第一次来深圳参观时萌发的灵感，一个充满了生命力、自由、活力的城市。人生就是一场旅行，陪伴你的有美妙的音乐；有微风抚摸着你的脸；有鲜花唤醒你的一切感官；与赏心悦目的蝴蝶相伴，快乐的人生就是如此简单（图4.2-185）。

图 4.2-185 红岭南站艺术墙实景图

（9）向西村站

"握手楼"是中国南方特有的建筑形式，为节约土地，楼房相互紧贴以至于楼间可相互握手，因而得名。深圳的握手楼多见于城中村，如上下沙、白石洲、向西村等等，这些楼房见证了深圳从小渔村而来的发展历程。作品试图呈现握手楼中的日常生活百态，描绘城中村常见的生活场景（图 4.2-186）。

图 4.2-186 向西村站艺术墙实景图

（10）文锦站

《神奇的地下世界》来自深港两地小朋友的脑海和画笔。蘑菇钉是小朋友们热爱的创作工具，操作简单，变化无穷。在地铁里展现儿童的精神世界，是对成人世界的一种反思和召唤，愿我们永远有一颗未泯的童心（图 4.2-187）。

图 4.2-187 文锦站艺术墙实景图

5 工程设计与实施

5.1 行车组织与管理

5.1.1 重难点及解决措施

5.1.1.1 客流分析

9号线全线换乘车站较多，起终点站均是换乘车站，且客流量大，客流预测中充分考虑换乘客流对全线客流的影响。各年限最大客流断面出现在晚高峰，见表 5.1-1。

最大客流断面　　　　　　　　　　　　　　表 5.1-1

年限	高峰小时最大断面（万人次/h）	
	早高峰	晚高峰
2019 年	2.14	2.31
2026 年	3.11	3.34
2041 年	3.81	4.13

系统能力按 30 对/h 的行车密度设计能够满足客流规模的需要。

5.1.1.2 配线设置

1. 侨城东车辆段出入线接轨方案

根据侨城东车辆段与正线车站相对位置，出入线在深圳湾公园站接轨比较合理。根据运营需求，需从收发车功能、故障情况运营适应性、土建及机电工程投资等方面综合评价。经多方案比选，推荐采用双岛三线的方案，实现双向收发车，红树湾南方向收发车顺畅，文锦方向收发车在Ⅲ道进行换端作业，作业过程不影响正线行车；高峰运营转低峰运营时段，列车可在Ⅲ道清客回段，整体行车功能强。

2. 笔架山停车场出入线接轨方案

根据运营需求，从收发车功能、故障情况运营适应性等方面综合考虑，推荐采用出入线在孖岭站和银湖站"八字接轨"的方案，实现红树湾南方向、文锦方向收发车顺畅，故障列车于孖岭站和银湖站清客后，可直接入段维修，节省救援时间。

5.1.1.3 折返能力

按照自动折返方式计算最大折返能力，核算红树湾南站、文锦站的折返能力，见表 5.1-2。

折返能力　　　　　　　　　　　　　　　　　　　　　　表 5.1-2

折返站	停站时间（s）	折返能力（s）	最大折返对数（对）
红树湾南站	30	109	33
文锦站	30	110	32

计算折返能力不小于 32 对 /h，系统能力满足实际运营 30 对 /h 的需求。如果需要预留更多的能力，可以采取加设站台绝缘节和控制列车进站速度等多种措施。

5.1.1.4 列车运行交路

考虑到 9 号线运营长度适中，且全线换乘车站较多，尤其是终点站均是换乘车站，且客流量大的特点，根据 9 号线的客流特征和功能定位，全线采用一个交路（预留开行小交路条件），该方案运营组织简单，服务水平高。

根据断面客流可知车公庙站附近客流断面较大，超过了 1/2 断面，因此可在此区段附近灵活组织备用交路。结合配线设置条件，在香梅站和深圳湾公园站两座车站设计预留了开行小交路的运营条件。

5.1.1.5 运输能力

结合深圳、广州、上海、北京等已运营线路，线网网络化形成后客流增速大多超过了预期，网络化效应明显，因此设计运输能力应考虑与线网服务水平相匹配。

从线网服务水平和运输能力匹配性上看，推荐初、近、远期 9 号线高峰小时开行 15 对、24 对、30 对。运输能力富裕度较高，乘客舒适度较好，抗客流风险能力较强，避免了频繁增购列车。可以更好地适应客流波动，与线网中其他线路的服务水平匹配较好。

5.1.2 主要设计方案

5.1.2.1 预测客流

预测客流量是行车组织设计的基础。9 号线各年限的主要客流参数见表 5.1-3。

预测年 9 号线客流总体指标　　　　　表 5.1-3

项目	统计指标	初期	近期	远期
线路	线路长度（km）	25.4	25.4	25.4
客流情况	全日客流（万人次）	43.4	75.0	97.9
	其中换乘客流比例	50.9%	56.4%	59.4%
	日客运强度（万人次/km）	1.71	2.95	3.86
	日平均运距	6.9	6.6	6.5
	高峰小时客流（万人次/h）	7.63	12.80	16.27
	高峰小时系数	0.18	0.17	0.17
早高峰断面	第1峰（万人次/h）	2.14	3.11	3.81
	第2峰（万人次/h）	2.08	2.99	3.74
	第3峰（万人次/h）	2.01	2.87	3.54
晚高峰断面	第1峰（万人次/h）	2.31	3.34	4.13
	第2峰（万人次/h）	2.24	3.22	3.99
	第3峰（万人次/h）	2.16	3.10	3.83

9 号线各预测年度晚高峰客流大于早高峰客流，晚高峰小时最大断面客流量分别为 2.31、3.34、4.13 万人次/h，高断面均位于泥岗站与红岭北站之间。

5.1.2.2 设计系统运输能力

系统运输能力是以预测客流各设计年限高峰小时单方向最大断面客流量、列车编组辆数、车辆定员及行车最小间隔为依据进行设计。在满足各设计年限高峰小时客流的基础上，适当的留有余量。系统设计运输能力见表 5.1-4。

9 号线各年限系统设计运输能力表　　　　　表 5.1-4

指标	2019 年	2026 年	2041 年
高峰最大断面客流（人）	23094	33439	41321
列车编组辆数（辆）	6	6	6

续表

指标		2019年	2026年	2041年
列车定员（人）	5人/m²	1608	1608	1608
	6人/m²	1860	1860	1860
高峰小时开行列车对数		15	24	30
最小行车间隔（s）		240	150	120
运用车（列）		24	37	46
配属车（列）		29	45	56
单向设计最大运输能力（人/h）	5人/m²	24120	38592	48240
	6人/m²	27900	44640	55800
运输能力富裕度	5人/m²	4.3%	13.4%	14.3%
	6人/m²	17.2%	25.1%	25.9%
最大站立密度（人/m²）		4.8	4.2	4.2

5.1.2.3 列车交路

9号线全线与9条线路进行10次换乘，分别为11号线（红树湾南）、7号线（车公庙、红岭北）、1号线（车公庙、大剧院）、2号线（景田、大剧院）、4号线（上梅林）、6号线（银湖）、16号线（孖岭）、3号线（红岭）、8号线（文锦）。可见9号线具备很强的换乘功能。

考虑到9号线运营长度适中，且全线换乘车站较多，尤其是起终点站均是换乘车站，且客流量大的特点，根据9号线的客流特征和功能定位，全线采用一个交路（预留开行小交路条件），该方案运营组织简单，服务水平高（图5.1-1）。

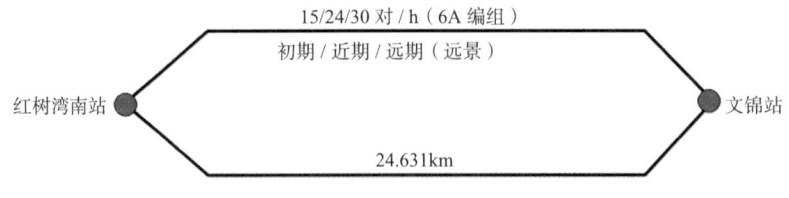

图5.1-1 高峰小时推荐列车运行交路图

根据断面客流可知车公庙附近客流断面较大，超过了1/2断面，因此可在此区段附近灵活组织备用交路。结合配线设置条件，车公庙为四线换乘站双岛四线布置设置联络线，无法设置临时折返线，因此在香梅站和深圳湾公园站两座车站设计预留开行小交路的运营条件（图 5.1-2）。

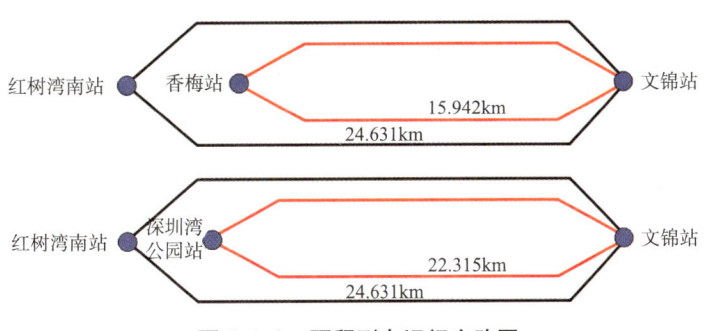

图 5.1-2　预留列车运行交路图

5.1.2.4　旅行速度

根据模拟计算，正常情况下，9 号线的旅行速度可以达到 36.92km/h，考虑到为运营赶点预留部分富裕以及为信号实施预留一定的灵活性，9 号线初期旅行速度取值 33km/h，近、远期旅行速度取值 35km/h。

1. 全日列车运行计划

（1）全日列车运行计划是编制列车运行图的基本依据。

（2）列车运营时间为 6：00 ~ 24：00。

（3）各年限全日列车运营计划，见表 5.1-5。

2. 列车运行图

（1）列车运行图的编制以全日列车运行计划为依据。

（2）设计范围包括编制初、近、远期列车运行图、列车运行时刻表和列车运行工作表。

（3）运行图的编制应在满足列车运行计划的前提下，尽量减少列车空驶里程。

9 号线列车全日列车运行计划表　　　　表 5.1-5

年度 时段	初期	近期	远期
6：00-7：00	6	6	8
7：00-8：00	12	20	24
8：00-9：00	15	24	30
9：00-10：00	10	12	15

续表

年度 时段	初期	近期	远期
10:00-11:00	10	12	15
11:00-12:00	10	12	15
12:00-13:00	10	12	15
13:00-14:00	10	12	15
14:00-15:00	10	12	15
15:00-16:00	10	12	15
16:00-17:00	10	12	15
17:00-18:00	12	20	24
18:00-19:00	15	24	30
19:00-20:00	10	12	15
20:00-21:00	8	8	10
21:00-22:00	6	8	8
22:00-23:00	6	6	6
23:00-24:00	6	6	6
合计	176	230	281

5.1.2.5 配线设置

9号线设置停车线车站的最大间距为6.373km，包含3个区间；设置停车线车站之间的最大区间个数为7个，间距5.814km，可较好地满足运营需求（图5.1-3）。

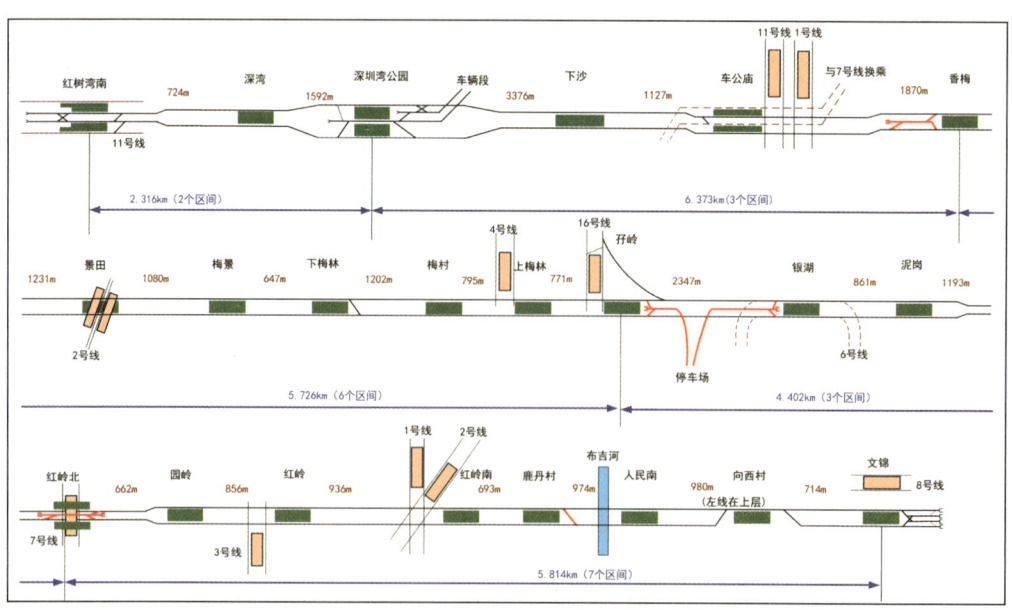

图 5.1-3 配线示意图

5.2 车辆与限界

5.2.1 概述

5.2.1.1 车辆形式与列车编组

深圳地铁9号线工程配属列车采用6辆编组的地铁A型车。列车按4动2拖编组，车辆分为A车、B车和C车，A车为带司机室的拖车，B车为带受电弓动车，C车为动车，编组形式如下：

$$=A+B+C*C+B+A=$$

其中：= ——全自动车钩；

* ——半自动车钩；

+ ——半永久牵引杆。

列车长度（列车两端车钩连接面之间）：6辆编组全长139.98m。

5.2.1.2 车辆载客量

车辆载客量如表5.2-1所示。

深圳地铁9号线车辆载客量表　　　　　　　　　表5.2-1

项目		Tc车（人）	Mp、M车（人）	6辆编组（人）
AW1	坐席	45	45	270
AW2	站立密度：6人/m²	310	310	1860
AW3	站立密度：9人/m²	417	417	2502

5.2.1.3 车辆主要尺寸

车辆主要尺寸如图5.2-1、图5.2-2所示。

5.2.1.4 限界主要设计原则

（1）车辆轮廓线采用长春轨道客车股份有限公司提供的尺寸，为A型鼓型车，车体最大宽度为3091mm，车体高度为3840mm。

（2）车辆限界按车辆制造厂提供的车辆轮廓线及参数，结合本线路条件进行计算和设计。

（3）车站限界按60km/h过站速度设计，区间限界按轨道最高限速设计，同时不超过车辆结构速度。

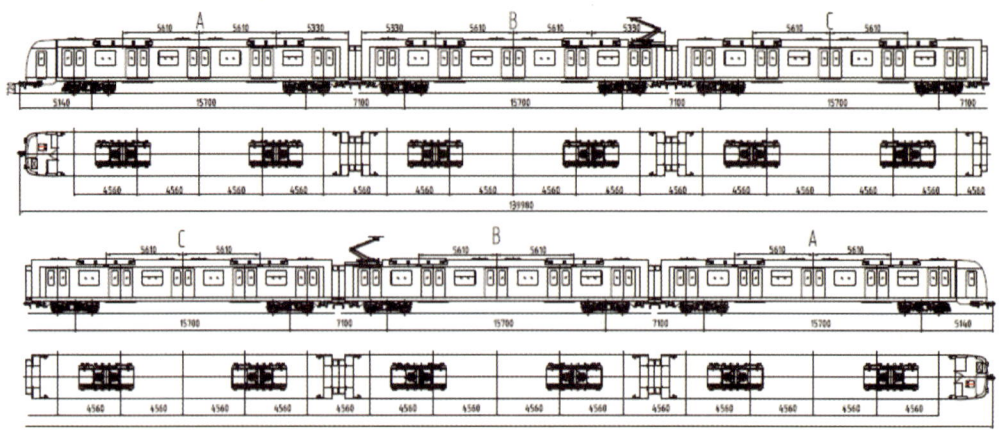

图 5.2-1 深圳地铁 9 号线列车编组示意图

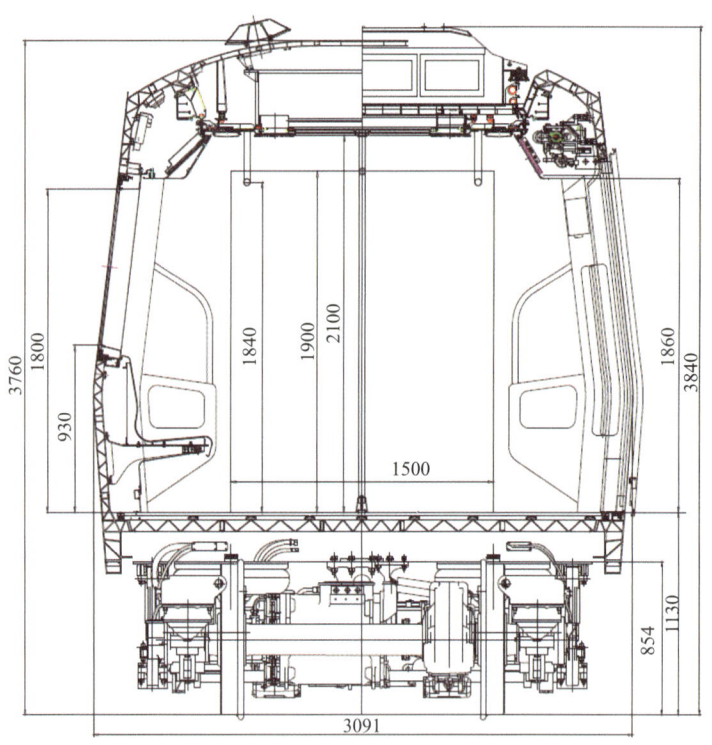

图 5.2-2 深圳地铁 9 号线车辆断面示意图

（4）设备限界是限制设备安装的控制线。直线地段设备限界是车辆在非正常运行状态下（一系或二系悬挂故障状态）及其他未计及因素形成的动态包络线。曲线地段设备限界根据曲线半径、行车速度、轨道超高、轨道参数变化以及车辆参数变化等计算出加宽量，在直线地段设备限界的基础上进行加宽。

（5）设备限界和建筑限界之间的空间用来安装各种管线及设备。各类设备布置应考虑其设备、管线的制造、安装误差，各种管线和设备均不得侵入设备限界（有效站台对线路中心线距离和站台门按车辆限界控制），以确保行车安全。

（6）按照消防疏散要求，本工程在正线区间行车方向左侧设置疏散平台。

5.2.2 重难点及解决措施

5.2.2.1 车站站台加宽

在不考虑限界加宽的情况下，本工程站台边缘至线路中心线距离为1600mm，当有效站台在曲线加宽范围内时，需要根据车辆参数、曲线半径、轨道超高等对车站站台进行加宽，站台加宽办法如图5.2-3所示，图中 D 为车站站台端部加宽量值，L 为建筑限界曲线段加宽量值。

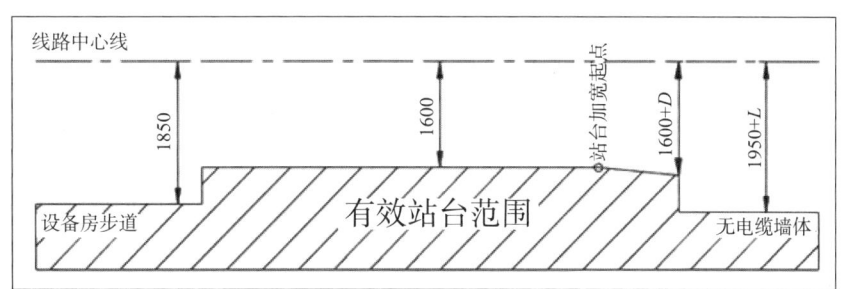

图 5.2-3 有效站台端部加宽示意图

5.2.2.2 测量技术要求

隧道贯通后，需要根据不同断面形式，下发测量技术要求以供施工单位测量所用。

（1）沿里程增大方向，明挖法、矿山法施工的直线段每隔6m、曲线段（含曲线以外的20m直线）每隔5m测量一个断面。

（2）沿里程增大方向，盾构法施工的直线段每隔6m（管片4环）、曲线段（含曲线以外的20m直线）每隔4.5m（管片3环）测量一个断面，测点为管片接缝处的突出点。

（3）曲线起终点、缓圆点、圆缓点、联络线通道、隔断门、防淹门门框两端、车站屏蔽门安装起点和终点、折返线（含渡线）范围内的中隔墙和立柱等断面突变处须加测断面。

（4）在道岔处，9号道岔，以设计岔心为原点，岔前后各30m范围内共60m，沿设计线路每隔4m测一个断面，每根立柱处加测一个断面。

（5）在转辙机处，9号道岔，以设计岔心为原点，岔前11m测一个断面。

5.2.2.3　防踏空橡胶条

关于车体地板面边缘与站台边缘的间隙，目前运营线路一般采取加装安全防护装置——橡胶条，来防止乘客踩空。

如果在站台边缘加装的橡胶条均已侵入车辆的动态包络线范围，在特定情况下，将会发生车辆与橡胶条相碰。但车辆动态包络线计算时考虑了所有不利因素同时发生，这种概率相当小，另一方面根据橡胶条的设计，可以允许车辆碰撞橡胶条，而不会导致车辆损坏。因此在不影响列车停站开门的前提下，可以在站台边缘加装一定厚度的橡胶条，以保证乘客的安全。

根据运营经验，大多数列车供应商设计的列车在车辆运行时，车体的移动分为可复原和不可复原两类，橡胶条定位设计时，横向可只考虑车体不可复原移动。

导致车体产生不能复原的横向移动的因素有中心销的横向移动（±10mm）、轮缘磨耗（±20mm）、钢轨轨头磨耗（±6mm），轨距设计公差（+6、-2mm）。累计理论计算车体相对于站台点的最大横向摆动量为：10mm+20mm+6mm+6mm=42mm。考虑到其他设计施工方面的误差以及必要的安全系数，建议列车与橡胶条的空隙控制在50～55mm左右，避免乘客的脚踏入空隙的可能，为列车运行也保留足够的安全距离。垂向可只考虑列车停站时车门所需空间，建议橡胶条面与站台面高度差控制在30～35mm左右。

5.2.3　主要设计方案

限界应根据车辆轮廓线和有关技术参数、轨道特性、受电方式、设备及管线安装、施工方法等因素，并计及设备和安装误差，按规定的计算方法分析计算确定。在制定限界时，考虑设备制造和安装误差以及运营中难以预计的其他因素在内的安全余量，但不考虑结构施工误差、测量误差及位移变形、结构沉降。曲线地段的限界应在直线地段限界的基础上，按照列车在该段的行车速度和超高值计算而得。

5.2.3.1　区间建筑限界

根据施工条件和施工方法的不同，深圳地铁9号线工程区间建筑限界可分为矩形隧道建筑限界、圆形隧道和马蹄形隧道建筑限界：

（1）采用盾构机施工的圆形隧道建筑限界直径为 5200mm。

（2）区间直线地段矩形隧道建筑限界采用工程标准：有冷水管宽度为 4700mm，无冷水管宽度为 4550mm，高度 4500mm（自轨顶起）。

（3）马蹄形隧道建筑限界采用工程标准：拱顶半圆 R2500mm，断面最大宽度 5000mm，腰部曲率半径 R5000mm，拱顶高度（自轨顶起）4500mm。

（4）矩形隧道曲线地段建筑限界应按规定办法进行加宽。

5.2.3.2 车站建筑限界

（1）车站站台建筑限界：

在计算长度范围内的站台建筑限界：直线地段轨道中心线至站台边缘距离 1600mm。

在计算长度范围外的站台建筑限界：直线地段轨道中心线至站台边缘距离 1850mm。

站台高度：自钢轨面至站台装修面 1080mm±5mm。

屏蔽门建筑限界：直线地段屏蔽门门框边缘距车厢外侧面的空隙宜采用 130^{+15}_{-5} mm，即直线地段屏蔽门门框边缘距线路中心线的距离为 1675^{+15}_{-5} mm。

轨顶风道距轨面的距离为 4500mm。

（2）车站设备用房建筑限界：

外墙上有管线及设备时，对于岛式站台，直线限界 2150mm；对于侧式站台，直线限界 2250mm。

墙上不敷设管线且无任何设备时，直线限界 1950mm。

无法确定外墙上有无管线及设备时，按外墙上有管线及设备执行。

（3）折返线和存车线直线建筑限界 2150mm。

5.2.3.3 其他建筑限界

（1）人防门建筑限界：高度采用区间隧道建筑限界，直线地段线路中心线至门框的距离为设备限界加不小于 100mm 的安全间隙；曲线地段，若加宽总量不超出直线地段标准门宽度的限界富余量，采用标准宽度门的中心偏离线路中心线的方法计算确定；若加宽总量超出直线地段标准门宽度的限界富余量，需加宽门体宽度。

（2）车辆段建筑限界

车辆段库外连续建筑物至设备限界净距 1000mm。

车辆段库外非连续建筑物（其长度不大于 2m）至设备限界净距 600mm。

车辆段车库大门宽度按照《地铁设计规范》表 22.3.12 中的规定，不小于

3700mm。

车顶检修作业平台及安全栅栏与车辆轮廓线之间应留有 80mm 安全间隙，中间检修作业平台建筑限界采用车站站台建筑限界。

（3）道岔警冲标至相邻两线路中心线向垂直距离，应按两单线设备限界确定。

5.2.3.4 设备布置原则

（1）在建筑限界和设备限界之间的空间，是供安装各种管线和设备安装用的，有关专业的设备应考虑设备和管线制造、安装误差，在最不利的情况下，均不得侵入设备限界，以确保行车安全。

（2）各种设备和管线的安装位置，应综合布置，互不干扰。未经有关专业同意，不得随意调换和侵占其他专业设备和管线安装位置。

（3）设备及管线安装时应考虑其安装和养护维修等的便利和空间。

（4）隧道内信号机、弱电电缆、区间电话、消防水管、电源箱等布置在线路行车方向右侧。

（5）紧急疏散平台设在线路行车方向左侧，强电电缆、照明灯具也布置在线路行车方向左侧。

（6）各种设备及管线由区间进入车站时，需由车站建筑结构专业统筹考虑它们的合适安装位置，以免与站内各种设备和管线产生相互干扰。

5.2.4 工程实施

5.2.4.1 调线调坡中限界专业工作介绍

（1）隧道接近施工完成后，限界专业下发断面测量技术要求；断面测量技术要求包含：正线、场段的各种断面，以及具体每个断面的测量点（高度、宽度）。

（2）施工单位和测量单位根据断面测量技术要求，反馈测量结果，以测量单位最终提交的测量结果为准。

（3）若施工单位施工过程中，存在盾构机严重偏离（包含上下、左右）的情况时，施工应立即停止，测量单位进行测量，上报测量结果。应避免盾构出现偏移强行纠正过来的情况，对调线十分不利。

（4）限界专业根据反馈测量结果，配合线路、轨道专业进行调线调坡：

1）纵向调坡，限界专业与轨道、接触网专业配合，同时满足轨道结构高度要求和接触网安装安全距离要求。

2）横向调线，盾构区间限界圆半径为2600mm，施工完成面半径为2700mm。其中100mm的空间为施工误差及隧道偏移允许范围。在调线调坡工作中可供调整的范围应参考以下原则：

① 根据《地铁设计规范》和《地铁限界标准》，建筑限界和设备限界之间的最小间距不宜小于200mm，困难条件下不应小于100mm；

② 偏移量较大时，应对设备及管线布置进行调整。

5.3 线路

5.3.1 概述

5.3.1.1 线路概况

9号线西起红树湾南站，东至文锦站，全长约25.46km，设22座车站，新建侨城东车辆段及笔架山停车场。作为深圳城市核心区重要的东西向局域线，联系南山、福田及罗湖重要的办公区、居住区及商业区，是支持深圳湾总部基地建设，解决梅林居住区交通出行瓶颈，促进红岭、蔡屋围、人民南商务区升级的重要支撑。

5.3.1.2 主要性能指标

1. 平面曲线参数指标

途径车公庙、景田、梅林、泥岗、蔡屋围、向西至文锦，均在核心城区敷设，沿线发展成熟，高楼林立（图5.3-1），局部道路条件较差，制约线路的控制点众多，全线曲线段比例约占51%（表5.3-1、表5.3-2）。

通过部分曲线的设置，避免下穿大量高层住宅、写字楼及厂房等建筑的深层桩基础，使较大的拆迁量得以降低。

2. 纵坡指标

由于受敷设走廊限制，本线存在几处必须下穿建（构）筑物区段，为避免对建筑基础的破坏，降低拆迁工程量，原则上在不加大车站埋深的前提下，尽量加大纵坡采用竖向避让。此外，罗湖区段为减少桥梁及高层建筑桩基托换，局部采用叠线敷设，因此，左、右线大于28‰坡度的分别为5处和7处（表5.3-3、表5.3-4）。通过竖向避让建筑物基础，极大程度上降低了工程实施风险及代价。

图 5.3-1　沿线高层建筑

线路平面特征表　　　　　　　　　　　　　　　　　　表 5.3-1

项目		单位	长度（km）	占全长的百分比（%）
直、曲线分类	直线长度	km	12.495	49.07
	曲线长度	km	12.969	50.93
合计		km	25.464	100

线路平面曲线统计表　　　　　　　　　　　　　　　　表 5.3-2

序号	曲线半径（m）	曲线数量（个）	曲线长度（m）	占曲线总长百分比（%）
1	<350	2	448.0630	3.45
2	$350 \leq R < 400$	7	3323.5816	25.63
3	$400 \leq R < 650$	9	4082.5426	31.48
4	$650 \leq R \leq 800$	7	1624.9625	12.53
5	>800	20	3489.8617	26.91
合计		45	12969.0114	100

注：最小曲线半径 330m。

9号线右线纵断面特征表 表5.3-3

项目		坡段个数	长度（m）	占全长的百分比（%）
坡段分布	$i = 0‰$	18	5425.528	21.31
	$0‰ < i ≤ 10‰$	25	11237.56	44.13
	$10‰ < i ≤ 20‰$	5	2299.892	9.03
	$20‰ < i ≤ 25‰$	9	2333.629	9.16
	$25‰ < i ≤ 30‰$	10	4167.391	16.37
合计		67	25464	100

9号线左线纵断面特征表 表5.3-4

项目		坡段个数	长度（m）	占全长的百分比（%）
坡段分布	$i = 0‰$	18	5436.215	21.33
	$0‰ < i ≤ 10‰$	23	10987.44	43.12
	$10‰ < i ≤ 20‰$	6	2949.579	11.58
	$20‰ < i ≤ 25‰$	9	2278.201	8.94
	$25‰ < i ≤ 30‰$	8	3829.565	15.03
合计		64	25481	100

5.3.2 重难点及解决措施

5.3.2.1 下沙至车公庙区间

下沙至车公庙区间，线路由滨海大道转至香蜜南路，由于敷设走廊限制，线路转角达97°30′47″，约有近370m长线路须侵入杜邦厂区地块，该处杜邦厂房因有承重设备，建筑基础采用桩径0.48m的混凝土灌注桩，承台高2m，桩长20~26m不等。

车公庙站为7、9号线换乘站，与1、11号线共同构建车公庙枢纽。为实现7、9号线换乘客流较大方向（9号线东行与7号线东行、9号线西行与7号线西行）之间的便捷换乘，避免将4线所有换乘客流引入站厅，采用双岛四线同站台换乘形式。根据两线上、下行方向布置，经下沙站后，9号线须依次下穿7号线左、右线至第四股道（自西向东），9号线左线须下穿7号线左线至第二股道，在车公庙站北侧，9号线左右线须下穿1、11号线区间，且9号线左线须上跨7号线右线，在短短840m长度范围内，多条线路先后需要多次交叉穿越（图5.3-2），为提高枢纽的整体换乘效应，设计、实施难度大。

图 5.3-2　车公庙四线平面布局图

本线下沙至车公庙区间，因平面避让杜邦厂房预应力管桩及与 7 号线隧道相交条件困难，左、右线分别存在一处半径 330m 及 350m、坡度 28‰ 的区段（图 5.3-3、图 5.3-4）。

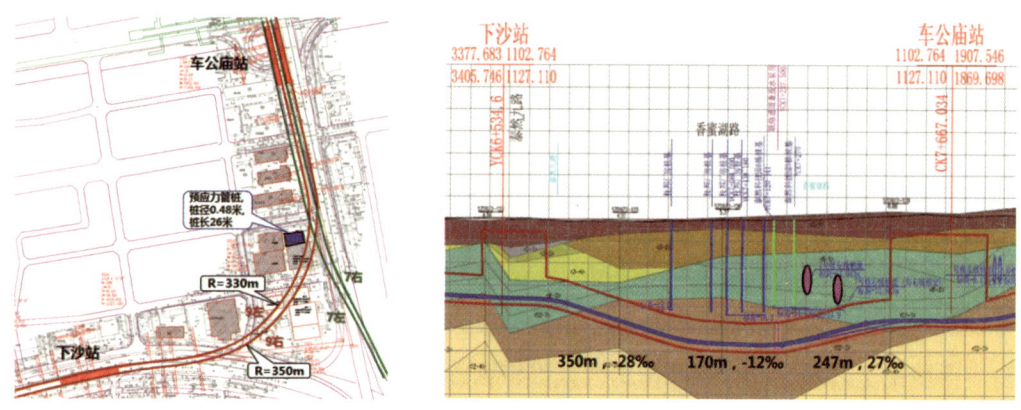

图 5.3-3　下沙至车公庙段平纵图

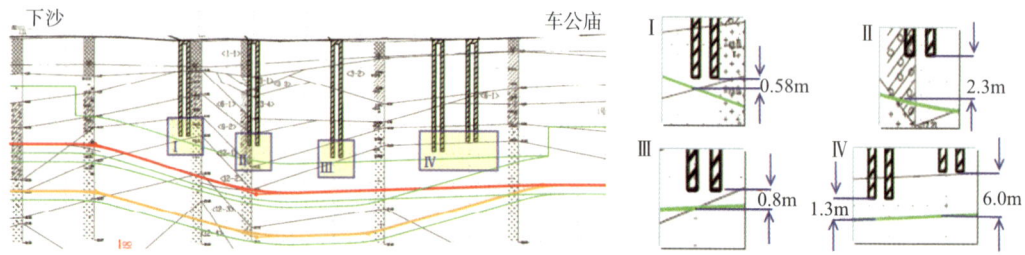

图 5.3-4　下沙至车公庙段隧道与建筑基础关系示意图

该段线型条件不利,但带来了以下改善:

实现车公庙站南侧与7号线竖向立体交叉,从而实现双岛四线同站台换乘,因共走廊段短,若该处不采用大坡,则只能平铺站台,实现两线站厅换乘(自身叠线的同台换乘方案,在北端须四线分四个空间立交,无条件)。

隧道竖向避让杜邦厂房桩基,否则将造成约1.1万 m² 拆迁,工程投资大,且杜邦属外资公司,难以协调,可能成为制约工期、影响开通的重大风险。

5.3.2.2 向西村至文锦区间

向西村至文锦区间,线路沿春风路敷设,道路转角近70°,弯道内侧长丰苑33层住宅建筑紧邻道路(图5.3-5),长丰苑设有三层地下室,采用长15m的人工挖孔桩(桩底埋深约25.7m),并设置有800mm的地下连续墙,墙底深约19m。结合对春风路高架桥桩的避让,向西村站采用叠线布置,右线靠近长丰苑,因此设置于下层,采用半径345m小曲线,并设置一处坡长280m坡度29‰的纵坡,与建筑桩基保持0.7m水平净距,与连续墙底保持1.3m竖向净距(图5.3-6~图5.3-8)。

图 5.3-5 长丰苑及周边高层建筑

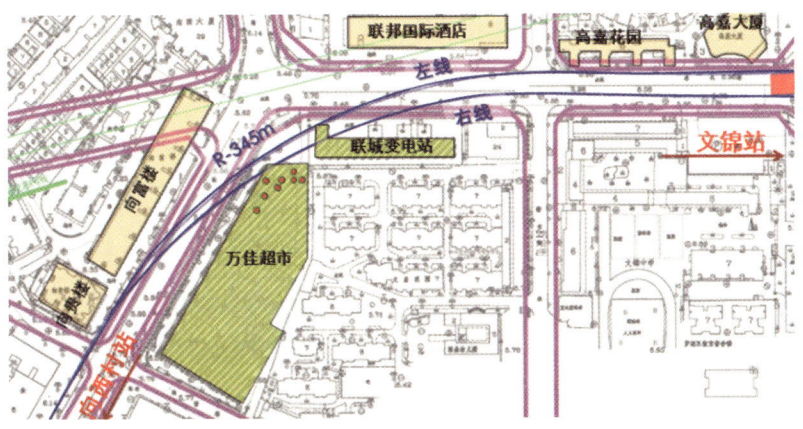

图 5.3-6 向西村至文锦段线路平面示意图

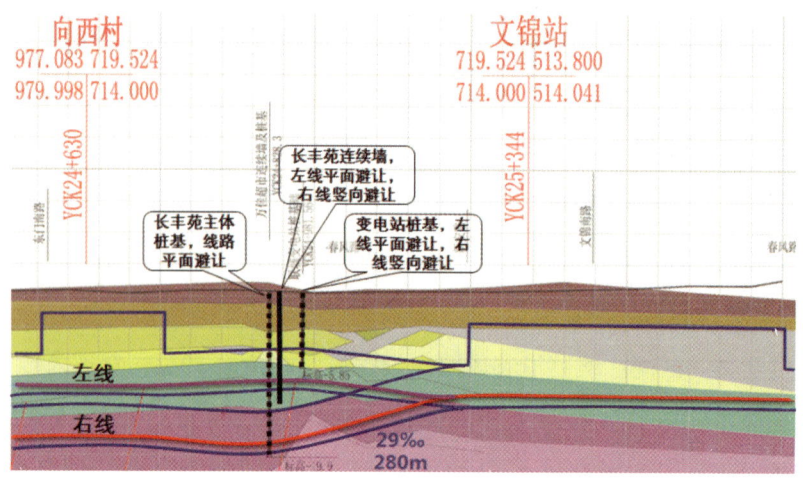

图 5.3-7　向西村至文锦段线路纵断面示意图

该段线路叠线敷设，并采用小半径大坡度，带来了以下改善：

（1）可实现线路平面避让长丰苑 33 层住宅主体桩基（桩底埋深约 25.7m，竖向无法避让），避免了难以实施的拆迁工程。

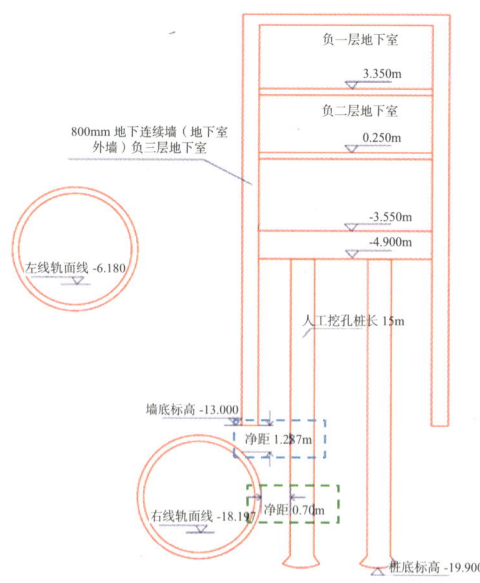
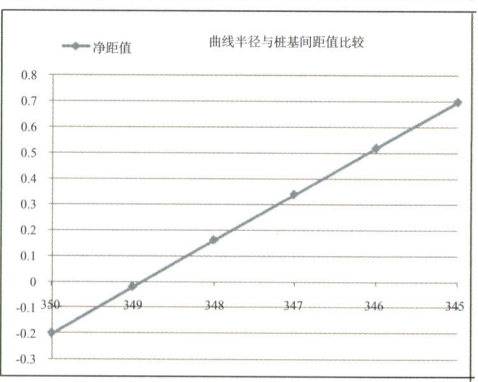

图 5.3-8　向西村至文锦段隧道与建筑基础关系示意图

（2）右线采用 29‰ 的大坡，在满足叠线竖向空间需要的同时，能够实现竖向避让平面外扩的长丰苑裙楼地下连续墙（墙底埋深约 18m），降低施工风险，避免了因协调困难、难以实施造成工期延误的风险。

（3）叠线敷设，可以减少4根船步路高架桥桩基托换，减小施工难度，降低对繁忙的春风路交通的影响。

5.3.3 调线调坡

5.3.3.1 调线调坡的原则

（1）调线调坡设计应符合《深圳地铁9号线工程隧道断面测量技术要求》及《地铁设计规范》（GB 50117—2013）的要求。

（2）调线调坡设计应满足运营使用的要求。在线路施工图设计的基础上，以竣工后的断面测量数据为依据，调整线路平面或坡度，使结构净空尽量满足建筑限界的要求。

（3）满足施工需要，应尽可能减少局部结构侵入限界的数量与数值，减少施工难度与处理施工工作量。

（4）满足车站设备安装要求，车站范围线路一般不予调线调坡。

5.3.3.2 调线调坡案例

1. 案例一：深圳湾公园至下沙段（掘进过程中纠偏）

（1）区间概况

深圳湾公园至下沙右线站间距为3376m，为本线最长区间，无限速区段，区间最高运行为80km/h，区间无减振段，其中YDK4+330～YDK4+742段为矿山+盾构空推，其余为盾构施工（图5.3-9～图5.3-11）。

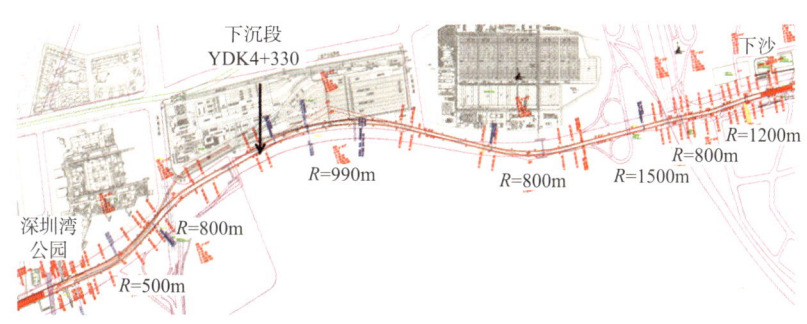

图5.3-9 深圳湾公园至下沙段平面示意图

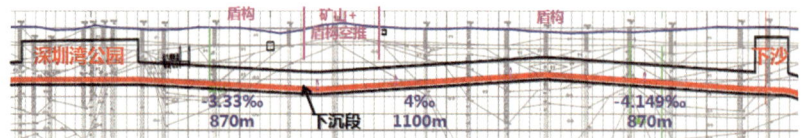

图 5.3-10　深圳湾公园至下沙段纵断示意图

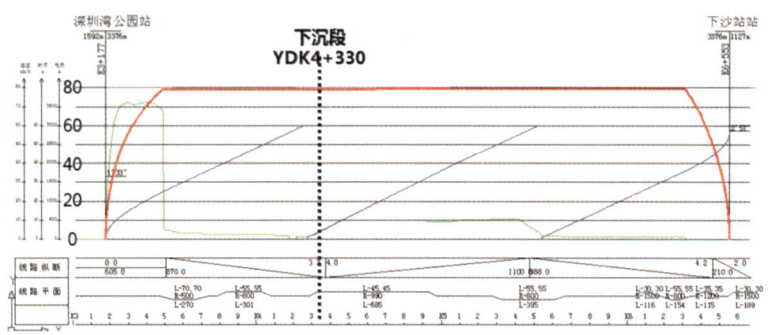

图 5.3-11　深圳湾公园至下沙区间牵引图

（2）土建侵限情况

隧道掘进过程中，经过矿山+盾构空推段进入盾构区间后，发生了盾构井"栽头"现象。侵限段在隧道约25m范围内，最大下沉达0.928m，现场拟合最大坡度约50.7‰。现场停止掘进，根据设计建议，为保证后续隧道贯通后调线调坡的可行性，进行了后续掘进的调整。

根据铁三院（第三方测量单位）提供的隧道贯通测量数据，经核实，上部侵限范围（YDK4+323～YDK4+338，YDK4+388～YDK4+404）约31m，最大侵限183mm（轨面至内壁顶点小于4400mm段），下部侵限范围（YDK4+346～YDK4+364）约18m，最大侵限94mm（轨面至隧道内壁底点小于780mm），如图5.3-12～图5.3-14所示。

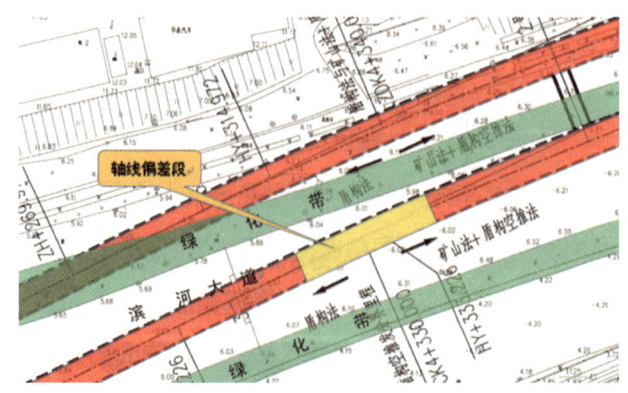

图 5.3-12　下沉段地面情况示意图

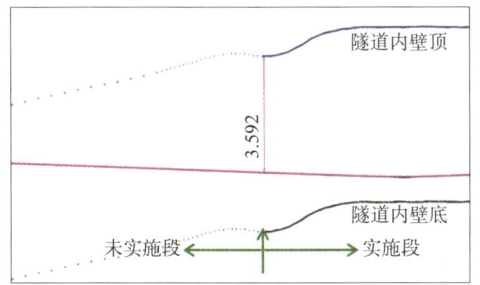

图 5.3-13　第一次现场反馈偏差情况

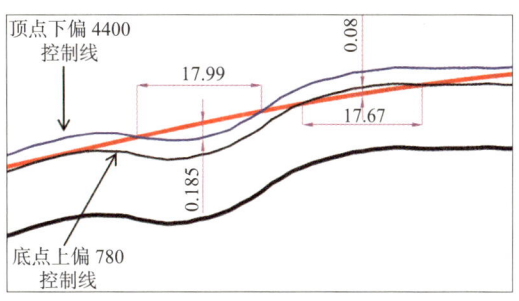

图 5.3-14　贯通后隧道偏差情况

（3）边界条件分析

①接触网安装要求

对于困难地段的接触网安装净空的要求问题，地铁集团于 2016 年 7 月 6 日组织了专家评审会，会议认为：隧道内接触线距离轨面最低高度可由 2013 版《地铁设计规范》要求的 4040mm 调整至 2003 版《地铁设计规范》要求的 4000mm；空气绝缘距离 150mm 可调整至 EN50119 规定的 100mm。

调整后，接触网的安装净空（轨面至隧道内壁顶点）要求可由 4400mm 减少至 4320mm，同时，两处相邻支架安装间隔不大于 6 环，即 9m。此外，未安装支架处，接触网净空（轨面至隧道内壁顶点）不得少于 4225mm（图 5.3-15）。

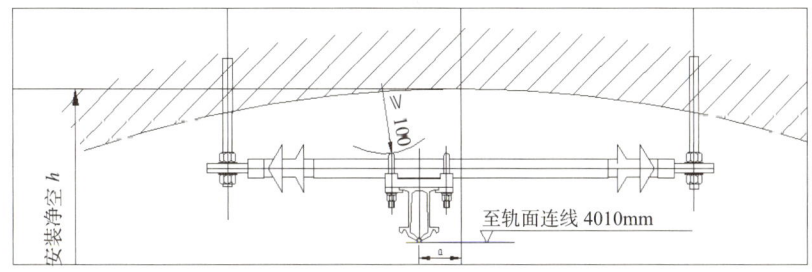

图 5.3-15　接触网调整示意图

②轨道道床厚度要求

调坡后仍无法满足常规 780mm 道床厚度的情况下，圆形隧道最小轨道结构高度不应低于 680mm，参照其他城市已通车线路的侵限处理经验，设计提出轨道处理方案如下：

"桁架双块式轨枕 + 两侧排水沟"调整为"短轨枕 + 中心排水沟"，同时增设水沟盖板；

道床钢筋笼增强，配筋量由正常地段的 51kg/m 调整为 57.4kg/m，道床混凝土等级由 C30 提高至 C40；

土建施工单位对道床范围内的隧道管片进行植筋处理，管片植筋不得与道床钢筋电气连通。

道床调整如图 5.3-16 所示。

（4）调线调坡方案

情况分析：由于下沉段局部最大坡度达 50.7‰，该段以西的小里程段隧道坡度约 19.6‰，若侵限段均位于坡段中部，则理论上该段调整的坡度越大，越有利于降低侵限影响。但该段需考虑变坡点处竖曲线因素（实际轨面并非坡度线方向）及前后隧道坡度情况综合比较。

下面分别从坡度拟合、竖曲线选取角度进行研究：

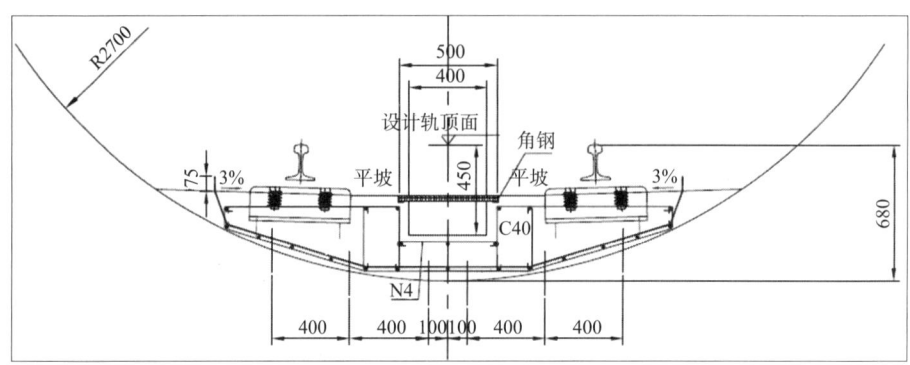

图 5.3-16　道床调整示意图

深下区间坡度调整比选表　　　　　　　　　　　　　　　　表 5.3-5

方案	变坡点		轨上净空情况			道床厚度情况		分析
	变坡点1	变坡点2	小于4225（不满足架空敷设）	小于4320（不满足支架安装）	4320~4400	680~700	700~780（低于设计标准）	
坡18	4148	4367.5	无	11.04+9.4m	5.81+94.1m	6.45m	13.05m	坡度过小，小里程段上部侵限严重
坡19	4151	4365	无	10.94m	5.85+6.5m	6.4m	13.05+5.3m	坡度合适
坡21	4158	4360	无	10.93m	5.72m	6.4m	13.05+11.65m	坡度加大并未改善支架安装条件
坡23	4174.5	4355.5	无	12.48m	5.75m	小里程段24.3m 小于680		坡度过大，不满足道床厚度要求

推荐坡度19‰方案,能够较好地适应隧道实际情况,且坡度不至于过大(表5.3-5)。

在坡度19‰的情况下,推荐竖曲线半径采用4000m方案,均能满足触网安装、道床需要的条件(表5.3-6)。

深下区间竖曲线调整比选表　　　　　　　　　　　　表5.3-6

方案	变坡点		轨上净空情况			道床厚度情况		分析
	变坡点1	变坡点2	小于4225(不满足架空敷设)	小于4320(不满足支架安装)	4320~4400	680~700	700~780(低于设计标准)	
R5000	4151	4365	无	10.94m	5.85+6.5m	6.4m	13.05+5.3m	不满足支架安装段偏长
R4000	4150	4368	无	7.75m	6.28m	8.41m	11.51+15.1m	适当减小竖曲线半径,满足支架安装条件

该段数据为逐环测量,即每个测点间隔1.5m,图面净距小于4320mm的范围,是默认两测点之间为线性变化所量得。1375环、1370环具备安装接触网悬挂支架条件,根据实际净距情况,需重新打孔安装支架滑槽。调整方案竖向侵限区段如图5.3-17所示,原设计方案与调整方案对比情况如图5.3-18 ~ 图5.3-20。

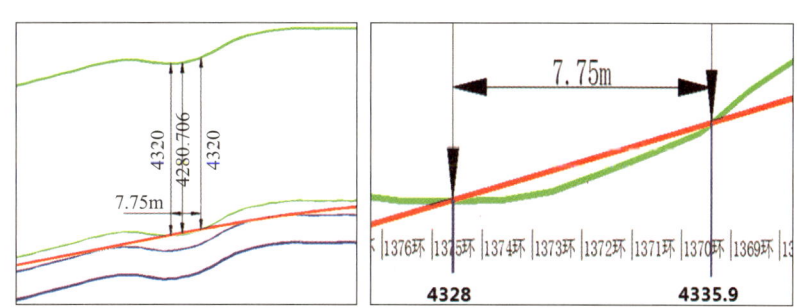

图5.3-17　调整方案竖向侵限区段示意图

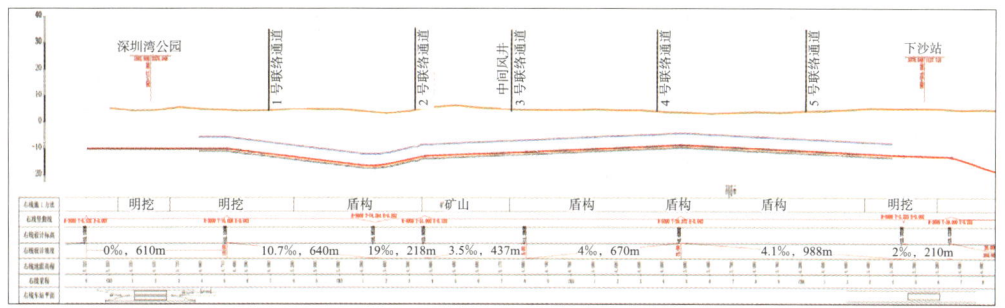

图5.3-18　调整方案区间纵断示意图

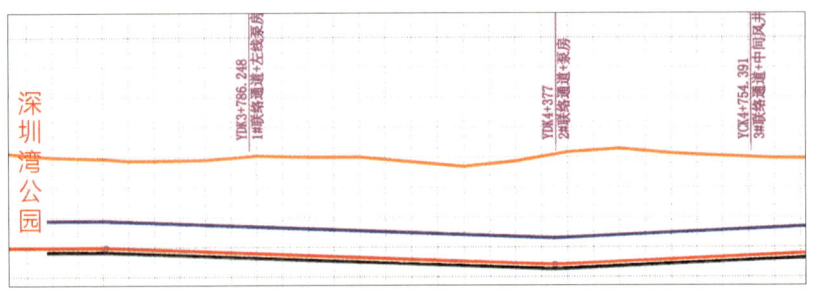

图 5.3-19　调整前区间整体型态图

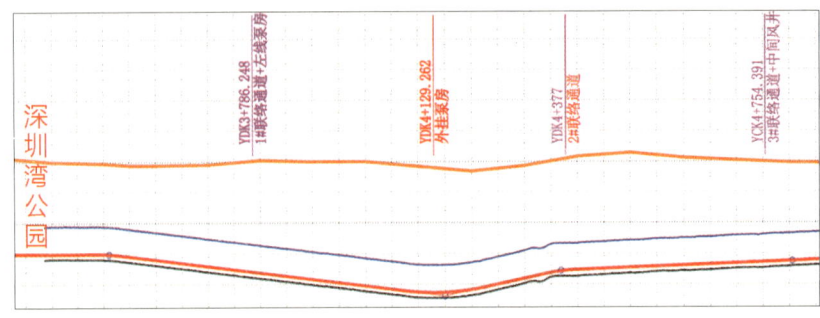

图 5.3-20　调整后区间整体型态图

(5) 供电专业复核接触网安装条件

接触网悬挂支架安装间隔一般不宜大于 9m，本段里程范围可将相邻支架安装断面调整至编号 3 和 9 里程位置处，轨面至隧道顶距离 4281～4423mm，跨度 9m（表 5.3-7）。

该工况下基本能满足接触网安装需求的 4320mm（需采用 2003 版地铁规范中导高不低于 4010mm 的标准，且空气绝缘距离 150mm 调整至 EN50119 规定的 100mm）。但实施过程中不允许有对其造成负误差的其他因素。

深下区间调坡后接触网安装条件表　　　　　　表 5.3-7

编号	右线里程	顶板底至轨面（m）	顶板底侵限值（m）
1	YDK4+325.092	4.39	−0.01
2	YDK4+326.596	4.348	−0.052
3	YDK4+328.095	4.321	−0.079
4	YDK4+329.595	4.294	−0.106
5	YDK4+331.094	4.281	−0.119
6	YDK4+332.582	4.287	−0.113
7	YDK4+334.072	4.296	−0.104
8	YDK4+335.584	4.308	−0.092

续表

编号	右线里程	顶板底至轨面（m）	顶板底侵限值（m）
9	YDK4+337.065	4.362	−0.038
10	YDK4+338.595	4.397	−0.003
11	YDK4+340.095	4.423	−0.003

（6）相关专业影响

① 原 2 号联络通道处泵房废弃。

② 需在西侧约 250m 处增设 1 处外挂泵房。

③ 1 号联络通道处，右线因纵坡调整标高下降约 2m。

由于施工导致的深下区间右线工程变更案例，因地层情况复杂等综合因素引起，现场及时发现，并停止掘进上报情况，业主多次主持召开四方会议，且邀请院士进行方案可行性审查，工作流程严格按照相关规定执行，最终将工程影响降至最低，目前车辆运行平稳，运营状况良好。

2. 案例二：孖岭至银湖区间左线段（掘进过程中纠偏）

（1）区间概况

孖岭至银湖站间距 2347m，平面无限速曲线，孖岭站东侧接笔架山停车场出入线。孖岭站东侧左线与入场线并行明挖约 80m 后，平面拉开间距，左线区间采用 12‰、−9.46‰、3‰ 坡段。区间 ZDK15+992～16+593 为矿山法，ZDK16+593～16+746 为矿山+盾构空推，其余采用盾构施工。区间 ZDK15+525～15+575、ZDK16+000～16+140 段采用高等减振道床，其余采用普通道床（图 5.3-21～图 5.3-23）。

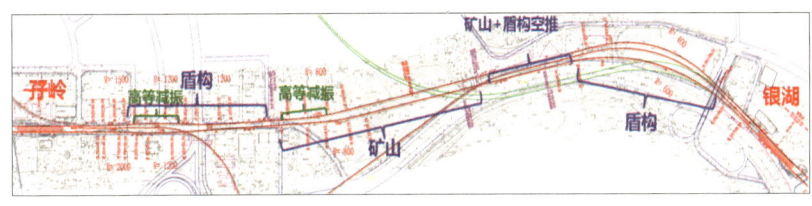

图 5.3-21 孖银区间平面布置图

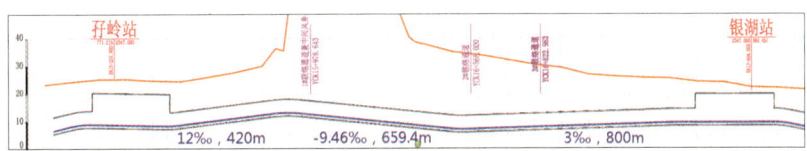

图 5.3-22 孖银区间纵断布置图

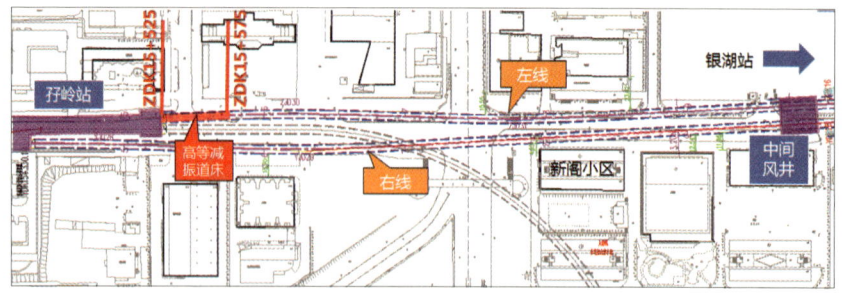

图 5.3-23　孖银区间减振分布示意图

孖岭站~中间风井段是孖岭站~银湖站区间的西段，采用盾构法施工，衬砌为外径 6m、厚 30cm 的预制盾构管片。线路由孖岭站西端出发，经梅村路、皇岗路、园林东路到达中间风井。左线长 443m，右线长 534m。

（2）土建侵限情况

孖岭站至银湖站区间左线，里程 ZDK15+525 ~ ZDK15+574.5 范围内土建施工侵限较大（图 5.3-24），根据第三方测量单位提供的数据，隧道几何形态为波浪形，49.5m 范围内，靠近孖岭站的地段隧道下偏，导致顶部侵限，远离孖岭站地段隧道上浮，导致底部侵限，短距离内隧道垂直形位变化较大，该段隧道与车站同位于 2‰ 的坡度上，调线调坡较困难。

ZDK15+525 ~ ZDK15+543 段，顶部最大侵限 240mm，轨面至隧道顶距离为 4160mm，不满足正常接触网的安装净空要求 4400mm。

ZDK15+547.5 ~ ZDK15+574.5 段，底部侵限，轨面至隧道底距离最小为 744mm，相对于正常高等减振道床高度 920mm（ZDK15+525 ~ ZDK15 +575 为高等减振段），偏差 176mm。

（3）边界条件分析

接触网安装要求的边界条件同案例一。

ZDK15+551 ~ ZDK15+575 段高等减振地段因土建偏差，最小轨道结构高度为 730mm。

盾构圆形隧道高等减振地段轨道结构高度设计值为 820mm，浮置板底至轨面 630mm，水沟深度 120mm。轨道结构高度 730mm<750mm，已无法正常铺设浮置板。

（4）线路调整方案

本段线路纵断面调整，将车站部分 −2‰ 坡度向大里程方向延长 21m，以增加站东侧上部净空，之后以较短的 16.02‰ 坡度上抬，以增加道床厚度。调整后能满足安装接触网悬挂支架的跨度为6环，即9m。道床厚度小于820mm段为21环，即31.5m（图5.3-25）。

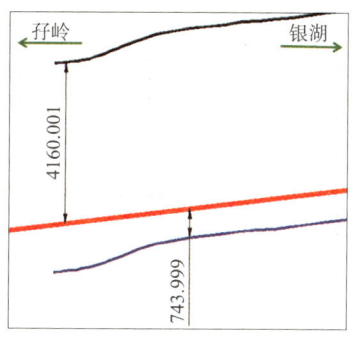

图5.3-24 孖银区间竖向侵限示意图

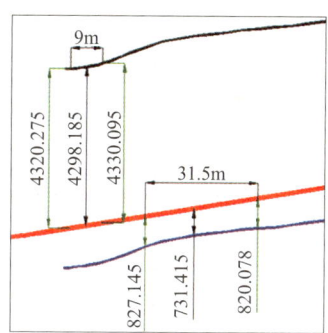

图5.3-25 孖银区间调坡后侵限示意图

对施工设计图的纵断面设计坡度进行了局部调整（图5.3-26）：从孖岭站出站至里程ZDK15+491.000，为2‰的下坡；接坡长141m、坡度16.021‰的上坡；接坡长237m、坡度13.717‰的上坡；接坡长151m、坡度9.351‰的下坡；接坡长529.364m、坡度9.844‰的下坡；接坡长800m、坡度2.951‰的上坡；至里程ZDK17+320.000，接平坡，高程为9.770m。

孖银区间调坡后触网安装条件见表5.3-8，道床厚度条件见表5.3-9。

图5.3-26 孖银区间调坡方案示意图

孖银区间调坡后接触网安装条件表　　　　　表5.3-8

编号	里程	顶点至轨面（m）	顶板侵限（m）
1	ZDK15+525	4.34	0.080
2	ZDK15+526.5	4.32	0.100
3	ZDK15+528	4.305	0.115
4	ZDK15+529.5	4.307	0.113
5	ZDK15+531	4.298	0.122

续表

编号	里程	顶点至轨面（m）	顶板侵限（m）
6	ZDK15+532.5	4.309	0.111
7	ZDK15+534	4.3	0.120
8	ZDK15+535.5	4.33	0.09
9	ZDK15+537	4.35	0.07

孖银区间调坡后道床厚度条件表　　　表 5.3-9

编号	右线里程	道床厚度（m）	道床侵限值（m）
1	ZDK15+547.5	0.827	-0.027
2	ZDK15+552	0.756	0.064
3	ZDK15+556.5	0.747	0.073
4	ZDK15+561	0.731	0.088
5	ZDK15+565.5	0.752	0.068
6	ZDK15+570	0.774	0.046
7	ZDK15+574.5	0.784	0.036
8	ZDK15+579	0.82	-0.040

（5）轨道道床调整方案

土建施工单位在道床基底范围的隧道管片进行植筋处理，浮置板减薄50mm，同时为了保证减振效果，道床中心增设凸台。中心水沟深度从100mm渐变至170mm，保证排水顺接（图5.3-27、图5.3-28）。

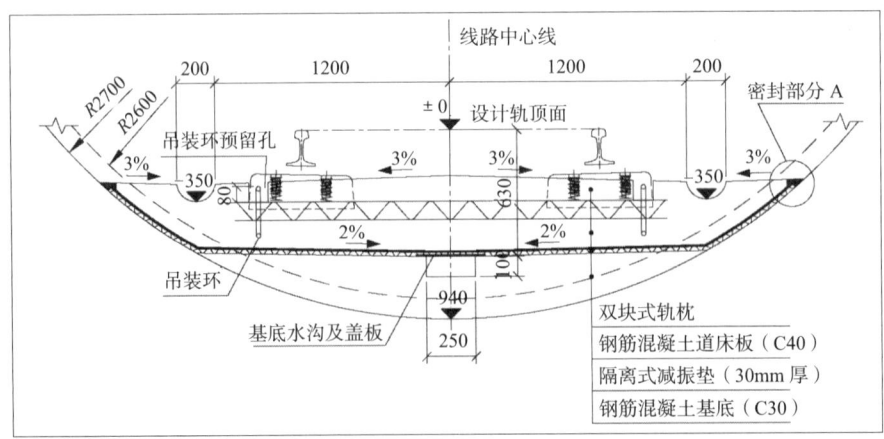

图 5.3-27　原设计减振垫浮置板道床横断面图（轨道结构高度820mm）

植筋要求：土建施工单位在铺轨前须植入直径 12mm 的 HRB400 级钢筋，一个断面横向布置 4 根，纵向间距 600mm，植筋锚固深度 120mm，总长 220mm，胶粘剂采用 GB 50367（混凝土结构加固设计规范）12 章规定的 A 级胶。管片植筋不得与道床钢筋电气连通。

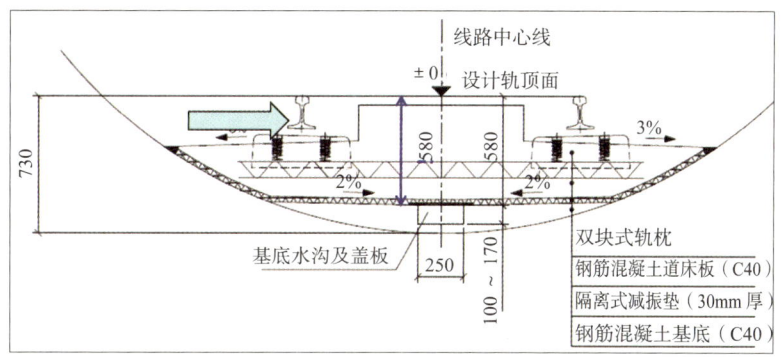

图 5.3-28　调整后减振垫浮置板道床横断面图（轨道结构高度 730mm）

（6）供电专业复核接触网安装条件

接触网安装方案调整后，施工须严格控制误差，不允许负误差情况。保证接触线坡度不大于 1‰，在接触线变坡的首末端应设置过渡段，过渡段的接触线坡度约为中段坡度的 1/2，过渡段的长度不少于 1 跨。具体侵限范围类的悬挂点导高调整方案如表 5.3-10 所示。

孖银区间悬挂点导高调整方案表　　　　　　　　　　　　　表 5.3-10

换挂点号	净空高	接触线高	间隙控制	处理方案	备注
X072-12	5619	4040	1369	无需处理	
X072-13	5647	4040	1397	无需处理	
X072-14	5631	4040	1381	无需处理	
X072-15	6521	4040	2271	无需处理	中心锚结处
X072-16*	4500	4040	250	无需处理	原悬挂点向小里程方向移 1.5m
X072-17*	4452	4020	222	无需处理	新增悬挂点
X072-17	4462	4025	227	无需处理	
……					
X077-26	4539	4040	289	无需处理	
X077-27	4547	4040	297	无需处理	

（7）相关建议

供电接触网专业重点维护区段主要位于上述调整低净空区域，运营时需重点监测，主要有以下几个方面：

① 加大困难区段的日常维护工作，对相应调整区段的接触线磨耗进行重点监测，如接触线存在磨损严重，需及时更换接触线。

② 对整改区段部分增加安装汇流排防护罩，提高其绝缘水平。汇流排防护罩安装示意图如图5.3-29所示。

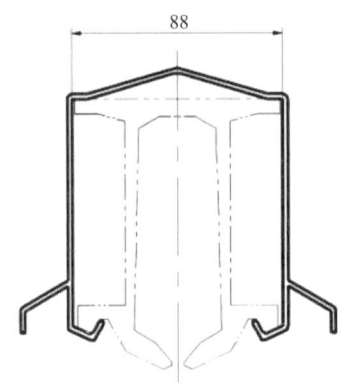

图 5.3-29　汇流排防护罩示意图

③ 监测相应调整区域刚性接触网坡度，如因轨道道床下沉等土建因数影响时，需注意对接触线导高进行测量、调整，满足设计坡度要求。

5.4　轨道

5.4.1　概述

5.4.1.1　设计概况

经统计，正线、配线铺轨总长57.46km，单开道岔38组，交叉渡线3组；停车场铺轨总长5.97km，单开道岔16组，交叉渡线1组；车辆段铺轨总长11.90km、单开道岔38组，交叉渡线2组。

5.4.1.2　主要技术性能指标

（1）钢轨：为了适应地铁运营时间长、休车时间短的特点，正线须采用耐磨钢轨，以提高钢轨使用寿命；本线正线、配线及试车线采用60kg/m、U75V普通热轧钢轨，车场线采用50kg/m、U71Mn钢轨。

（2）轨距：曲线半径不小于250m的地段，采用1435mm标准轨距。当曲线半径小于250m时，按下列要求加宽：

① $250 > R \geqslant 200$，加宽5mm，采用1440mm轨距。

② $200 > R \geqslant 150$，加宽10mm，采用1445mm轨距。

轨距加宽值在缓和曲线范围内递减，无缓和曲线或其长度不足时，在直线段递减，递减率不得大于2‰。

（3）轨底坡：9号直尖轨道岔及其间不足50m地段不设轨底坡，其余地段采用1/40轨底坡。当道岔与两端线路进行轨底坡过渡时，在道岔两端最外侧两根岔枕上进行轨底坡过渡。

（4）超高：根据公式 $h=11.8V^2/R$ 计算确定曲线超高值；车站范围内最大超高值为15mm，其余地段为120mm；最大欠超高一般情况为61mm，困难情况下为75mm。

式中：V——计算曲线的列车运行速度（km/h）；

R——线路曲线半径（m）。

地下线隧道及U型敞开段整体道床采用外轨抬高超高值的一半，内轨降低超高值一半的方法设置半超高。超高顺坡率不大于2‰，在缓和曲线内完成递减，无缓和曲线时，在直线段递减。

（5）轨枕铺设密度：正线及配线一般及中等减振地段，按1600根/km铺设，高等及特殊减振地段，按1670根（对）/km铺设；车场线一般地段轨枕铺设密度1440根/km，库外碎石道床橡胶道口板处轨枕间距550mm，试车线轨枕铺设密度1680根/km。

（6）无缝线路：正线及笔架山停车场出场线铺设温度应力式无缝线路，锁定轨温按照25±5℃，在道岔两端各设置一对25m长有螺栓孔U75V新轨作为缓冲区，其余配线按有缝线路设计；车场线铺设有缝线路，试车线铺设温度应力式无缝线路，设计锁定轨温为29.5±5℃，道岔前后各设2对25m的缓冲轨。

（7）减振降噪：分中等、高等、特殊三级减振。

5.4.2 重难点及解决措施

5.4.2.1 减振措施

随着深圳地铁建设的持续发展，深圳地铁的减振措施已经形成了由综合减振到特殊减振的系列减振措施，为了统一深圳地铁的减振措施形式，便于运营部门检修和维护，本工程仅采用了三种分级减振措施：即中等减振地段采用双层非线性减振扣件，高等减振地段采用隔离式减振垫浮置板，特殊减振地段采用钢弹簧浮置板，见图5.4-1。

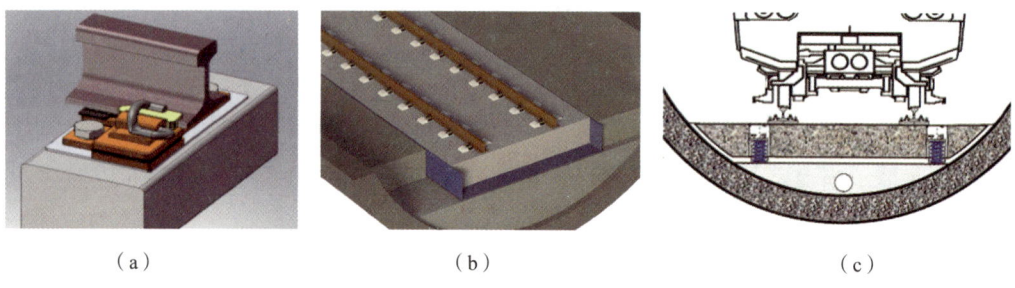

（a） （b） （c）

图5.4-1 分级减振措施示意图
（a）中等-双层非线性减振扣件；（b）高等-隔离式减振垫浮置板；（c）特殊-钢弹簧浮置板

本工程沿线多为居住区和办公区，振动敏感点众多。设计阶段，结合线位调整、沿线环境敏感点的变化，秉承精细化设计的原则，轨道专业进行了十多次现场踏勘，对沿线振动敏感点逐一核实，确保列车运行对地面振动的影响在国家允许的标准范围之内。

施工质量对减振产品的减振性能有很大的影响，为督促提高施工质量，本工程规定竣工验收前，由具有相应资质的第三方检测机构对减振设备的实际减振效果进行现场检测，实测结果满足环评要求后方可验收。

5.4.2.2 轨道平顺性

提升轨道系统的平顺性非常重要，不仅可提高行车平稳性、舒适性，减少振动对沿线的影响，还可减少运营期间车辆和轨道系统的养护维修工作量，具有综合技术经济效益。本工程借鉴客专高铁技术的单桁架双块式轨枕可保证轨底坡、提高施工速度和精度；采用的高平顺新型地铁9号道岔可有效提高列车过岔平顺性；试铺的高精度预制钢弹簧浮置板，具有施工速度快、精度高的优点；借鉴客专高铁技术采用的轨道基础控制网建设测量技术（CPⅢ），可大大提高轨道铺设精度和平顺性，降低后期运营部门养护维修量。

5.4.2.3 小半径曲线地段钢轨侧磨的处理技术

曲线上钢轨的磨耗，与曲线半径成反比，与列车速度、发车密度、车辆轴重成正比。

运营部门的实测显示，其他工况相同的前提下，当曲线半径 $R < 400\text{m}$ 时，钢轨磨耗急剧加大；曲线半径 $R > 800\text{m}$ 时，钢轨磨耗显著减轻。

本工程正线及出入线曲线半径 $R \leqslant 400\text{m}$ 的外股钢轨内侧面安装了涂油器（图5.4-2），设置在各曲线前端（迎车方向）。

5.4.2.4 道床排水设计

高等减振、特殊减振地段水沟底距轨面 750mm，普通段及中等减振地段水沟底距轨面 450mm，二者存在高差，设计阶段对每个排水过渡段都进行了细化梳理，并单独成册，力保排水通畅。

对于区间废水泵房不与线路最低点设置在同一里程的情况，轨道专业根据调线调坡后的线路图，细化排水反坡设计，力保排水通畅（图5.4-3）。

图 5.4-2　轨旁钢轨涂油器布置图

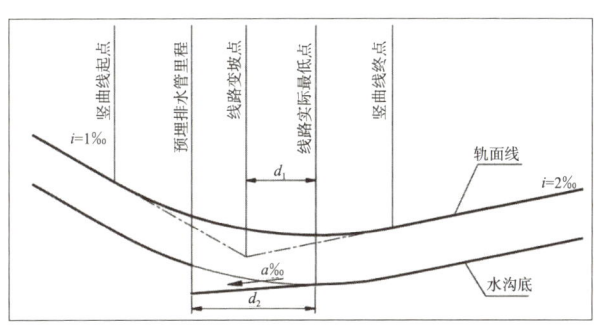

图 5.4-3　道床排水反坡示意图

5.4.3　主要设计方案

5.4.3.1　扣件

地下线、车辆段库内线及停车场均铺设钢筋混凝土整体道床，扣件设计必须满足其调高、调距、杂散电流防护及减振降噪的要求。车辆段库外线铺设钢筋混凝土枕碎石道床，采用铁路标准扣件——TB/T 1495 弹条Ⅰ型扣件。

1. 弹条Ⅲ型分开式扣件

弹条Ⅲ型分开式扣件应用于正线及配线一般、高等及特殊减振地段，扣件结构形式见图 5.4-4，主要技术性能指标如下：

（1）初始扣压力：≥ 22 kN/组。

（2）防爬阻力：≥ 16 kN/组。

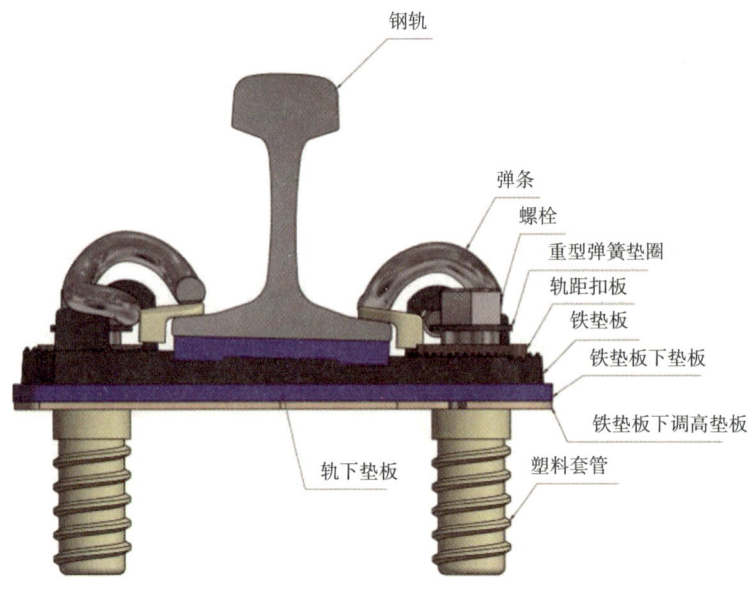

图 5.4-4　弹条Ⅲ型分开式扣件

（3）节点垂向静刚度：25～35kN/mm。

（4）轨距调整量：+16，−16mm。

（5）高低调整量：0，20mm。

（6）抵抗横向水平力的能力：通过 300 万次疲劳试验。

（7）电气绝缘性能工作电阻：$\geqslant 10^8 \Omega$。

2. 双层非线性减振扣件

双层非线性减振扣件应用于正线中等减振地段，相对于相同工况下的普通整体道床，Z 振级减振性能不应小于 6dB，扣件结构形式见图 5.4-5。其主要技术性能指标如下：

（1）初始扣压力：$\geqslant$ 22kN/组；

（2）防爬阻力：$\geqslant$ 16kN/组；

（3）节点垂向静刚度：12～20kN/mm；

（4）轨距调整量：+16，−16mm；

（5）高低调整量：0，20mm；

（6）抵抗横向水平力的能力：通过 300 万次疲劳试验；

（7）电气绝缘性能工作电阻：$\geqslant 10^8 \Omega$。

3. 弹条Ⅰ型分开式扣件

弹条Ⅰ型分开式扣件应用于笔架山停车场车场线及侨城东车辆段库内线整体道床，结构形式见图5.4-6，其主要技术性能指标如下：

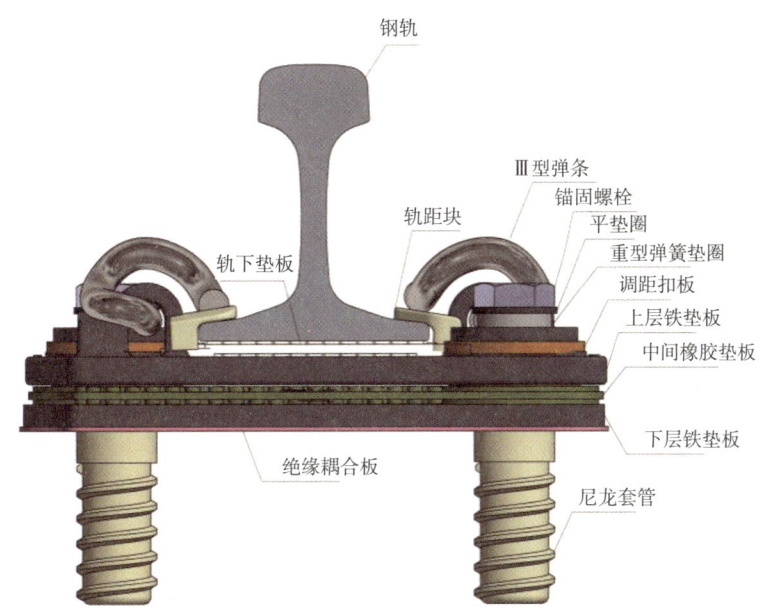

图5.4-5　双层非线性减振扣件

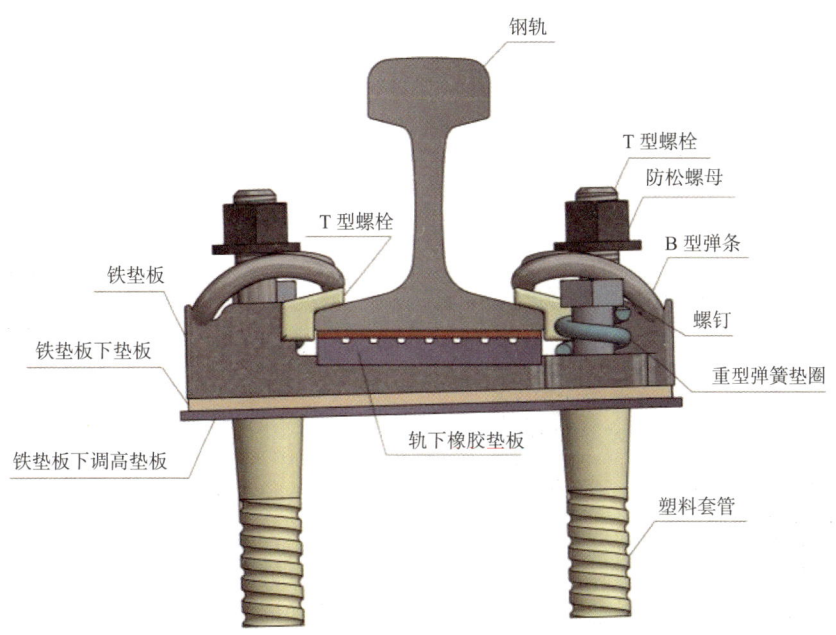

图5.4-6　弹条Ⅰ型分开式扣件

（1）初始扣压力：≥ 16 kN/ 组；

（2）防爬阻力：≥ 12 kN/ 组；

（3）节点垂向静刚度：50 ~ 60kN/mm；

（4）轨距调整量：+4，-8mm；

（5）高低调整量：0，20mm；

（6）抵抗横向水平力的能力：通过 300 万次疲劳试验；

（7）电气绝缘性能工作电阻：≥ 10^8 Ω。

5.4.3.2 道床

道床是轨道的重要组成部分，它是轨枕的基础，直接承受轨枕传来的压力，并把压力扩散，均匀地传布于基础；道床不但可以阻止轨排纵、横向移动，以保持轨道正确的几何形态，还可以排水以保持轨枕和道床面干燥；另外，道床钢筋网兼作杂散电流收集网，可以避免杂散电流对主体结构产生电化学腐蚀。

现有城市轨道交通工程中，普遍使用的整体道床轨枕类型为混凝土短轨枕和长轨枕，本线结合国内外客运专线的经验，考虑到地铁车辆轴重较小、速度相对较低等特点，设计采用了兼具长轨枕和短轨枕优点、施工速度快、精度高、造价合理的单桁架双块式轨枕。

5.4.3.3 道岔

道岔是轨道系统中的薄弱环节。本线研究设计了新型高平顺地铁道岔，采用了岔区轨道刚度均匀化、岔区钢轨件设轨底坡或轨顶坡、尖轨及辙叉硬化加强处理、铺设辊轮滑床板系统、铺设合成树脂长岔枕等新技术，大大提高了列车过岔的平顺性（图 5.4-7、图 5.4-8）。

图 5.4-7　辊轮滑床板系统

图 5.4-8　合成树脂长岔枕整体道床

1. 轨道减振降噪措施及运营效果

列车运行所引起的振动和噪声，会影响沿线环境，尤其是线路在建筑物正下方通过时对附近单位和居民影响很大。要消减这些振动和噪声，需各专业共同进行综合治理。从轨道专业来说，对敏感地段，应根据本线的《环境影响报告书》及环保部批复文件的要求采取轨道减振降噪工程措施。

2. 综合减振降噪措施

轨道专业针对振动源、振动路径采取减振、降噪及隔振处理，可使列车在运行中产生的振动得到有效控制。采取的主要措施如下：

（1）采用无缝线路，消除钢轨接头，减少轮轨间冲击，起到减振作用。

（2）对轨顶进行打磨，使轨面平顺，轮轨接触良好，减少振动和噪声。

（3）严格控制轨道设备如扣件、道岔等制造误差，为铺设高质量的轨道系统打下基础。

（4）采用 CP Ⅲ 精密测量技术指导铺轨，制订并严格执行施工技术标准，确保轨道结构品质优良。

（5）运营期间，对轨道进行经常性的养护维修，保持其良好状态。

（6）进一步研究轮轨关系，确定钢轨打磨方案，保证列车运行更平稳，从而减少振动。

3. 分级减振降噪措施

根据本项目环评报告及批复意见，分级减振原则如下：

（1）线路下穿（距外轨中心线 0～5m）或振动超标量 $VLZ_{max} \geq 8dB$，二次结构噪声超标的敏感点采用特殊减振措施，即钢弹簧浮置板。

（2）$6dB \leq$ 振动超标量 $VLZ_{max} < 8dB$，距外轨中心线 5～10m 以内二次结构噪声超标的敏感点采用高等减振措施，即隔离式减振垫浮置板。

（3）振动超标量 $VLZ_{max} < 6dB$ 的敏感点采用中等减振措施，即双层非线性减振扣件。

（4）换乘站站台区域若环评未作要求，采用中等减振措施。

（5）有减振要求的道岔区采用浮置板道床减振。

（6）单个减振段及两相邻减振段之间的长度不小于一辆列车的远期编组长度140m。

全线合计中等减振段长 7.2 单线公里，占比 14%；高等减振段长 8.04km，占比 16%，特殊减振段长 7.7 单线公里，占比 15%。根据北京铁科工程检测中心完成的《深圳市城市轨道交通 9 号线 BT 项目轨道工程减振设施减振效果检测报告》（S-2016-QL-050），列车运行对地面振动的影响均满足国家规范的要求。另外，据调研，深圳市城市轨道交通 9 号线工程运营至今，未收到沿线有关列车运营振动及噪声方面的投诉，符合"绿色、环保"的理念。

5.4.4　优化实施

5.4.4.1　段场内防踢式杂散电流连接端子的设置

连接端子目前通用的做法有扁铜和埋入式端子两种，扁铜一般高出道床顶面 7cm，埋入式端子一般高出道床顶面 2cm。本工程车辆段、停车场内的一般整体道床电化股道的道床钢筋网兼作杂散电流收集网，相邻两块道床的伸缩缝处需设置连接端子，以便实现电气连通。段场内检修人员的作业频率较高，为提供一个良好的工作环境，本工程实施时，在传统埋入式端子的基础上优化设计了一种防踢式杂散电流连接端子，见图 5.4-9。

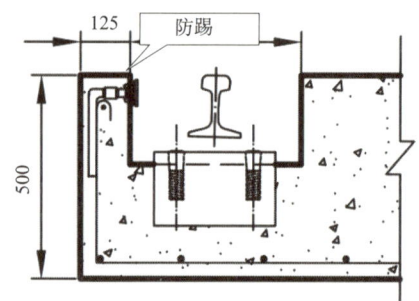 

图 5.4-9　段场内防踢式杂散电流连接端子布置图

1. 应用在圆形隧道特殊地段的现浇普通道床结构

本工程圆形隧道内径为 5.4m，预留给现浇普通道床的轨道结构高度设计值为 780mm。但部分特殊地段调线调坡后轨道结构高度最小值仅 680mm。本工程设计研发了一种特殊现浇普通道床结构来满足实际工程需求（图 5.4-10）。

2. 应用在圆形隧道特殊地段的减振浮置板道床结构

本工程圆形隧道内径为 5.4m，预留给特殊减振道床（钢弹簧浮置板）的轨道结构高度设计值为 870~920mm。但部分特殊地段调线调坡后轨道结构高度最小值仅

780mm。本工程设计研发了一种特殊减振浮置板道床结构来满足实际工程需求（图5.4-11）。

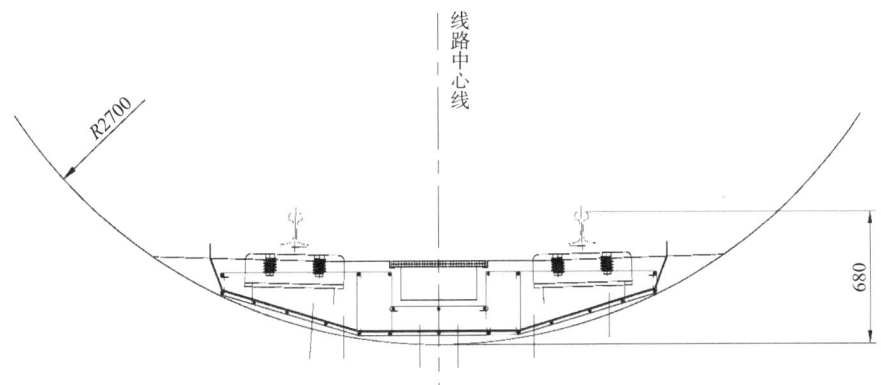

图5.4-10 应用在圆形隧道特殊地段的现浇普通道床结构

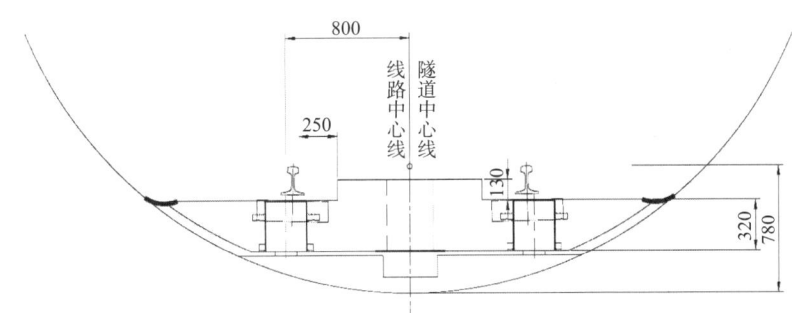

图5.4-11 应用在圆形隧道特殊地段的减振浮置板道床结构

5.5 车站建筑

5.5.1 概述

5.5.1.1 车站建筑规模

9号线22个车站全部为地下车站。在22个车站中，岛式车站20个（红树湾南、深湾、深圳湾公园、下沙、车公庙、香梅、景田、梅景、下梅林、梅村、上梅林、孖岭、银湖、泥岗、园岭、红岭、红岭南、鹿丹村、人民南、文锦），侧式车站2个（红岭北、向西村）。

在岛式车站中，红树湾南、深湾、深圳湾公园、下沙、香梅、梅景、下梅林、梅村、孖岭、泥岗、园岭、红岭南、文锦 13 个车站为地下二层车站；车公庙、景田、上梅林、银湖、红岭、鹿丹村、人民南 7 个车站为地下三层车站；侧式车站中，红岭北、向西村 2 个站均为地下三层车站。

5.5.1.2 车站类型

9 号线由于线路埋深、站位条件、交通疏解等因素，车站设计出现了多种类型，主要有无柱单跨岛式车站、单柱两跨岛式车站、双柱三跨岛式车站、双柱三跨双岛车站、三柱四跨双岛车站、多层车站（3 层车站）。如表 5.5-1 所示。

车站类型表　　　　　　　　　　表 5.5-1

车站类型	车站名称
无柱单跨岛式	人民南站
单柱两跨岛式	深湾站、下沙站、香梅站、梅景站、下梅林站、梅村站、孖岭站、泥岗站、园岭站、文锦站
双柱三跨岛式	红岭南站
双柱三跨双岛	深圳湾公园站
三柱四跨双岛	红树湾南站
多层车站（3 层车站）	景田站、上梅林站、银湖站、红岭北站、红岭站、鹿丹村站、向西村站

5.5.2　出入口设计

深圳地铁 9 号线出入口在分析总结深圳及国内外既有出入口屋盖特点及优缺点后，进行全面优化改进。

车站出入口除了按技术要求确定宽度、高度外，口部建筑形式是设计上的重点。9 号线车站出入口建筑方案的设计原则是"传承进步"，设计理念是"小隐于山，大隐于市"。

9 号线出入口设计在保证实用性的同时，注重形式、材料的选择，使其与街道公共空间相协调，并具有较强的标识性。

参考国内各大城市地铁出入口形式：

（1）充分结合深圳当地的文化特征和气候条件，设计出能够充分体现现代化经济特区形象的出入口。

（2）充分考虑地铁出入口与周边建筑和环境的关系，使其能更好地融入到周边的环境中，尽可能地与周边景观呼应。

（3）采用轻钢和玻璃结构，创造轻盈的体态，适当地应用色彩增强地铁出入口的标识性。

（4）对深圳地铁一、二期工程中建成的两类造型出入口设计进行比较后，在9号线设计中主要采用平顶方形为主、小体量、实体顶盖的造型方案，以期达到标识性、标准化、安全性好、功能性强的设计目标。

根据标识性原则，9号线出入口设计作为一、二期斜顶弧线形和平顶方形出入口造型的延续，便于乘客识别。为使施工、维护等更加简便，质量易于控制，将出入口作标准化设计，分斜顶弧线形及平顶方形两种出入口形式，出入口位于绿化带或周边公园绿地内，周围有高大乔木及绿篱等遮挡时，采用如图5.5-1所示的斜顶弧线形（A型），出入口位于十字路口、人行道立道牙旁或广场上，周围无绿化遮挡时，采用如图5.5-2所示的平顶方形（B型）。在防淹、防攀爬等方面进行细部构造上的改进，充分体现安全性好的原则，并且采用加强遮阳、防雨、增加自行车停靠设施等改进措施。

1. 斜顶弧线形（A型）出入口较既有出入口的优化

（1）屋面翻边有效组织排水，檐口设置滴水线。

（2）防淹挡墙内侧上部设置U形玻璃栏杆，有效防止攀爬。

（3）实体顶盖可有效遮挡阳光，降低温度，达到节能效果，而且方便布线。

（4）取消出入口四周花池，方便后期运营管理。

（5）出入口平台台阶外侧采用刻槽做法，利用凹槽表面沾灰效果，形成自然颜色深浅区分，起到很好的提醒作用，充分体现标识性和人性化的原则。

（6）出入口设置电子显示屏，实时显示乘车信息。

（7）出入口台阶设置行李运输坡道。

（8）在出入口周边场地条件允许的情况下，均设置自行车停车位。

该类出入口适用原则：出入口位于绿化带或周边公园绿地内，周围有高大乔木及绿篱等遮挡时使用。

图 5.5-1　斜顶弧线形（A 型）出入口

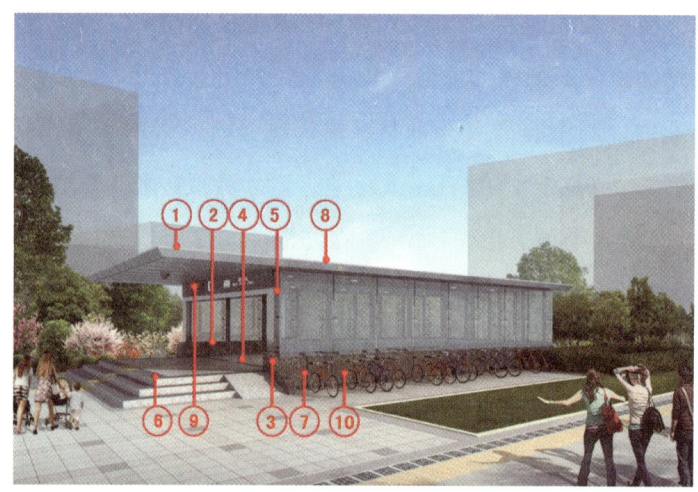

图 5.5-2　平顶方形（B 型）出入口

2. 平顶方形（B 型）出入口较既有出入口的优化

（1）实体顶盖可有效遮挡阳光，降低温度，达到节能效果，而且方便布线。

（2）防淹挡板内侧设置斜面，减小可踏宽度，有效防止攀爬。

（3）防淹挡墙外侧设置斜面，侧墙玻璃嵌入斜面，杜绝玻璃边角外露造成安全隐患。

（4）出入口平台内侧设置截水沟，防止雨水进入。

（5）出入口口部设置金属门框，使卷帘门与出入口整体之间的结合效果较好。

（6）出入口平台台阶用深浅两种颜色区分，起到很好的提醒作用，充分体现标识性和人性化的原则。

(7）取消出入口四周花池，方便后期运营管理。

(8）屋面翻边有效组织排水，檐口设置滴水槽。

(9）出入口设置电子显示屏，实时显示乘车信息。

(10）在出入口周边场地条件允许的情况下，均设置自行车停车位。

该类出入口适用原则：出入口位于十字路口、人行道立道牙旁或广场上周围无绿化遮挡时使用。

5.5.3 车站设计方案

5.5.3.1 标准站

9号线标准站为二层岛式站台车站，全线共计10个标准站。

考虑标准站数量多，本着"以人为本"的设计理念，为了让乘客更快速、更舒适地进入地铁列车和疏散，我们对地铁车站公共区的布置、楼扶梯的设置形式等做了专题研究。

1. 公共区设计方案

通过对广州地铁1、2号线、深圳地铁1、2号线公共区布局对比分析研究，将对比点中的最优及较优方案再加以改进优化，去除所有较差方案，综合得出深圳9号线公共区布局方案，如图5.5-3、图5.5-4所示。

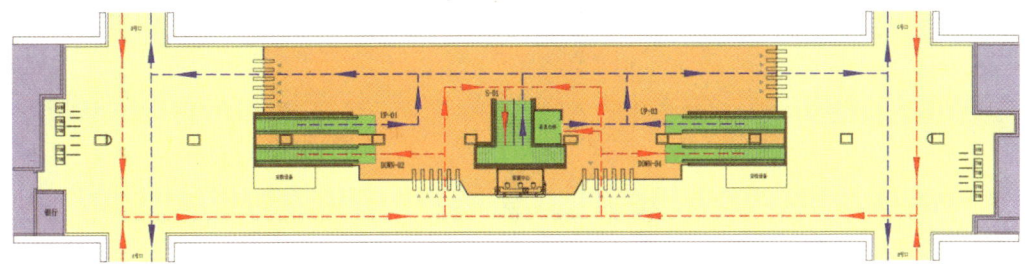

图5.5-3 站厅层公共区平面布置图

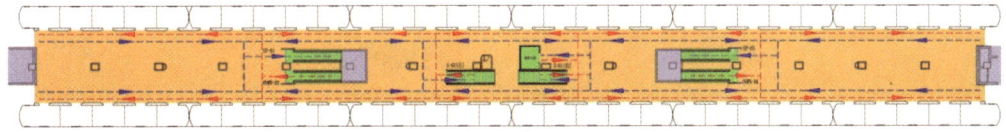

图5.5-4 站台层公共区平面布置图

（1）布局基本说明

① 线路采用 6A 车辆编组。

② 站厅公共区采用单柱结构形式，公共区长 90m，宽 17.7m。

③ 站厅付费区长 52m，宽 14.1m，非付费区左右端宽均为 19m，非付费区通道宽度 3.6m。

④ 站厅非付费区左端靠墙布置充值售票机、银行，右端靠墙布置充值售票机。

⑤ 站厅付费区中部设置进站闸机，两端布置出站闸机。

⑥ 站厅付费区中部布置一个客服中心、一部 T 型楼梯、一部垂直电梯，两端各布置一组上下行扶梯。

⑦ 站台公共区端墙净距 133.5m，站台宽 10.4m，侧站台宽 2.93m。

⑧ 站台公共区中部布置一个监控亭，楼扶梯下三角房长 3.5m。

（2）布局方案总结

① 该方案经济适用，服务标准高，客流交织少，进出站迅速，事故工况疏散时间最短。

② 该方案已经受了近两年的实际运营考验，各方评价良好，无一例乘客投诉。目前该布局方案已经在广州、深圳地区按标准化推广，全国其他城市也在推广过程中。

2. 标准站案例（深湾站）

深湾站是 9 号线典型的标准车站（图 5.5-5 ~ 图 5.5-7）。

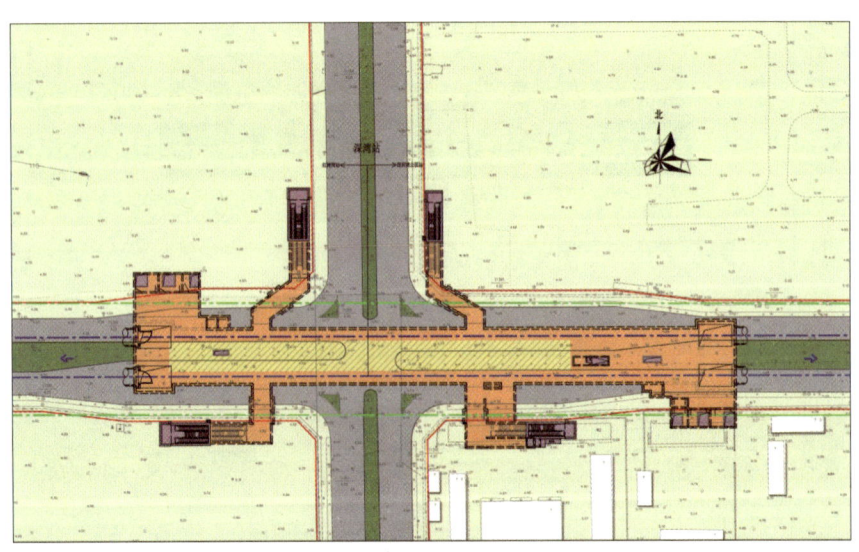

图 5.5-5　深湾站总平面图

图 5.5-6 深湾站站厅层实拍照片

图 5.5-7 深湾站站台层实拍照片

深湾站站台宽 10.4m，车站为单柱双跨式结构。车站位于深湾四路与白石四道交叉路口，沿白石四道东西向布置。车站总长 210.35m，标准段宽度 19.6m，最宽处 41m，主体建筑面积 8533.36m²。负一层为站厅层，负二层为站台层。该站主要的设备、管理用房设在车站东端，车站西端仅设环控用房和少量管理用房。

5.5.3.2 换乘站

深圳 9 号线换乘模式统计如表 5.5-2 所示。

换乘模式统计表　　　　　　　　　表 5.5-2

序号	9 号线换乘站名称	换乘线路	换乘模式分析
1	红树湾南站	11 号线	同期建设线路，平行换乘
2	车公庙站	1、7、11 号线	既有线路，同期建设线路，节点换乘
3	景田站	2 号线	既有线路，节点换乘
4	上梅林站	4 号线	既有线路，通道换乘
5	孖岭站	10 号线	规划线路，通道换乘
6	银湖站	6 号线	规划线路，平行换乘
7	红岭北站	7 号线	同期建设线路，节点换乘
8	红岭站	3 号线	既有线路，通道换乘
9	红岭南站	1、2 号线	既有线路，通道换乘
10	文锦站	8 号线	规划线路，通道换乘

下面重点选取景田、上梅林及银湖三个换乘站进行说明。

1. 景田站

景田站位于景田路与莲花路交叉口处，车站平行景田路南北向布置，与既有二号线景田北站形成侧岛十字换乘。二号线预留换乘节点，9 号线设计时充分利用 2 号线预留节点，使 9 号线与 2 号线形成十字换乘，该换乘方案满足远期高峰客流需求，且换乘距离短。如图 5.5-8 ~ 图 5.5-16 所示。

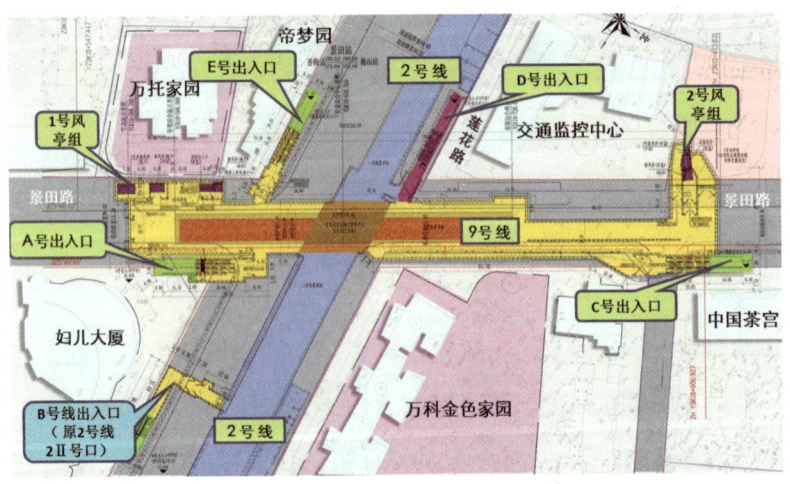

图 5.5-8　景田站总平面图

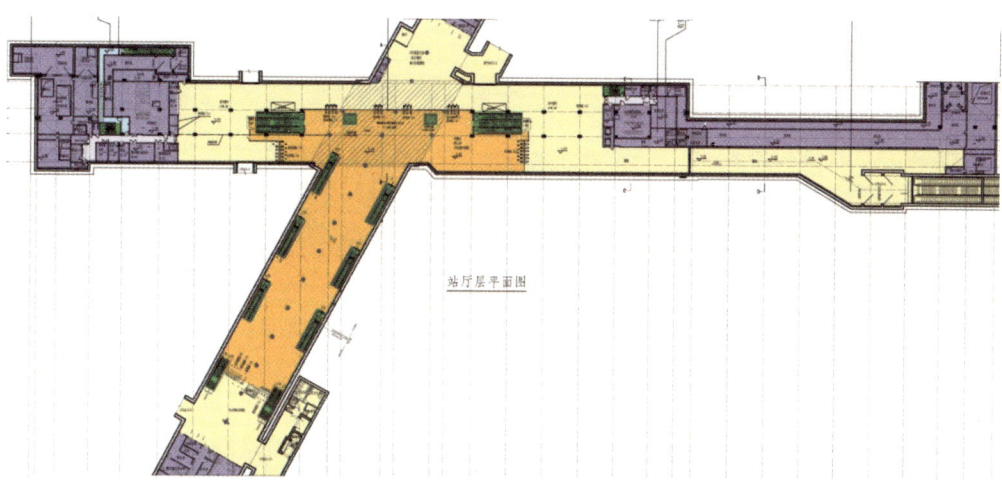

图 5.5-9 景田站站厅层（负一层）平面图

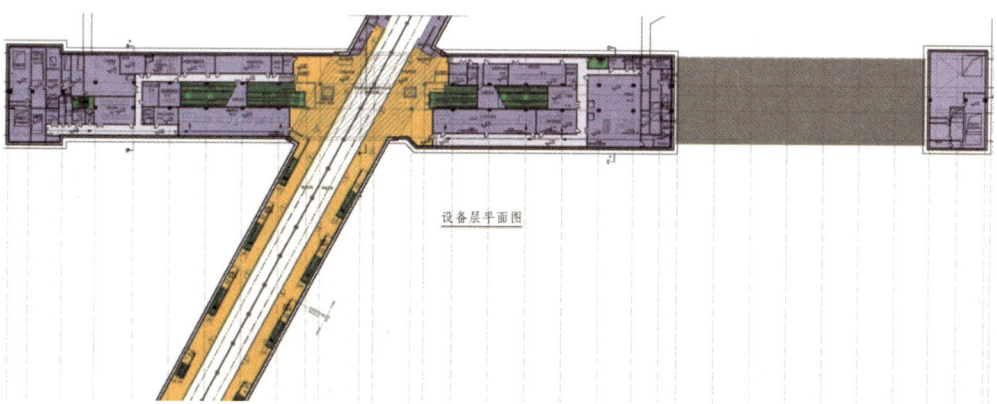

图 5.5-10 2 号线景田站站台层（负二层）平面图

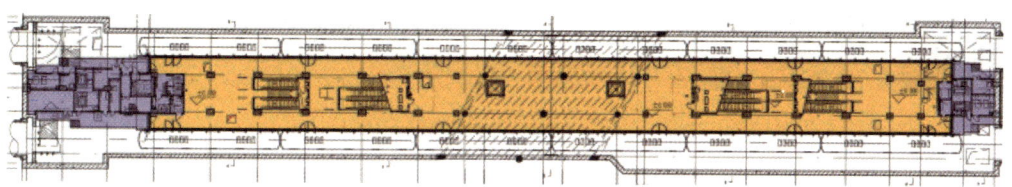

图 5.5-11 9 号线景田站站台层（负三层）平面图

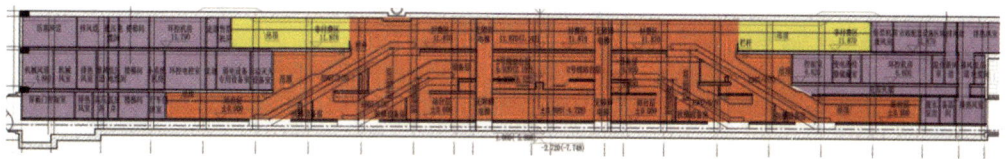

图 5.5-12 景田站纵横剖面图

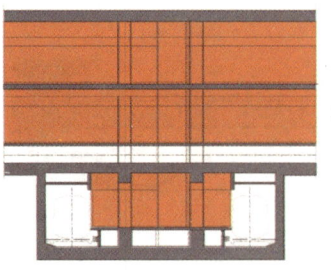

图 5.5-13 景田站横剖面图

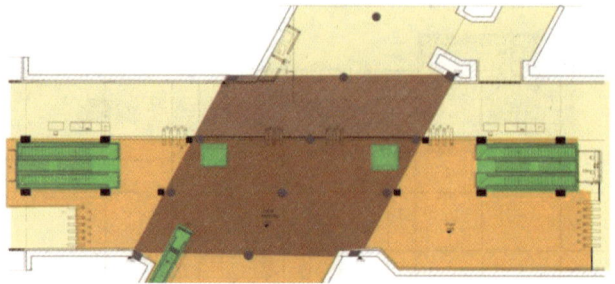

图 5.5-14 景田站换乘节点大样图

图 5.5-15 景田站站厅层实拍照片

图 5.5-16 景田站站台层实拍照片

站位周边为成熟区,车站西侧主要有深圳市交通监控中心、帝梦园、万托家园及深圳市消防办公大楼,车站东侧主要有万科金色家园、妇儿大厦(景田酒店)等。其中2号风亭设置较为困难,经市政府、规划局、消防局多次协调,最终确定2号风亭与消防站办公大楼合建。车站总长243.6m(含盾构62.5m),主体建筑面积12319.2m²(含节点1737m²)。负一层为站厅层,负二层为设备层,负三层为站台层,侧站台宽2.5m。

2. 上梅林站

本站为换乘车站,与4号线站台预留换乘节点接驳,形成9号线站厅至4号线站台的通道换乘,同时,考虑高峰换乘客流大的情况,增加与4号线上梅林站地面站厅层付费区接驳,高峰时间段采用单向换乘形式,以避免拥堵。

9号线上梅林站位于梅林路与中康路交叉口以东的梅林路路中,为地下三层双柱三跨岛式车站;站台宽13m,车站全长169m,标准段宽22.4m,最宽处49.4m,主体建筑面积12184m²。负一层为站厅层,负二层为设备层,负三层为站台层。车站设为三层,主要避开西侧东西走向的4号线区间。尽量压缩车站长度,车站主要的设备用房、管理用房设在站厅东端设备层。站厅层北侧设4个连通口与地铁物业负二层连通,提升物业商业价值,车站在邻近C出入口设置地铁和物业共用的无障碍垂直电梯(位于北侧地块地铁物业区)。1号风亭组设计为矮风亭,减少对市政广场景观的影响。如图5.5-17~图5.5-24所示。

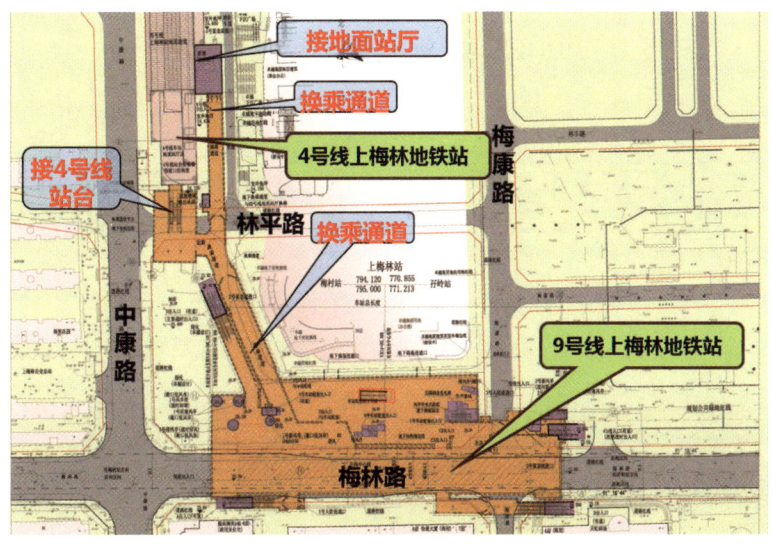

图5.5-17 上梅林站总平面图

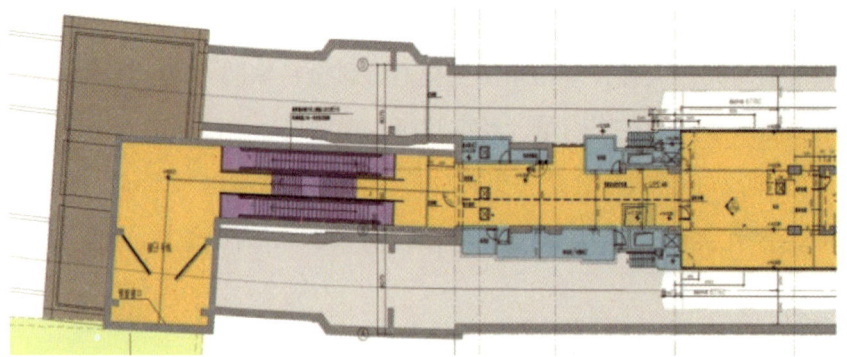

图 5.5-18　4号线上梅林站站台预留换乘通道接口平面示意图

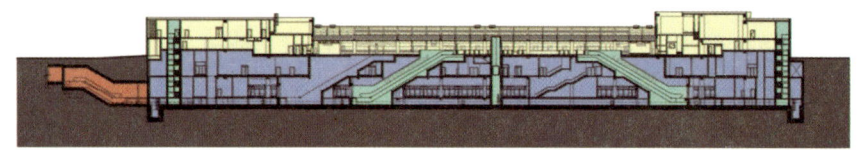

图 5.5-19　4号线上梅林站纵剖面示意图

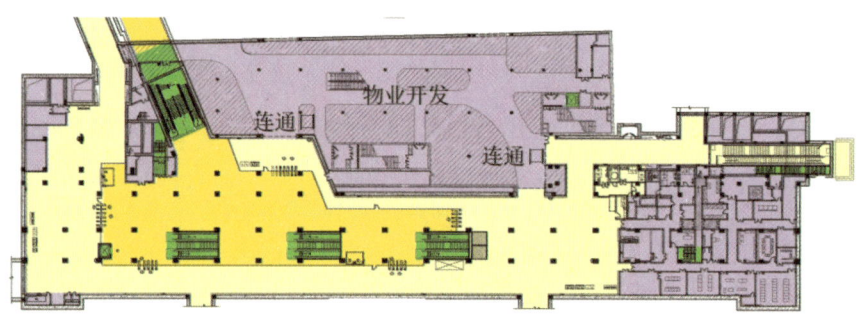

图 5.5-20　9号线上梅林站站厅层平面图

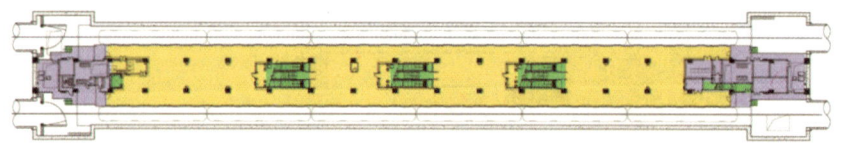

图 5.5-21　9号线上梅林站站台层平面图

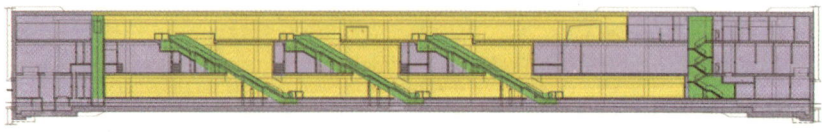

图 5.5-22　9号线上梅林站纵剖面图

5 工程设计与实施

图 5.5-23　上梅林站站厅层实拍照片

图 5.5-24　上梅林站站台层实拍照片

3. 银湖站

本站为9号线第13个车站,与6号线换乘,两线考虑同步实施,与6号线上下叠线共站厅换乘,13m双柱岛式站台。其中9号线位于负二层,6号线位于负三层,站厅至9号线和6号线站台均设置2组直达楼扶梯,站厅东侧单独设置一部垂直电梯直达6、9号线站台,6、9号线站台层之间设置两部扶梯、一部楼梯,用于站台直接换乘。换乘距离短,换乘客流较大。

9号线银湖站位于北环大道与金碧路交叉口处以西,车站平行北环大道东西向布置,车站为地下三层岛式车站,站前设置单折返线。车站左线总长315.2m,右线总长310.9m,标准段宽度22.6m,车站总建筑面积24061.5m²,其中车站主体建筑面积22153.7m²,车站附属建筑面积1907.8m²。车站顶板覆土厚度约4m。9号线站台层两端区间均采用盾构法施工,两端均为盾构始发,站后接出入场线、接笔架山的停车场。6号线站台层两端区间均采用矿山法施工。

车站公共区设置4个出入口通道,其中两个为预留出入口,出入口均为有盖出入口:B出入口设置于北环大道与金碧路交叉口的西侧,吸引居住区客流,出入口口部净宽为4.5m,设置1部自动扶梯+1部楼梯;D号出入口车站顶出,距银湖大厦距离较近,出入口地面建筑与周围建筑物之间的距离满足防火规范的要求。出入口口部净宽为6m,设置2部自动扶梯+1部楼梯,与紧急疏散口2合建,如图5.5-25~图5.5-31所示。

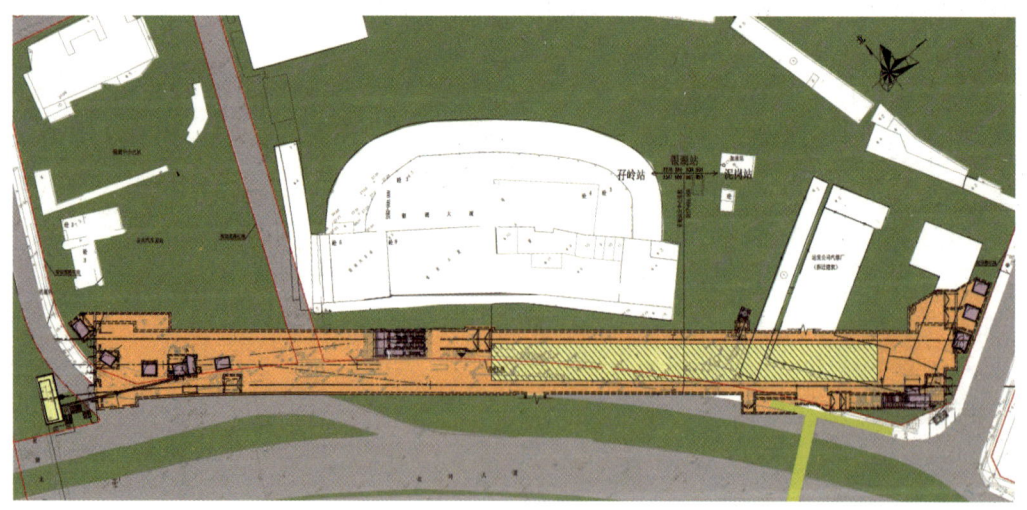

图 5.5-25　银湖站总平面图

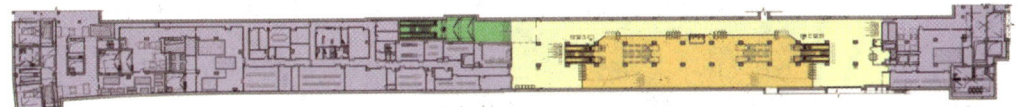

图 5.5-26　银湖站站厅层平面图

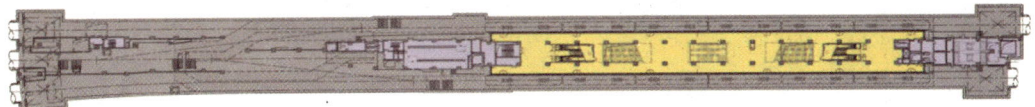

图 5.5-27　银湖站负二层站台层平面图

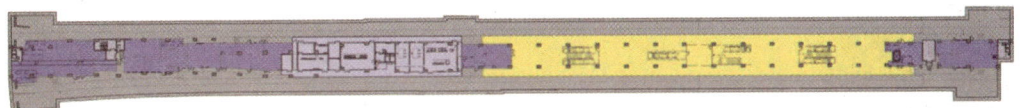

图 5.5-28　银湖站负三层站台层平面图

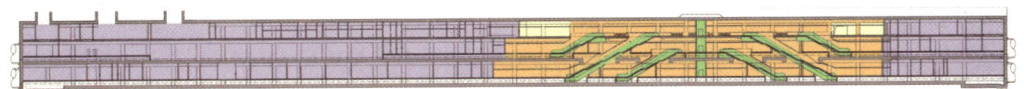

图 5.5-29　银湖站纵剖面图

图 5.5-30　银湖站站厅层实拍照片

图 5.5-31　银湖站负二层站台层实拍照片

5.6　结构与防水

5.6.1　重难点及解决措施

5.6.1.1　顶管法在车站出入口的应用

采用顶管法修建出入口横通道不封闭交通、不改迁管线，可有效地消除施工对地面交通的干扰，具有良好的社会、环境效益。

由于本线下沙站、梅景站出入口分别下穿滨海大道和北环大道，滨海大道及北环大道均为深圳市交通十分繁忙的交通主干道，采用顶管法施工出入口能够减少对交通的影响，有利于工程推进（图5.6-1）。

在深圳采用结构外包尺寸为 7700mm×4800mm 的顶管本工程是首次，为目前地铁出入口施工采用的最大顶管断面尺寸，为以后顶管法在深圳出入口施工的大规模应用进行了一次成功的尝试（图 5.6-2 ～图 5.6-5）。

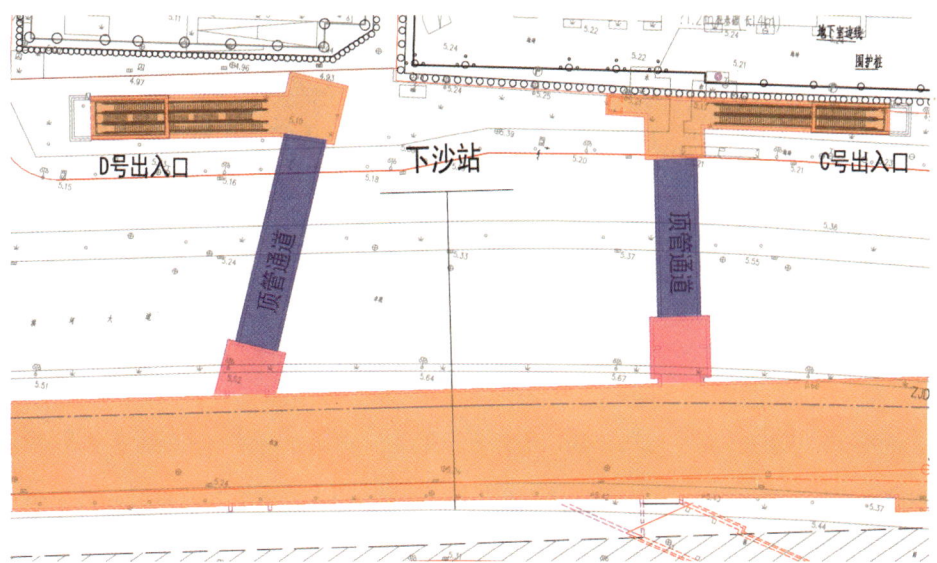

图 5.6-1 下沙站顶管通道平面图

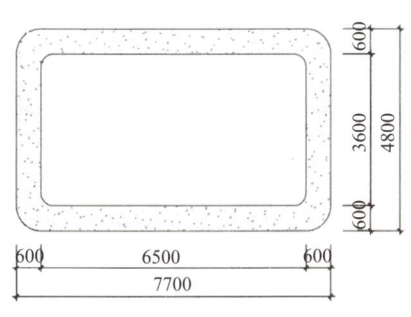

图 5.6-2 顶管通道剖面图

图 5.6-3 本项目土压平衡顶管机

图 5.6-4 顶管始发照片

图 5.6-5 顶管法隧道内部照片

5.6.1.2 景田站高压电缆的原位悬吊

景田站位于景田路与莲花路路口，沿景田路在顶板上有 1.4m×0.8m 的 110kV 电缆沟槽（图5.6-6）。由于 110kV 电缆迁改困难，因此采取了对电缆沟实施原位保护的设计方案。

110kV 电缆沟采用原位支托保护（图5.6-7），与电缆相交处的连续墙采用逆做处理，对连续墙背后土体进行袖阀管地面注浆加固，在连续墙背后土体处增设格栅钢架与锁脚锚杆。加固措施必须满足设计要求，防止连续墙成槽期间塌孔。

图 5.6-6 高压管线原状现场图

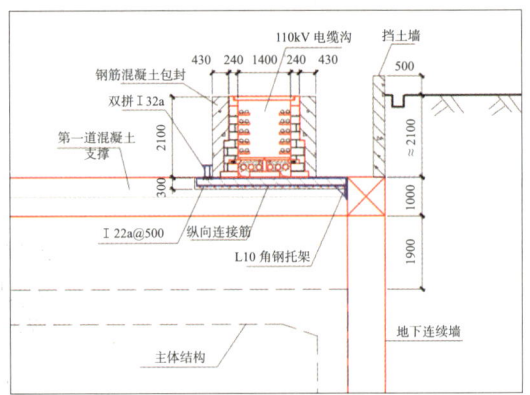

图 5.6-7 高压管线支托设计剖面图

本设计方案实施效果良好，电缆沟槽在施工过程中未受破坏，大大减少了前期工程的协调量，为主体工程早日进场施工提供了条件，为整条线节点工期的实现提供了保证（图5.6-8、图5.6-9）。

图 5.6-8 110kV 电缆支托施工俯视图

图 5.6-9 110kV 电缆支托施工仰视图

5.6.1.3　燃气次高压管线的保护

笔架山停车场总建筑面积约 73340m²，其中基坑围护结构周长约 2774m，原始地面标高为 12.3～18.6m，基坑开挖深度为 11.5～13.5m。

停车场西侧有 DN400 次高压燃气管，次高压燃气管管线保护长度为 560m，与停车场围护结构平行，管线距离围护结构 5 m（图 5.6-10、图 5.6-11）。

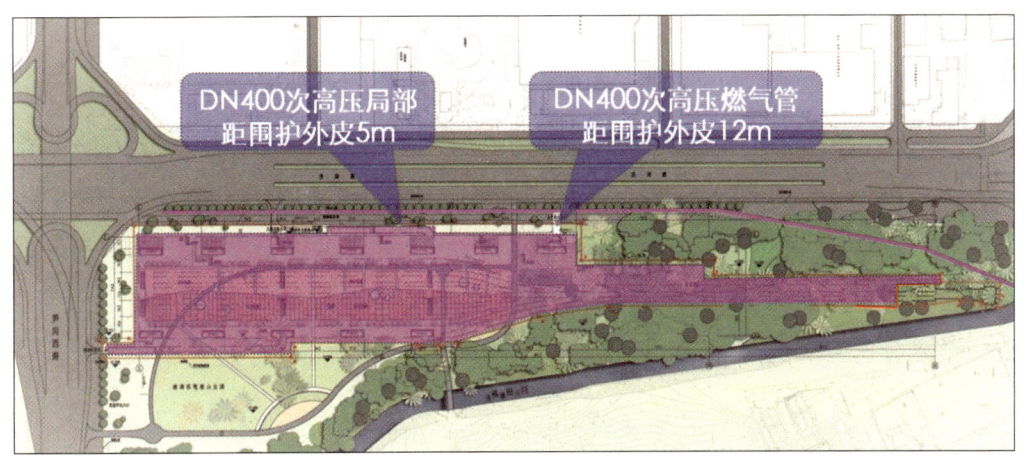

图 5.6-10　次高压燃气管与笔架山停车场关系平面图

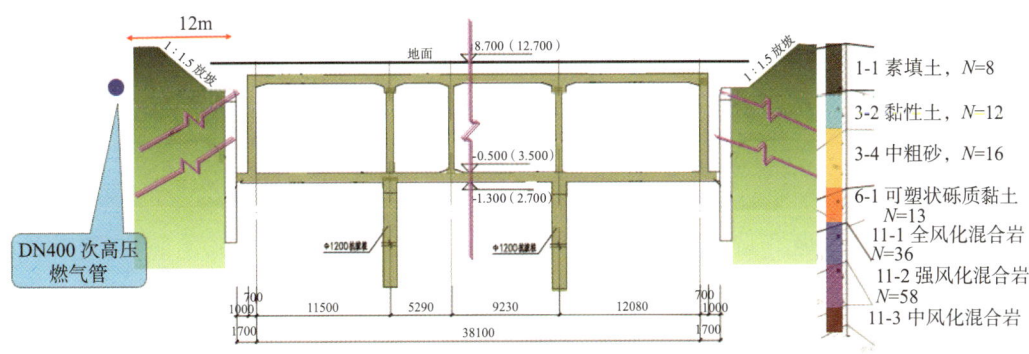

图 5.6-11　次高压燃气管与笔架山停车场关系剖面图

停车场基坑由于宽度过大，不适合采用内支撑形式。围护结构设计时采用钻孔咬合桩+锚索的支护形式（局部基坑较窄处采用内支撑）。

鉴于锚索对围护结构变形控制方面的不足，本基坑设计时重点对燃气管采取了专项保护措施。采取了管顶卸载+多点浅层悬吊调节的方案，成功地完成了对次高压燃气管线的保护。

（1）以差异沉降作为对燃气管的变形控制指标，参照《深圳市基坑支护技术规范》SJG05-2011，各种管道的允许变形参考值和预警值中钢管（100～400mm）允许变形差 1‰L～2‰L（管径越大，要求越高），预警速率值为 2mm/d 的标准，考虑到次高压燃气管的重要性，取 1‰L 的差异沉降作为控制指标（其中 L 为管节长度或测点间距）。

（2）累计变形值取 30mm 作为控制值，24mm 作为报警值。

（3）采用差异变形值及累计变形值双控的原则，一旦达到报警值，立即启动原位可调支架悬吊保护方案。

（4）加密测点，每 10m 设一个监测点，由第三方监测单位形成沉降曲线图。

（5）提前进行地下水位监测，为后续沉降分析提供依据，必要时设置回灌井进行回灌。

燃气管道沉降调节断面如图 5.6-12 所示，燃气保护实际实施效果如图 5.6-13 所示。

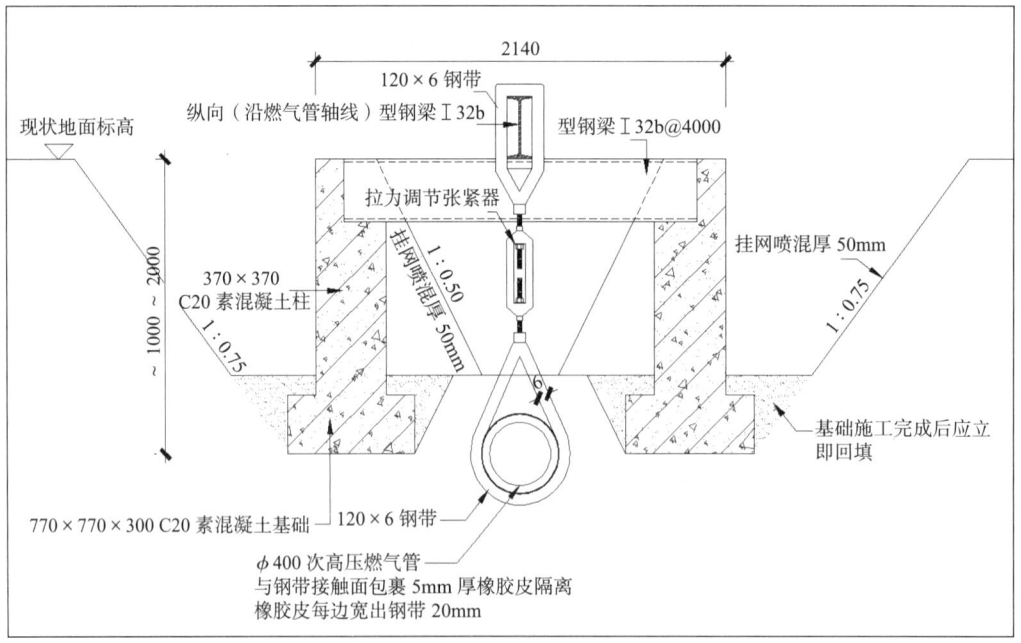

图 5.6-12　燃气管道沉降调节断面图

图 5.6-13　次高压燃气保护实际实施效果图

5.6.1.4　红岭北站雨水箱涵与车站结合的方案

红岭北站是 7、9 号线换乘站，位于红岭北路与八卦三路、梅园路十字路口（图 5.6-14）。

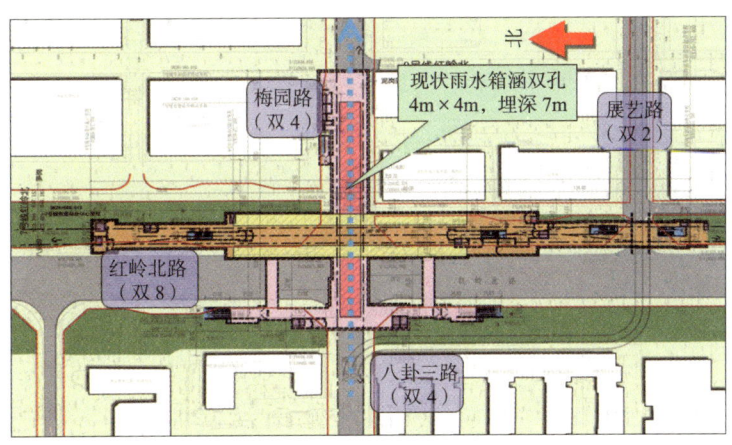

图 5.6-14　红岭北站总平面图

沿八卦三路方向，南北两侧各有一根 4m×4m 的笔架山排水暗河箱涵，埋深 7m；横跨车站站位，若要迁改出车站范围，十分困难。

设计上采用在车站配线段将雨水箱涵与车站主体合建的方案，来解决深大雨水箱涵的迁改难题（图 5.6-15）。

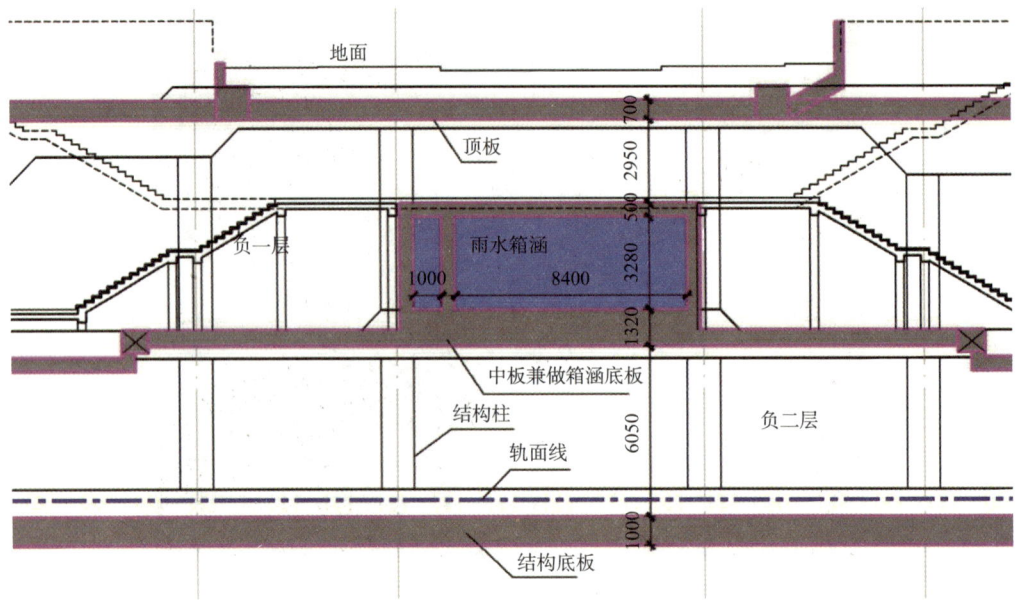

图 5.6-15　红岭北站雨水箱涵与车站结合的方案剖面图

迁改后雨水箱涵位于车站轨行区上方,箱涵位于原负一层位置,箱涵之上设人行通道连接车站及站后物业,有效地利用地下开发空间。

5.6.1.5　叠合墙与复合墙的选用

全线围护结构与主体结构形式主要有复合墙形式和叠合墙形式两种,根据车站所处的工程条件,合理选择复合墙和叠合墙结构形式。当周边道路相对开阔、地下水比较丰富、地下水有腐蚀性时,采用复合墙结构,其他道路紧张、地下管线密集、周边建筑物距离较近时采用叠合墙形式。

红树湾南站、深湾站、深圳湾公园站、香梅站、景田站、梅村站、上梅林站、银湖站、泥岗站、红岭北站、园岭站采用复合墙结构形式,其他车站采用叠合墙结构形式。

叠合墙结构的设计理念是充分发挥围护结构地下连续墙的结构能力,作为主体结构的一部分,与内衬墙组成叠合结构,作为整体结构共同受力,内衬较薄,从而节约工程投资。其特点是将地下连续墙与内衬墙结构叠合共同承受水、土压力及抗浮力,利用混凝土的自防水能力,不设防水层,因此较大地节省工程投资和结构占地,也减少施工阶段的风险。

复合衬砌结构的设计理念是分离围护结构与内衬结构,以便设置防水层,力图达到内衬结构的永久防水目的。该防水层客观上起到了内外结构的隔离作用。其特点是采用全包防水,内衬结构因此独立承受水压力,围护结构承受土压力。

叠合墙的劣势是防水性能比复合墙差。

针对叠合衬砌的地下车站结构，9号线设计中采取如下措施保证地铁车站达到设计使用年限100年的防水及耐久性要求：

（1）地铁的结构形式、布置应尽量保持构件截面均匀，避免截面突变出现尖角、棱角，从而减小混凝土收缩应力和荷载应力的集中。

（2）加强纵向分布钢筋，宜按照"细而密"的原则配置，控制混凝土的收缩裂缝，对于叠合墙侧墙与顶板交角范围的纵向钢筋应考虑地下墙的约束作用进行加强。

（3）适当降低混凝土的水胶比和单方混凝土用水量，降低水化热，减少收缩裂缝，提高密实度，使用聚羧酸类抗裂减水剂，改善混凝土内部结构。为了提高混凝土耐久性，在混凝土中合理使用粉煤灰、矿渣等矿物掺合料是重要的技术手段。

（4）内衬结构侧墙防水混凝土选用质量稳定并有利于混凝土抗裂、防渗性能的水泥、矿粉、粉煤灰、聚丙烯（PP）化学纤维等混凝土基本原材料，配制成高性能自防水混凝土，作为混凝土抗裂防渗的措施。

（5）浇筑内衬前在地下连续墙上涂刷水泥基渗透结晶型防水涂料，由于水泥基渗透结晶型防水涂料具有渗透结晶、耐腐蚀、增加混凝土密实度和提高混凝土强度的特性，可通过活性物质的渗透进入混凝土内部的微细裂缝，生成结晶物质，在实现防水功能的同时起到修补裂缝的作用，因此叠合墙上涂刷水泥基渗透结晶型防水涂料是减少叠合墙渗漏非常有效的措施。

5.6.1.6 盾构机钢套筒始发技术

9号线梅村站～上梅林站区间采用盾构法施工，盾构机从上梅林站始发，穿越既有运营4号线后到达梅村站。车站始发端平面距离既有4号线区间最近处为16.2m，隧道距离既有4号线垂直距离最近处2.5m，为确保盾构机顺利始发，减少对既有线路影响，盾构采用钢套筒始发（图5.6-16、图5.6-17）。

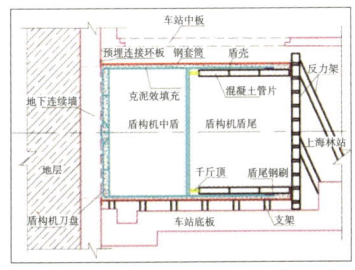

图5.6-16 钢套筒始发示意图

图5.6-17 钢套筒始发装置图

用钢套筒代替传统盾构始发端头地层注浆加固处理措施，可有效控制地层变形，保护环境和地下构筑物，该方案施工过程中可控性和可操作性强，安全可靠，降低工程风险，节省造价，节约工期，值得推广应用。

5.6.1.7 克泥效新材料应用

9号线区间隧道地层和周边环境复杂，区间位于富水砂层时，盾构接收时易出现涌水涌砂；位于砂质黏土层时，遇水极易软化崩解；当区间下穿既有运营线路时，一般要求沉降和变形不超过5mm等。为确保盾构机在上述情况下顺利掘进，需不断调整掘进参数和姿态，9号线盾构区间引进克泥效新材料改善土层性能，保证盾构机顺利掘进（图5.6-18）。

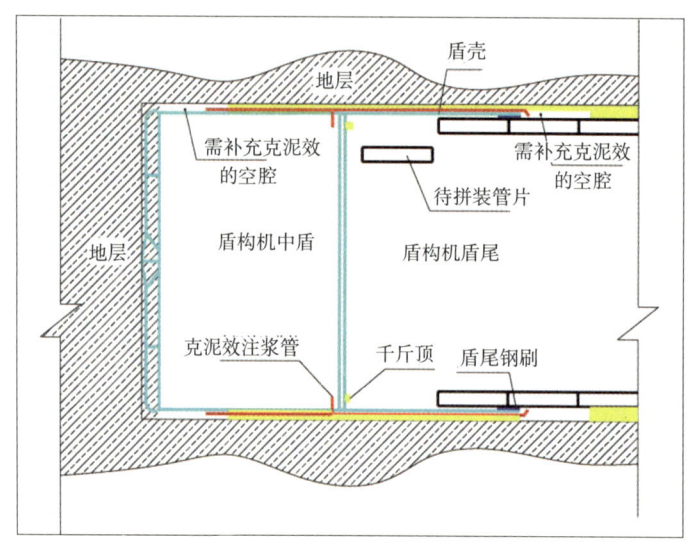

图5.6-18 克泥效补充位置示意图

克泥效由膨润土、水玻璃和水三种成分组成，分为A液和B液，A液配比一般为膨润土:水=1:2，B液配比一般为水玻璃:水=1:1，A液和B液混合后，B液占体积比一般控制在5%至6%，浆液混合后40s达到初凝状态，形成黏性较高且难以稀释的膏状物。在盾构机掘进过程中，需要随时补充注入克泥效。通过9号线盾构区间对克泥效的使用，证实克泥效有以下优点：

（1）采用钢套筒包裹盾构机，用克泥效填充空隙的盾构始发和掘进方案，可有效控制地层变形，保护环境和地下构筑物，该方案施工过程可控性和可操作性强，安全可靠，节省造价，节约工期。

（2）克泥效是一种黏性很高的膏状物体，其注入到地层和盾构机刀盘前方，可有效支护地层，封堵地下水，减少其流失，且克泥效强度低，在盾构机因其他原因暂停施工期间，不会将盾构机固结住，这有别于传统的注浆加固地层措施，为地铁盾构施工处理特殊问题，提供了更为便利的条件。

（3）通过向盾构机底部注入克泥效，有效防止了盾构机长时间停机带来的下沉，控制了盾构机的掘进姿态。

（4）通过水平孔与盾构机周边孔的注浆，使盾构周边充满克泥效，堵塞了盾构与地连墙之前的空隙，使盾构安全、顺利接收。

5.6.1.8 防水材料设计

9号线区间主要采用以下防水材料：

（1）矿山法隧道：采用防水钢筋混凝土和全包柔性防水层组成双道防水防线。柔性防水层主要材料为PVC防水板等。

（2）盾构法隧道：衬砌管片采用C50防水混凝土，抗渗等级≥P10。管片迎水面设置防水、防腐涂层，可选用高渗透性环氧防水（防腐）涂料。管片接缝设三元乙丙弹性橡胶与膨胀橡胶复合而成的密封垫。

高渗透性环氧防水涂料在9号线盾构隧道中广泛使用，具有以下优点：

① 具有优异的渗透性和排水置换性，能渗入混凝土内1~5mm，无明水的潮湿基面仍可施工；

② 具有良好的固结性和力学性能，固结层的强度比原混凝土提高30%以上，耐戳穿性强，无需做保护层；

③ 固结体无毒，不产生污染；

④ 具有优良的抗冻融、耐老化性能和较好的抗腐蚀性能；

⑤ 具有良好的施工性，形状复杂的基面施工非常方便，无需做找平层，施工工艺简单，工效快捷；

⑥ 优异的性价比。

5.6.1.9 盾构机洞内弃壳解体技术

9号线下梅林~梅村站区间，采用矿山法施工，受前期工程滞后影响，未能按期完成矿山法竖井的施工，施工进度将无法实现全线"3.30"洞通目标。经多方论证和比选，拟将"下梅区间左、右线各剩余280m隧道由矿山法区间调整为盾构法区间，由下梅林站始发，隧道内弃壳解体、盾构机掘进与矿山法区间对接"。

弃壳解体原则如下：盾构机的盾体内可拆卸部分根据盾构机相关图纸和相关技术拆卸，盾构机盾体内不可直接拆卸部分按要求进行分割，总体遵循"先易后难、先小后大、由后往前、由上而下、由内而外"的顺序，先断开各路管线、拆除各部件连接，然后按照6号台车→5号台车→4号台车→3号台车→2号台车→1号台车→2号桥架→1号桥架→刀盘（与后配套台车同时进行）→螺旋机→管片拼装机→拼装机行走梁→H型梁→盾体内各部件→人闸→铰接油缸→推进油缸→主驱动拆除的顺序，逐一拆除（图5.6-19）。

图 5.6-19 盾构井拆除过程
（a）盾构机刀盘露在暗挖隧道内；（b）盾构机拆除（一）；
（c）盾构机拆除（二）；（d）盾构机拆除（三）

结合下梅林站-梅村站区间右线的实际施工情况，通过CAD软件模拟，确定了最佳的实施方案；通过系统筹划与施工，顺利完成了盾构机的洞内接收、解体弃壳任务，创造了盾构机洞内接收后解体弃壳技术的新纪录，扩大了盾构机在隧道施工中的使用领域，开创了矿盾结合法施工的新篇章，施工安全得到了较高保证，盾构机弃壳解体技术在特殊工况条件下，相比于传统明暗挖法施工，更具经济性、安全性和可行性。

5.6.1.10 叠线隧道联络通道设计技术

9号线人民南站~向西村站区间,线路出人民南站后即下穿地铁1号线,沿春风路向东继续行进至向西村站。受春风路高架桥桩基影响,区间采用叠线形式进入向西村站,左线在上,右线在下,区间左线长818m,区间右线长821m,采用盾构法施工。

根据《地铁设计规范》28.2.4-2条要求,区间长度超过600m应设联络通道。本区间采用叠线,左右线水平间距约12m,高差约10m,传统相向平坡联络通道无法设置。经研究,选择在地面条件较好、对周边环境影响较小处,采用明挖竖井的方式设置联络通道,在井内设置楼梯间连接左右区间,实现乘客安全疏散的目的(图5.6-20、图5.6-21)。

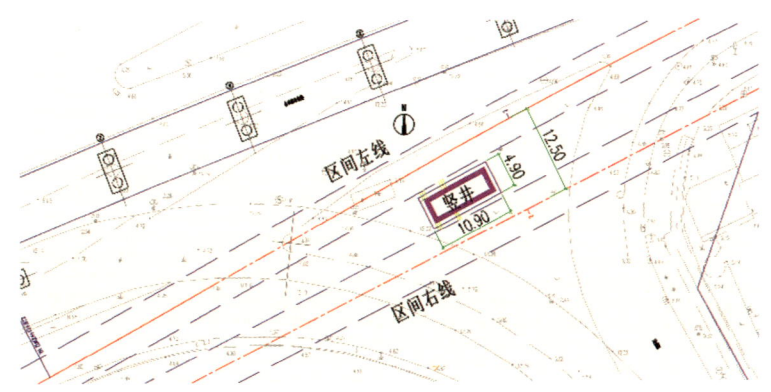

图5.6-20 联络通道竖井平面图

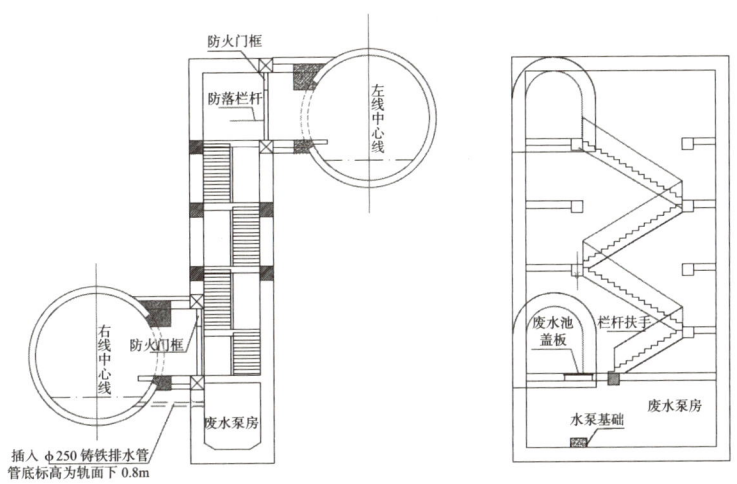

图5.6-21 联络通道剖面图

5.6.2 主要设计方案

深圳地铁 9 号线全线共有车站 21 座（另外车公庙站纳入到车公庙枢纽工程），17 座明挖车站，4 座盖挖车站（下梅林站、红岭站、人民南站、向西村站）。地下两层车站 14 座，地下三层车站 7 座。有地下两层单柱双跨、地下两层双柱三跨、地下两层三柱四跨、地下三层无柱单跨、地下三层双柱三跨等多种结构形式。9 号线车站结构汇总见表 5.6-1。

深圳地铁 9 号线车站结构汇总表　　　　　　　表 5.6-1

序号	车站名称	结构形式	施工方法	主要结构尺寸（mm）
1	红树湾南站	两层双岛式三柱四跨结构复合墙结构	明挖顺筑法	800 厚地下连续墙，顶板 900，底板 1100，侧墙厚度 700
2	深湾站	两层单柱双跨岛式结构复合墙结构	明挖顺筑法	800 厚地下连续墙，顶板 800，底板 900，侧墙厚度 700
3	深圳湾公园站	两层双柱三跨双岛结构复合墙结构	明挖顺筑法	800 厚地下连续墙，顶板 800，底板 900，侧墙厚度 700
4	下沙站	两层单柱双跨岛式结构叠合墙结构	明挖顺筑法	1000 厚地下连续墙，顶板 800，底板 1000，侧墙厚度 400
5	香梅站	两层单柱双跨岛式结构复合墙结构	明挖顺筑法	800 厚地下连续墙，顶板 800，底板 900，侧墙厚度 650
6	景田站	三层双柱三跨岛式结构复合墙结构	明挖顺筑法	1000 厚地下连续墙，顶板 900，底板 1000，侧墙厚度 700
7	梅景站	双层单柱双跨岛式结构叠合墙结构	明挖顺筑法	800 厚地下连续墙，顶板 900，底板 1000，侧墙厚度 400
8	下梅林站	两层单柱双跨岛式结构叠合墙结构	盖挖逆筑法	800 厚地下连续墙，顶板 800，底板 900，侧墙厚度 400
9	梅村站	两层单柱双跨岛式结构复合墙结构	明挖顺筑法	800 厚地下连续墙，顶板 800，底板 900，侧墙厚度 700
10	上梅林站	三层双柱三跨岛式结构复合墙结构	明挖顺筑法	1000 厚地下连续墙，顶板 800，底板 1100，侧墙厚度 800
11	孖岭站	两层双柱三跨岛式结构叠合墙结构	明挖顺筑法	800 厚地下连续墙，顶板 800，底板 900，侧墙厚度 700
12	银湖站	三层双柱三跨岛式结构复合墙结构	明挖顺筑法	1000 厚地下连续墙，顶板 800，底板 1000，侧墙厚度 700，负三层 900
13	泥岗站	两层单柱双跨岛式结构复合墙结构	明挖顺筑法	800 厚地下连续墙，顶板 800，底板 900，侧墙厚度 700
14	红岭北站	双层双柱三跨侧式结构复合墙结构	明挖顺筑法	800 厚地下连续墙，顶板 900，底板 1000，侧墙厚度 700
15	园岭站	两层单柱双跨岛式结构复合墙结构	明挖 + 局部盖挖	800 厚地下连续墙，顶板 900，底板 1000，侧墙厚度 700

续表

序号	车站名称	结构形式	施工方法	主要结构尺寸（mm）
16	红岭站	三层双柱三跨岛式结构叠合墙结构	盖挖逆筑法	1000厚地下连续墙，顶板900，底板1000，侧墙厚度400
17	红岭南站	两层单柱双跨岛式结构叠合墙结构	明挖顺筑法	800厚地下连续墙，顶板600，底板900，侧墙厚度400
18	鹿丹村站	三层双柱三跨岛式结构叠合墙结构	明挖顺筑法	1000厚地下连续墙，顶板900，底板1100，侧墙厚度400
19	人民南站	三层无柱岛式结构叠合墙结构	盖挖逆作法	1000厚地下连续墙，顶板1400，底板1800，侧墙厚度500
20	向西村站	三层上下叠线侧式结构叠合墙结构	盖挖逆作法	1000厚地下连续墙，顶板1200，底板1600，侧墙厚度500
21	文锦站	两层单柱双跨岛式结构叠合墙结构	明挖+局部铺盖法	800厚地下连续墙，顶板800，底板900，侧墙厚度400

5.7 通风与空调系统

5.7.1 重难点及解决措施

5.7.1.1 隧道通风系统的设置

由于隧道通风系统所占建筑空间较大，其设置方案直接影响建筑方案的规模。9号线隧道通风系统推荐采用双活塞通风系统，当设置双活塞通风系统有困难的情况下，考虑设置单活塞通风系统（图5.7-1）。轨道排风机双端设置，具体压头根据各站实际情况计算，考虑变频运行，在可能有两列车在同一区间运行的区段设置中间风井。

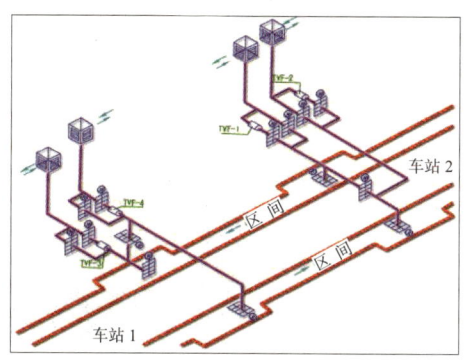

图5.7-1 区间隧道通风系统图

5.7.1.2 换乘站的资源共享

9号线共有10座换乘站,各条线路资源应该共享,如何实现换乘站冷源和隧道通风的资源共享和协调是本项目的重点和难点。总结已有线路的经验,处理方式如下:① 对于既有线路的换乘站,若既有线路换乘站已预留,则接驳预留接口,若未考虑预留本线接口,则单独设计系统;② 对于同步实施的换乘站,整个换乘站原则上按一体化设计考虑,减少与外部接口协调,实现资源共享最大化;③ 未来规划线路的换乘站,设计时充分考虑土建预留,方便实现资源共享。

5.7.1.3 车站综合管线设计

车站综合管线涉及众多专业(图5.7-2),在协调综合管线时,通风空调作为牵头专业,应首先制定各专业管线的制图标准、工作计划:

(1)厘清各专业管线的走向,了解其在车站内的敷设范围。

(2)了解车站各区域的建筑装修要求,包括天花分布、完成高度,地面处理要求等。

(3)明确需要作管线综合的区域,将该区域内专业管线按总体制图标准进行分颜色、分线型处理。

(4)根据各管线的功能和敷设要求,进行管线的分层处理;遵循"风上、电中、水下"的分层设计原则。

(5)多层管线平行敷设时,应尽量考虑共享的维修空间。

(6)局部管线相交处理困难时,可选择体量小、转弯灵活的管线进行避让。

在施工过程中,严格要求施工单位参考综合管线图纸施工。

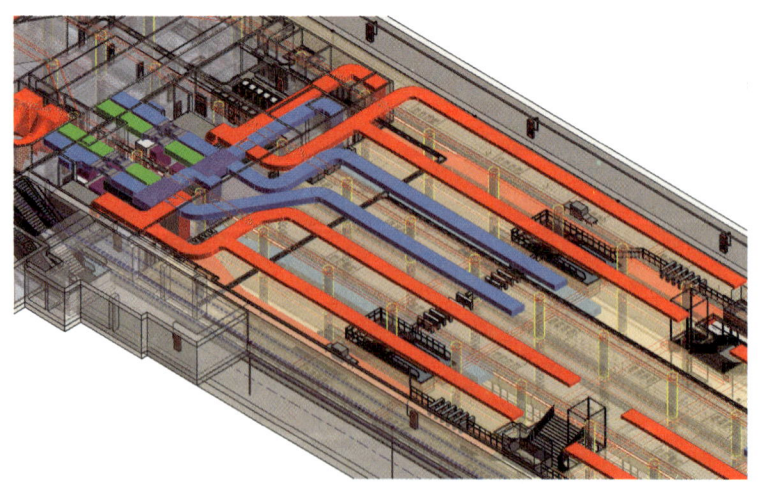

图 5.7-2 车站综合管线模型图

5.7.1.4 节能设计

节约能源已成为我国的一项基本国策,在设计过程中,通过空调机组、水泵、风机等全方面变频调节,水系统采用集中供冷大温差管路系统等实现通风空调系统的真正节电节能。

车站制冷主机冷量在 400 冷吨左右时,选用磁悬浮离心式压缩机,采用磁性轴承,运转时受磁力作用,轴与轴承无接触转动,因此相较于传统离心式压缩机,减少了齿轮传动产生的能量损失,转速更高,同时也不会摩擦轴承,省去复杂的润滑油系统,COP 可达 6.0～6.1。同时在小冷量范围内运行效率更高,较常规冷水机组在部分负荷下,可节能 25% 左右(图 5.7-3)。

图 5.7-3 磁悬浮离心式冷水机组

5.7.1.5 新材料的应用

地铁工程大部分位于地下,设备及材料的使用环境相对恶劣,为增加系统的耐久性、可靠性,同时减少运营维护工作量和相关费用,在设计中适当采用一些新材料,如:

(1)全线冷冻水管采用泡沫玻璃保温:为防止保温棉吸水脱落,避免水管结露,冷冻水系统的水管(图 5.7-4)、冷凝水管及附件等采用密度为 $120kg/m^3$ 的泡沫玻璃进行保温,其优点是不吸水、不渗透、安全紧固、防火性好、导热率稳定、使用寿命长。

图 5.7-4　采用泡沫玻璃保温的冷冻水管

（2）空调系统末端设置动态平衡电动调节阀，在负荷变化时自动调节冷水流量，同时减少管网特性变化对其他末端产生的影响（图 5.7-5）。

（3）为实现使用寿命更长，集中供冷系统区间冷冻水管使用内外涂环氧树脂复合钢管，该管材具有施工速度快、日常维护工作量小，兼具安全、经济、防腐、耐久性好等特点。

（4）地铁风亭内的消声器采用阵列式消声器（图 5.7-6），吸声体可有效提升低频和高频段降噪效果、减小系统阻力损失，同时可实现模块化生产，提高生产效率，施工时可以对消声器的宽度和高度进行灵活调整，大大缩短了地铁供货周期，同时方便运输、安装；在保证降噪效果更优的情况下，降低通风系统的阻力，节能节电。

图 5.7-5　空调系统末端的动态平衡电动调节阀

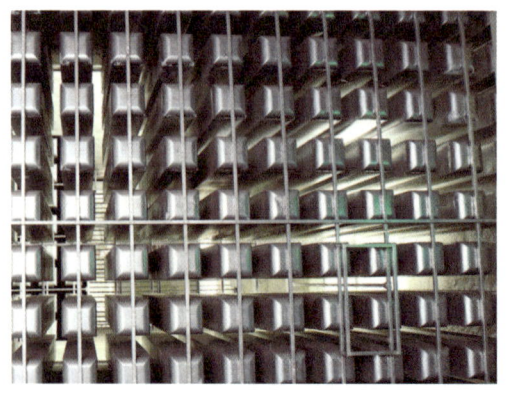

图 5.7-6　阵列式消声器

5.7.2 主要设计方案

（1）隧道通风系统分为区间隧道通风系统和车站隧道通风系统两部分。轨顶排风道和站台下排风道均采用土建式风道，通过集中风室或风道把轨底与轨顶的排风道连起来，通过电动风阀的开度调节，轨顶排风为60%，站台下排风为40%。本线隧道通风系统以双活塞系统为主，部分地面条件复杂的车站采用单活塞或者单双活塞结合的方式（图5.7-7）。隧道风机布置既可满足两端的两台隧道风机独立运行，又可以相互备用或同时向同一侧隧道送风或排风。

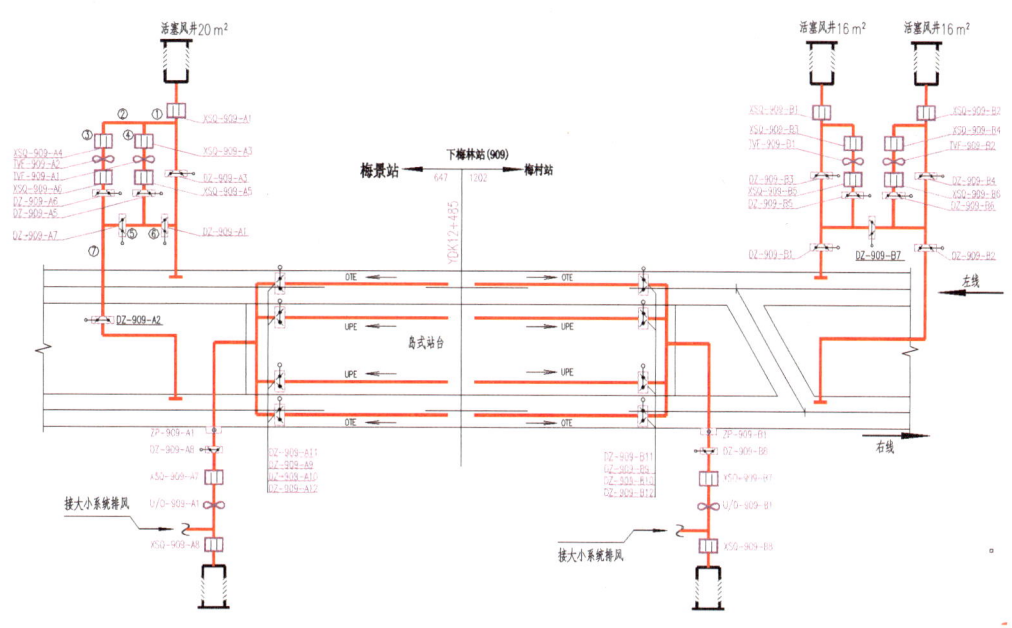

图5.7-7　单双活塞结合的隧道通风系统图

（2）车站通风空调大系统采用全空气一次回风系统，双端送风，根据车站实际情况，在车站两端环控机房内共设置2台组合空调器，各负担公共区一半的空调负荷。组合式空调器、回排风机采用变频控制，由BAS系统根据设置在新风道、车站公共区以及回风管上相应传感器反馈的数据及环控系统给定的模型进行控制（图5.7-8）。

当空调季节室外新风焓值大于车站回风点焓值时，采用空调小新风运行，站厅、站台回风经回排风机送入组合空调器混合段与新风混合,再经表冷段处理后送入站厅、站台;当室外新风焓值小于车站回风点焓值且温度大于空调送风点温度时采用空调全新风运行,站厅、站台回风经回排风机直接排至室外,室外新风经空调器降温处理后送入车站;当室外新风温度小于空调送风点温度时,系统转入全通风运行,站厅、站台回风经回排风机直接从排风道排至室外,关闭大系统冷水系统,室外新风经空调器风机送入车站。

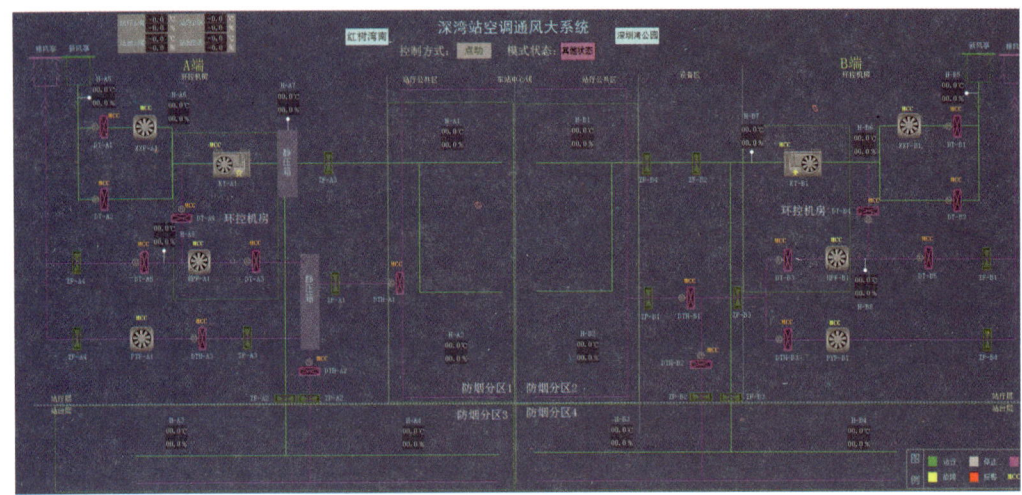

图 5.7-8　车站大系统 BAS 控制界面图

(3)笔架山停车场为全地下停车场,停车库端部与出入段线分界处设置水幕,把停车库与出入段线分开为不同的防火分区。出入段线与停车库端部分界处共设置 3 个采光通风孔,采光通风孔总面积约 200m²(图 5.7-9)。停车场出入段线及咽喉区通风系统由设置于出入段线内的 18 台射流风机(共 3 组)及设置于咽喉区的两台隧道风机组成。射流风机吊装在隧道顶部,隧道风机安装于隧道风机房,由土建风道夹层与咽喉区相连。正常运营时通过列车活塞风效应对停车场的出入段线及咽喉区进行通风换气。当出入段线或咽喉区发生火灾时,通过在出入段线的射流风机来有效组织气流,并开启隧道风机及相应阀门排除烟气。

(4)笔架山停车场地下消防环道顶部开设有采光通风孔进行自然通风,开孔面积分别占安全通道面积的 16%~27%。停车库、列检库和双周三月检库均设置机械通风系统,列检库和双周三月检库设置摇头扇改善局部环境,双周三月检库检修平台设置岗位空调。

（5）车辆段维修综合楼和综合办公楼共用冷源，冷水机房设置于综合办公楼地下一层，冷却塔置于综合办公楼屋顶，综合办公楼至维修综合楼之间的冷冻水管采用管沟敷设（图 5.7-10）。

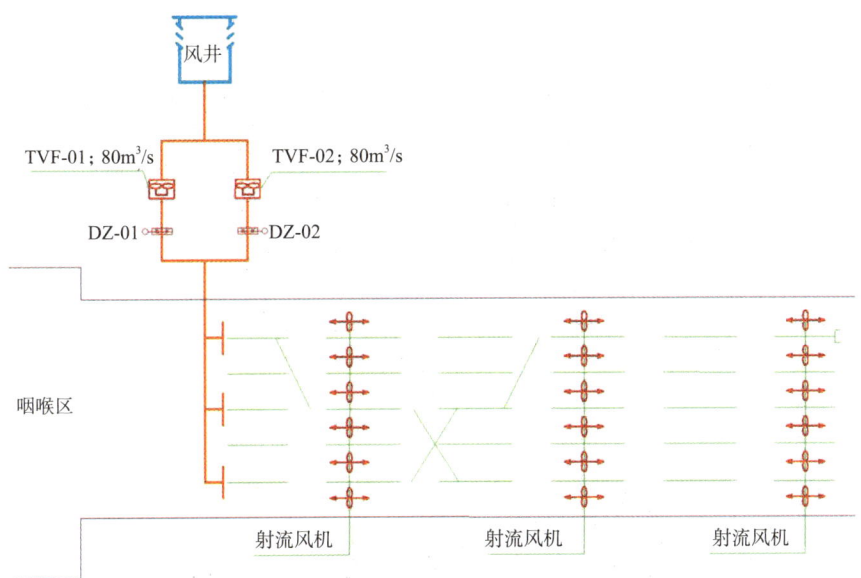

图 5.7-9　地下停车场出入段线通风系统图

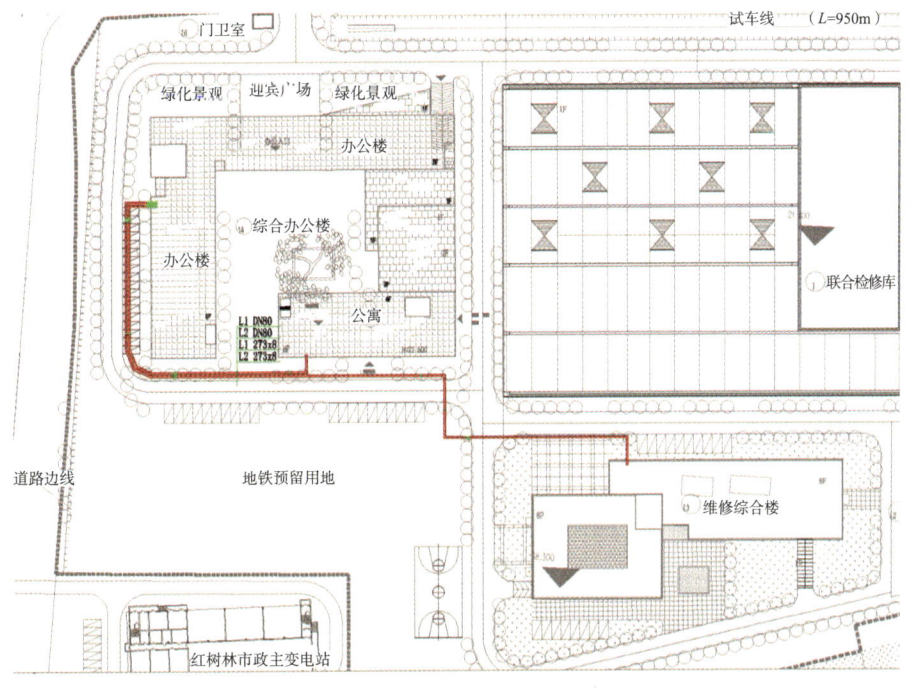

图 5.7-10　车辆段室外冷冻水管沟设计示意图

（6）车辆段、停车场库内设计采用离心风机箱进行通风，有效降低了风机运行时的设备噪声，有效改善厂房内的作业环境。段场排风（兼排烟）系统的风管采用玻镁复合风管替代镀锌钢板风管，为改善库内工作环境，在正常通风的前提下，采取局部增设摇头扇，重点作业区域增设岗位式空调（图5.7-11）。

图5.7-11　停车场停车列检库通风实景图

5.7.3　问题处理及对策

在工程施工过程中，通风空调专业遇到的主要问题小结如下：

（1）公共区风管标高与装修安装高度冲突，导致施工单位返工调整（压缩）风管高度，满足装修标高要求。

（2）风阀安装时未考虑风阀的执行机构需有检修空间，导致需重新生产风阀来适应施工考虑不周导致的不利条件，部分风阀通过侧墙开设孔洞以便检修。

（3）部分组合式空调机组生产为前出风，现场位置摆放不下，需要改为上出风。

（4）空调风管上部保温困难，部分风管损坏，保温钉脱落，导致产生冷凝水，保温棉脱落；需要运营后期整改修复。

（5）部分冷却塔安装在风亭上方，市卫生局认为影响车站新风吸入，不满足"冷却塔远离新风口"的要求，整改措施包括加设挡板，以及水质进行化学处理并检测。

（6）下沙冷却塔实施过程中，曾出现被居民围堵；部分居民不太了解环评以及政府相关报建手续，认为冷却塔距离居民小区的围墙过近，通过主动澄清冷却塔的无害性和积极宣传地铁建设的手续合法等，缓解居民情绪。

5.7.4 思考与建议

地铁环控系统旨在为乘客提供一个舒适的乘车环境，为地铁设备正常运行提供必要的温湿度环境，为乘务人员提供舒适的工作环境。同时，环控系统也可协同其他专业，提供一个事故工况下的逃生环境。在实现上述目标的同时，环控系统也必须符合适用、经济、安全、卫生、节能等原则。根据环控系统的使命与原则，结合深圳地铁9号线建设中的经验以及教训，从设计和施工两个层面提出一些想法和建议。

5.7.4.1 设计方面

（1）隧道通风系统设计时，除满足系统功能要求外，还应注重方案的灵活性。地面风亭在城市中心区域布置困难时，可考虑设置单活塞（或者单双活塞混合）的系统形式。

（2）冷却塔引起的市民维权问题容易引发群体性事件，在深圳地铁三期的建设中曾有出现。在城市中心区域，没有冷却塔设置条件的情况下，可考虑改变传统的冷源系统形式。在系统、设备不断创新的情况下，车站冷源系统选择越来越多。根据地面条件以及车站本身的土建条件，可考虑集中冷站、蒸发冷凝直膨系统、鼓风式冷却塔等多种形式，减少冷却塔布置引发的问题。

（3）建议采用BIM设计工具完成综合管线的设计，同时综合管线的成果交付模式应由传统的交付蓝图改为交付管线模型。

5.7.4.2 施工方面

（1）组合阀、单体阀、防火阀，在空间紧张的房间（如环控小室、穿环控机房墙、风管与墙平行且靠墙较近等处），现场安装时，应保证执行机构、接线空间有不小于300mm的操作及检修空间，可根据现场情况适当调整位置，也可调整至墙体另一侧(侧墙)；执行机构不应靠转角墙侧。

（2）为保证设备上方无送风口，设备房的风口均建议待设备安装到位后再开孔。备用空调系统室内机的安装，应待设备安装到位后进行安装。设备、管理用房如有吊顶，该类房间风口开孔需与装修施工单位配合后进行。

（3）积极推进BIM在施工过程中的应用，以设计院提交的BIM模型为基础，施工前充分利用 BIM 模型的相应信息，核对现场安装条件，合理安排施工工序。

5.8 给排水与气体灭火系统

5.8.1 概述

（1）给排水及消防系统设计应符合适用、经济、安全、卫生等基本要求，并利用城市市政现有设施。给水设计必须贯彻节约用水，综合利用的设计原则。

（2）全线车站、车辆段、停车场等生产、生活给水系统和消防给水系统水源均采用城市自来水，不设置备用水源。全线车站消火栓系统均采用 2 路市政水源给水，不设消防泵房。

（3）地铁排水系统的各类污、废水及雨水分类集中，就近排放。排水系统做到顺直通畅，便于清疏，维修工作量小。

（4）全线同一时间按发生一次火灾考虑。

（5）9 号线气体灭火系统采用七氟丙烷气体灭火系统，采用有管网的全淹没系统，控制方式包括自动控制、手动控制和机械应急操作。

（6）区间消火栓系统与相邻车站纵向贯通，区间中部不设置联通管，减少了过轨管线。

（7）车站站厅内零星商铺应考虑设置局部喷淋系统，局部喷淋系统就近从消火栓管网上接管。

5.8.2 重难点及解决措施

（1）解决 9 号线车站平坡排水的难题。设计之初针对平坡排水难的问题，与建筑和结构专业一起讨论，最终确定在标准车站两端各设置一个废水泵房，通过结构底板整体做人字坡，解决了站台板下层和轨道排水沟内重力排水的问题。如图 5.8-1 所示。

（2）解决区间给排水管防腐及安装困难难题。区间消防管采用防腐性能更优的内外涂环氧树脂钢管（图 5.8-2），柔性卡箍连接；在深圳地铁区间全线采用该管材尚属首次。

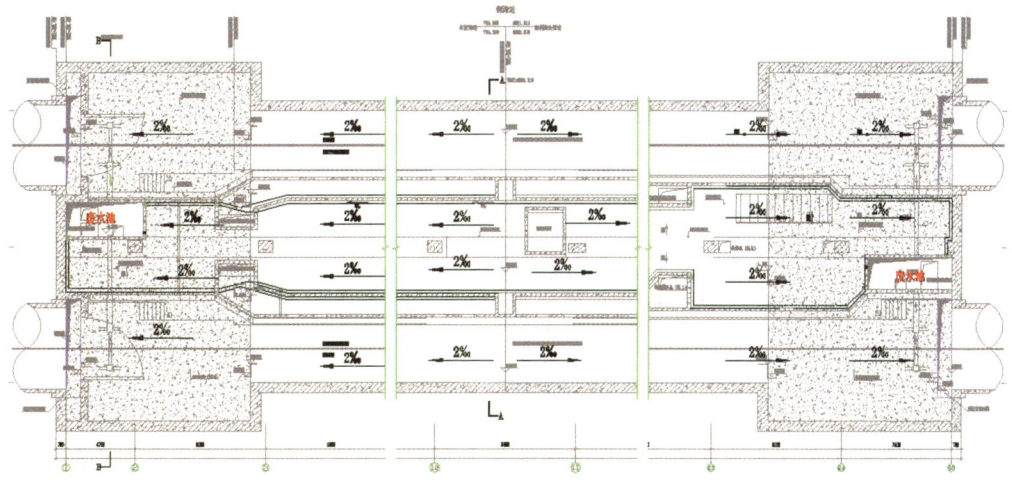

图 5.8-1　车站平坡底板排水示意图

图 5.8-2　内外涂环氧树脂管材图

（3）笔架山地下停车场采用水幕系统进行防火分隔，系统性地解决了刚性接触网上方无法设置防火卷帘的问题（图 5.8-3）。

图 5.8-3　消防水幕系统图

（4）针对区间废水泵房无人值守，水泵出现故障后容易造成水淹道床事故而又不能及时发现的问题，区间排水泵自动控制除了常规的浮球阀液位控制外，增加了1套模拟量水位传感器，与BAS的接口采用通信接口，车控室可通过BAS系统实时监测废水池水位信息（图5.8-4）。

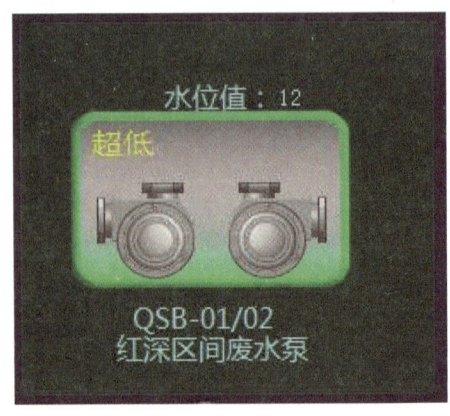 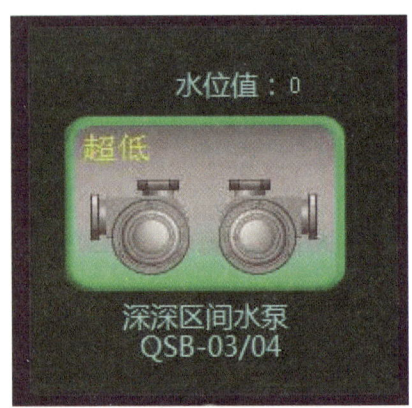

图 5.8-4　区间废水泵房模拟量水位传感器图

（5）为了保障侨城东车辆段上盖排水的可靠性及减少排水立管对周边景观的影响程度，侨城东车辆段联合检修库屋面排水和上盖边沟内排水采用虹吸压力排水，虹吸排水按满管压力流计算，比重力流排水能力更强，同时可减少排水立管的数量，与周边景观更协调。

（6）采用气瓶低压报警装置对压力进行监测（图5.8-5），属国内首创。当储气瓶有气体泄漏、瓶内压力下降到设定值时，报警装置会发出低压报警信号，提醒运营处理，保证系统的可靠性。

 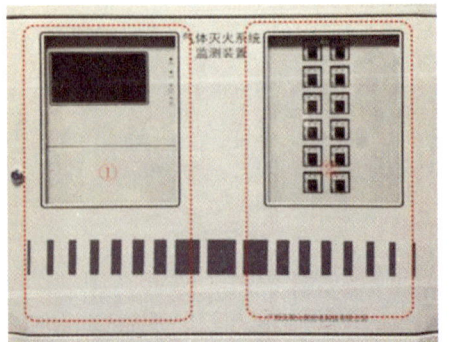

图 5.8-5　气瓶间低压报警装置图

5.8.3 主要设计方案

（1）全线车站消火栓系统水源由市政管网直供，不设消防水池和消防泵房，从车站2端各引入1路DN150的消防进水管。消火栓系统与生产生活给水系统分开独立设置，消火栓系统在车站内布置成环状管网，生产生活给水系统在车站内布置成枝状管网。

（2）全线排水采用雨污分流的排水体制，地下车站采用密闭式污水提升装置，延续了深圳地铁二期工程做法。该装置特点：可取消常规污水池，不堵塞、无污染、免清掏，设备占地面积小，节省地下空间，自动化程度高，可远程监控。

（3）车站生产、生活、消防系统充分利用市政供水压力，直接供水；采用节水器具，所选择的产品均符合《节水型生活用水器具》CJ 164的要求；设计时优化管路走向，尽量减少给排水及消防管系统的管路长度及阻力损失，选择效率高的设备，节省设备的运行能耗。

（4）车辆段综合办公楼和维修综合楼采用分区供水方式，充分利用市政管网余压直接供水，高区采用无负压设备加压供水（图5.8-6），充分利用市政管网压力，减少设备扬程，降低设备能耗。

图5.8-6 无负压和消防供水设备

（5）车辆段司机公寓供热热源采用太阳能+空气源热泵，充分利用太阳能和空气源热能等新能源，减少常规电能的消耗（图5.8-7）。

图 5.8-7　太阳能热水系统设备图

（6）车辆段含油废水经处理达标后回用（图 5.8-8），减少城市自来水的用量。联合检修库、运用库、调机库、工程车库、洗车机棚等库房的检修废水含油脂成分较高，通过车辆段内废水管网收集汇集至污水处理站进行处理，处理工艺流程为：废水→调节池→格栅→气浮→过滤→消毒→回用水池。经处理合格的废水回用于车辆段内绿化用水和冲洗道路。

图 5.8-8　含油废水处理设备图

（7）车辆段综合办公楼设置种植屋面，车辆段上盖恢复为景观公园，车辆段地面停车位均采用渗透地面，可减少雨水径流系数和增加地面的下渗量，增加地面以下土壤的蓄水能力，可减少车辆段雨水的设计流量，减少对城市雨水管网的负荷冲击，可起到削减雨水洪峰的作用，符合"海绵城市"理念。

5.8.4 问题处理及对策

（1）区间压力废水管敷设在行车方向左侧，由于疏散平台下方空间有限，导致个别区间内压力废水管安装位置与供电支架冲突不能按图纸的标高安装，根据现场实际情况进行局部调整。建议后续线路区间压力废水管敷设位置调整至行车方向右侧（即与消防水管敷设在同一侧），带来的问题是会增加压力废水管过轨敷设。

（2）个别车站屏蔽门端门外消火栓箱设置位置与屏蔽门绝缘带冲突。屏蔽门专业要求屏蔽门端门 2m 范围内均为屏蔽门绝缘带范围，该范围内不允许有其他专业设备和箱体。解决办法：现场调整消火栓箱位置。建议后续线路设计时加强专业间沟通协调，避免将消火栓箱设置在屏蔽门绝缘带范围内。

（3）个别车站站台板下消防管敷设在电气设备（400V 开关柜室、1500V 开关柜室、整流变压器室、跟随变电所等）检修孔正下方，运营担心万一爆管水喷出来会损坏电气设备。解决办法：现场调整相关水管敷设位置，避开设备检修孔。

（4）个别新风井内，水泵出水管上的阀门与人防门开启冲突。主要原因为建筑图纸上表示的人防门宽度为 2600mm，而实际人防门安装后加门轴扫过的扇形半径为 3300mm。解决办法：现场调整阀门位置。

（5）区间压力废水管出泵房进入区间位置会自上向下穿区间疏散平台，影响疏散平台宽度。解决方法：穿疏散平台位置排水管要求现场尽量贴区间壁安装，减少对疏散平台宽度的影响。建议后续线路与结构专业沟通协调，提前预埋好孔洞，在进入区间前就将标高降到疏散平台下方。

（6）深圳地铁 3 期工程 7、9、11 号线在进行卫生防疫验收时，疾控中心验收人员提出车站新风道内不宜设置排水沟和排水地漏。主要是怕平时水沟或地漏周围有积水，容易滋生蚊蝇，造成车站进风空气质量降低，存在公共卫生隐患。建议后续线路宜尽量避免在新风道内设置明沟排水和地漏。

（7）车辆段内从主变电所至深下区间风井的电缆沟内最低点（且不能利用预埋排水管将水重力排至雨水管网中）未设置排水泵，导致暴雨时电缆沟内有积水。解决办法：在电缆沟最低点位置增加排水泵。建议后续线路中车辆段电缆沟内不能利用重力排水的位置，电缆沟设计单位一定要提资给排水专业，加设机械排水设施。

（8）车辆段联合检修库内一段消防水管安装位置与移动式接触网壁挂装置冲突。解决办法：现场调整了消防水管的安装位置。建议后续线路设计时相关专业加强沟通，从设计源头上避免冲突。

5.8.5 思考与建议

地铁给排水及消防系统除应符合适用、经济、安全、卫生等基本要求外，还应符合综合利用、节水、节能的原则。地铁工程各类污、废水及雨水的排放应符合深圳市现行有关排水标准，采用分流制的排水体制。地铁消防应有完善可靠的消防给水系统，对重要的电气及设备用房应设置气体自动灭火系统，配备具有相应性能要求的手提式灭火器，以确保快速、及时、有效地扑灭各类火灾。根据上述原则，同时结合深圳3期工程建设过程中遇到的一些具体问题，提出一些想法和建议，具体如下：

（1）地铁车站运营之后检修空间有限，建议在后续线路中，给排水及消防管材采用防腐性能更优的新型管材，以减少后续运营检修工作量。

（2）建议车站用水计量总表采用智能水表，预留能源计量管理数据接口。

采用智能水表可实现远程抄表，不需要管理部门去每个站点现场抄表，节省人力成本；同时各车站用水量信息可实时上传至车站能源计量管理系统，可根据需要生成不同统计周期用水量报表，方便站点和全线实现节水智能化管理。

（3）室外水表井设置位置宜结合周边景观和绿化设置，不得影响行人通行。

深圳无防冻要求，地铁车站消防进水管水表（含相关阀组）和生产生活进水管水表（含相关阀组）一般情况下均明装于车站室外靠近新风井或出入口位置。水表及阀组长度一般在1～2m，若不考虑周边景观设置，会显得很突兀，同时可能会影响行人及非机动车正常通行，裸露在外或位于人行道上亦容易造成管道破坏，故宜结合周边景观和绿化设置。

（4）车站新风道内不宜设置排水沟和排水地漏。

车站新风道内不宜设置排水沟和排水地漏。水沟或地漏周围的积水容易滋生蚊蝇，造成公共卫生隐患，并影响进风空气质量。

（5）后续线路车站公共区建议设置直饮水系统，提升城市公共服务水平。

目前深圳已建成线路及在建线路均未考虑设置直饮水系统，从人性化服务方面考虑提出在车站公共区宜设置直饮水系统，以提升城市公共服务水平。可根据各站特点，设置管道直饮水或配置直饮水机。

（6）车辆基地设计时融入"海绵城市"理念：因地制宜设置雨水收集及回用设施，适当采用绿化屋面，减小雨水径流系数，场站地面适当设置下凹式绿地、透水性地砖和水景。规划综合管廊，将给水、排水、电力、通信、燃气等管线均合理设置在综合管廊内，既节约用地，又方便后期维护管理。

5.9 动力配电及照明

5.9.1 概述

地铁动力配电专业所包含的内容广泛，接口复杂，各站点的设计范围包括车站及两端各半个区间的所有用电设备的动力配电设计、照明配电设计、控制及保护设计、电缆管线的选择设计、综合接地、人防配电设计、安装及接口设计等。

5.9.2 重难点及解决措施

早前国内各城市轨道交通的通信、信号、综合监控系统、火灾自动报警系统、环境与设备监控系统、自动售检票系统、门禁系统、自动灭火系统、屏蔽门系统等弱电系统基本上均各自独立设置UPS，采用分散供电方式。分散设置的UPS在轨道交通建设与运营管理过程中存在一些弊端，主要表现在：

（1）各弱电系统的UPS分别招标，配置的UPS品牌也不同，不利于资源共享和备品备件的采购，造成运营维护工作量大、蓄电池维护困难等问题。

（2）各弱电系统的保守设计造成单个系统UPS设计容量较各自实际负载大很多，设备配置存在一定的浪费，但又不能实现相互冗余备用，导致建设投资大、运营维修成本高。

为避免上述分散式UPS的弊端，有必要将同一车站、车辆段、控制中心各弱电系统的UPS分别进行整合，综合考虑设备容量及安装面积，对UPS进行统一管理、监控、运营维护及保养（图5.9-1）。

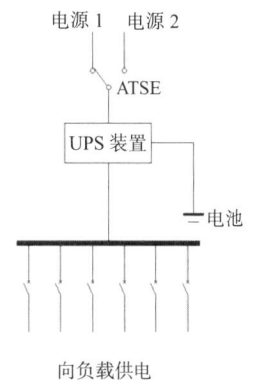

图5.9-1 弱电综合UPS电源系统图

1. 接线方式

弱电综合 UPS 系统电源来自降压变电所的两段不同低压母线,且在弱电综合 UPS 电源室内自动切换。

2. 运行方式

弱电综合 UPS 系统由双电源切换装置、UPS 主机、蓄电池组及智能配电屏组成。UPS 具备改善配电质量的功能。正常情况下,由降压变电所提供的交流 380/220V 电源给弱电综合 UPS 主机供电,蓄电池处于浮充状态,当两路进线电源都失电的情况下,自动转为蓄电池逆变给负载供电。各馈线回路分别经给定延时自动断电切除负载,确保各负载供电质量与时间。

5.9.3 主要设计方案

5.9.3.1 主要负荷分级

地铁内各用电负荷按其不同的用途和重要性分为一、二、三级负荷:

(1)一级负荷:综合监控、通信、信号、火灾报警、环境与设备监控、自动售检票、门禁、站台门、银行、火灾时仍需运行的自动扶梯、自动灭火、废水泵、雨水泵、所用电、地下车站站厅站台公共区照明、应急及疏散标志照明、事故风机及其风阀、排烟风机及其风阀等。

(2)二级负荷:设备区和管理区照明、出入口通道照明、区间工作照明、非事故风机及风阀、污水泵、集水泵、火灾时无需运行的自动扶梯、电梯、维修电源、商铺、备用空调电源等。

(3)三级负荷:公共区及管理用房空调系统、广告照明、清扫机械、生活用电源等。

5.9.3.2 主要设计原则

(1)按远期最大负荷设计,并考虑一定的裕量。动力照明采用与牵引供电系统共用 35kV 供电方式。单台变压器正常负荷率不大于 70%,一台变压器供应本所负荷时负荷率不大于 100%。

(2)系统的设计应安全可靠、接线简单、操作方便,并有一定的灵活性。

(3)系统采用三相四线制,接地采用 TN-S 保护系统。所有电气设备不带电的金属外壳均与 PE 线可靠连接。

5.9.3.3 低压主接线设计

降压所低压系统采用单母线分段运行方式，正常情况下，两台变压器同时运行，母线分段断路器断开。当一台变压器故障或停电时，自动切除三级负荷，母线分段断路器自动投入，由另一台变压器向两段母线的一、二级负荷供电。各段母线均设有三级负荷总开关（图5.9-2）。

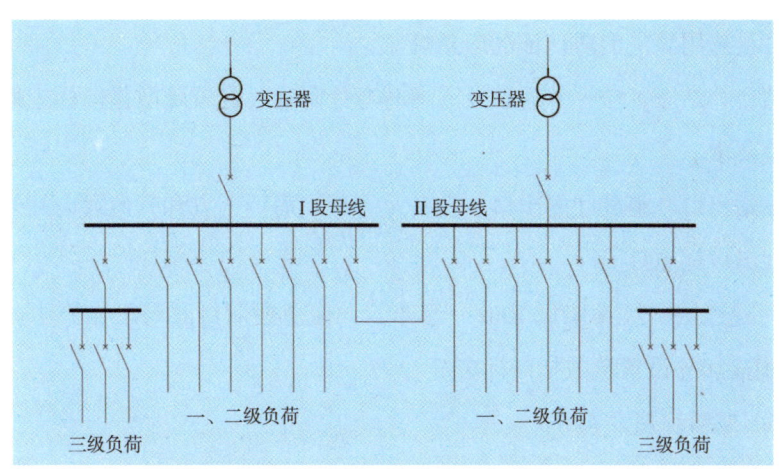

图 5.9-2 低压主接线系统图

环控电控室低压系统也采用单母线分段运行方式，正常情况下，两段母线同时运行，母线分段断路器断开。当一路进线电源故障或停电时，母线分段断路器自动投入，由另一段母线向两段母线供电。

5.9.3.4 动力设备配电原则

根据负荷性质和重要程度按以下方式配电：

1. 一级负荷

平时从降压所两段母线上分别馈出一路供电回路向负荷末端的双电源切换箱供电，两路电源在切换箱内自动切换，以实现不间断供电。

2. 二级负荷

平时从降压所、环控电控室等馈出单回供电线路至末端配电箱，当一台变压器退出运行时，降压变电所的母线分段断路器自动闭合，由另一台变压器向两段母线的一、二级负荷供电。

3. 三级负荷

平时从三级负荷母线以一路电源供电，当一台变压器退出运行时，将其切除。

5.9.3.5 照明设备配电原则

1. 照明设计简洁、实用，便于安装和维修，并与车站建筑风格相协调。

2. 设置应急照明电源装置，负责提供车站及相邻区间的应急照明电源，其数量和面积根据车站规模确定，并满足人防要求。

3. 应急照明均匀地布置在公共区，在设备管理房和走道亦设应急照明。在上下行扶梯、步行梯口、自动售检票设备安装处附近满足照度指标要求，以确保乘客安全。应急照明灯具选用满足消防认证的应急灯。

4. 在站台、站厅、楼梯、通道及通道转弯处附近，设置疏散指向标志灯，安装间距满足规范要求。

5. 在车站出口、集散厅的出口、设备及管理用房门上方和其他通向站外的应急出口处均设置出口标志灯。

6. 区间隧道照明灯具按每 10m 一套布置，应急照明灯具与工作照明灯具交叉相间布置。每隔 10m 设置疏散指向标志灯。

5.9.3.6 照明控制方式

1. 公共区照明控制

车站公共区正常照明、广告照明、导向标志照明由车站控制室和照明配电室两级控制。采用的智能照明控制系统可实现调光控制、开关控制、延时控制、场景控制等，并与环境与设备监控系统实现通信。

2. 设备区照明控制

设备区照明设就地开关控制。设备区应急照明正常时可关闭，火灾时可强行开启。

3. 区间照明控制

区间照明分为工作照明和应急照明。工作照明由区间照明箱配电，应急照明由 EPS 装置配电，正常情况下工作照明及应急照明均可不开启，在灾害模式下，区间应急照明由监控系统控制 EPS 回路强行启动区间应急照明。

5.9.3.7 应急照明电源装置

1. 接线方式

应急照明电源设备的电源来自降压变电所的两段不同低压母线，且在应急照明电源室内自动切换（图 5.9-3）。

2. 运行方式

应急照明电源由充电机、蓄电池组、逆变器、自动切换装置及交流配电屏组成。

正常情况下，蓄电池处于浮充状态，由降压变电所提供的交流 380/220V 电源直接供电给应急照明及应急导向标志回路。当两路电源都失电的情况下，自动切换装置动作，应急照明负荷全部由逆变器供电。

图 5.9-3　应急照明电源装置外形图

5.9.3.8　绿色地铁

1. 智能照明控制系统

深圳地铁 9 号线全线采用智能照明控制系统（图 5.9-4），实现对灯光的开关控制、调光控制、模式控制及与其他设备系统的联动控制等功能。控制方式方便、灵活、易于修改、易于操作、易于维护。

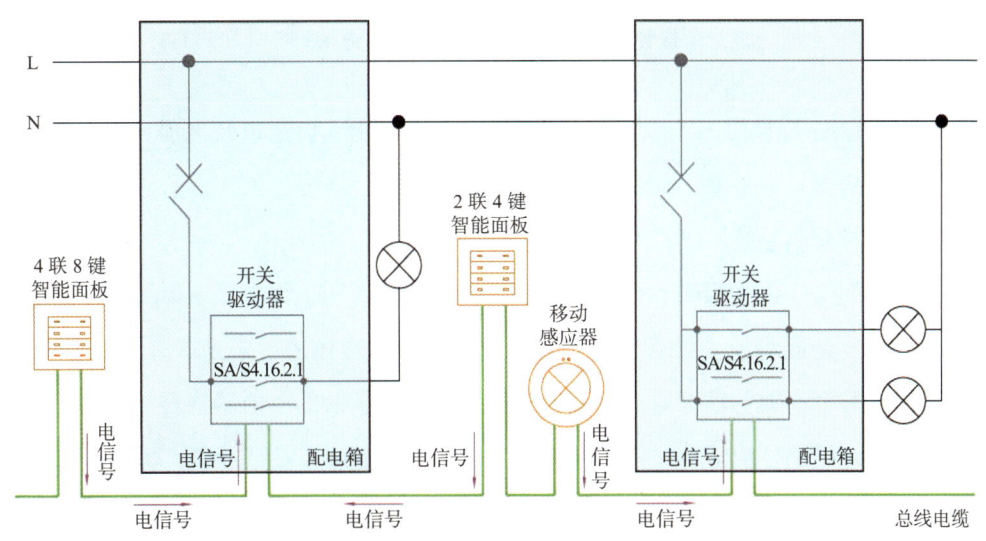

图 5.9-4　深圳地铁 9 号线智能照明系统图

系统主要由智能照明主机、网络控制器、控制模块、智能面板开关、人机界面及传感器等组成。智能面板开关一般安装在现场易操作处，控制模块则安装在配电箱内，负责执行面板开关以及逻辑运算等发出的命令，对灯光进行单独操作或联动控制。另外，配置了液晶触摸屏，使用者可对室内智能照明系统进行图形化集中管理。

2. 绿色节能 LED 灯具

（1）LED 发光原理

LED 也就是发光二极管（Light Emitting Diode）的简称，导通时产生光的半导体组件（图 5.9-5）。

（2）LED 灯具在深圳地铁 9 号线的应用

9 号线全线大面积使用 LED 灯具（图 5.9-6），在国内地铁行业起到了模范带头作用。全线大面积使用绿色节能 LED 灯具，不仅响应了国家节约能源的号召，其高性能、高可靠性，也给运营维护带来极大的便利。

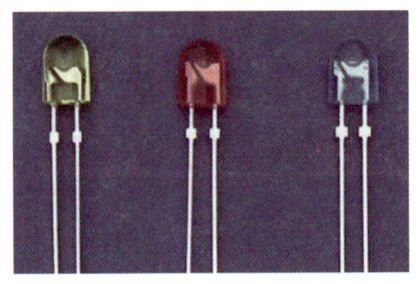

图 5.9-5　LED（发光二极管）

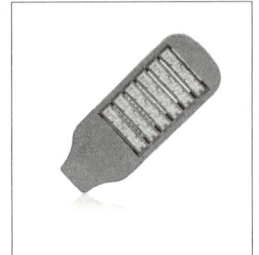 

图 5.9-6　LED 灯具

9 号线 LED 灯具使用范围为：站厅台站公共区、出入口通道及飞顶、有人值守的办公管理用房等。

（3）光导照明系统

光导照明又叫日光照明、自然光照明、管道天窗照明、无电照明等。光导照明主要由采光罩、防雨帽、光导管、漫射器组成。室外自然光透过采光罩进入系统内部，然后经过光导管高效传输到管道底部，再由高透光高扩散的漫射器将自然光均匀照射到室内需要光线的任何地方（图 5.9-7）。

光导照明系统直接传输自然光，全光谱、无频闪、无眩光，光照环境更加舒适，减少灯光引起的各种疾病与疲劳，提高工作效率。

图 5.9-7　光导管安装实景图

9 号线在侨城东车辆段上盖内和深圳湾公园站厅内采用了光导照明系统。

侨城东车辆段存在大面积上盖公园，盖下需长期采用灯具照明。在上盖内采用光导照明技术可大大改善车辆段员工工作环境，在白天基本可实现不需要电光源照明。

深圳湾公园车站位于滨海大道下方，在车站公共区上方为道路中间绿化带，在绿化带内设置有 4 个大型光导管，采光罩配合绿化布置不影响道路景观和功能，白天可通过车站智能照明系统根据光线强度进行线性调光，在车站站厅采用光导照明技术可提高乘客舒适性，同时实现节约用电、节能减排。

5.9.4　问题处理及对策

动力配电专业面对的专业多，接口复杂，内容繁琐，在施工配合过程中，更应理清思路，认真仔细消化图纸，熟练掌握现场情况，做好施工配合。

通过深圳地铁 9 号线本专业施工配合，总结以下几点经验供参考。

5.9.4.1　消化专业间提资

施工图设计工作的好坏，将直接影响施工配合的工作量。动力配电及照明专业施工图一般分为六册：《综合接地土建部分》《综合接地机电部分》《开关柜系统图及控制原理图》《动力配电》《设备区及区间照明》《公共区照明及出入口、通道照明》。

各分册图纸的出图有时间先后，受制约的条件主要有：

1. 建筑、结构、装修、通风空调、给排水等专业的施工图

上游专业需完成其施工图方可将相关资料移交给动力配电专业，再由动力配电专业进行本专业的相关图册的施工图设计。如《综合接地土建部分》、《综合接地机电部

分》需建筑、结构专业完成主体施工图设计方可开展;《设备区及区间照明》需建筑专业完成车站内隔墙的相关布置方可开展;《动力配电》需通风空调专业、给排水专业、其他设备系统专业完成相关施工图后方可开展;《公共区照明及出入口、通道照明》需装修方案稳定后方可开展。

2. 甲供设备的招标进度及设计联络

《开关柜系统图及控制原理图》需完成相关甲供设备的招标及设计联络后方可开展;《动力配电图》需完成相关甲供设备的招标及设计联络后方可开展。

设计过程中,由于现场施工、甲供设备招标以及其他专业的影响,各分册的施工图设计工作并不能等到条件成熟后再开展,经常需交叉作业,互相提资,多次修改,方可最终完成。

因此,充分吸收和消化各上游专业的提资,将直接影响到本专业施工图的设计质量。

5.9.4.2 包容性设计

从地铁各专业的设计工序来看,本专业可算最下游、最末端的专业,所有系统专业、设备专业、工艺专业或需要用电的设备均需向本专业提用电需求,收到各上游专业的用电需求后,再由本专业具体实施配电及控制。

由于地铁机电专业众多,且各机电专业间均相互关联,其用电需求的变化较多,作为下游专业,如何能够在短时间内应对这种常态化的变化,这给本专业的设计工作提出了更高的要求。

根据经验,包容性设计在一定程度上缓解了这种常态化变化所带来的问题,具体表现在:

(1)设备及系统专业首次向本专业提资时,用电容量可能仍未稳定,会因外界因素的变化而变化,包容性设计,在一定程度上消除了细微变化而引起本专业的连带变化。

(2)业主需求的变化同样会影响到相关专业的用电提资。包容性设计保留一定的余地,也能从一定程度上消除因业主需求变化而引起本专业的连带变化。

5.9.4.3 标准化设计

深圳地铁9号线全线约为25.4km,全线共22个车站,由不同单位的设计人员进行施工图设计;为了保持本专业全线统一的设计原则和设计标准,标准化设计的概念应运而生,标准化设计包含以下两个要素:

（1）设计原则的标准化。

（2）设计图纸的标准化。

设计原则在整个设计过程中均应良好地贯彻下去，含初步设计、招标设计、施工图设计，总体组动力配电及照明专业负责人应起到制订和落实设计原则及推动标准化设计工作，只有将统一、标准化的设计原则落实到位，才能保证施工图的设计质量。

设计图纸的标准化尤其体现在施工图设计过程中，总体组动力配电及照明专业负责人同样应将图纸的标准化要求落实到图纸中，要求各工点设计人员严格落实总体组的标准化意图，做到图纸表达统一、清晰、标准，减少施工配合的相关工作量。

5.9.4.4 现场服务

施工图设计完成后，图纸交付施工单位进行施工，如何保障施工图纸中的内容落到实处，现场的服务是否到位也起着决定性作用。

施工现场出现问题后，设计人员应第一时间给予回应。对于施工图与现场情况不符的，应尽快核实后，予以修改。

施工图纸中所有差、错、漏、碰的地方在施工中均会体现出来，作为一个有经验的设计人员，应积极主动地面对，提高现场的服务意识，迅速响应，在最短时间内拿出对应的解决方案，不仅有利于现场施工，同时有利于加深对本专业设计的理解。

5.9.4.5 经验教训

9号线环控电控室采用集中供电方案，低压母线采用单母线分段方式连接。

如图5.9-8所示，进线1、进线2分别引自400V开关柜室的馈出回路。由于环控负荷较大，深圳地铁9号线各车站的环控进线1、进线2大多需要采用密集母线才能满足电流载流量的要求。

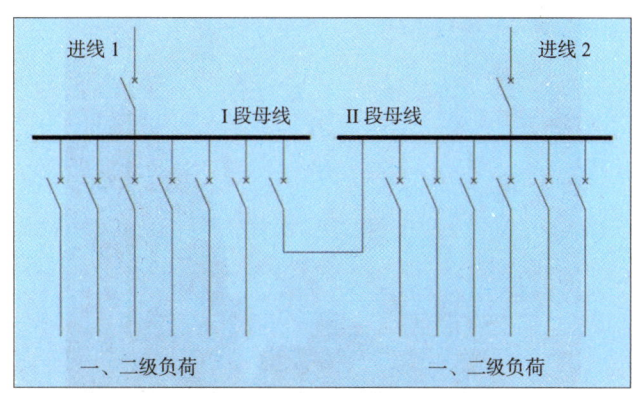

图5.9-8 环控电控室主接线系统图

在相关设计文件中对密集母线的技术参数均有明确要求，比如密集母线为金属外壳、密集母线具备一定的耐火性能等。

施工单位在密集母线的采购过程中，没有完全按照业主及设计方要求进行采购，导致采购的密集母线为浇铸型封闭母线且无金属外壳（图 5.9-9）。在供货及安装过程中，相关方均未发现此问题。

图 5.9-9　浇铸型密集母线产品图

在进行设备联调时，曾发生过密集母线短路事故（图 5.9-10），事后各方对事故原因进行调查时发现，发生短路事故的浇铸型母线的接头处存在裂缝，导致结构渗漏水进入母线内部引起了短路。事后，责任方对全线已安装的浇铸型母线接头进行核查，发现若干接头未满足要求的立即进行整改，以消除隐患。

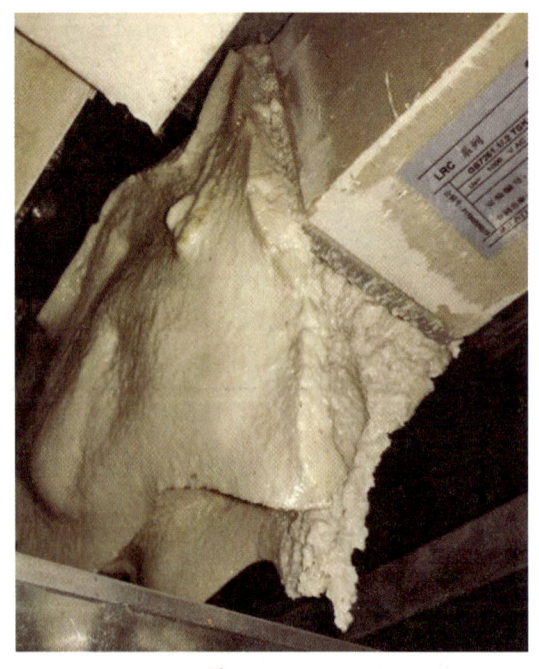

图 5.9-10　浇铸型密集母线接头短路事故图

通过分析，浇铸型封闭母线的接头通常采用现场浇铸法施工，现场浇铸法对施工工艺要求较高，现场操作难度较大，如未严格按照施工要求进行施工会导致接头强度达不到要求，存在隐患；另外，浇铸型封闭母线的接头为固定封闭接头，不可拆卸，不便于后期维护和检修，且浇铸型封闭母线在地铁无成熟应用经验。

为避免后期维护检修带来更大的困难，最终决定将9号线全线已安装的浇铸型封闭母线全部拆除，更换为金属外壳的、接头可拆卸的耐火密集母线。

如何更换已经安装的密集母线，这是一个前所未有的困难。当时9号线正处在紧张的调试阶段，调试保开通是刻不容缓的艰巨任务。经过多方协调，只能将更换母线的工作安排在9号线开通后进行，并且只能利用夜晚收车之后的几个小时开展更换工作。更换流程是先将新的密集母线安装到位并调试成功之后，才拆除旧的浇铸型母线。这项替换工作持续将近一年才完成，耗费了大量人力物力。

5.10 集中供冷系统

5.10.1 概述

（1）对设置冷却塔困难的车站，且相邻区间较短的，在相邻车站设计集中供冷。

（2）当设置冷却塔与规划冲突时，相邻区间较短的相邻车站设计集中供冷。

（3）集中供冷站尽可能设于负荷中心，红树湾南、红岭北、银湖等换乘站按一体化车站设计。

（4）水系统能根据负荷变化情况实现自动调节。

（5）冷冻水供回水干管，由冷站引出并沿区间隧道列车行车方向右侧布置，并保证水流方向与车行方向一致。冷冻水管保温后的最大直径不侵入行车限界，经各车站时与车站空调系统的管路相连。

（6）采用技术成熟、性能优良、运行稳定、经济合理、维修方便的国产化设备。

（7）根据规划限制条件设计冷却塔设置的位置及形式。

（8）管材选用：车站冷冻水管及冷却水管选用无缝钢管，区间冷冻水管选用内外涂环氧树脂钢管。

5.10.2 重难点及解决措施

5.10.2.1 集中冷站选取位置

9号线从红树湾南至文锦,与线网中的8条线换乘,共有10个换乘站。在哪些站设置集中冷站有地面条件且经济合理是本项目的重点和难点。在工程可行性研究阶段,针对集中供冷进行专题研究,最终得出在红树湾南站(供深湾站)、孖岭站(供上梅林站)、园岭站(供泥岗、红岭北、红岭、红岭南)、文锦站(供向西村站)设置集中冷站(图5.10-1),既能解决冷却塔摆放不引起市民的投诉,又能做到经济合理运行。

图 5.10-1 全线设置集中冷站分布图

例如:向西村站沿春风路布置,地处繁华商业中心,附属风亭附近分别有宝丰大厦、京武大厦、金色都汇、流花医院、凯越华庭、云景豪园等高档建筑,且这些建筑已经临近马路,无多余空地设置冷却塔。文锦站与向西村站间距714m,相对较短,可在文锦站设置集中供冷,通过区间设置冷冻水管,满足向西村站冷源的要求。

5.10.2.2 系统性能及节能

集中供冷系统如何合理设计、节约运营费用是本项目的难点。为了控制隧道内冷冻水管的管径及节约运行费用,必须采用大温差(采用冷冻水8℃和10℃温差,7℃

的出水温度）。比起常规空调系统，采用冷冻水大温差系统可以在经济上获得明显的效益。采用大温差系统对整个空调系统的要求（如末端、冷水机组、管网等）都有影响。

常规空调系统的冷冻水温都是采用 5℃，目前大部分民用建筑和地铁常规温差线路运行的实际情况，大部分系统的实际温差小于 5℃，出现了小温差大流量的运行工况，冷冻水温升（Δt_W）一般取 5℃左右，如果 Δt_W 过大，则水量变小，泵的动力可减少，但水流速度变小，需增加末端表冷器所需排数。可见集中供冷管路较长时，取大温差设计 $\Delta t_W=8 \sim 10℃$，可节约泵的动力，降低运行费用。但采用大温差设计要改变包括冷水机组、末端风机盘管、水泵等主要设备的常规参数。

同时，参考《公共建筑节能设计标准》（GB 50189—2015）条文 4.3.9 中对于空调水泵耗电输冷比要求，分别计算集中供冷方案 ECR-a 值和分站供冷方案 ECR-a 值，借此判断水泵是否满足节能规范。

通过计算分析，如采用分站供冷，输送能耗在采用 7/12℃的温差时过高。虽然集中冷站输送距离增加，但是在采用 7/17℃的大温差后，冷冻水系统的耗电输热比反而比较低，能够满足节能规范要求。

区间冷冻水管布置如图 5.10-2 所示。

图 5.10-2　区间冷冻水管布置图

5.11 供电系统

5.11.1 概述

5.11.1.1 专业设计概况及原则

9号线采用集中供电方式,由侨城东及体育北2座110kV/35kV主变电所供电,其中9号线负责侨城东主所建设,7号线负责体育北主所建设,2座主所均分别从市政电力系统引入两路独立可靠的110kV电源。中压采用35kV牵引与动力照明混合环网供电方式。

全线共设置12座牵引变电所,其中正线10座,停车场和车辆段各设置1座,共设置7个供电分区。

供电系统设计能力应满足远期各种运行方式下的用电需要,并留有一定裕量;设备配备可结合近远期容量需要,经过技术经济分析确定是否直接按远期一次配备。

供电系统应满足可靠性、灵活性与经济性的基本要求,接线应简单,满足运营管理及维护方便的要求。

每座牵引、降压变电所均引入两回独立可靠的35kV进线电源,当一回35kV进线电源故障时,另一回35kV进线电源应能够承担该两回进线电源供电范围内的全部一、二级负荷,线路末端电压损失不宜超过5%。

牵引供电采用直流1500V供电制式。牵引网的电压水平应满足《城市轨道交通直流牵引供电系统》GB 10411—2005的规定,即在任何运行方式下,牵引网的最高电压不得高于1800V,最低电压不得低于1000V。

5.11.1.2 主要技术性能指标

(1)外部电源电压等级110kV;

(2)中压环网标称电压35kV;

(3)直流系统标称电压DC1500V;

(4)正线整流机组容量2X3300kVA。

5.11.2 重难点及解决措施

5.11.2.1 系统设计

施工图设计重点在于落实初步设计审查意见,根据设计输入条件的变化,修改和优化供电系统设计,同时确保内外接口的完整性和准确性。

1. 110kV 主变电所

经9号线主所外部电源专题研究,9号线侨城东主所为7/9/11号线及NOCC共享资源供电,体育北为7/9/16号线共享供电,侨城东主所设置于侨城东车辆段上盖复绿公园的大盖板下南侧,体育北主所设置为上盖复绿的全地下主所,各主所的两路110kV专用进线电缆分开敷设,提高可靠性。

侨城东主所一路进线电源来源于市政110kV红树林变电所,另外一路电源来源于市政220kV庙西变电所,庙西变电所因征地拆迁原因导致建设工期延误,侨城东主所接入系统采用过渡方案,临时过渡接入110kV红树变电所,待220kV庙西变电所投产后,侨城东主所再接入庙西所。

9号线在主变电所设置了动态无功补偿装置(SVG)。广州地铁设计研究院仿真分析了9号线自身最大无功倒送情况,并结合运行经验考虑7号线及其他线路共享。给出了推荐补偿容量每套SVG容量3.6MVar,防止地铁供电系统无功倒送和滤除谐波。

2. 35kV 中压网络方案

将全线划分为七个供电分区,每个供电分区负责3~4个车站的供电,正常情况下,侨城东主所负责4个供电分区的供电(含车辆段独立的供电分区),体育北主所负责3个供电分区的供电,在上梅林站设置环网分段联络开关,用于实现侨城东与体育北两个主所的相互支援供电,正常运行时环网分段开关断开。采用大分区的供电方案在减少工程投资的同时,可减少区间环网电缆敷设的数量,提高工程的可实施性。详见图5.11-1、图5.11-2。

3. 35kV 开闭所

体育北主变电所给9号线供电的35kV电缆由7号线隧道经过7/9号线换乘站红岭北站进入9号线隧道;在红岭北站设置35kV开闭所(图5.11-3),且与红岭北站变电所合建,由红岭北开闭所给9号线3个供电分区供电,减少了从体育北主所至红岭北站的电缆敷设数量,且缩短了侨城东主所支援供电距离,有利于降低供电系统电压损耗。

5.11.2.2 重大设计问题

1. 9号线再生制动逆变回馈技术

工程可行性研究及初步设计阶段,根据本工程站间距较短,刹车制动频繁,再生

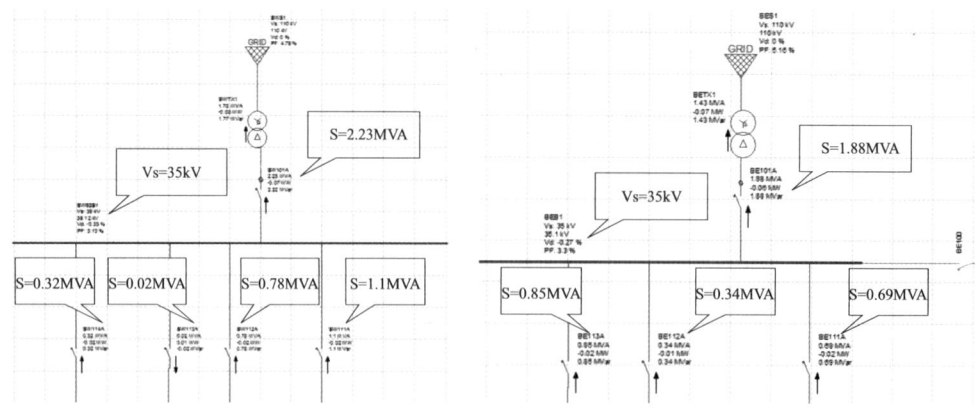

图 5.11-1　侨城东主变电所夜间功率分布示意图

图 5.11-2　体育北主变电所夜间功率分布示意图

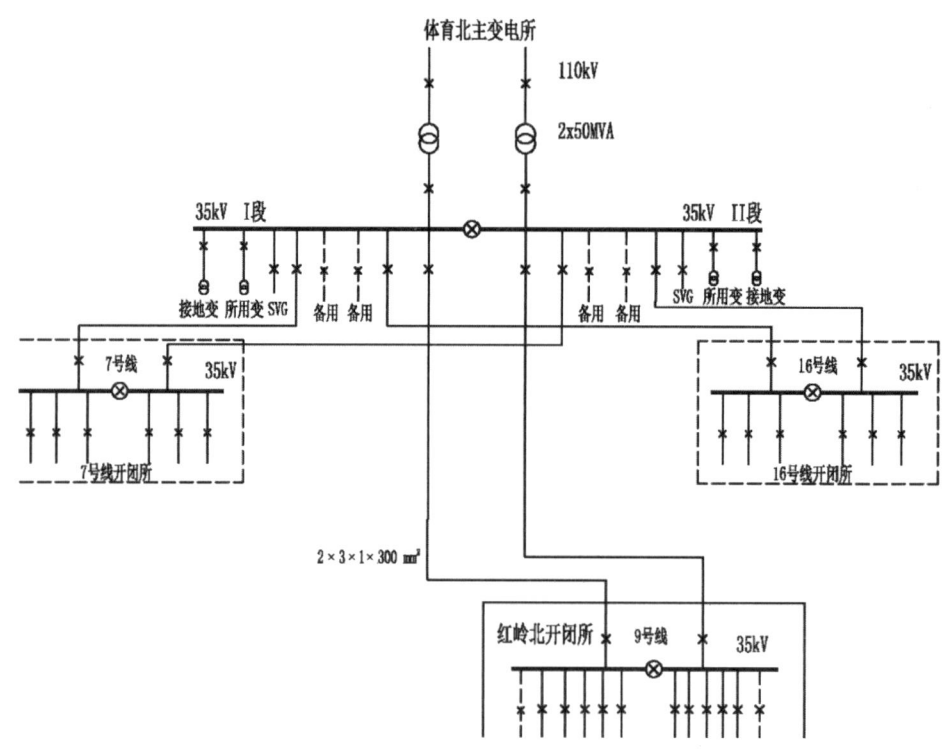

图 5.11-3　红岭北开闭所系统图

制动能量丰富的特点，我们研究采用将车辆制动产生的再生制动能量逆变回馈给本工程 35kV 中压供电网络的逆变回馈方案，以期减少隧道温升，节约能源，故在全线 12 个牵引所设计了再生制动能量逆变回馈设备系统。在初步设计 F 版之前，为了减轻车辆重量，减少车载设备，降低隧道内发热量，本工程车辆电气传动系统设计中取消车载制动电阻，在地面集中设置列车再生制动能量吸收装置。

针对 9 号线工程，广州地铁设计研究院推荐能量回馈型再生装置，并对在不同位置的牵引所设置地面列车制动能量逆变回馈装置进行了仿真分析，当全线不设置制动能量吸收装置时，列车电制动失效率平均超过 30%；全线的牵引变电所设置制动能量吸收装置时，列车电制动失效率基本为 0；选择个别牵引所设置制动能量吸收装置时，列车电制动失效率约为 15%。因此，设计中鉴于深圳 9 号线工程车辆取消了车载制动电阻，为了确保车辆电制动功能的充分发挥，充分吸收列车富余的再生制动电能，减少车辆机械制动使用的概率，推荐在全线牵引变电所设置列车再生制动能量逆变回馈装置（图 5.11-4）。

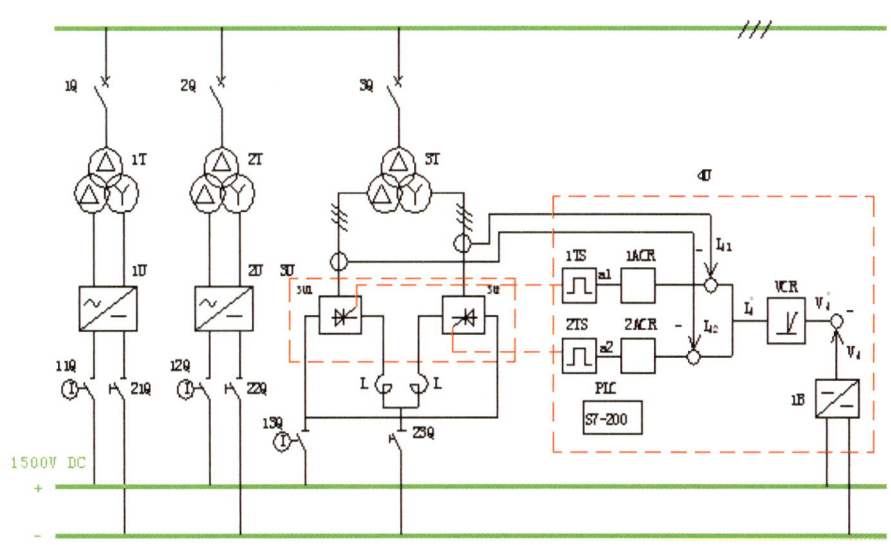

图 5.11-4　逆变回馈型装置主接线示意图

广州地铁设计研究院对逆变回馈装置的特点、装置的功能、参数配置及与供电系统的参数配合进行了深入研究，期望充分发挥逆变回馈系统的功能，最大程度实现列车牵引制动电能的二次利用，推荐 9 号线工程牵引变电所的逆变回馈装置主接线方案采用设置独立的逆变变压器和配套的 35kV 馈线开关方案，该方案工程实施相对较为容易，对既有的传统整流机组（整流变压器和二极管整流器）的影响较小（图 5.11-5）。

但在后续设计中，在初步设计专家审查前，根据深圳市地铁集团有限公司的决定，深圳地铁三期车辆仍采用自带车载制动电阻，且取消逆变回馈装置，深圳 9 号线工程后续设计中，取消了地面型逆变回馈装置。

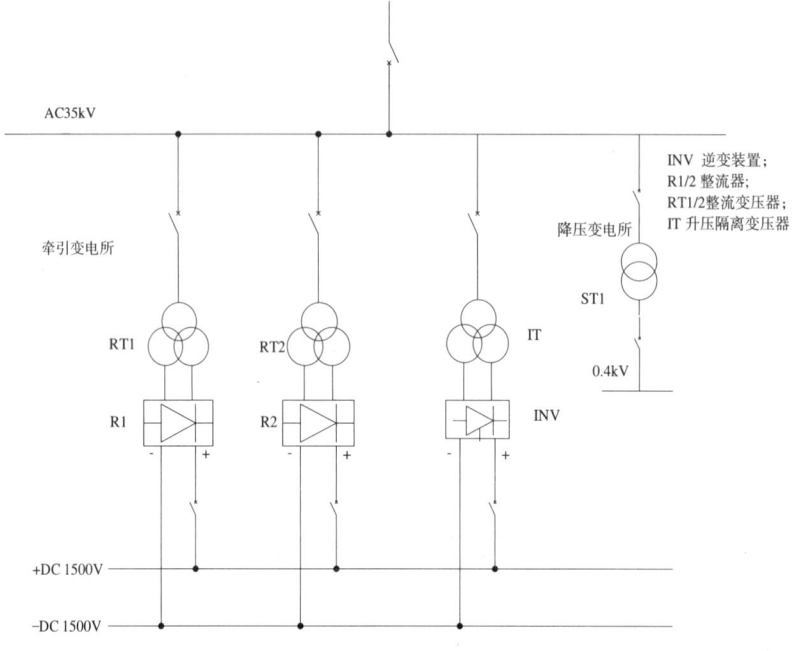

图 5.11-5　牵引变电所逆变回馈装置主接线方案

尽管列车再生制动能量逆变回馈系统方案被否决，但是对该技术方案的先行研究，已积累了重要的技术经验；目前深圳地铁所有新建线路均设置或预留了牵引所设置列车再生制动能量逆变回馈系统的条件，也从不同的侧面，反映出对广州地铁设计研究院进行该技术研究的肯定。

2. 主所资源共享

9 号线属于深圳地铁三期工程，同期建设 7/9/11 号线，深圳市轨道交通初步实现网络化运营，要求实现主变电所资源共享，以节省投资，提高社会经济效益；经 9 号线主所外部电源专题研究，9 号线侨城东主所为 7/9/11 号线及 NOCC 资源共享供电，体育北为 7/9/16 号线共享供电，各主所的两路 110kV 专用进线电缆分开敷设，提高了可靠性。

5.11.3　主要设计方案

为避免区间管线安装时，对盾构管片打孔造成对盾构管片结构的影响，且提高管线安装的效率及灵活度，本工程盾构管片上预埋了滑槽，各专业管线支架都通过安装在预埋滑槽里的 T 型螺栓固定，具体盾构管片形式见图 5.11-6。

环网电缆于疏散平台下方敷设,安装位置如图 5.11-7 所示。

图 5.11-6　预埋滑槽的盾构管片现场图　　图 5.11-7　环网电缆支架现场安装位置

环网电缆支架安装在滑槽上,需解决如下问题:

根据以往经验及相关设计规范,支架安装间距为 0.8 ~ 1m 范围,以保证两支架间的电缆不会过多下垂,避免由于电缆自重造成电缆绝缘层裂纹及护套损伤。但本工程两个盾构管片滑槽间距为 1.5m,电缆支架固定在滑槽上,安装后电缆支架间距为 1.5m。

以往电缆支架的受力计算,是在电缆支架间距为 1m 的基础上进行的,而现在电缆支架间距为 1.5m,需判断原设计电缆支架的受力是否能满足现在支架间距要求。

每个盾构管片边缘 180mm 范围内,由于结构受力原因没有预留预埋滑槽,且施工时安装盾构管片具有随机性。如果局部区段在环网电缆支架安装区域无滑槽,环网电缆支架螺栓孔恰好需布置在无滑槽区域,那么会造成环网电缆支架减少了若干受力固定点,导致电缆支架有脱落的安全隐患,具体如图 5.11-8 所示。

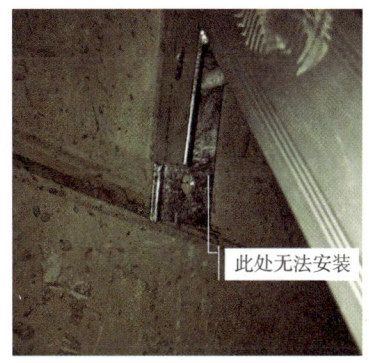 

图 5.11-8　无法安装螺栓位置现场图

电缆支撑间距为 1.5m,由于电缆自重原因下垂,使得电缆护套及绝缘层破坏,广州地铁设计研究院与电缆供货商密切配合,向电缆厂家提供安装环境条件。电缆生产厂家出具了环网电缆符合 1.5m 支架间距安装条件的证明文件。而控制电缆由于线径较小且没有钢铠,1.5m 支架间距敷设,电缆弧垂会较大,因此,广州地铁设计研究院专门为控制电缆设计了异形电缆支托架,支托架如图 5.11-9 所示。

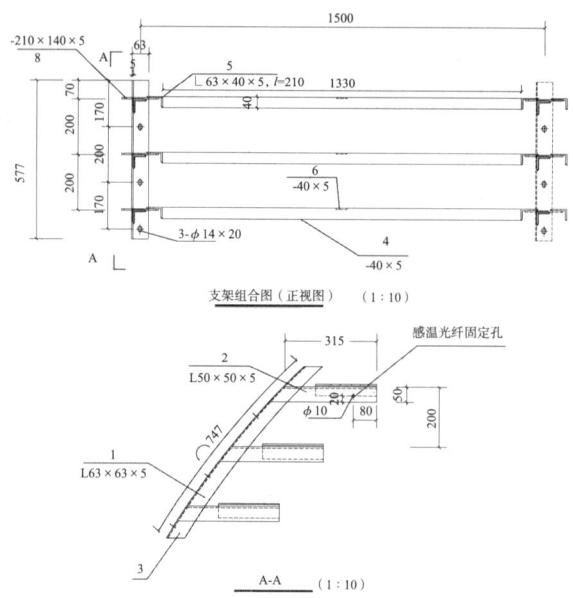

图 5.11-9 疏散平台上方控制电缆支托架大样详图

关于电缆支架受力问题,设计人员与相关结构受力分析专业人员进行仿真分析研究。在焊接要求以及支架材料选型方面进行优化,满足 1.5m 环网电缆敷设间距要求。加强后的电缆支架大样如图 5.11-10 所示。

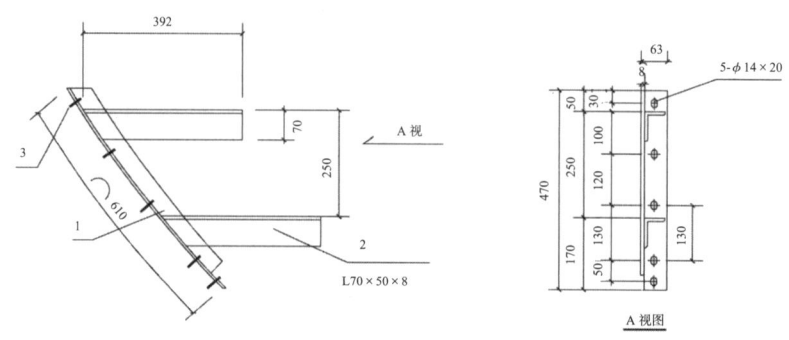

图 5.11-10 环网电缆支架大样详图

针对盾构管片外沿无滑槽处无法安装螺栓的问题，在支架立柱上专门设计了5个安装螺栓孔，正常情况下5个螺栓孔都需要安装螺栓。如遇到无预埋滑槽无法安装螺栓的特殊情况，至少可保证有3个螺栓孔可安装固定螺栓，可满足正常情况下环网电缆的受力要求，但需标明该电缆支架不能踩踏。环网电缆支架现场安装如图5.11-11所示。

图 5.11-11　环网电缆支架安装现场图

5.11.4　问题及处理对策

深圳9号线环网电缆施工基本按照设计实施，但在施工过程遇到疏散平台下环网电缆支架与区间排水管安装空间冲突问题。

由于深圳地铁9号线疏散平台下方所能利用空间较小，根据限界设计图纸，供电系统的环网电缆支架和给排水专业排水管的安装空间可以避开，但工程实际施工时，由于施工误差造成环网电缆支架与排水管在浮置板道床及区间局部困难地段，有安装空间冲突的现象；排水管与环网支架最下一层托臂冲突，无法敷设在隧道壁上。

经供电系统与给排水专业设计人员现场查看，发现浮置板道床区段的环网电缆支架下方几乎无排水管安装空间，经与业主、运营及施工各方协调，该道床形式下，排水管可安装在环网电缆支架最下层，并做好与支架绝缘、排水管接地等安全措施。对其他区间，由于土建施工导致安装空间不够处，环网电缆支架做局部切割处理，给排水管腾出安装空间。

设计建议：根据限界设计习惯，排水管在站内就已经过轨，进入区间后在行车方向右侧（也就是环网电缆对侧）敷设，避免施工中由于土建施工误差以及道床形式变化造成安装空间冲突现象，具体典型限界图如图 5.11-12 所示。

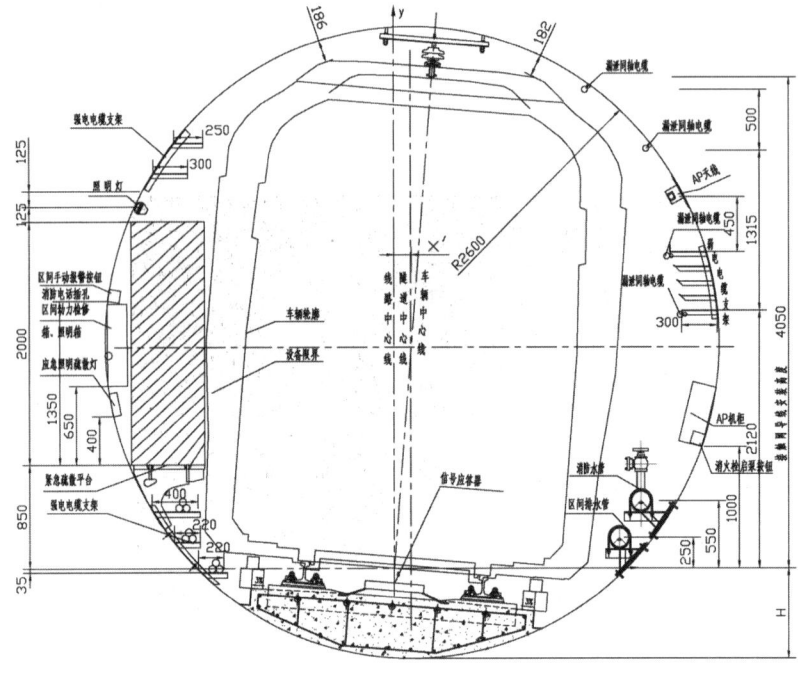

图 5.11-12　典型限界图

在今后设计中，应避免类似冲突发生，设计阶段提前与限界沟通，将排水管移至行车方向右侧（环网电缆敷设对侧），这样可以完全避免该安装空间冲突的发生。

5.12　刚性接触网系统

5.12.1　概述

根据深圳 9 号线工程特点，正线采用架空刚性接触网供电方式。

架空接触网一般分为架空柔性接触网和架空刚性接触网。对于城轨系统，由于电压相对较低，电流较大，因此对于架空柔性接触网需要有比较多的导线才能保证牵引负荷的供电需求。另外，架空柔性接触网设置有张力补偿装置，在隧道内需要有特殊的净空安装要求，有些地段需要对隧道进行局部开挖才能实现补偿装置的安装。架空刚性接触网由于结构简单，便于安装，易于维护，在国内采用架空接触网模式的线路中得到了广泛采用。

5.12.2 技术重难点及解决措施

5.12.2.1 采用适用于预埋滑槽的刚性悬挂系统

目前，全国很多城市轨道交通的建设和运营过程中，地下线路普遍使用架空刚性接触网为列车供电。现有的架空刚性悬挂接触网一般通过悬挂系统架设在隧道中，如图 5.12-1 所示。在隧道盾构施工时，混凝土管片在预制构件厂进行生产，深圳 9 号线全线盾构区间采用预埋滑槽技术，生产过程中在混凝土管片上会预留槽道，以避免后期人工钻孔导致对环境及施工人员的健康影响，提高工程寿命并降低地铁运营期的维护成本。但采用预埋槽道后，架空刚性悬挂接触网安装角度不能转换，且下部悬挂结构受力载荷与预埋槽道承载力的匹配性欠佳。

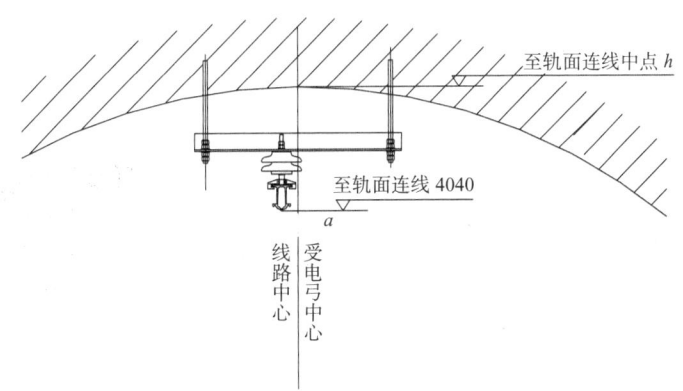

图 5.12-1 传统接触网悬挂系统

在以上背景下，设计组织研发了一套新的架空刚性接触网系统，从预埋式槽道方案入手，针对预埋式槽道与接触网安装匹配性问题，研究适用于预埋式槽道的刚性接触网悬挂方案，通过有限元分析及技术研究，提出配套的悬挂装置装配零部件和装配图。

（1）对深圳 9 号线预埋式槽道技术、原有刚性接触网安装形式、弓网动态相互作用参数进行测量和理论分析，确定适用于预埋式槽道的接触网安装的边界条件。

（2）从弓网动态相互作用特性和接触网零部件技术条件两方面入手，根据仿真分析，提出适用于预埋式槽道的接触网安装方案。

（3）综合理论研究，研发配套的装配零部件，并进行样品试制及试验测试。

适用于预埋槽道安装形式常见刚性悬挂装置主要由 π 型汇流排、接触线、B 型汇流排定位线夹、刚性悬挂用针式绝缘子、A 型单支悬挂槽钢、安装底座、螺栓及连接件等组成。与传统非预埋槽道式刚性悬挂区别在于，通过安装底座将 M16 螺栓与预埋槽道通过 M12 的 T 型螺栓连接，M16 螺栓以下部分为成熟结构，已经过多年的项目运行检验，因此本次的设计重点为安装底座。

根据预埋槽道厂家提供资料，为了满足预埋槽道的承载能力，预埋槽道螺栓间隔应该在 150～200mm 范围。

采用 T 型结构安装底座，实现预埋槽道与 M16 螺杆连接，根据以上预埋槽道安装形式，利用 ANSYS 进行强度分析，如图 5.12-2 所示。

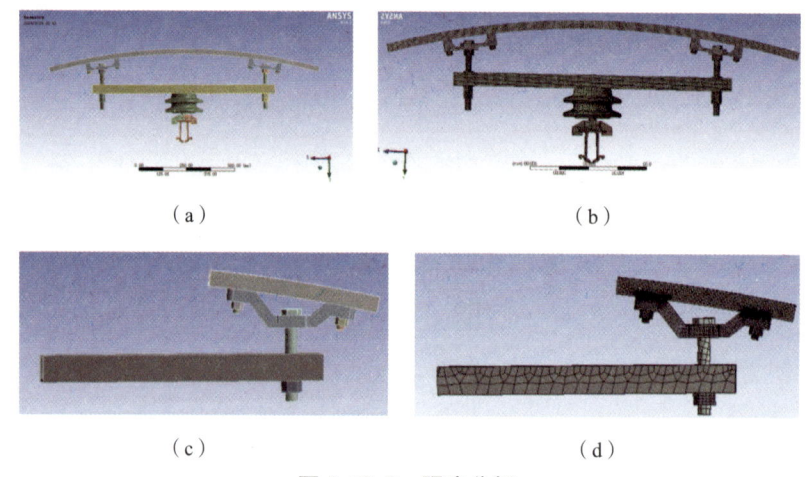

图 5.12-2 强度分析
（a）几何模型；（b）有限元模型；
（c）局部几何模型；（d）局部有限元模型

分析得出预埋滑槽安装形式的应变云图，如图 5.12-3 所示。

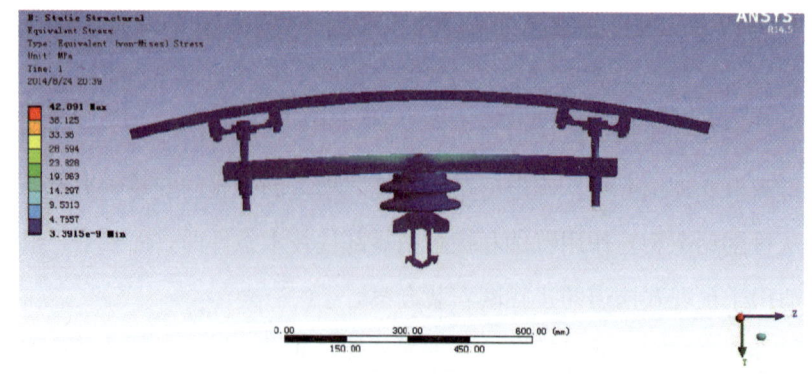

图 5.12-3 整体应力

最终提出适用于预埋槽的接触网悬挂系统方案，如图 5.12-4 所示。

5.12.2.2 采用类"八"字波形的刚性悬挂布置方案

目前，架空刚性悬挂汇流排主要采用以下两种平面布置方案，如图 5.12-5 所示。

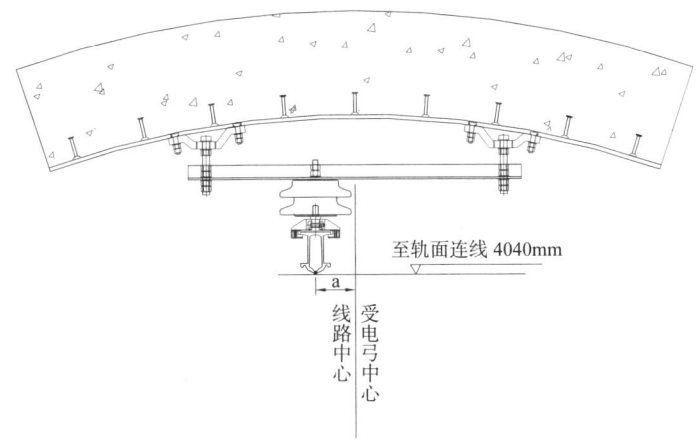

图 5.12-4 适用于预埋槽的接触网悬挂系统

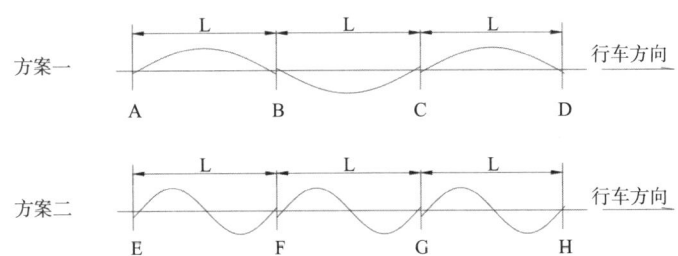

图 5.12-5 既有架空刚性悬挂汇流排的平面布置示意图

方案一：半波方式，整个锚段汇流排绕线路中心呈半个近似"正弦波"布置。

方案二：全波方式，整个锚段汇流排绕线路中心呈一个完整近似"正弦波"布置。

上述两种方案都是采用类似正弦波形状的布置方式，最大拉出值 ≤ 250mm，最大锚段长度一般 ≤ 250m，非绝缘锚段关节处拉出值为 ±100mm。采用上述刚性悬挂汇流排的平面布置，运营后出现了一些问题，列车受电弓碳滑板的磨耗呈不均匀分布，主要特点是：工作面的形状不规则且起伏不平；最大拉出值（±200mm）处列车受电弓碳滑板磨耗严重，形成较深的凹槽。

为使得受电弓滑板磨耗均匀，结合深圳 9 号线车辆受电弓选型，经过认真研究，借鉴柔性接触网平面布置方案，提出了折线布置方式，即方案三（图 5.12-6）。该方式是将一个锚段内汇流排基本呈折线布置，折线间以圆弧相连，圆弧半径不小于汇流排最小人工弯曲半径。由于汇流排主要以直线形式出现，且与受电弓中心对称布置，因此在此种布置方式下，接触线在受电弓上的分布基本平均，每段碳滑板的机械磨耗基本相当。

图 5.12-6　折线布置方式（方案三）

5.12.3　主要设计方案

5.12.3.1　接触网悬挂方案类型

根据牵引供电的计算结果，正常供电及一个主所故障（由相邻所越区进行双边供电），在最大允许磨耗条件下，接触网总截面应能够满足最大持续载流量的要求。正线为全地下区段采用架空刚性悬挂，悬挂类型及导线组成如表 5.12-1 所示。

刚性接触网悬挂组成表　　　　　　　　　　　　　　　表 5.12-1

线别		悬挂类型	导线组成
地下段	正线	架空"Π"型刚性悬挂	1 根汇流排 +1 根接触线 +1 根架空地线
			1×HL2213+1×CTAH150+1×JT120
	渡线、存车线、折返线	架空"Π"型刚性悬挂	1 根汇流排 +1 根接触线 + 单 1 根架空地线
			1×HL2213+1×CTAH150+1×JT120

5.12.3.2　主要线材、零件及设备的安全系数

接触网设计的强度安全系数按表 5.12-2 中参数设置。

主要线材、零件及设备的安全系数　　　　　　　　　　表 5.12-2

项目		安全系数
线材类	接触线最大磨耗面积 20% 的情况下	≥ 2.0
	承力索	≥ 2.0
	架空地线	≥ 2.5
	其他诸如镀铝锌钢绞线等	≥ 3.0
	中心锚结线	≥ 3.0

续表

项目		安全系数
绝缘子	下锚绝缘子（受机电联合荷载时抗拉）	≥ 2.0
	棒式绝缘子（抗弯）	≥ 2.5
	合成材料绝缘元件（抗拉）	≥ 5.0
	耐张的零件强度	≥ 3.0

5.12.3.3 接触线悬挂点处的高度

（1）地下区段刚性悬挂：悬挂点处接触线距轨面的高度为4050mm，接触线距轨面的最低高度不小于4040mm。局部因土建因素导致接触网安装空间受限的区域，接触线高度不低于4000mm。

（2）刚性悬挂汇流排距轨面的高度发生变化时，为保证滑动面的平滑度，其坡度不大于1‰。

5.12.3.4 跨距

刚性接触网悬挂点的跨距一般为6～10m，其中曲线区段6～8m，直线区段8～10m。相邻两跨距之比不宜大于1.25∶1。

由于深圳9号线盾构区间采用预埋式滑槽，接触网栓接于滑槽中，故盾构区间接触网跨距按1.5倍设计，跨距为1.5m、3m、4.5m、6m、7.5m和9m。

5.12.3.5 锚固长度

1. 刚性悬挂

刚性悬挂锚段长度根据运行环境温度变化范围、导体载流温升、导体的温度膨胀系数等条件确定，一般不大于250m，深圳9号线经计算后确定标准锚段为240m、228m。每个锚段中部设置中心锚结，防止汇流排发生顺线路方向的纵向窜动，刚性悬挂中心锚结采用"V"型拉线绝缘棒方式。

2. 架空地线

架空地线的锚段长度不宜大于2000m。在曲线区段、高差悬殊、跨距相差悬殊的区段适当缩小，一般为1000～1500m。

5.12.3.6 拉出值

刚性悬挂采用"类八字形"布置方式，一个锚段长度内的拉出值一般为-250mm～+250mm。

5.12.3.7 锚段关节

刚性悬挂的锚段关节由平行布置的两汇流排组成，汇流排重叠区域的长度为

7.5m，两平行汇流排之间的间距如下：

（1）非绝缘锚段关节两平行汇流排间距为200mm，如图5.12-7所示。

（2）绝缘锚段关节两平行汇流排间距为260mm，如图5.12-8所示。

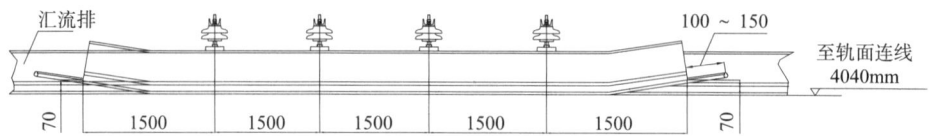

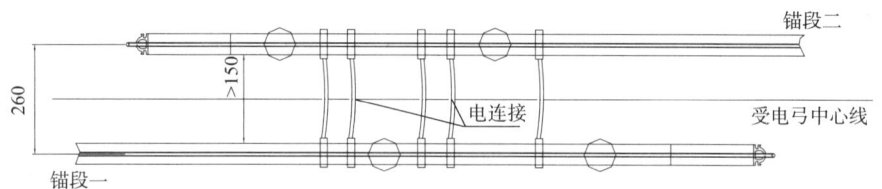

图 5.12-7　非绝缘锚段关节

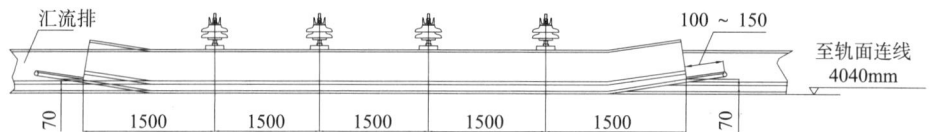

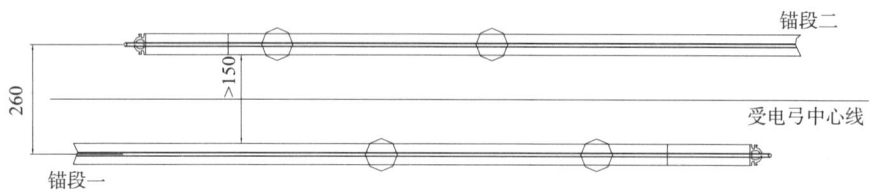

图 5.12-8　绝缘锚段关节

5.12.3.8　绝缘子泄漏距离

绝缘等级按重污区考虑，绝缘子的泄漏距离不小于250mm。

5.12.3.9　支持结构

一般情况下，隧道内刚性悬挂主要采用垂直悬吊装置。

（1）在净空高度<4450mm的隧道内，支持结构采用绝缘横撑安装。

（2）在净空高度<4800mm的矩形隧道内，支持结构采用双层槽钢的复式结构。

（3）在净空高度<4800mm的盾构及马蹄形隧道内，支持结构采用双螺栓支持结构。

（4）在净空高度≥ 4800mm 的隧道内，支持结构采用吊柱安装的双层槽钢的复式结构。

（5）在车站的风管下，采用在结构风管底板上钻孔方式安装。

5.12.3.10 供电分段原则

（1）正线接触网电分段应与牵引变电所布置相结合，既满足正常运行，又要考虑到牵引变电所解列时越区供电的运行要求。

（2）正线在有牵引变电所车站的进站端设电分段，电分段采用绝缘锚段关节形式。

（3）正线间渡线、折返线设电分段、区间存车线设电分段，电分段采用分段绝缘器。

5.12.3.11 隔离开关设置原则

（1）牵引变电所引至正线接触网的馈线上网及联络开关设电动隔离开关。

（2）牵引变电所引至车辆段接触网的馈线上网开关设电动隔离开关。

（3）正线间无检查坑的折返线、存车线设手动隔离开关。

所有电动隔离开关均纳入电力监控系统监控，所有隔离开关均采用墙上或柱上安装的户外型隔离开关。

5.12.3.12 电连接设置原则

（1）牵引变电所馈线通过隔离开关引至接触网，开关引线允许通过的载流量应不低于被连接的接触网允许通过的最大电流量。

（2）在道岔处、非绝缘锚段关节处设电连接。

5.12.3.13 刚柔过渡措施

出入场线隧道内的刚性悬挂与隧道外的柔性悬挂之间应设置刚柔过渡段，以保证车辆受电弓的平滑过渡，本工程采用贯通式刚柔过渡方式。

贯通式刚柔过渡方式是将隧道外柔性悬挂的承力索直接在隧道洞口下锚，而接触线则嵌入切槽式汇流排后在隧道内下锚。在刚性悬挂的开始段，由刚性递次减小的切槽式汇流排吸收来自柔性悬挂接触线的振动，避免接触线的疲劳破坏，实现受电弓的平滑过渡，其安装和调整较为简便。

5.12.3.14 人防门处刚性悬挂布置

根据人防专业要求，地下全封闭隧道按一个车站加一个区间隧道作为一个防护单元，在每个防护单元两端设置人防隔断门，人防隔断门采用"大小门"的结构形式，在汇流排通过位置预留开孔，让汇流排直接通过，门孔与汇流排之间的间隙和汇流排内部采用橡胶密封。当人防门试验或启动时，架空刚性接触网不需拆卸，人防门处接触网布置形式按正常锚段布置，不需特殊处理。

5.12.4 工程实施

5.12.4.1 背景资料

笔架山停车场出入段线明挖区间长度为 147.811m。该段区域原设计净空高为 5000mm，实际净空情况均不满足 5000mm，最低 4528mm。笔架山停车场内即停车场入场线设计终点前所有区域，顶板距轨道面净空高度达到 7000mm。受电弓的工作范围为 3985～5410mm（至轨面高度），即受电弓在距轨面 3985～5410mm 的范围内均可正常工作。

5.12.4.2 接触网更改后设计方案

根据相应的分析，在未改变明挖区间的土建条件下，可采用将刚柔过渡段设置在停车场内，鉴于刚性接触网节省净空的特点，在明挖区间采用刚性接触网的悬挂方式。具体方案为将刚柔过渡位置向停车场方向移动，加长刚性段，减少柔性段，并降低柔性接触网结构高度，以满足刚柔过渡净空安装要求。

5.13 通信系统

5.13.1 主要设计方案

通信各子系统的主要设计方案要点如下：

（1）专用传输采用增强型 MSTP 技术，通过区间主干光缆，以隔站相连的方式组成两个 20Gb/s 的二纤保护环。

（2）公务电话采用软交换技术，采用 NGN 体系的分布式结构，设置核心设备、网关设备、增值业务和智能终端等。

（3）专用电话采用数字程控交换技术，配置数字调度交换机、调度电话、站内（含车辆段/停车场）电话、站间电话等。

（4）专用无线通信采用 TETRA 数字集群技术，采用全基站小区制方式，通过天线、漏泄电缆等无源器件实现时间地点覆盖概率为 95% 的场强覆盖。

（5）广播系统曲中心级和车站级两级广播系统构成，采用 IP 通道连通。

（6）时钟采用 NTP 授时技术,配置一级母钟、NTP 服务器、二级母钟及数字子钟等。

（7）录音采用一体化数字录音设备,中心录音主机主备冗余设置,并提供 IP、模拟语音等多类型录音接口。

（8）综合 UPS 采用工频机,在各站点配置 160kVA/120kVA 的 UPS 主机及蓄电池组、配电柜等,并专门设置高频开关电源,可为专用无线、电话、传输等设备提供 48V 直流电源,并试点设置蓄电池检测系统。

（9）乘客资讯系统在车站采用 HD-SDI 标准,安装各类显示屏通过光缆链路与机房播控设备连通,在区间隧道安装 AP 及天线（基于 802.11n 的 WLAN 技术）,通过光缆链路与车站交换机连通,车载设备由车辆负责安装。

（10）公众通信采用无线多网接入（POI）平台,一步到位,完成各运营商 2G、3G、4G 移动通信业务的综合接入覆盖方案。本工程负责 POI、隧道多频合路单元、车站和区间覆盖系统及通信线路的设计,信源设备由运营商自建。

（11）公安传输系统根据深圳市城市轨道交通公安管理结构和公安部门相关要求,警用传输网络系统包含数字传输网络系统、计算机网络系统及视频专用网络系统,均采用以太环网技术。

（12）公安无线系统按 350M 数字集群（PDT）方案进行设计,以保证本线与地面公安无线系统的兼容。

5.13.2　技术方案创新和优化

本线通信系统设计除满足一般的通用设计要求（可靠、安全、节能、环保、经济）外,抓住系统技术重点难点,并对系统进行了创新和改进。

5.13.2.1　专用传输系统

1. 组建大容量业务平台

传输系统在中心和车站设备均由华为公司提供的大容量核心层设备 OSN7500II,以控制中心传输设备为切点组建两个 20G 带宽的增强型 MSTP（MSTP+）传输环,且整网具备平滑升级至 40G 带宽的能力,提供了更大的网络容量,可以满足地铁当前和未来业务扩展需求。

2. 采用新型环网保护方式（MPLS-TP）

传输系统不仅采用传统的 SNCP、二纤双向复用段环网等网络保护类型,同时采用业界领先的 MPLS-TP 环网保护方式，即本工程对不同的业务采用不同的保护机制，即 E1 业务采用 SDH 平面的 SNCP 或者 MSP 复用段保护，IP 业务采用 MPLS-TP 环网保护。传统内嵌 RPR 环网技术与 MPLS-TP 环网技术承载地铁业务需求的对比见表 5.13-1，对比可以看出 MPLS-TP 环网保护技术可以更好地贴合地铁需求。

不同环网的对比　　　　　　　　　　　　　　　　　　表 5.13-1

地铁需求	MSTP 设备内嵌 RPR 环网	增强型 MSTP 设备内嵌 MPLS-TP 环网
环网承载带宽	单环最大 1.25G	单环支持 1.25G～40G 各种级别，可根据用户业务需求灵活配置
环网保护技术	RPR 环网保护，50ms 倒换	MPLS-TP 环网保护，50ms 倒换，标准成熟
链路级保护	板内端口聚合保护，不支持跨板 LAG 保护	板内、板间以及跨设备的 LAG 保护
统一承载调度	IP 和 TDM 业务统一承载交换	IP 和 TDM 业务统一承载交换
组网灵活性	TDM 业务可组成单环、环相切、环相交；IP 业务仅可组单环，无法跨环组网	IP 和 TDM 业务均可组成单环、环相切、环相交，实现灵活部署应用
安全性	部分业务物理隔离，部分业务共享一个 RPR 环带宽	所有承载业务做到完全物理管道隔离

3. 支持传输高精度 1588v2 时钟同步协议

传统的地面时间同步链路是采用 NTP（Network Time Protocol）传送方式实现，该协议最大的缺点只能满足 ms 级别的时间传递精度，这对于高精度时间同步所需的 ns 级时间精度是远远不够的，故 IEEE1588 标准应运而生。IEEE1588 协议目前已发展到 v2 版本，与传统授时技术相比，IEEE1588 v2 有着明显的优势，其采用双向信道，目前精度为 100ns 级。

本工程专用无线通信系统 TEATRA 基站之间必须同步在一定精度之内，否则基站切换时会出现掉线或者话音单通等异常情况。同步精度要求为 us 级。因此以往工程中为了满足 TEATRA 基站的时钟精度要求需要在每个站点的风亭口或出入口雨亭顶设置 GPS 接收天线，施工难度大，信号接收也易受周围环境影响，本工程无线通信系统则可通过基于 1588v2 协议的网络同步，取消了 GPS 天线，减少工程投资和降低施工难度。

5.13.2.2　专用无线通信系统

1. 中心集群交换机冗余备份（IP 链路）

深圳地铁三期工程对中心交换机的安全稳定性提出了新的要求，海能达

ACCESSNET-T IP 系统除了满足对交换机设备的关键组件（电源、交换控制服务器、网络数据库 NDB 服务器、以太网交换机等）进行冗余配置外，提供的 7/9 号线的交换机与 11 号线的交换机更是互为异地备份（图 5.13-1、图 5.13-2）。由于本工程所有基站采用 IP 总线型方式分别连接 2 个交换机上，且采用的备份方案中把调度系统、网管系统等其他应用设备也分别连接到 2 个交换机上。如此一来，即使其中的一个交换机出现部分故障或完全瘫痪，深圳地铁三期工程（7、9、11 号线）的所有基站及服务终端也不会受到影响。

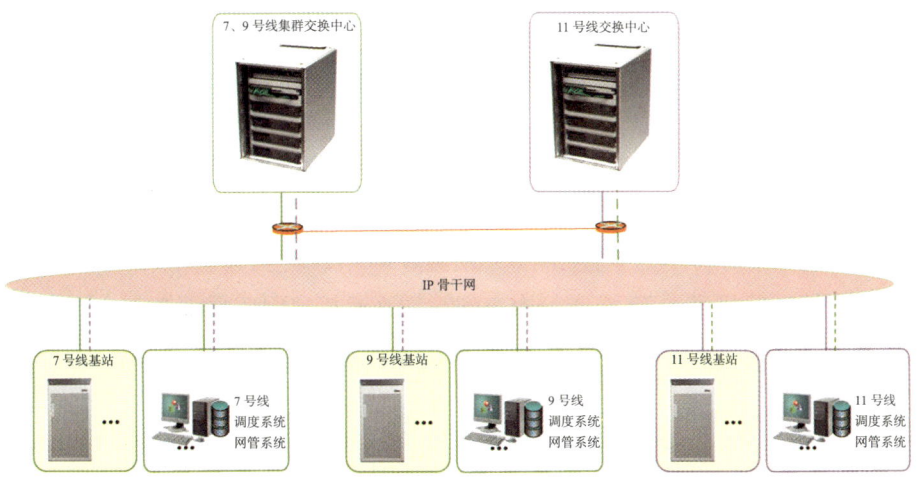

图 5.13-1　深圳地铁三期工程专用无线通信系统架构图

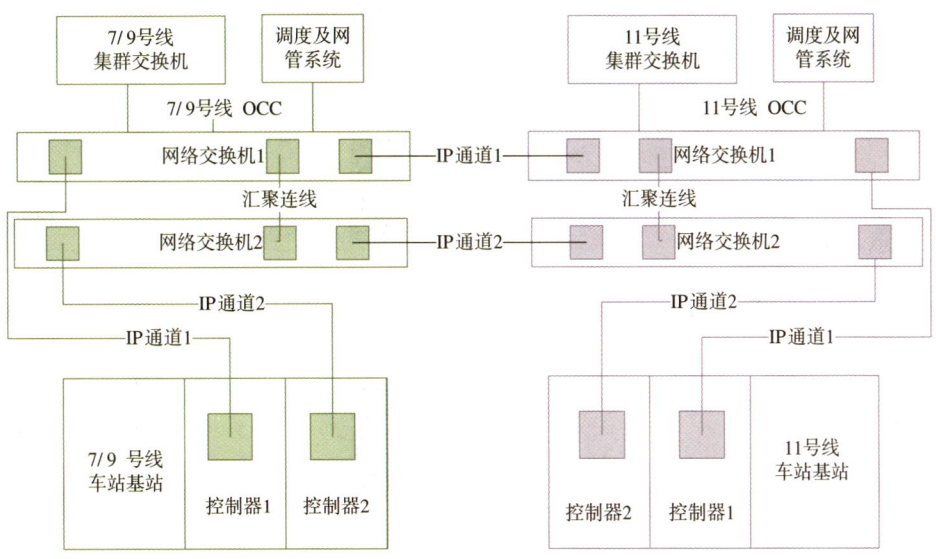

图 5.13-2　深圳地铁三期工程专用无线通信系统冗余链路图

2. 与既有线换乘站互联互通采用基于无线终端空中接入系统的方案

为了实现本系统与深圳地铁既有线路换乘站实现互联互通，实现换乘站人员用手持台进行语音互连，保证换乘站人员的手持台在换乘站车站区域内的互连互通（图5.13-3），本工程采用基于无线终端空中接入系统的方案，实现上述功能需求。

无线终端空中接入系统主要由互联互通接口服务器及互联互通接入设备组成。互联互通接入设备采用本系统侧有线、其他厂商系统侧无线的互联方案，该方案能够实现跨系统的组呼、优先级呼叫、紧急呼叫、状态信息、短信息等业务功能。

该方案的优势是不需要与其他无线通信系统设备发生直接关系，仅从工作在其他无线通信系统中的电台入手，就可实现不同系统终端的指挥调度，简单灵活，经济可靠。

每套互联互通接入设备内设置有10台TETRA接入电台，换乘站互联互通接入设备应置于有既有线路专用无线系统信号稳定覆盖的地方，通过互联互通接入设备内注册在既有线专用无线系统的TETRA接入电台接入既有线无线网络。互联互通接入设备通过传输链路提供的IP通道与中心的互联互通接口服务器及控制中心交换设备连接，实现对本系统在换乘站与既有线路专用无线系统数据和语音的互联控制。

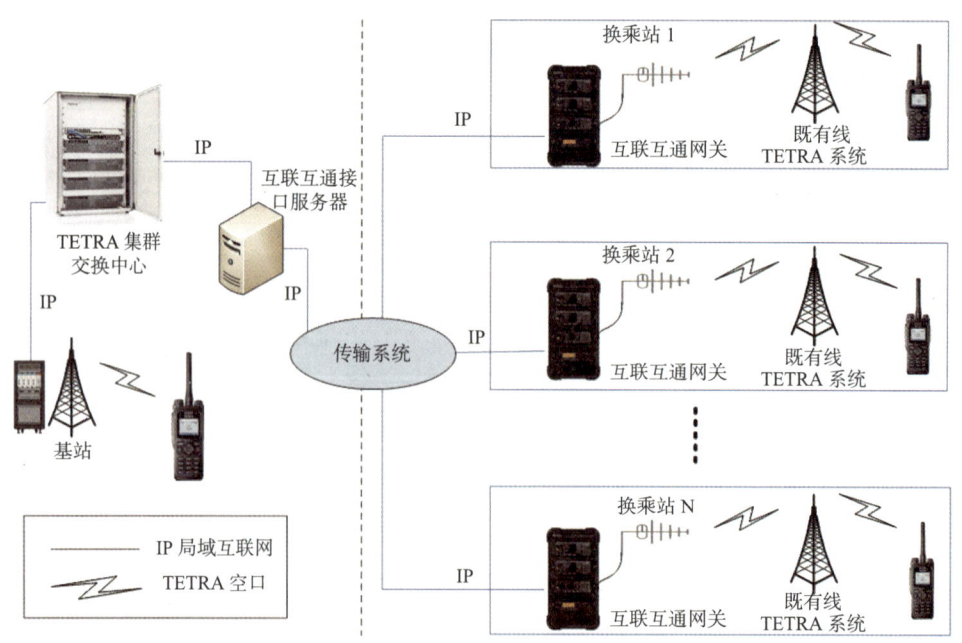

图 5.13-3　手持台换乘示意图

3. 具备全网呼叫录音功能

不同于以往线路通过模拟接口仅对调度大厅调度台通话进行录音的方案，本工程通过二次开发，设置针对本工程 TEATRA 系统的全网呼叫动态录音系统。

呼叫动态录音系统可无遗漏地动态采集全网内所有语音通话、短信、登记信息，录音容量大，语音清晰，为用户提供灵活可靠的录音服务，并且系统根据配置的短信方案自动采集文本短信并存入数据库，为集群系统提供一个短信平台。

全网录音系统可提供不少于 200 路全网动态录音的功能（包括存储、检索和回放）。存储时间 $\geq 30 \times 24h$。深圳地铁三期工程 7、9、11 号线共设置一套中心数字录音系统。

5.13.2.3　公务电话系统

1. 采用先进的软交换技术

本工程借鉴运营商成熟应用的软交换技术，针对轨道交通应用，做了进一步的深入研究和开发设计，能够给轨道交通行业提供个性化的应用需求和应用模式。

本工程 Acro®Switch 软交换系统具有处理能力强和稳定性高的优点，并严格遵循 NGN 规范中"呼叫接入与呼叫控制相分离，呼叫控制与业务提供相分离"的原则，实现了完全的分组交换和处理，并支持多种协议的呼叫接入和多种信令方式的连网，其功能包含了 H.323 网守、SIP Server 的功能，相较于 PBX 具有规模大、组网能力强大、业务提供方式灵活快速、业务接口开放的优势，软交换系统采用开放的平台和标准的接口，集合语音、数据、多媒体等多种业务，实现了企业各种网络和各种业务的融合，大大拓宽了企业的业务应用模式，公务电话系统构成示意图如图 5.13-4 所示。

2. 多媒体终端的支持及应用

软交换系统支持多种智能终端的接入，如 IP 话机、SIP 视频话机、软客户端等多媒体终端。由于多媒体终端是通过 IP 网络接入软交换系统，因此其信令消息和媒体流全部由 IP 网络来承载。通话建立前的呼叫信令全部发送到软交换系统设备处理。

对于 IP 电话和 SIP 视频话机、软客户端则 IP 网络直接注册于软交换系统上，通过 SIP 协议对 IP 电话和 SIP 视频话机进行控制，接入方式较传统的模拟/数字话机方便、灵活。

本工程采用多媒体端局组网和 PSTN 端局组网方式的混合组网方式。

3. 遵循线网互联互通规划方案

深圳地铁线网指挥中心项目与本工程同步建设，对线路的互联互通做了进一步规划，该项目在竹子林车辆段和 NOCC 设置了一套软交换中心（异地容灾备份）用于线路的互联互通及出局。本工程公务电话系统遵循线网互联互通规划方案，将线路软交换中心设备利用骨干网提供的 IP 传输通道通过 SIP-T 协议分别在竹子林车辆段软交换中心和 NOCC 软交换中心联网，实现本系统与市话网及其他线路公务电话系统的互联互通。联网示意图见图 5.13-4。

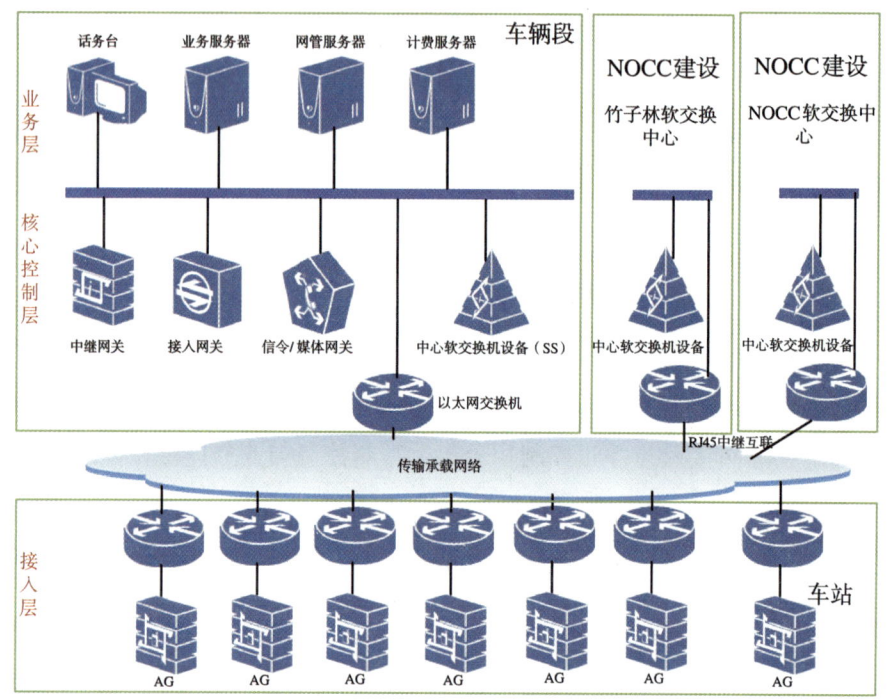

图 5.13-4　公务电话系统构成示意图

5.13.2.4　专用电话系统

1. 取消轨旁电话

深圳轨道交通既有线路在区间中每隔 100~150m 或在一些重要地点附近（如信号机、通风机房、消防栓、排水泵等处）安装固定的轨旁电话。

在线路投入运营初期，传统轨旁电话给运营维护带来很多方便，使用也比较多，但随着时间的推移，轨旁电话的使用率越来越少，但却增加了大量维修工作量。

随着通信技术的发展，尤其是数字集群无线通信的应用，利用专用无线通信手持电台解决轨旁电话的功能已成可能。手持电台具有方便、灵活的特点，可以减少区间电缆的容量，省去固定的轨旁电话，从而节省投资和后期的维护工作量。因此本工程取消了轨旁电话，采用专用无线通信手持电台替代轨旁电话的区间电话功能。

2. 触摸屏调度台的应用

不同于传统的按键式调度台（图 5.13-5），本工程采用触摸屏式调度台（图 5.13-6），触摸屏式调度台由工控机与显示器构成，与调度机通过 ISDN BRI 接口连接。触摸屏式调度台提供基于软件设计的控制界面，将热键、功能键、席位键通过显示器呈现给调度员，可以配置为鼠标或触摸屏模式，既可以用鼠标控制，也可以用手直接点击触摸屏进行操作，完成一键呼出、选择接听、启用功能、组织会议、呼叫记录查阅等所有的控制。

触摸屏调度台采用标准 ISDN BRI 接口，最远传输距离可达 5.5km。可配置 2 个调度手柄，调度手柄可直接配置成普通电话机、头带耳机或无绳电话等。

图 5.13-5　传统按键式调度台

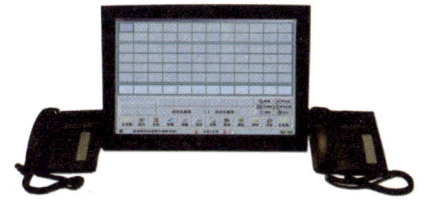

图 5.13-6　触摸屏式调度台

5.13.2.5　集中录音系统

录音系统是保留地铁内部分系统语音通讯过程，提高管理部门信息收集、处理能力和联动、反映能力，为各级管理人员提供准确、及时的分析数据，提高管理的工作效率。

轨道交通运营管理中，需对重要的专用电话、人工广播及公务电话的重要语音信息进行录音，深圳地铁一、二期既有线路各系统录音自成体系，容量小、可靠性低、不便于维护管理；并只对中心的调度语音、人工广播录音，录音内容不全面，不便于运营管理。

本工程将各个录音系统整合为一体，设置集中录音系统，并且在控制中心、各站点及段场均设置集中录音设备，并通过传输系统提供的 IP 网络互连，各点位录音设备支持音频二、四线、2B+D、IP 接口等，实现对各点位重要的专用电话、人工广播及公务电话的功能。运营人员可通过控制中心的录音查询终端，查询监听录音内容。

5.13.2.6 综合电源系统

1. 整合弱电系统 UPS

在深圳地铁以往的多条线路中，车站各弱电系统一般分别配置各自的 UPS 电源系统，存在 UPS 品牌繁多、设备重复配置、利用率和可靠性低等缺点。在运营维护中，各系统基本没有专业的电源维护人员，造成实质上的电源系统维护少或维护不当的状况。本工程通信设专业设置集中 UPS，为控制中心、各车站及段场专用通信、PIS、AFC（含机房设备及车站现场终端设备）、综合监控（含 BAS、FAS）、综合安防设备统一供电，不但提高了系统的可靠性，还使得运营维护更加便利，通过统一的 UPS 电源系统监视和管理平台，提高了 UPS 系统监测和自动化水平。

2. 统一配置高频开关电源

本工程在各站点集中设置直流开关电源，使集中监控开关电源运行详情的功能得以实现；并且传输、电话及无线等系统统一配置高频开关电源，使得整流设备的备件统一，可降低设备管理和维护工作量。

3. 蓄电池在线监测系统试点应用

本工程选择 4 个站点采用蓄电池在线监测系统，为每组电池配置一台蓄电池检测仪，并将采集的信息通过传输网络统一上传中心网管终端监测。

蓄电池池监测系统实现对蓄电池组运行数据自动测量、显示、记录和保存。系统 24h 连续工作，实时自动监测电池组电压、单体电池电压、标样温度、单体电池内阻（所有数据均对应电池位置及编号以及测量日期）。其中内阻 12h 自动测试一次，并可人工操作进行测试。内阻测试为纯在线方式，无需蓄电池组放电，无论蓄电池组在均充、浮充或放电等任何状态下均可以进行内阻测试。

4. 系统防雷方案

UPS 电源内置 D 级防雷板，主要是保护机器本身的板件，交流配电柜输出端的相线及零线分别对地加装 C 级防雷器，可对 UPS 进行防雷保护。避雷器的参数符合 YD/T 944-1998 第 4.2 条的要求。本系统防雷方案亦满足质检部门、防雷办的验收要求。

5.13.2.7 乘客资讯系统

1. 车站播控系统采用完全集成化的 HD-SDI 光信号传输方式

不同于以往线路通过视频同轴线缆或外置光电转化设备＋光缆的视频信号的传输方案，本工程 LCD 显示屏控制器采用内部完全集成化的 HD-SDI 光信号的输出方式，LCD 显示终端也内部集成 HD-SDI 光纤接口直接接收光信号，无需通过转换设备。该方案简化了网络结构和系统配件，方便施工及后期维护维修。具体信号传输方案如图 5.13-7 所示。

2. 车站播控系统采用 N+1 热备播出机制及方案

为保障 PIS 系统播放的流畅、安全与稳定，本工程中特设计多机热备（N+1）方案。

在电源系统、网络系统中，冗余热备的方案较为常见，然而在视频播放系统中，存在着信号单向性、硬线连接等问题。N+1 多机热备方案是本工程中的一个技术亮点，提出"播放控制器＋切换矩阵＋控制软件"的解决方案。

以一个 3+1 车站为例，采用高清 HD-SDI 的音视频信号切换矩阵，所有 LCD 播放控制器（3 台 LCD 播放控制器＋1 台备用 LCD 播放控制器，共 4 台设备）的 4 路 HD-SDI 信号输出端口接入切换矩阵的 Input 输入部分；在切换矩阵的 Output 输出部分，引出 3 路 HD-SDI 信号分别对应站厅、站台区域的显示终端设备。此外，再使用一条串行通信线缆将车站数据服务器与切换矩阵的串口相连接，至此，完成 N+1 的物理信号链路。

N+1 的物理信号链路如图 5.13-7 所示。

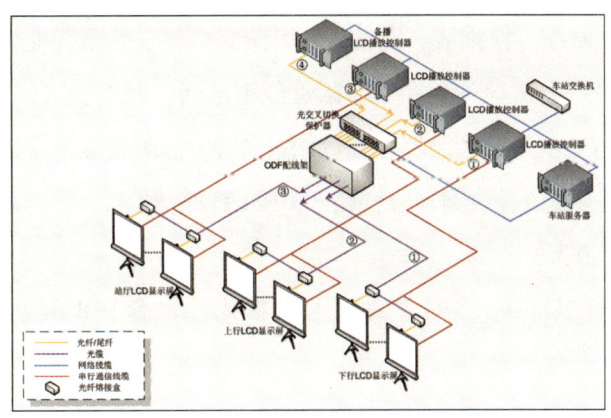

图 5.13-7　N+1 热备正常状态示意图

在实际运营过程中，安装在车站服务器的切换矩阵控制软件将根据切换矩阵的串口所提供的运行反馈状态，对切换矩阵进行监测控制。一旦出现 InfoTV 程序输出告警的情况，则立即将第 4 路备用 HD-SDI 信号切换至已中断的信号链路，以保障视频节目的顺利播放（图 5.13-8）。

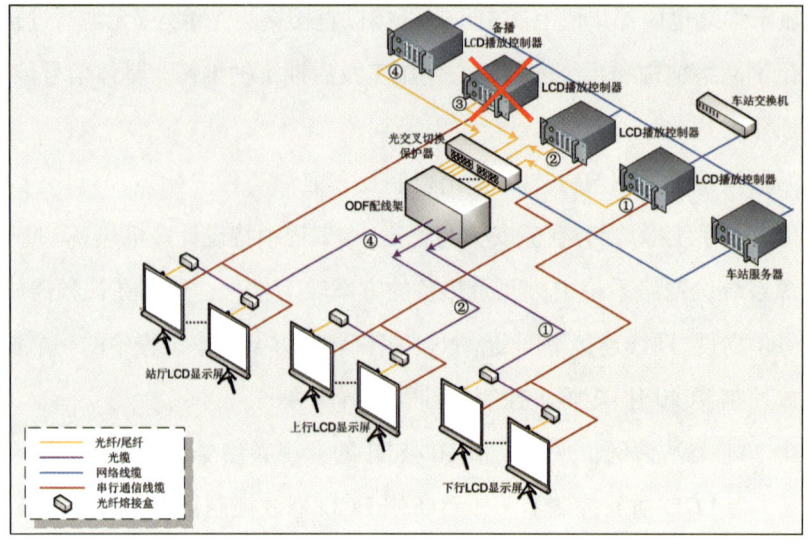

图 5.13-8 N+1 热备切换状态示意图

整个切换过程无需人为干预。

5.13.2.8 公众无线引入系统

1. 一步到位，完成各运营商 2G、3G、4G 移动通信业务的综合接入覆盖

本工程采用无线多网接入平台（POI），每个站点公众通信设备室设置两套 POI，其中一套覆盖车站站厅、换乘区、设备区、升降式电梯、地下商业街、公共卫生间及地铁出入口等，另一套覆盖站台和车站附近隧道区间。对于长区间（大于 500m）则在区间隧道配置 POI 多频分合路器，并分两种类型：一类是能分合路所有 2G、3G 和 LTE 信号，一类是 2G 信号直通，分合路 3G 和 LTE 信号。

（1）POI 配置方案

为满足各运营 2G、3G、4G 基站信号的接入，每套 POI 由单个的上行和下行 POI 构成。

（2）天馈器件及线缆

漏泄同轴电缆、射频电缆及功分器、耦合器以天线等无源器件要求满足 700-2700MHz 频段使用，并且在车站覆盖天馈系统的前三级采用大功率器件。

（3）覆盖方案

① 车站覆盖方案

地下车站站厅区、商业区、设备区、出入口以及侧式站台采用宽带全频段天线进行覆盖，岛式站台区原则上采用架设于站台隧道壁的漏泄同轴电缆覆盖，在场强覆盖较弱的岛式站台区域也可采用天线进行覆盖,以保证覆盖效果。射频分配系统上下行两个链路独立分开,以减少相互之间的干扰。多个运营商网络信号经过 POI 接入合路后,输出给车站站厅、站台、出入口通道、商业区等,通过射频电缆、无源功率分配器件,采用宽频吸顶天线实现覆盖,收 / 发天线间距离 ≥ 1000mm。

在车站采用两套分布系统,一套上行,一套下行;POI 输出接入下行天馈,终端用户上行信号接入到上行天馈,回传至运营商基站及网络。图 5.13-9 为车站覆盖示意图。

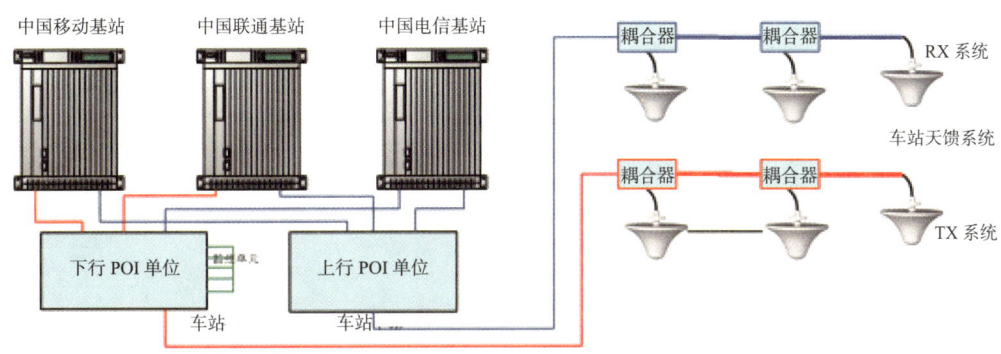

图 5.13-9 车站覆盖示意图

② 隧道覆盖方案

在隧道区间射频信号在传输过程中损耗较大,使用 RRU 设备补充信号功率不足的问题。各运营商信号经过 RRU 放大后通过隧道多频段分 / 合路设备,分别接入上下行漏泄电缆,完成对长隧道区间的覆盖,如图 5.13-10 所示。

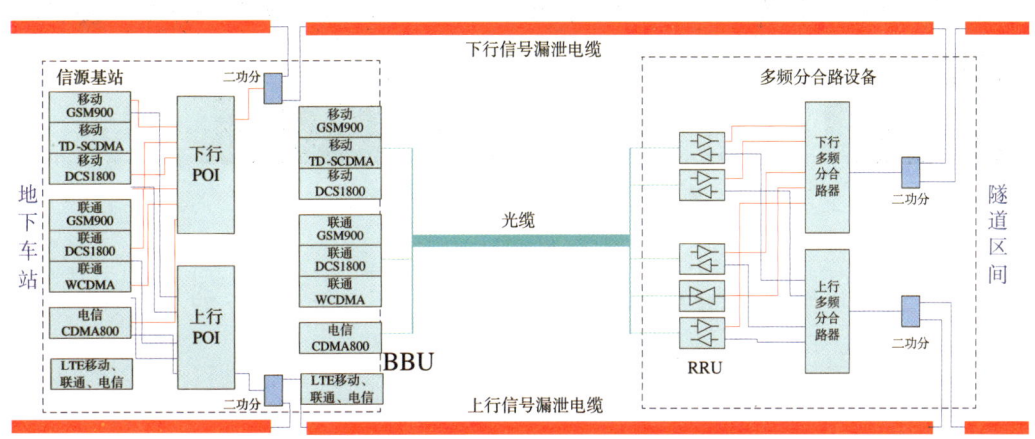

图 5.13-10 单边隧道覆盖示意图

5.13.3 问题处理及对策

工程实施方面，本系统也根据 9 号线的工程特点，对通信安装工艺提出一些创新及改进，具体如下：

5.13.3.1 上走线安装工艺设计

深圳地铁一、二期工程中，通信设备房均采用下走线方式。机房内安装天花、地板，竣工后整体布局美观，施工比较方便，工程量较小。但是，下走线同时也存在大量缺点，如地板下方线缆凌乱，不便于管理；机房地板渗水、离壁沟积水渗透或其他漏水。容易造成电缆浸泡水中；同时也会造成防静电地板支架锈蚀，具有安全隐患等。

鉴于运营部门反映的下走线的缺点，本工程改用上走线的方案，具体规划设计如下：

（1）通信设备室取消架空静电地板，采用防滑防静电地砖。

（2）通信设备室均设两层600mm宽的铝合金电缆上走线架，另外沿铝合金走线架架设1根尾纤盒，用于防护和敷设软尾/跳纤。

上走线通信机房现场图见图5.13-11。

图 5.13-11　上走线通信机房现场图

5.13.3.2 盾构区间特殊安装工艺要求

1. 特殊工况

本工程盾构区间采用盾构管片预埋槽技术，盾构片每隔1.5m设环形预埋槽用于区间设备和线缆的安装固定，盾构管片上不允许再打孔。

2.通信设备材料区间安装工艺

通信系统在区间隧道壁固定的设备材料主要有设备机箱、弱电电缆托架及漏泄同轴电缆。以往线路以上设备材料的安装均通过螺栓直接打孔固定在隧道壁上，但9号线盾构区间内设备只能通过与盾构区间预埋槽相匹配的M12 T型螺栓固定。

设备机箱固定工艺

在两相邻预埋槽之间搭建两根槽钢，通过M12 T型螺栓固定在隧道壁，两根L型槽钢的间隔根据区间机箱的尺寸和固定点确定，再将区间机箱固定在槽钢上。

5.14 信号系统

5.14.1 概述

5.14.1.1 工程概况

9号线信号系统，功能完善，自动化程度高，工程质量优良，符合地铁运行实际需要，完全满足9号线运营各项指标要求。

信号系统由正线Seltrac® 无线CBTC系统及车辆段信号系统组成。

（1）正线信号系统采用上海自仪泰雷兹提供的基于无线跳频扩频通信传输的移动闭塞信号系统，即Seltrac® 无线CBTC系统，并配备点式ATP通信的降级运行模式。该系统由列车自动防护子系统（ATP）、列车自动运行子系统（ATO）、列车自动监控子系统（ATS）、正线计算机联锁子系统（CI）、数据传输子系统（DCS）、集中维护支持子系统（MMS）、培训子系统等设备组成。

（2）车辆段、停车场采用中国铁道科学研究院提供的TYJL-Ⅲ二乘二安全冗余型计算机联锁系统设备。

5.14.1.2 设计标准

信号系统是保证行车安全、提高行车效率、改善服务质量的重要设施。深圳9号线工程信号系统的设计具有以下特点：

以安全可靠、技术成熟、先进实用和经济合理为设计宗旨，大量采用国产化设备，使得本工程信号系统具有较高的国产化水平（可达到95%以上）。

大量采用计算机技术、网络技术、数据传输技术，设备配置标准化和模块化，设备结构紧凑，便于安装、维护和系统功能的扩展和控制范围的延伸。

采用基于先进抗干扰机制的车地无线跳频扩频技术，可很好地解决信号车地无线控制信息避免外界干扰，保障行车安全。

信号车地通信数据传输系统（DCS）必须符合相关无线网络的协议标准和安全标准。无线传输技术必须具备保障通信的安全性、防范非法侵入，具备网络加密、识别和防火墙等安全防护功能，满足 IPSEC 安全标准要求。

信号系统应具有很高的安全性、可靠性和可用性，能保证连续不间断的工作，凡涉及行车安全的设备必须符合故障-安全原则，其安全性指标须满足 SIL4 级的要求。主要行车指挥设备的计算机系统应采用冗余设计，联锁、ATP 等安全设备的计算机系统应采用三取二或二乘二取二的安全冗余结构。

正常运营时，正线列车以车载信号为主体信号，ATP 故障列车以及地面 ATP 故障情况下，以地面信号机作为行车凭证。正线仅在道岔区段、车站正方向发车位置、尽头线终点、折返进路终点、进入正线的入口及其他需要防护的特殊位置设地面信号机，其余均不设地面信号机。

信号系统全线均配备了完善的维护监测系统，具备系统设备、基础配套设备的健康状态监测，实现全线设备的故障预警和报警功能，为提高维护人员的维护效率、保障全线行车安全提供更强大的支撑。

在保证安全的前提下，全线信号系统实现全功能一次性开通，实现提前 2 个月正式开通运营，并已达到线路设计远期运营指标，具体如下：

（1）最小追踪间隔：<90s；

（2）最小折返间隔：<120s；

（3）旅行速度：>35km／h。

5.14.2 主要设计方案

基于无线跳频扩频通信传输的移动闭塞信号系统（ATC）是一个完整的闭环系统。针对深圳 9 号线工程车站、线路和车辆段、停车场的特点，从系统设备的布置特点，按区域可将全线信号系统划分为：控制中心设备、正线设备集中站设备、正线非设备集中站设备、车辆段／停车场设备、培训中心设备、维修中心设备、试车线设备、列车车载设备，以及试车线信号工程和控制中心信号工程，详见图 5.14-1。

5.14.2.1 控制中心设备

控制中心设备主要包括:中央级 ATS 系统应用服务器、数据服务器、培训服务器、网络管理服务器、前端处理机(FEP)、网络交换机、工作站、网络管理工作站、大屏接口计算机、UPS 设备、蓄电池、智能电源屏等,如图 5.14-1 所示。

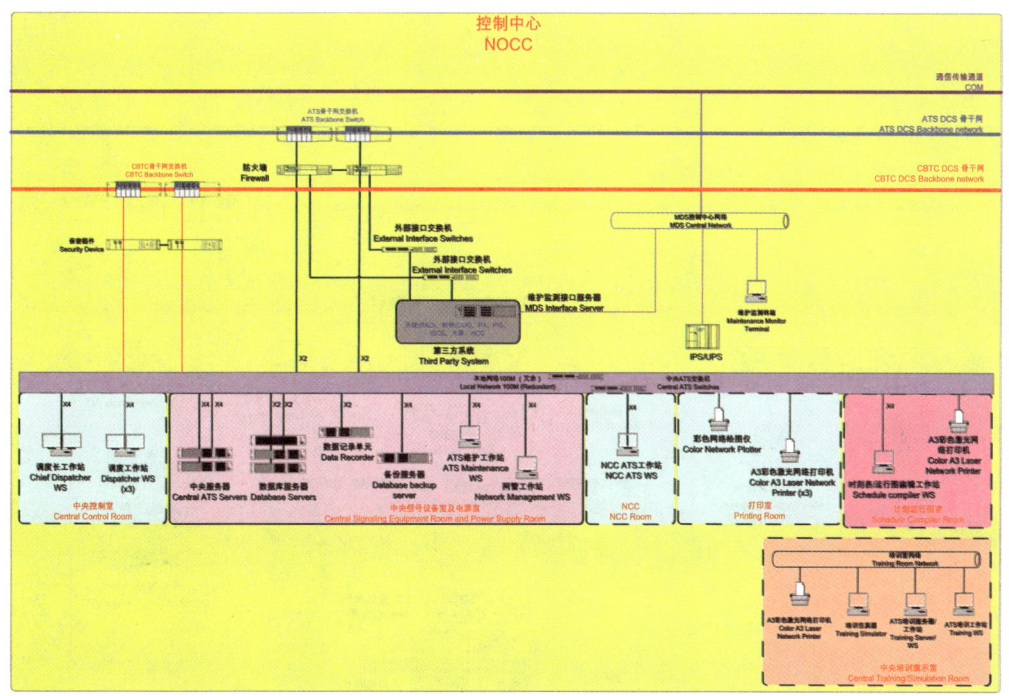

图 5.14-1 控制中心信号设备配置图

5.14.2.2 正线车站设备

深圳 9 号线工程信号系统将全线划分为红树湾南站、深圳湾公园站、车公庙站、香梅站、下梅林站、孖岭站、银湖站、红岭北站、鹿丹村站、文锦站共 10 个控区,设 10 个设备集中站,其余车站深湾站、下沙站、景田站、梅景站、梅村站、上梅林站、园岭站、红岭站、红岭南站、人民南站、大剧院站、向西村站等 12 座车站为非设备集中站。

1. 设备集中站

设备集中站设备主要包括:正线联锁设备、区域控制器设备、ATS 车站级设备、计轴室内设备、信标设备、接口柜、组合柜、防雷分线柜、数据通信网交换机、无线通信室内设备、维护工作站、微机监测设备、智能综合电源屏、UPS、电池及轨旁设备等,如图 5.14-2 所示。

2. 非设备集中站

非设备集中站设备主要包括：防雷分线柜、接口设备、数据通信网交换机、智能综合电源屏、UPS、电池及轨旁设备等，如图 5.14-3 所示。

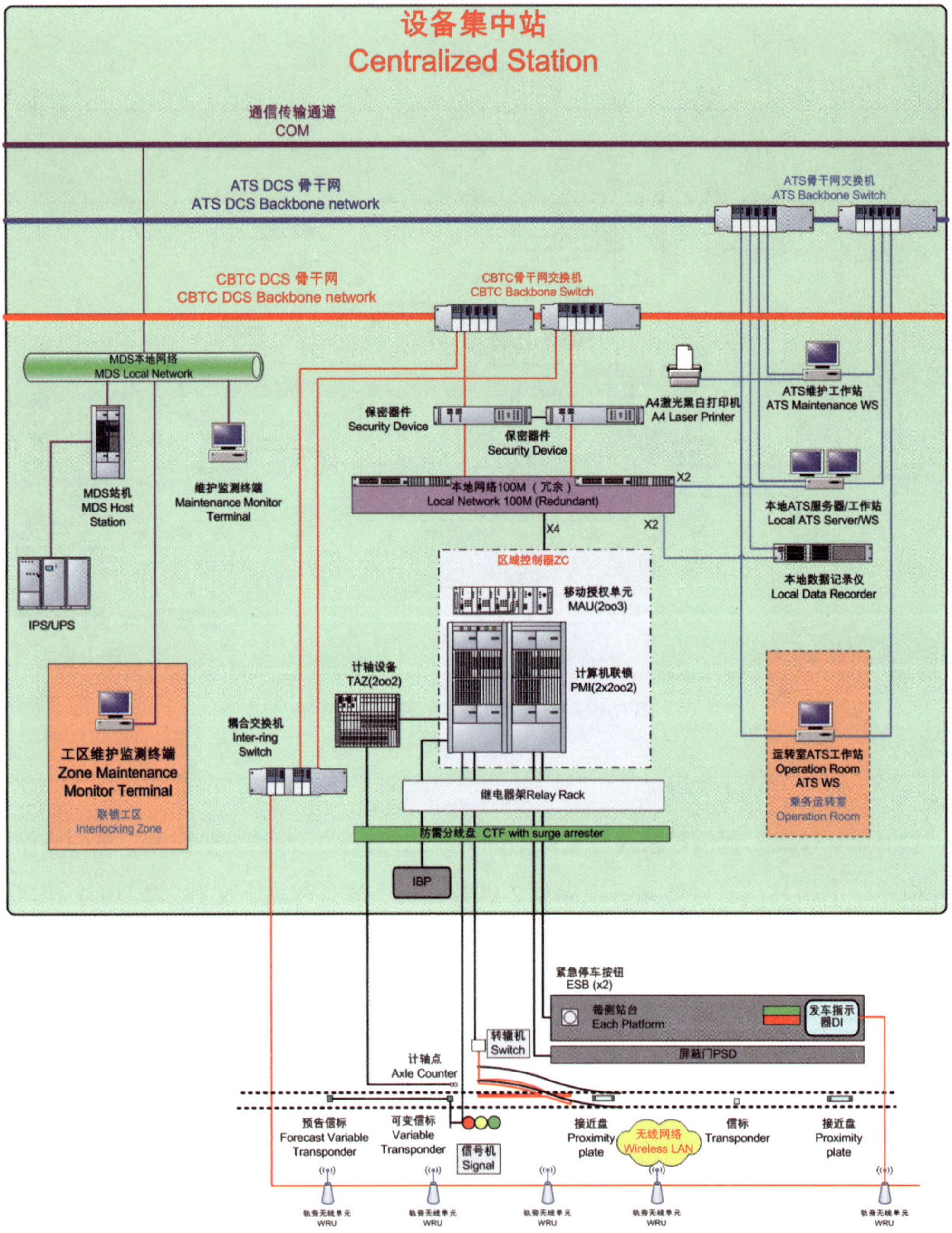

图 5.14-2 正线信号设备集中站配置图

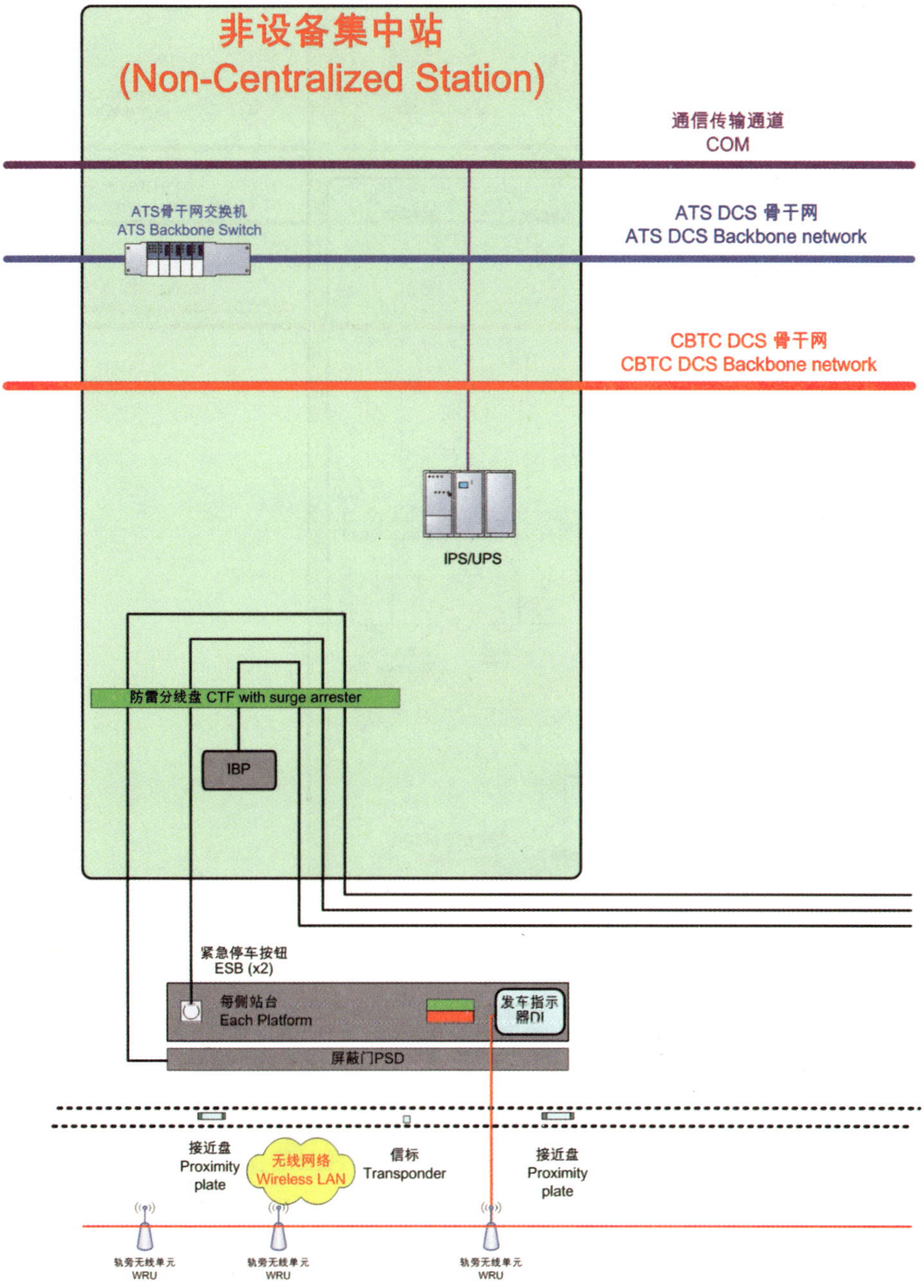

图 5.14-3　正线信号非设备集中站配置图

5.14.2.3　车辆段/停车场设备

设备集中站设备主要包括：ATS 显示工作站、联锁机柜、计轴设备、微机监测机柜、微机监测工作站、接口柜、组合柜、防雷分线柜、智能电源屏、UPS、蓄电池及轨旁设备等，如图 5.14-4 所示。

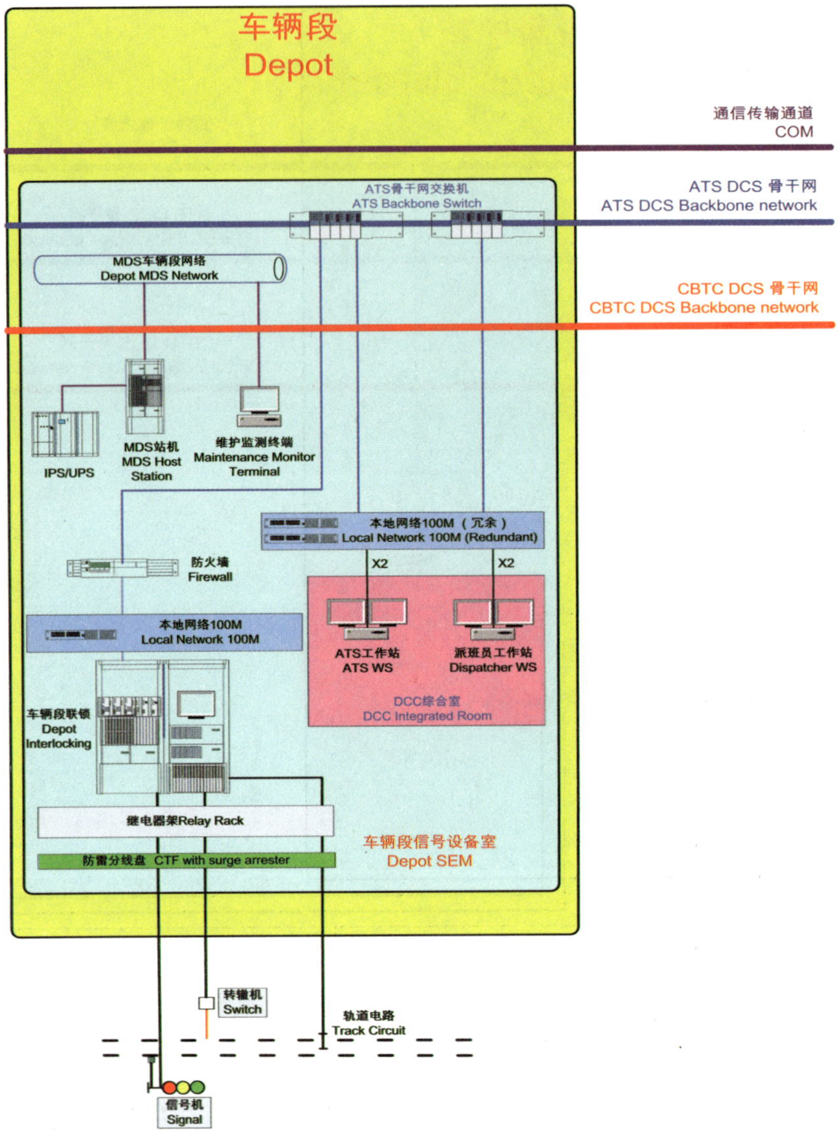

图 5.14-4　车辆段/停车场信号设备配置图

5.14.2.4　维修中心设备

维修中心设备主要包括:维护服务器及工作站、网管服务器及工作站、网络设备、打印机,如图 5.14-5 所示。

5.14.2.5　培训中心设备

培训中心设备主要包括:一套联锁设备室内设备(包括模拟工作站)、一套 ATP/ATO 线路设备、数套车地通信室内设备、一套车地通信室外设备、若干套轨道空闲检测设备(计轴器)、若干室外信号机及附属设备、一套室外道岔转辙设备、室内外电线路、一套培训模拟系统（含控制中心 ATS 模拟系统）、一套车载 ATC 装置（包含各类车载天线）、一套车载人机接口装置、电源装置及轨旁设备，如图 5.14-6 所示。

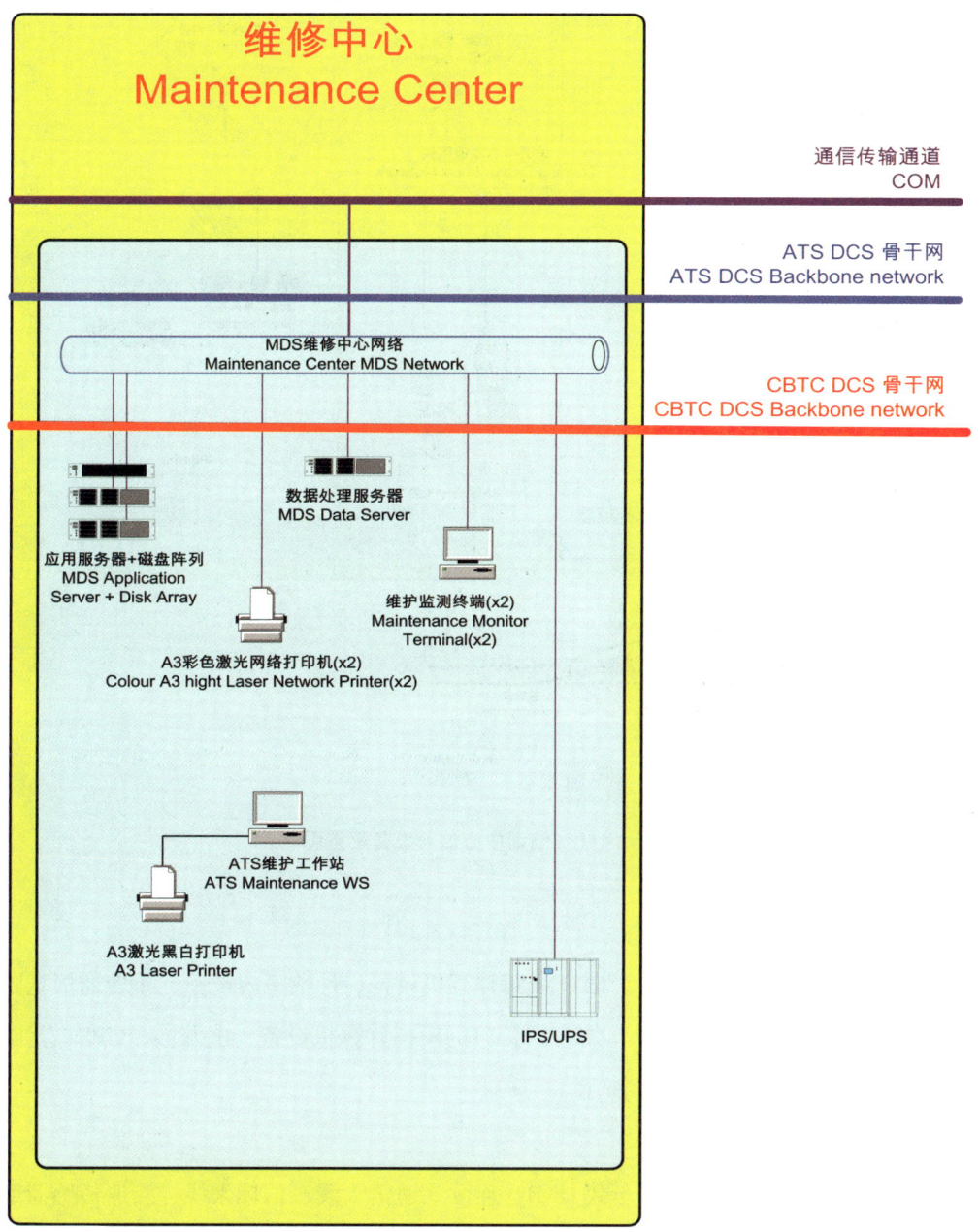

图 5.14-5　维修中心信号设备配置图

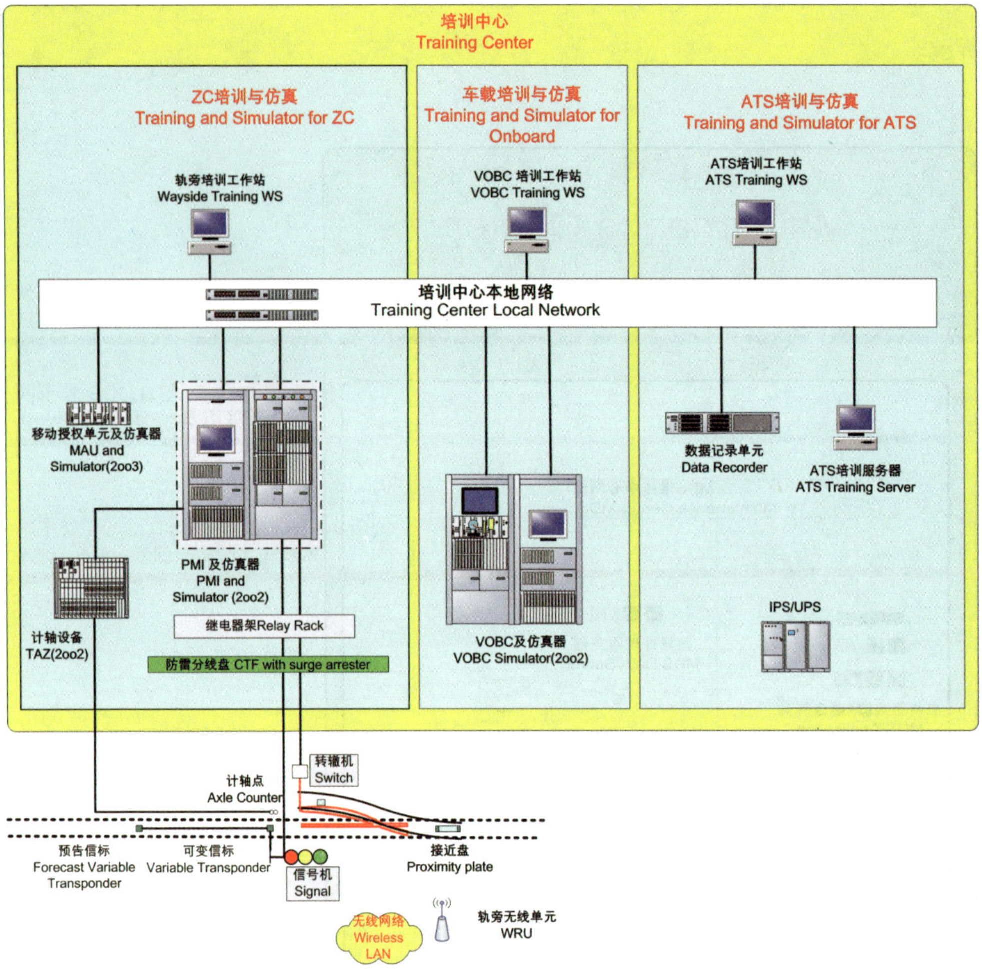

图 5.14-6 培训中心信号设备配置图

5.14.2.6 试车线设备

试车线设备主要包括：ATP/ATO 线路计算机设备、计轴室内设备、车地通信室内设备、组合柜、防雷分线柜、与站台门接口的模拟计算机设备、电源屏、UPS、蓄电池及轨旁设备等，如图 5.14-7 所示。

5.14.2.7 列车车载设备

列车车载设备主要包括：车载 HMI、连续式通信天线、信标天线、测速传感器或测速雷达等，如图 5.14-8 所示。

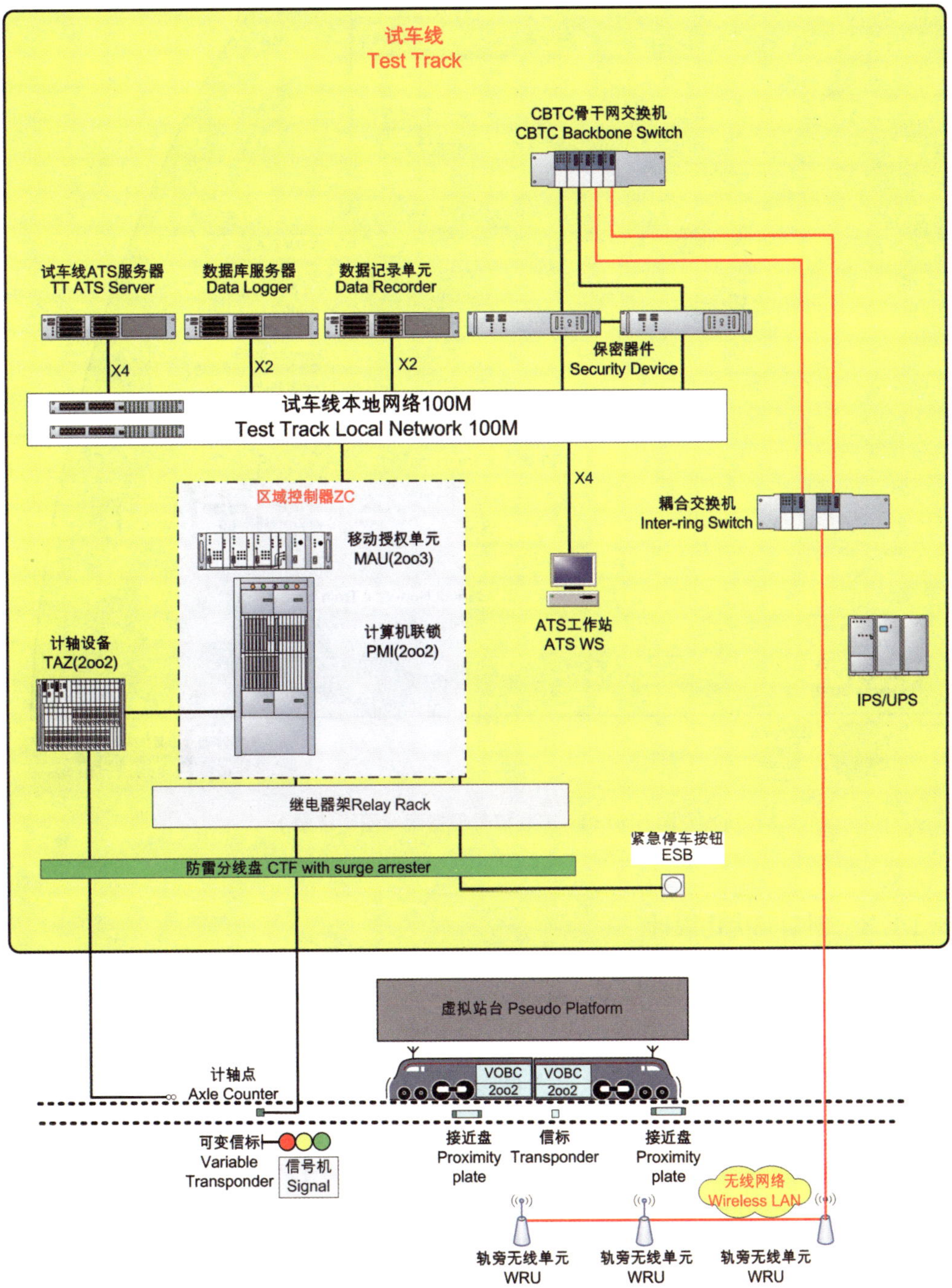

5　工程设计与实施

图 5.14-7　试车线信号设备配置图

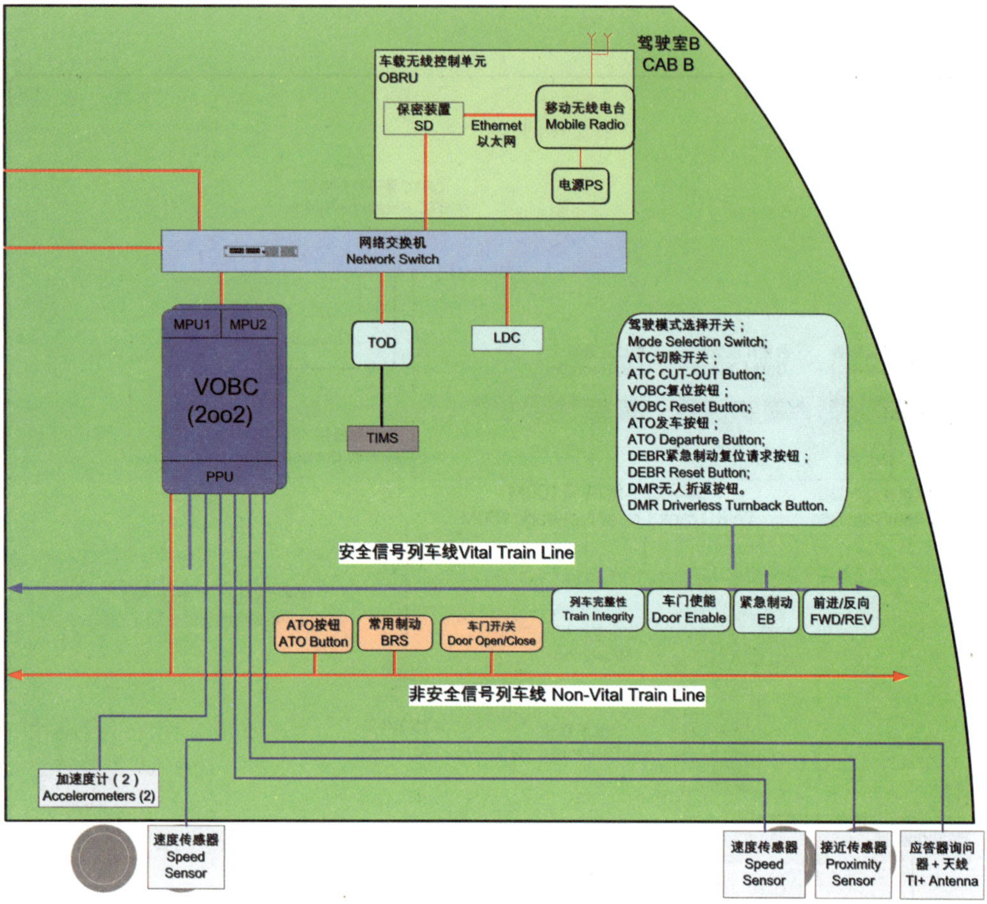

图 5.14-8　车载信号设备配置图（单端）

5.14.3　创新和优化设计

5.14.3.1　自上而下设计的一体化 CBTC 系统

Seltrac® 无线 CBTC 系统采用了自上而下的设计理念，所有子系统的功能分配、安全/非安全功能的确定、基础设备的选择、各子系统间的接口等均是为了满足整个 CBTC 系统的功能及安全要求，而不是基于已经存在的信号设备的拼凑。因此，Seltrac® 无线 CBTC 系统是一个一体化的、各子系统有机结合的系统，各子系统间相互协调，紧密配合，从而实现强大、灵活的 CBTC 移动闭塞系统的功能。

5.14.3.2　完整、安全的系统

若干 SIL4 子系统的叠加并不能等同一个安全性达到 SIL4 要求的信号系统，

Seltrac® 从系统设计层面即考虑了整个系统的高安全性，各子系统的设计及接口设计均是为了最终整个系统的安全，各子系统紧密配合，互相确认，从而杜绝了各子系统间由于接口不匹配，或者时序问题而导致可能的安全风险。Seltrac® 系统保持了至今无安全事故的良好记录。

5.14.3.3 高可靠的系统

MAU 具有 3 个处理器，为冗余的三取二配置。

联锁设备 PMI 为二乘二取二的安全冗余结构。

每列车将配置两套互为热备冗余的车载控制器，分设在车辆两端，单套设备为二取二结构，头、尾列车构成热备冗余。

控制中心 ATS 采取冗余配置的服务器，并与车站 ATS 服务器构成 2+1 的冗余关系，其他子系统同时与中央和本地 ATS 服务器进行信息交互。任何本地 ATS 设备的故障均不影响中央 ATS 的正常操作。

5.14.3.4 无线移动闭塞系统

本系统是完全的移动闭塞系统，符合三个主要的移动闭塞原则。

1. 基于列车实时位置的列车间隔

基于列车实时位置（以厘米为单位发往区域控制器）的列车间隔。这一特点允许多列 ATO 模式下运营的列车能够在同一区段内运行，以满足所需的运行间隔。ATS 界面上，两个车可以在同一个区段内运营，并且 LMA 的延伸是基于列车的位置。系统不采用任何虚拟区段，这样列车即使往前移动 1cm，后续列车的 LMA 可向前延伸 1cm 到前面列车的尾部。

2. 移动闭塞联锁

移动闭塞联锁使进路根据列车实时位置设置与解锁。这一特点为运营提供了灵活性，避免了受到基于计轴区段或轨道电路的传统联锁的限制。SelTrac® CBTC 的一个关键特性是可以在 CBTC 模式下实现移动闭塞联锁（由 MAU 执行），在后备模式下实现固定闭塞联锁（由联锁逻辑单元 PMI 执行）。正因如此，本系统可以提供全区段双向运行，列车可在任何地方以 ATO 模式反向运营，在任何地方在 ATP 防护下以 ATO 模式运行。

3. 双向运营

基于列车精确的位置在上下行轨道上进行完整的双向运营（不依赖于信号机或计轴区段）。通过允许列车以 ATPM/ATO 在同一轨道进行双向运行，提供了灵活的运营方式。

5.14.3.5 充分发挥移动闭塞系统的 ATS

Seltrac® CBTC 的 ATS 系统专为 CBTC 移动闭塞系统设计，支持丰富的功能，以充分发挥 CBTC 移动闭塞系统的优势，包括：

（1）直观的人机界面显示，提供丰富的信息。

（2）实时移动的列车图标及车次显示。

（3）丰富的列车信息显示。

（4）直观的移动授权范围显示。

（5）发挥移动闭塞的功能。

（6）以列车为始端的进路排列及解锁。

（7）反向及对向进路排列。

（8）支持所有可能的折返操作等。

5.14.3.6 专有 DCS 系统设计

DCS 系统专为满足 CBTC 系统需求精心设计及实施：高速移动的车地通信，完全冗余的骨干网络及无线覆盖，高抗干扰性的无线系统。

其中无线系统采用了跳频扩谱技术，具有对其他广泛使用的 WiFi 等设备的强抗干扰性。针对 WiFi 无线干扰的第三方实验室及现场测试均表明，在地铁运营环境中的最恶劣情况下（大量乘客在车厢及站台使用 WiFi 设备），Seltrac® 无线 CBTC 也能够确保不受干扰，保持正常的运营。

5.14.3.7 优化的转辙机基坑设计方案

创新的转辙机基坑设计方案，为每一组道岔设置了专用的集水井，避免了隧道渗水、区间排水对基坑带来的长期积水问题，有效减少了对转辙机设备及装置的腐蚀，降低了转辙机设备的故障率，提高了转辙机设备的使用寿命，保障了行车安全。

5.14.3.8 区间弱电电缆托架固定工艺

盾构区间弱电电缆托架固定间隔由常规的 1m 间隔调整为 1.5m 间隔，通过 M12 T 型螺栓直接固定在盾构片预埋槽道上（图 5.14-9）。

5.14.3.9 漏泄同轴电缆的固定工艺

本工程专用和公众无线通信系统所提供的漏泄电缆夹具底座适应于通过膨胀螺栓直接固定在隧道结构上，因此与盾构区间预埋槽相匹配的 M12 T 型螺栓进行了整改并铸模加工，内攻丝钻孔，钻孔尺寸和深度与漏泄电缆夹具底座螺栓匹配。漏泄电缆底座安装示例见图 5.14-10。

图 5.14-9　盾构区间机箱设备安装示例图

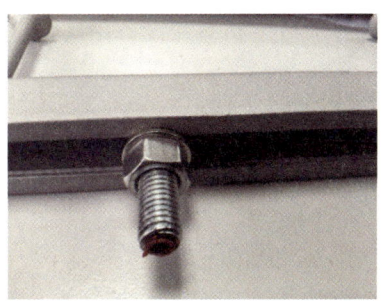

图 5.14-10　漏泄电缆底座安装示例图

5.15　综合监控系统

5.15.1　重难点及解决措施

5.15.1.1　换乘站的设计

随着深圳市轨道交通线网发展，后续线路的换乘站越来越多，换乘站机电设备系统接口复杂，换乘站是最容易出现问题并应重点把握的内容。

解决办法如下：

（1）同期换乘车站：同期换乘车站设计重点在于两条线路设计单位在初步设计阶

段将设计界面划分清晰,形成换乘站接口界面文件指导两线设计,同时初步设计文件及概算应与此界面一致。

(2)与既有线路换乘车站:与既有线路换乘车站设计重点在于设计单位在初步设计阶段,收集既有线路车站设计资料,现场踏勘确定实际情况并根据建筑方案及运营管理界面,确定对既有线路的改造内容,形成换乘站改造方案指导施工图设计,同时设计文件及概算应包含对既有线路车站改造内容。

① 与既有车站通道换乘车站重点确定对既有线路改造范围及改造内容。

② 与既有车站"十"字、"T"字换乘,除应注意既有系统改造内容外,还需对既有车站的车站控制室和设备用房情况进行调研,未预留建筑、风、水、电接入条件的车站,应确定其是否具备改造条件,若改造难度大、施工影响既有线路运营,应在初步设计阶段提前在新建线路做好房间规划,必要时新设车站控制室,统一规划全站的系统方案。

(3)与远期线路换乘车站:与远期换乘车站设计重点在于设计单位在初步设计阶段,根据换乘形式对车站控制室、设备用房进行预留。施工图设计阶段,对设备用房布置,远期车站的风、水、电接入条件统一规划预留,并根据建筑方案,在换乘节点处预留接口设备及管线,以降低远期的工程实施难度,同时远期换乘车站不宜设备预留。

5.15.1.2 接口设计

综合监控系统是轨道交通中接口最多的系统,处理好综合监控系统与相关系统的接口不仅是综合监控系统设计的重点,同时对整个工程的有序、合理推进也有举足轻重的作用。

解决方案:分析综合监控系统的接口类型,绘制综合监控系统与相关系统接口图,在招标阶段提出适合9号线工程特点的综合监控系统。

5.15.2 设计方案

5.15.2.1 主要设计方案

综合监控系统组成如图5.15-1所示。

1.硬件构成

ISCS的硬件分为二层:

（1）第一层：中央级综合监控系统

第一层包括冗余的实时服务器、冗余的历史服务器、外部磁盘阵列、磁带库、中央前端处理器（FEP）、各种调度员工作站（如电调、环调、行调、值班调度和值班主任助理）、网管服务器、网管工作站、软件测试平台服务器、事件打印机、报表打印机、彩色图形打印机、冗余的带路由功能的网络交换机、大屏幕系统（OPS）等。

中央级综合监控系统配置的网络交换机，实现中央级所有网络资源的互联。网络交换机直接连接到综合监控系统的骨干通信网络（MBN）。

实时服务器主要功能是完成实时数据的采集与处理，从中央向分布在各站点的被监控对象和被集成系统发送模式、程控、点控等控制命令。

历史服务器主要功能是完成历史数据的存储、记录和管理等功能。

调度员通过调度员工作站，控制和监视各被监控对象、被集成系统。中央级的命令，通过网络发送到各被监控对象及各被集成系统。

中央防火墙主要负责综合监控系统在中央与各接入系统数据通信的接口功能。

（2）第二层：车站级综合监控系统

第二层包括冗余的车站级服务器、值班站长工作站、事件打印机、报表打印机、冗余的带路由功能的网络交换机、车站前端处理器（FEP）、综合后备盘（IBP）等。

停车场/车辆段综合监控系统（DISCS）与车站综合监控系统（SISCS）一样，都属于第二层，只是配置有所不同。

车站级综合监控系统配置的冗余的带路由功能的网络交换机，实现车站级所有网络资源互联。网络交换机直接连接到通信系统的骨干通信网络（MBN）。

服务器主要功能是完成实时数据的采集与处理，向分布在车站内的被监控对象和被集成系统发送模式、程控、点控等控制命令。

车站FEP主要负责综合监控系统在车站与各接入系统的数据通信的接口功能。

车站工作站控制和监视本站（停车场/车辆段）管辖范围内的各被监控对象、被集成系统。车站级（停车场/车辆段）的命令通过网络发送到各被监控对象及各被集成系统。

2. 软件构成

ISCS软件分为三层：

（1）数据接口层

专门用于数据采集和协议转换。

（2）数据处理层

对收集数据进行判断和处理。

（3）人机界面

用于工作站上显示人机界面，使运营人员完成各种监控和操作。

综合监控系统结构如图5.15-1所示。

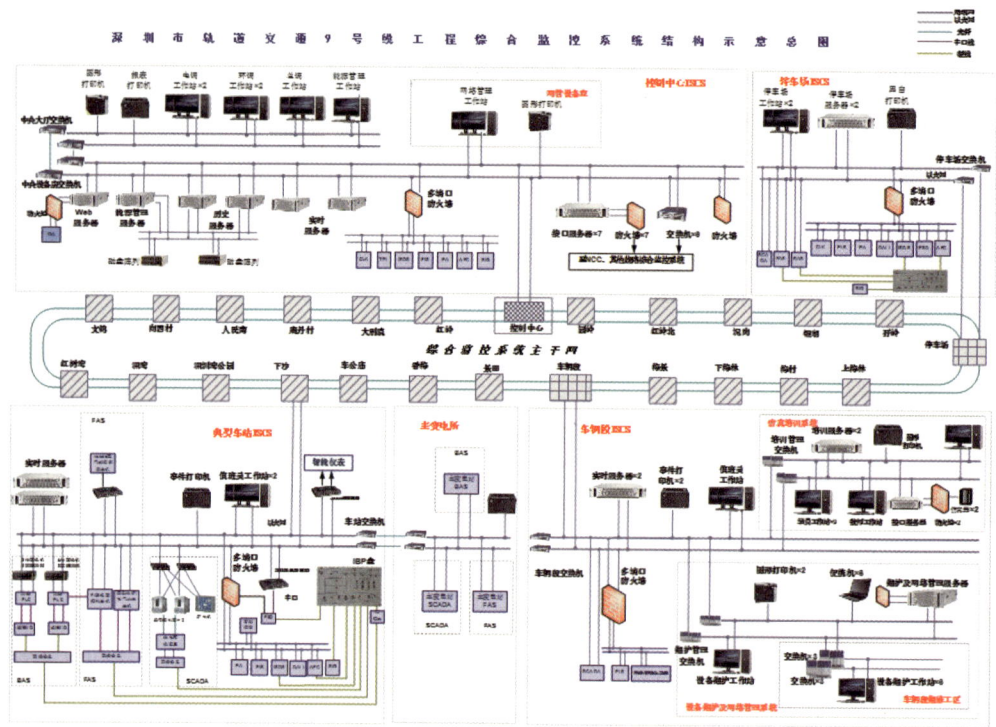

图5.15-1　综合监控系统结构示意图

5.15.2.2　设计优化

1. 综合监控系统设置硬件防火墙

ISCS系统没有采用传统的FEP，而是通过防火墙接收接入系统的信息并对无关的访问进行隔离。接入系统通过防火墙将数据传入ISCS系统，同时ISCS系统也通过防火墙向各接入系统传送有关数据。各互联系统通过防火墙接入车站局域网，由服务器对互联系统的数据进行处理，由于服务器性能的提升，互联系统的数据转换对于系统性能的影响可忽略不计。从安全角度看，防火墙设备相对于FEP进行数据隔离更为专业、安全，而且防火墙为透明网络设备，更利于运营维护。

2. 系统机柜上进线模式

综合监控系统设备房间取消防静电地板,ISCS、BAS和FAS的设备机柜均采用了上进线的模式(图5.15-2)。线缆沿支架敷设在机柜上方,便于日后运营查找线缆和维护,设备房环境更为干净整洁,线缆敷设更为整齐,同时避免鼠患。设计时要求线缆应避免在空调正下方敷设。

图 5.15-2　系统柜上进线图

5.16　火灾报警系统和环境与设备监控系统

5.16.1　重难点及解决措施

5.16.1.1　火灾自动报警系统

1. 重难点一:车站级FAS系统的构成多样性

车站级FAS系统由火灾自动报警系统(含气体灭火控制部分)的报警和联动控制部分、吸气式烟雾探测系统以及感温光纤系统、电气火灾预警系统四部分组成。

系统主要由火灾报警和气体灭火主机、感温光纤主机、电气火灾预警主机、维护工作站,及各类现场设备如探测器和模块、按钮、感温光纤、吸气式探测主机、空气采样管等构成。

解决方案:对各系统的配置方案进行详细了解,并制定合理的设置形式,以指导各阶段的设计。

2. 重难点二：新型探测方式的使用

在车站公共区及设备区走廊设置吸气式烟雾探测系统取代传统的点式火灾探测器，解决了点式探测器运营无法维护的问题。

3. 重难点三：采用措施提高系统可靠性、降低误报率

据不完全统计，70%的火灾探测器误报警是由于不合理的安装所造成的。因此，正确选定火灾探测器类型，以及按照有关的技术说明和规范正确安装与布线是减少干扰影响的关键。例如：探测器至墙壁梁边的水平距离不应小于 0.5m；探测器周围 0.5m 内不应有遮挡物等。如果探测器安装在具有送风和回风管路的房间时，探测器应该安装在流向回风口的气流流经的路径上。进行放烟测试将有助于确定探测器的正确安装位置，需要特别注意烟雾的流向及路径。当探测器必须安装在送风口附近时，必须保持一定的距离。

5.16.1.2　环境与设备监控系统

1. 重难点一：系统环保与节能

在 BAS 监控的对象里通风空调、照明、电扶梯等系统是地铁运营的耗能大户，因此，通过 BAS 的智能控制使各系统节能运行，对于提高地铁运营的经济性显得尤为重要。做好与各专业之间的配合、优化对通风空调等主要系统的控制策略是系统设计的重点和难点。

完成控制的首要问题是准确地采集控制所需的各种数据，如温度、湿度、压力、流量、液位、照度、实时状态等，由 BAS 将采集到的各类信息进行分析、计算，然后根据计算结果去控制相关的执行单元，完成操作和调整。那么，如何科学正确地获取各种信息是至关重要的。在进行招标时，就必须根据 BAS 控制策略对设备提出明确的控制要求，如需要获取什么信息、如何取得、采取何种接口连接、采用何种数据传输协议等。

解决方案如下：

根据既有地铁工程中 BAS 对通风空调系统的控制策略，BAS 对其控制主要在模式控制的层面上，BAS 作为一个闭环自动控制系统对通风空调设备负荷的实时调节功能相对比较弱，并未很好地发挥出 BAS 对通风空调系统设备的节能控制功能。对通风空调系统设备的控制应采用全自动的控制策略，即完全由 BAS 根据采集到的相关环境参数，判断环境的实际需求，加强对通风空调末端设备的 PID 自动调节功能。

该方案能使通风空调系统在满足地铁环境舒适度的前提下，更好地避免其不必要的能耗，从而达到更加节能的目的。

BAS系统不是孤立的，它实际上是一个综合性的系统，涉及通风、空调、低压配电、照明、导向、给排水、自动电/扶梯等诸多系统。首先这些专业系统本身必须完善、完整，并具有一定的先进性，其次系统中所涉及的各种机组、阀门、风门、电控箱设备的配置需与BAS设计方案控制策略配套，只有做到这两点，系统的优势才能得到充分发挥。

车站内的照明是使地铁产生较大能耗的系统之一，在满足乘客舒适度的前提下，BAS可以制定时刻表对照明进行节能控制。

2. 重难点二：BAS接口方案

BAS监控对象数量多、分布广。BAS作为传送信息、信息处理和下达命令的控制层系统，起着承上启下的重要作用。为了保证信息从底层设备准确无误地上传到上层，应根据被控对象的特点，采取多种措施，优化接口设计方案，这是BAS设计的关键点。

解决方案如下：

由于城市轨道交通工程中与BAS存在接口通信要求的系统和设备较多，而接口的设置与接口的设计在很大程度上与待接口设备的具体情况有关，且目前接口协议各自为政，接口在互连时其电气和机械等物理特性差异较大。只有通过简化接口设备和接口转换程序，才能提高系统的整体响应速度。所以，在系统接口设计前期，需要制定标准化的接口表，确定基本接口形式，主要侧重于物理接口特性及数据通信协议的标准性；设计中后期，根据具体情况不断更新接口表内容，关注接口设备的基本功能和通信协议的测试，确保接口双方一致遵守固定的数据定义规则，实现设计的接口功能。

5.16.2 设计方案

5.16.2.1 火灾自动报警系统主要设计方案

车站级FAS子系统为车站级综合监控系统的内部子系统。火灾自动报警系统如图5.16-1所示。

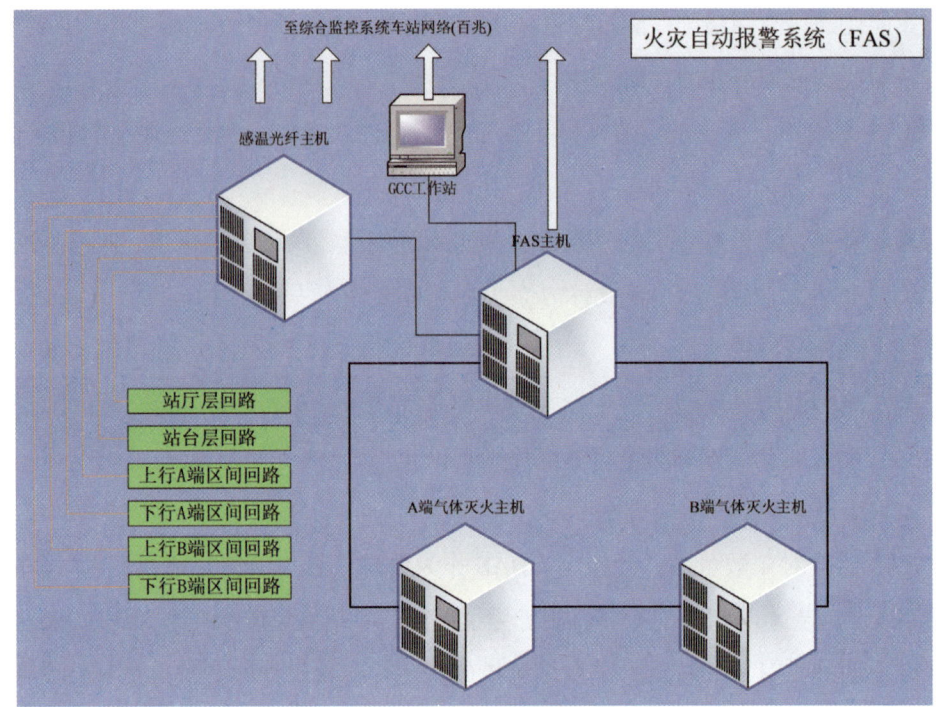

图 5.16-1　火灾自动报警系统图

本工程车站级 FAS 系统由火灾自动报警系统（含气体灭火控制部分）、感温光纤系统、电气火灾预警系统及吸气式烟雾探测系统四大部分组成。

FAS 系统设备由设在监控设备室的维护工作站（图文工作站与维护工作站合设）、车站控制室火灾报警控制器、气体灭火报警控制器、电气火灾主机和感温光纤主机以及设在现场的气体灭火控制盘、气体灭火辅助控制箱、各类智能火灾报警探测器、手动报警按钮、电话插孔、监视模块、控制模块、声光报警器、警铃、放气指示灯、消防对讲电话、电气火灾探测器、感温光纤、吸气式探测管和现场回路总线及其他相应现场设备等组成。

5.16.2.2　环境与设备监控系统

BAS 系统为车站级综合监控系统的内部子系统。环境与设备监控系统如图 5.16-2 所示。

BAS 子系统由 PLC 冗余控制器、远程 I/O（RI/O）、串口服务器、交换机、现场网络、各类传感器等设备组成。

在车站两端环控电控室各设置一套冗余的 PLC 控制器，负责车站两端设备监控。A、B 端各设置一对工业以太网交换机接入车站级综合监控系统（SISCS），控制器与

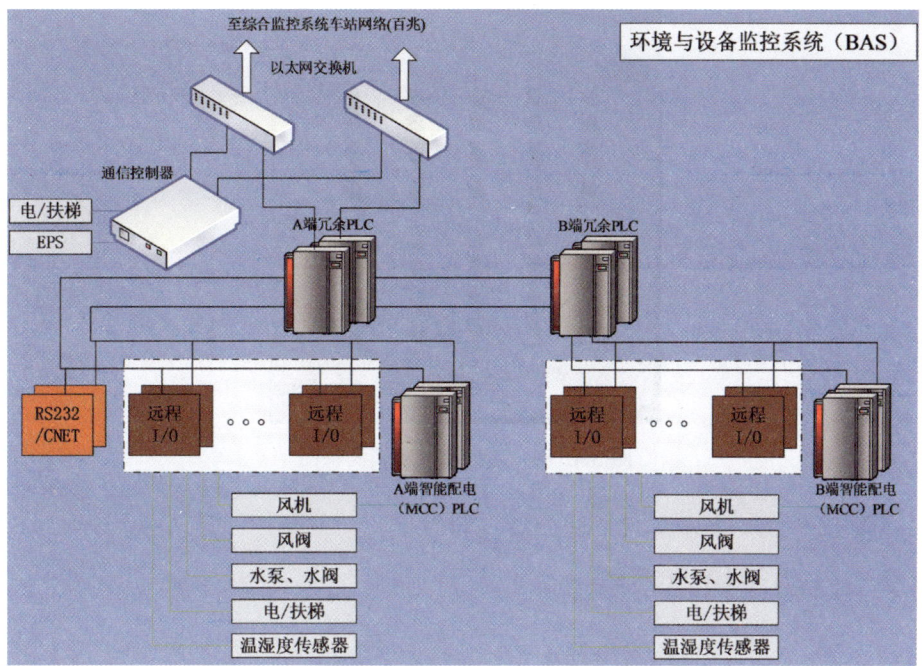

图 5.16-2　环境与设备监控系统图

各远程 I/O 通过自愈环形工业以太网或冗余现场总线相连。在车站控制室设置远程 I/O，用于 IBP 盘监控，并配置串行网关实现与 FAS、冷水机组、动态平衡电动调节阀的接口。BAS 系统设置串口服务器，用于电/扶梯、EPS、设置通信接口的水泵及 VRV 等设备的监控。

车站两端的控制器使用 MCC 现场总线完成对 MCC 智能设备的监控。

5.16.3　设计优化

5.16.3.1　火灾自动报警系统

FAS 的探测手段进一步加强，全线车站公共区和设备区走廊均采用吸气式烟雾探测系统，在 0.4kV 开关柜室、环控电控室采用电气火灾监测系统，在车辆段工程车库采用图像型火灾探测系统。

5.16.3.2　环境与设备监控系统

将防烟防火阀统一纳入 BAS 进行监控，并设置独立的防火阀控制箱（图 5.16-3），由 BAS 对防烟防火阀进行统一的监控管理并通过总线接入 MCC，实现整个排烟系统的联动。

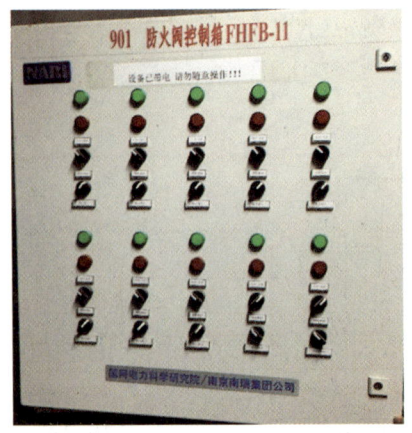

图 5.16-3 防火阀控制箱实物图

5.17 自动售检票系统

5.17.1 重难点及解决措施

5.17.1.1 终端设备配置及布置原则

计算、布置 AFC 系统终端设备是 AFC 系统的重难点之一，合理计算、布置 AFC 系统终端设备将有效组织乘客购票、进站、乘车、出站等，减少客流交叉、拥堵，满足乘客便捷、舒适、安全地乘车，同时满足运营管理需求，方便运营部门的客流组织。

根据 AFC 系统计算参数及计算原则，依据客流资料、行车资料等外部资料计算出各站 AFC 终端设备数量，并根据设备布置原则，合理布置各站 AFC 终端设备，以便运营客流组织，方便乘客便捷进出站。典型车站 AFC 终端设备布置见图 5.17-1。

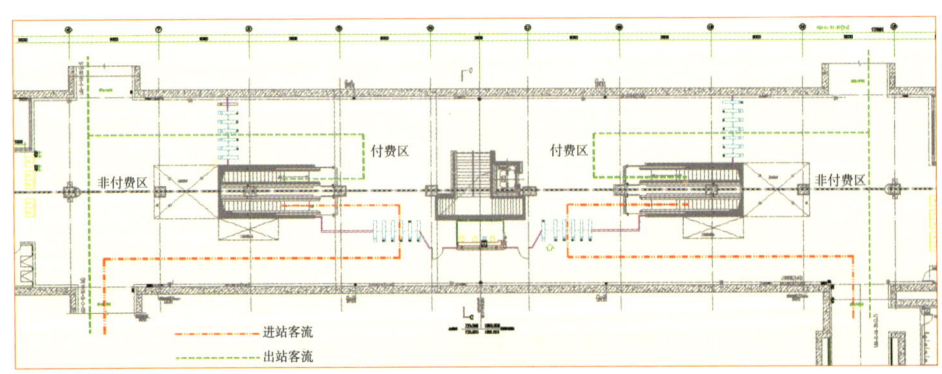

图 5.17-1 典型站 AFC 终端设备布置图

5.17.1.2 新技术应用

1. 首次采用大读写器

保证了票卡业务的模块化、标准化，方便后续运营维护，可实现读写器模块互换。读写器外观如图 5.17-2 所示。

图 5.17-2　读写器外观图

2. 首次采用纸币循环找零模块

纸币循环找零模块如图 5.17-3 所示，它可减少运营维护量、降低现金储备压力、方便乘客购票。

图 5.17-3　纸币循环找零模块效果图

3. 首次采用硬币单次多枚投技术

硬币单次多枚投模块如图 5.17-4 所示，它可有效提高乘客购票速度，优化乘客购票体验。

4. 在深圳轨道交通首次使用不锈钢防水线槽

线槽现场安装图见图 5.17-5，不锈钢防水线槽可有效避免线槽进水，提升了设备安全性。

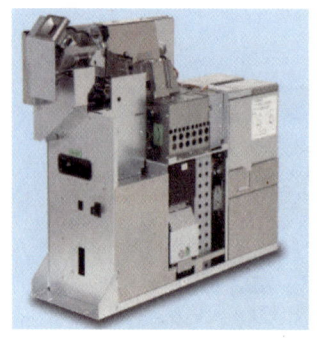

图 5.17-4　硬币模块效果图

图 5.17-5　线槽现场安装图

5.17.2　设计方案

5.17.2.1　车站局域网组网方案

将车站级的所有工业以太网交换机连接成一个完整的环形网络。这些工业交换机根据 AFC 终端设备分布就地布置，各组车站售检票终端设备通过通信线与就地的工业交换机相连，如图 5.17-6 所示。

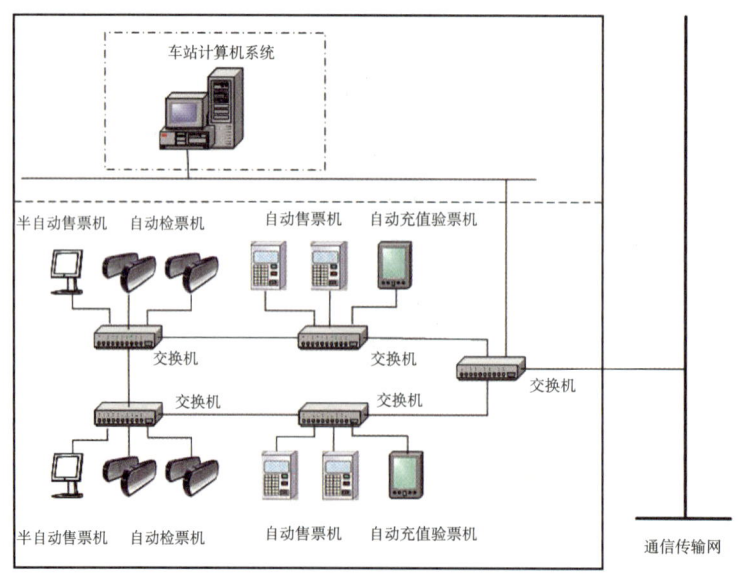

图 5.17-6　车站局域网组网方案

该方案优点是成本较低。缺点是若其中一台二级交换机与主交换机的连接发生故障，与其相连的所有 AFC 设备将不能与主交换机进行通信，故障影响范围较大；交换机与现场设备连线距离较长，通信易受干扰，网络调试工作量大；交换机和设备之间的连线较多，需要在地下铺设大量的管槽；现场设备扩展时（如需增加检票机），线缆走行距离较长，对系统影响较大，不容易扩展。

5.17.2.2　车站终端设备 UPS 设置方案

AFC 现场设备无需配置单独的 UPS 设备，采用集中 UPS 电源供电，在各车站设置低压双电源切换箱，低压双电源切换箱的输入为两回路，分别引自整合的弱电 UPS 的 380/220 V（三相五线制）交流电源，两路交流电源应能自动切换。UPS 经 AFC 专业配置的配电屏为车站终端设备提供统一供电（图 5.17-7）。

该方案的优点是将 UPS 设备设置于 AFC 设备用房内，减少了 UPS 的数量；集中 UPS 容量较大，UPS 品质较高。缺点是由于 AFC 现场设备的布置特点，使得部分设备供电距离较长。

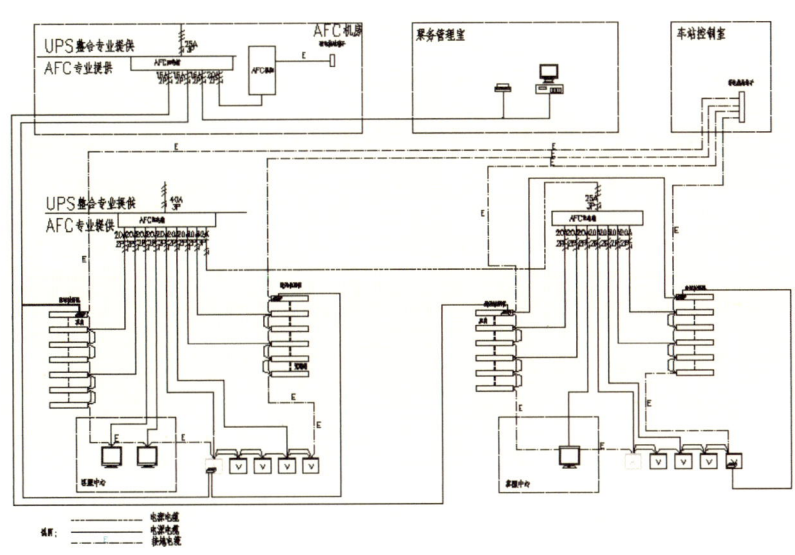

图 5.17-7　典型站 AFC 车站配电系统图

5.17.2.3　储值票充值功能实现方式

为了减少乘客购买单程票的等待时间，减少乘客在站厅的滞留，提高运营服务质量，不建议在自动售票机上增加自动充值的功能。但为了鼓励乘客使用储值票，使乘客尽量进行自助式服务，减少车站定员，可在站厅设置自动充值机或在自动验票机上增加自助充值的功能（图 5.17-8），另外考虑到自动验票机的使用频率并不高，加之查询流程时间较短，因此本项目建议在自动验票机上增加自助充值的功能，即设置自动充值验票机，以减少设备的种类和对车站空间的占用。

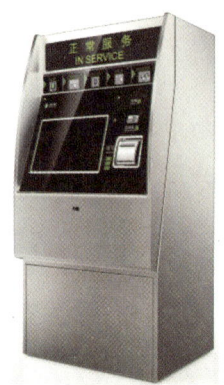
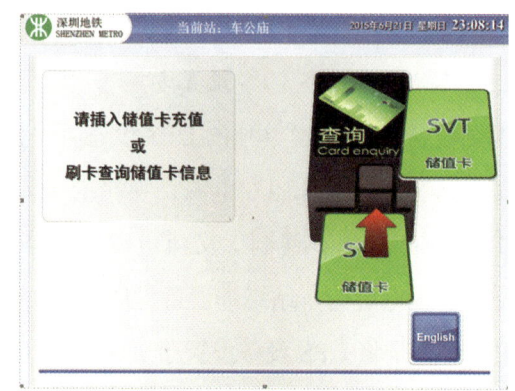

图 5.17-8　自动充值验票机外形及人机界面

5.17.2.4　换乘站方案 AFC 车站计算机系统的设置方案

1. 方案一：SC 分设

换乘站的 AFC 车站计算机系统按各线单独设置，两条线路设置的 SC 分别独立控制所配置的车站售检票终端设备，如图 5.17-9 所示。

该方案的优点是两条线路 AFC 车站计算机系统互不影响，各自独立运行，工程界面清晰，无需进行相互间的接口协调。

该方案的缺点是在车站建筑为共用站厅时，对 AFC 车站计算机系统部分存在重复投资的问题。

2. 方案二：合设 SC

即换乘车站设一套 AFC 车站计算机系统，由先建线路负责实施，并预留后建地铁线路车站终端设备的接入条件和接口，包括内部接口（如数据接口、硬件接口和软件接口）和外部接口，如设备安装位置等，如图 5.17-10 所示。

该方案可有效利用车站计算机系统的处理能力，节省投资，减少车站设备、管理用房面积以及票务管理人员。

该方案的缺点是后建地铁线路与先建地铁线路的 AFC 车站计算机系统及车站终端设备之间有接口关系，在后建工程实施阶段，供货商之间的接口工作需要协调落实，在两条线路建设工期间隔较长时，接口协调工作难度大。

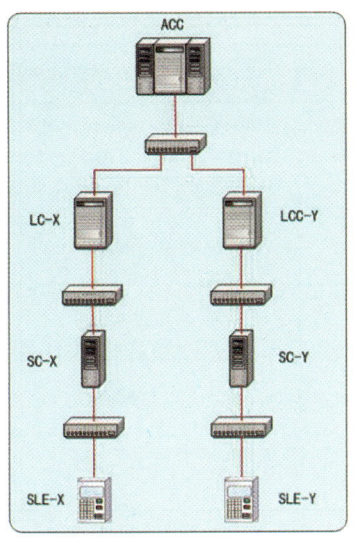
图 5.17-9　换乘站 SC 方案一

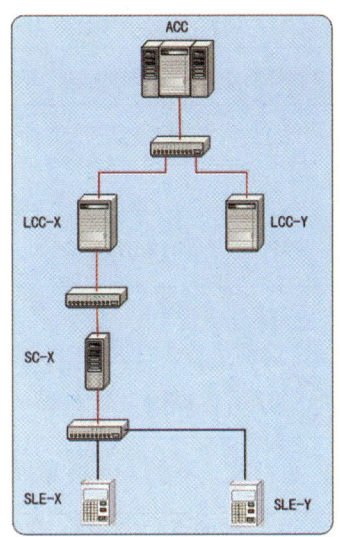
图 5.17-10　换乘站 SC 方案二

3. 方案比选分析

对于换乘车站各线路分期建设，且车站站厅建筑形式为通过通道联通的，可选方案一。对于换乘车站各线路分期建设，车站站厅建筑形式为共用站厅的，可选方案一或方案二。对于换乘车站各线路同期建设，车站站厅建筑形式为共用站厅的，可选择方案二。

9 号线换乘车站较多，其客流涉及两条或多条不同的运营线路，且存在换乘线路建设周期不同步的情况，其中，车公庙站为多线路换乘站，具体方案单独统一设计。其余换乘车站 AFC 系统车站计算机系统设置方案如表 5.17-1 所示。

换乘站 AFC 系统 SC 设置方案对比表　　　　表 5.17-1

序号	车站名称	换乘线路	换乘形式	推荐方案
1	红树湾站	与规划 11 号线换乘	共用站厅，站台平行换乘	土建同期实施，合设 SC，由 9 号线设置车站计算机系统，11 号线终端设备接入 9 号线车站级系统，由 9 号线 SC 统一管理
2	景田	与 2 号线换乘	共用站厅，侧岛换乘	合设 SC，由 2 号线设置车站计算机系统，9 号线终端设备接入 2 号线车站级系统，由 2 号线 SC 统一管理
3	上梅林	与 4 号线换乘	通道换乘	分设 SC
4	孖岭	与规划 16 号线换乘	通道换乘	分设 SC

续表

序号	车站名称	换乘线路	换乘形式	推荐方案
5	红岭北	与规划7号线换乘	共用站厅，岛侧十字换乘	土建同期实施，合设SC，由9号线设置车站计算机系统，7号线终端设备接入9号线车站级系统，由9号线SC统一管理
6	红岭	与3号线换乘	通道换乘	分设SC
7	大剧院	与既有1号线、2号线换乘	出站换乘	分设SC
8	文锦	与规划8号线换乘	通道换乘	分设SC
9	银湖	与规划6号线换乘	共用站厅（暂定）	分设SC

注：车公庙站为多线换乘车站，由车公庙枢纽设计单位统一设计。

5.18 车辆段与综合基地

5.18.1 概述

深圳市轨道交通9号线线路全长约25.46km，全线设侨城东车辆段和笔架山停车场各一处。

侨城东车辆段设置在1号线竹子林车辆段南侧，位于侨城东路、白石路、红树林路、滨海大道围成的地块内，临近深圳湾及红树林自然保护区（图5.18-1）。选址地块长约1km，宽约230m，总用地22.806ha，车辆段咽喉区及运用库上方设有上盖平台，盖外建筑单体6个（联合检修库、维修综合楼、综合办公楼、易燃品库、垃圾站、门卫），盖下单体为8个（运用库、运转楼、调机库、工程车库、洗车机库、蓄电池间、机加工间、污水处理站），盖上单体4个（地铁派出所及红树林科研楼、办公楼及森林派出所），车辆段总建筑面积约21.1439万m^2，建筑限高24m，地块容积率0.87。上盖平台总面积约13.465ha，平台上方为红树林自然保护区管理局还建用地，盖板面积约4.75ha，还建用房面积约5500m^2。平台上方市政绿化公园面积约8.2ha。车辆段总投资约21.198亿元。

侨城东车辆段与综合基地于2011年11月完成初步设计专家评审，2011年12月完成工程可行性报告正式评审，2012年完成BT招标设计。2013年开始施工图设计，截至目前，车辆段共完成 187 册施工图，其中车辆段部分 173 册，上盖还建部分 14 册。车辆段于 2013 年 10 月开工建设，2014 年 12 月完成土建封顶，2015 年 12 月 28 日完成接车，2016 年 6 月 17 日进行竣工验收，2016 年 10 月 28 日开通试运营。

图 5.18-1　侨城东车辆段鸟瞰图

笔架山停车场位于笔架山公园内，为全地下停车场。用地西侧为皇岗路、南侧为笋岗西路、东北侧为福田河，地块长为 1010m 左右，宽为 110～200m 左右，呈南北走向，与正线垂直。总用地 8.498ha。停车场主体建筑南北长约 925.7m，标准段东西宽 115.4m。停车场的出入场道路设两处，主出入口与皇岗路连接，次出入口与笋岗西路连接，均为敞口形式。场内道路呈环状布置，能够满足生产、生活和消防要求。停车场的人行出入口设两个，紧急疏散楼梯 14 个，均有盖。大型采光通风井 18 个（敞口），隧道风亭一个（有盖高风亭），新风、排风亭各一个（敞口矮风亭）。停车场设计考虑预留扩建条件。

5.18.2　重难点及解决措施

5.18.2.1　侨城东车辆段特点

（1）国内唯一在车辆段绿化平台上设有红树林管理局还建用房、市政绿化公园以及地铁派出所的多功能、多层次、分层权属的半地下地铁车辆段。

（2）国内唯一离海最近、临近红树林鸟类自然保护区的车辆段，实现了绿色、节能、环保的要求。

（3）车辆段为7、9号线的线网车辆大架修基地，实现资源共享。

（4）运用了大架修设施模块化配置的理念，合理配置设施设备，节约投资。

（5）国内唯一利用地下通道实现与白石路对面的1号线车辆段实现资源共享的车辆段。

5.18.2.2 车辆段主要技术重难点及解决措施

1.实现节约用地的考虑

随着城市的快速发展，轨道交通在城市建设中占据的比重越来越大，地铁建设与已建成的城市设施之间不可避免地存在许多冲突。在一线城市特别是深圳这种土地资源非常紧张、寸土寸金的地方，用地紧张的问题显得尤为突出；而在每条地铁线路的建设中，车辆基地用地达到20ha以上的用地规模，如何才能高效利用好车辆基地的建设用地成为一项值得重点研究的内容。在设计中依托深圳地铁9号线侨城东车辆段，就如何提高车辆基地土地利用效能的问题进行了一些探索与实践。

侨城东车辆段的选址存在三大不利因素，对车辆段设计的限制性影响比较大：首先，地块形状既短小又狭窄，车辆段无法按常规方式布置成贯通式或尽端式；要满足出入段线接轨合理、收发车高效、运用顺畅、检修便捷的运营需求，不仅设计难度大，需要统筹解决的问题也比较多；其次，地块内所有建筑物绝对标高均需满足24m限高的要求，地铁设施向上拓展的空间条件不足，车辆段无法按双层叠加式设计；另外，在选址范围内需还建面积达5.6万m^2的红树林保护区管理局用地属于强制性要求。

经研究并征得规划国土部门的同意，在侨城东车辆段的上部加设了上盖绿化平台，平台总面积为13.465万m^2，由红树林保护区管理局还建区和绿化公园组成。为保护候鸟的飞行通道，绿化平台上仅设置了一栋两层的红树林保护区管理局及森林派出所办公用房（合约3900m^2），以及一栋一层的公交派出所（占地面积7076m^2，建筑面积3110m^2），且都能满足24m高限的要求，其余部分不做物业开发，均为绿化公园。

为充分利用土地，侨城东车辆段综合楼按24m的高限要求设计为地面6层（局部2/4层）、地下一层的建筑形式，建筑面积26579.6m^2，在满足运营使用的前提下，尚能有富余楼层满足物业管理公司的整体办公需求。

通过对车辆段的布置进行优化、整合，在建设用地局限性大的条件下，既解决了地铁车辆段自身功能的需求问题，又还建了红树林保护区管理局和森林派出所，同时还保留了原规划的红树林市政主变电站用地，另外还新建了公交派出所，扩大了该地块的绿化面积并美化了城市景观，规整了原址西侧杂乱的汽车卖场，最大限度地提高了车辆段的土地利用效能，实现了土地的集约使用。

2. 节约用地、集约用地的具体措施

（1）资源共享最大化

从车辆段的线网定位上实现资源共享，侨城东车辆段集中设置了7、9号线两条线地铁车辆的大架修设施、设备；从而实现大架修股道、移车台区、转向架检修区、空调、空压机等辅助设备检修工区以及车体检修间等诸多设施、设备的资源共享。经粗略估算，集中共享大架修设施相比于分散设置，每共享1列位可节约用地约4500m^2，通过为7号线列车提供1.5列的大架修共享列位，实现节地6700m^2，节地效益相当可观。

（2）总平布置最优化

前期设计中，对侨城东车辆段的总平布置进行了非常细致的研究与分析，前后一共做了18个方案进行比选，涵盖7、9号线双层叠加、9号线双层叠加、9号线全地下、9号线半地下、9号线并列式、9号线倒装式等；在受到选址地块三大不利因素制的条件下，以节约用地为指导思想，结合车辆段选址与各线路由关系、段内停车能力，经综合比选，选定了倒装式为最优化方案。采用倒装式总平布置的侨城东车辆段只使用了24.1万m^2中的22.8万m^2土地，并以地铁车辆段退让红线的方式退让了选址地块的东南角（8000m^2绿化区）和西南角（4455m^2用于建设红树林市政变电站）土地，取得节地12455m^2的成果。该方案既充分考虑了地块的特点，以及需满足的各项功能需求，又充分保障了出入段线接轨的合理性以及车辆段的收发车效率，段内运用流程顺畅、检修作业流程合理。

（3）单体配置合理化

按常规做法，地铁线路通常在正线上选址建设主变电站；而侨城东车辆段充分把握住倒装式总平布置的特点，利用上盖下方咽喉区形成的狭长富余空地设置9号线主变电站，并合建了车辆段牵引变电所，从而解决了需在正线另行选址占地的问题；同时，相对集中的合建还实现了配套设施的共享，并方便了运营后的日常维护管理，单此一项节地成果就超过2140m^2。在主要单体的布置明确后，还对基地内剩余用地进行了合理化统筹，充分利用上盖平台下方的零散空间，并结合功能需要配置各功能小单体，合理设置了接触网培训线、道岔培训线、蓄电池间、机加工车间、抢险汽车棚、材料堆场等设施，避免了因配置小单体而切割完整地块的现象。

（4）合建设计一体化

在车辆基地的建设中通常都会遇到还建、合建、上盖、物业开发等问题，侨城东车辆段地块集成了车辆段、红树林保护区管理局、森林派出所、绿化公园、公交派出所等多个单位的不同功能分区及需求，盖上/盖下部分功能分区需合建共用建筑结构；经优化上盖平台的柱网设计，采用多层次、分层权属的形式整合共建，并实施一体化设计；较好地解决盖上/盖下的矛盾以及预留/预埋、内/外部接口等问题；使得红线内面积仅22.8万m^2的车辆段用地，土地实际使用面积达到了36.6万m^2，土地利用率高达159.5%，大幅提升了土地集约利用的效益。

（5）配套设施完善化

利用车辆段综合楼的屋面，设置了种植屋面和网球场，在不另行占用土地的情况下，尽可能为员工完善了必要的文体配套设施并提高车辆段的绿化率，相当于增加可用地面积约2300m^2。通过整合优化厂前区的设计，在综合楼南侧以球场用地的形式预留出一块完整的白地，实现节地5994m^2，为公司将来在企业自有土地上建设员工公寓或住房创造了有利条件。

侨城东车辆段为深圳地铁首个倒装式车辆段，同时也是国内第一座上盖设市政公园的半地下车辆段，选址地块总面积24.1万m^2，地铁建设节余了地块东南角绿化区的退让红线用地约8000m^2，以及地块西南角220kV红树林市政变电站等非地铁用地4455m^2；在满足24m高限的情况下，地铁用地面积仅22.8万m^2，在这22.8万m^2的地铁用地中还包含了9号线主变电所（用地2140m^2）等非车辆段功能单元的建筑设施。因此在扣除厂前区非地铁设施用地、9号线主变电所、增设盖板增加的面积约28600m^2，车辆段作为线网大架修基地的本身功能需求实际用地约19.94万m^2，总用地指标约773m^2/辆，远低于轨道交通《建设标准》对地铁车辆段大架修段规定1000m^2/辆的用地指标，相对于常规设计的地铁车辆段实现节地4.86万m^2，在土地的高效利用方面，为后续新线车辆基地的建设积累了可供借鉴的经验。

在满足相关规范的前提下，车辆基地的建设应尽可能利用好平纵拓展空间，加强土地的集约利用；通过优化设计节约用地，提高土地的综合利用效能，提升轨道交通绿色、节能、环保的标准，体现"建地铁就是建城市"的发展理念。

3. 工艺

（1）带上盖车辆段新车装卸困难的问题

解决方案：国内首次利用上盖平台下方区域设置两台 25t 起重机用于地铁新车装卸（图 5.18-2），一是解决了上盖车辆段无汽车吊装场地条件的难题，二是相对于采用汽车吊的车辆段，大大减少了租用汽车吊装的高昂成本，最后还解决堆场的材料吊装问题。

图 5.18-2　新车装卸线

（2）定修线有起重机无法实现电化的问题

解决方案：首次在地铁车辆段应用移动式接触网（图 5.18-3），解决了定修线的列车供电问题，并避免了接触网与定修区域天车作业之间的冲突。

图 5.18-3　移动式接触网

（3）如何减少带上盖车辆段及隧道的空气污染问题

解决方案：考虑对环境的影响，设计了 300kW 的蓄电池工程车（图 5.18-4），大大减少了内燃机工程车的气体排放，改善了区间隧道以及车辆段的工作环境，同时也大大减少对地铁沿线以及上盖物业的空气影响，符合国家对于环境保护的要求，属于节能环保的典型事例。

图 5.18-4　蓄电池工程车

（4）先进的检测技术——轮对尺寸、踏面擦伤、轴温以及受电弓检测设备的推广应用

为保障列车日常运营安全，本轮新线应用了列车在线检测系统（图 5.18-5），涵盖了轮对尺寸、踏面擦伤、轴温以及受电弓检测（三轨线路不配置）等内容，基本按 1 线 1 套考虑，线路长度超 45km，在停车场增设 1 套，并明确了设备数据传输方式以及与通信专业的接口界面，为列车的日常运营进行实时监控，为运营安全保驾护航。

图 5.18-5　在线检测系统

（5）关于出入段线信号转换段的安全问题

解决方案：由于本段信号转换区的出入段线坡度达到了29‰，而运营出于安全角度考虑需要停车转换，因此当露天区域的信号转换段的坡度大于18‰时，为保证雨天轮轨黏着力，在出入段线上方设置挡雨封闭绿化平台挡雨和防抛物（图5.18-6），既改善车辆运行条件、解决作业安全，又提升了段内环境（图5.18-7）。

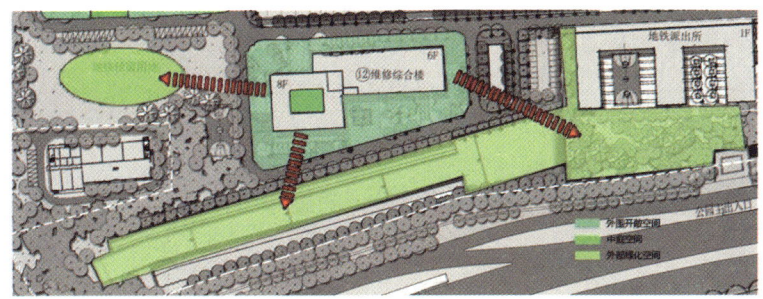

图5.18-6　出入段上方阶梯状绿化平台范围图

图5.18-7　出入段上方阶梯状绿化平台现状

（6）运用库内无法检修受电弓和清洗列车的问题

解决方案：在运用库内设置受电弓检查平台，方便库内检查列车的受电弓状态，减少潜在风险，提高列车运行的可靠性。另外，在运用库的停车区增设单层洗车平台，便于对机械洗车后车体表皮的局部污点进行二次清洗以及方便进行库内清扫作业。

4. 建筑

（1）大面积上盖屋面排水、防水问题

解决方案：为减少屋面构造层找坡厚度及屋面荷载，通过结构找坡方式进行有组织排水。结合合理的变形缝划分，采取排水不跨变形缝单元的方式，减少变形缝渗漏的风险。上盖周边设置天沟及女儿墙底部设置泄水孔，能有效地将地表水及覆土层内的渗透水排出屋面。防水构造采用刚柔结合、卷涂结合的方式，采用高分子新材料能有效解决植物耐根穿刺的问题，同时也增加了防水的耐久性。

（2）车辆段与周边城市环境协调的问题

解决方案：为减少车辆段盖下检修作业、大盖子屋面对周边城市环境的影响，在用地红线与围墙边界之间通过景观绿化带及微地形的方式弱化上盖与周边环境边界感，采用植被、灌木、乔木绿化及建筑小品、雕塑、文化墙等景观元素丰富城市空间。

（3）车辆段上盖屋面以下的建筑消防设计问题

解决方案：一方面结合地形情况，将盖下的主要检修区域及工班区域设置在靠近盖下外侧区域，解决了有人区域的通风、排烟、采光及人员疏散的问题。另一方面在上盖中部区域开设通风采光孔，能有效提高盖下的空气流通性及质量，同时能保证消防紧急情况下，烟气能尽快排出盖外，减少烟气对人员的危害。再者，合理布置盖下消防车道，优化单体布置位置，可避免消防死角。

5. 通风空调

（1）车辆段单体多，功能差异大，通风方案复杂的问题

解决方案：综合办公楼及维修综合楼负荷较大且较为集中，且OCC对温湿度控制有较高的要求，从设备集中布置考虑，最终段内综合办公楼、维修综合楼采用集中供冷的形式。主机设置在综合楼地下一层的冷水机房内，维修综合楼冷负荷为1385kW，综合办公楼冷负荷为1646kW。从分集水器引出两路DN250的冷冻水管，维修综合楼冷冻水管直接从冷水机房穿顶板到一层空调机房内，然后通过室外管线接至维修综合楼；综合办公楼冷冻水管接至冷媒管井内，供至各层。维修综合楼离该机房较远，冷水机房内冷冻水泵扬程不能克服室外管线部分阻力损失，故为维修综合楼冷冻水管设置两台二次泵。

（2）大型库房排风排烟的问题

解决方案：段内有运用库、联合检修库、调机库等大型库房，一般库房的防排烟设计形式有自然排烟、机械排烟两种。自然排烟对建筑外形的影响较大，联合检修库按设置机械排烟考虑。由于该库为钢结构形式，在风管的布置上需考虑风管支吊架的安装位置，以满足排烟风口间距要求及钢结构受力，否则待现场钢结构施工

完后再考虑风管安装无法实施，所以在出图前需花大量时间进行协调，包括对风管尺寸规格、外形、风管重量等都进行计算，确保施工现场能顺利安装保证工期。运用库中的双周/三月检库，联合检修库中部分人员劳动强度大、人员多、通风效果差的地点设置局部"岗位"空调，风管到达困难的地点设置机械风扇，以改善工作条件环境。

6. 低压配电

（1）400V开关柜室选址

解决方案：变电所根据负荷中心进行选址，不与牵引所合设，减少投资和线路损耗。变电所设置在综合楼地下室并设置气体灭火系统和防洪涝、积水措施。

（2）上盖区光导照明装置的布置及防水

解决方案：光导照明主要应用在咽喉区道路上方，为了避免光导照明装置影响上盖区景观绿化，需与上盖景观方案密切配合，在不影响上盖景观效果的前提下保证下方道路照度值。

光导管需设置预留孔洞，存在漏水风险。在土建预留孔洞的同时应将光导管的防水配件同步实施完毕，而非先预留孔洞后期再安装光导管，以减少漏水的可能性。

（3）库房及盖板下方等大空间照明控制

解决方案：在运转综合楼设置一套智能照明控制系统，对联合检修库和上盖区的照明进行开关控制，可对控制范围内的每个照明回路进行智能控制，便于运营日常维护；对大空间的照明进行统一控制，实现节能减排。

（4）车辆段内各类设备的能耗统计及分析

解决方案：在车辆段设置一套能源计量管理系统，将各开关柜室内需统计上传的表计数据上传至车场智能化的系统，通过车场智能化系统进行数据分析。

5.18.3 设计方案

5.18.3.1 布局和功能定位

深圳市地铁9号线车辆基地为一段一场布局，设置侨城东半地下车辆段和笔架山地下停车场。

根据《深圳市轨道交通建设规划》及对线网车辆大架修资源共享的研究，侨城东车辆段定位为7、9号线的车辆大架修段，具备7、9号线车辆的大修、架修，以及9

号线车辆的定修、临修和本段配属车辆的停放及日常保养功能。笔架山停车场隶属于侨城东车辆段管理，具备承担本场配属车辆的停放及日常保养功能。

5.18.3.2 主要方案

本段为 7、9 号的车辆大架修段，其中大架修 3 列位，定修 1 列位，临修 1 列位，静调 1 列位，吹扫 1 列位，周月检 3 列位，停车列检 32 列位（预留远期 12 列位）、镟轮线 1 条，洗车线 1 条。

车辆段以运用库及检修库为主体，呈倒装式布置，充分考虑各系统功能和使用要求，做到统筹兼顾、分区明确、互不干扰、联系简捷。

车辆段出入段线于深圳湾公园站东侧附近与正线接轨，从侨城东立交东侧出洞，洗车线设于入段线的南侧；运用库位于段址东部，由停车列检库、月检库和不落轮镟库、运转综合楼组成；联合检修库位于段址西部，由定/临修库、大/架修库以及立体仓库组成；工程车库位于咽喉区与出段线的牵出线相连；调机库位于东侧与联合检修库的牵出线相连；材料装卸线兼新车吊装线位于调机库西侧，材料装卸线西侧设有材料堆场及大件存放场；试车线沿白石路南侧敷设，长 940m。车辆段厂前区设在车辆段的西部，集中布置了综合楼和维修综合楼。车辆段的出入口设两处，主出入口与白石路连接，次出入口与红树林路连相连，段内道路呈环状布置，主要生产、办公房屋周围均设有环形道路，满足生产、生活和消防要求。

因规划及环保需要，车辆段采用半地下形式，运用库及咽喉区上方设有上盖平台，平台的东部为红树林自然保护区管理局的还建用房区，其余区域按要求设计为市政绿化公园。结合各仓库净高要求，运用库以及工程车库、调机库、洗车棚、主变及牵引所、蓄电池室、污水处理站等均设置在绿化平台之下（图 5.18-8、图 5.18-9）。

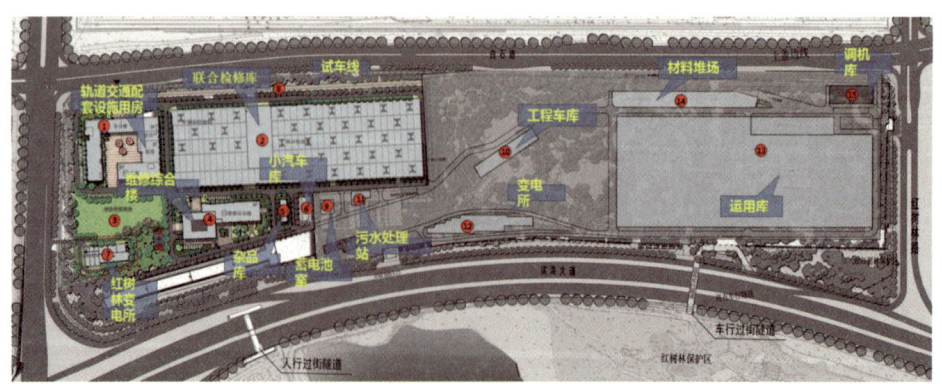

图 5.18-8　首层布置图

图 5.18-9　二层平台布置图

为改善平台下方的工人作业环境，车辆段周围采用通透性设计，并利用绿化景观改善环境和减弱滨海大道的车行噪声；段内轨面标高为 +6.5m，平台顶部标高为 +15.5m，平台上部考虑约 1m 的覆土，以种植小型乔木为主。

5.18.3.3　主要专业方案

1. 工艺

运用库由双周/三月检库、停车列检库、不落轮镟库和运转综合用房组成。停车列检库按 1 线 2 列位设计。双周/三月检股道按 1 线 1 列位设计，每股道采用柱式架空股道，股道两侧设检修作业平台。运转综合用房设在双周/三月检库的东侧，采用二层布置。

联合检修检修库由大/架修库、定/临修库和静调库、吹扫库、油漆间、车体间、检修辅车间以及立体仓库组合而成。库内设大/架修线 2 条，每线可供 1 列车同时架车作业设计，设定修线、临修、吹扫线各 1 条，均按 1 线 1 列位设计。

洗车线位于入段线的南侧，采用往复式布置。

调机库设 2 股道，每股道设壁式检查地沟，库南部设有辅助检修车间。工程车库设 2 股道，每股道设壁式检查地沟，库尾部设有值班。

蓄电池间设于联合检修库南侧，配备有充、放电装置等，车间前部设有叉车检修区域。

2. 房屋建筑

车辆段共有单体 18 个，除联合检修库为钢结构屋顶外，其余均为钢筋混凝土框架结构，建筑限高 24m。综合楼 6 层（图 5.18-10），局部 2/4 层，设地下室一层，建筑面积 21742m²。维修综合楼 6 层（图 5.18-11），局部 4 层，设地下室一层，建筑面积 16172m²。联合检修库 1 层（图 5.18-12），局部 3 层，框排架结构，屋顶为钢结构屋面，建筑面积31434m²。

上盖绿化平台1层，钢筋混凝土框架结构，建筑面积134646m²。地铁派出所1层，位于上盖平台西部，钢筋混凝土框架结构，建筑面积2912m²。

图5.18-10　综合办公楼

图5.18-11　维修综合楼

图5.18-12　联合检修库

3. 装修

车辆段房屋建筑装修总原则是经济、实用、简洁、大方，能充分体现工业化厂房建筑的特色，并与周围环境相协调。车辆段内各单体建筑的装修均采用燃烧性能不低于 B1 级的材料，易燃品库采用不低于 A 级的材料。各建筑单体办公用房室内顶棚为乳胶漆、铝扣板，各建筑单体办公用房等室内墙面、风机房墙面、办公楼和维修楼门厅大堂走道墙面装修材料为乳胶漆、防火防潮吸声板、抛光砖；各建筑厂房检修区地面、办公用房地面、设备用房地面装修材料为自流平、地砖、防静电地砖，燃烧性能等级均为 A 级、B1 级。

4. 建筑防火

防火设计贯彻"预防为主、防消结合"的原则，按全线同一时间内发生一次火灾考虑。车辆段主体及出入口的耐火等级为一级。

综合楼主入口门厅两层通高与首层设一防火分区，公寓楼 4 层及 5 层合设一个防火分区，办公楼公寓及食堂其余各层自成一个防火分区。维修综合楼中庭空间六层通高设一防火分区，在各层中庭边缘设防火卷帘与其他防火分区作分隔，其余各层（含地下室）自成一个防火分区。地铁派出所划分两个防火分区。物资总库及油漆库各自成独立防火分区，联合检修库其余空间为一个分区。调机库为丙类厂房，划分为两个防火分区。单体建筑分别设置水消防或气体消防措施；车辆段各防火分区之间采用耐火极限不低于 3.00h 的不燃烧体隔墙分隔。防火墙两侧的门、窗、洞口之间的水平距离不小于 2m，车道上防火卷帘耐火极限不低于 3.00h。

5.18.3.4 土地利用效能优化

侨城东车辆段为深圳地铁首个倒装式车辆段，同时也是国内第一座上盖设市政公园的半地下车辆段，选址地块总面积 24.1 万 m^2，地铁建设节余了地块东南角绿化区的退让红线用地约 $8000m^2$，以及地块西南角 220kV 红树林市政变电站等非地铁用地 $4455m^2$；在满足 24m 高限的情况下，地铁用地面积仅为 22.8 万 m^2，在这 22.8 万 m^2 的地铁用地中还包含了 9 号线主变电所（用地 $2140m^2$）等非车辆段功能单元的建筑设施。因此在扣除厂前区非地铁设施用地、9 号线主变电所、增设盖板增加的面积约 $28600m^2$，车辆段作为线网大架修基地的本身功能需求实际用地约 19.94 万 m^2，总用地指标约 $773m^2$/辆，远低于轨道交通《建设标准》对地铁车辆段大架修段规定 $1000m^2$/辆的用地指标，相对于常规设计的地铁车辆段实现节地 4.86 万 m^2，在土地的高效利用方面，为后续新线车辆基地的建设积累了可供借鉴的经验。

5.19 控制中心

5.19.1 概述

5.19.1.1 概况

控制中心是确保轨道交通列车安全、正点、可靠和高效地运行的基本保障。控制中心的调度人员通过各种现代化通信与控制手段对轨道交通的运营过程实施全面的集中监控和管理，为轨道交通运营生产创造良好的运营条件，为乘客提供优良的乘车服务，并对设备的运行实施监控管理，确保其正常运行。控制中心是全线指挥和调度的场所，也是全线主要机电系统中央级设备的布置场所。

根据深圳市轨道交通最新规划，深圳市地铁9号线控制中心在轨道交通网络运营控制中心（NOCC）集中统一设置。NOCC的工艺设计将由其他相关单位统一负责设计，其工艺将预留本线接入的条件。

5.19.1.2 设计原则

（1）根据深圳市轨道交通线网规划，地铁9号线控制中心设置在深圳市轨道交通线网运营控制中心（NOCC）中。

（2）9号线控制中心的总体工艺布置应由线网运营控制中心（NOCC）统筹规划设计，分步建设实施，包括中央控制室及调度管理用房、设备及维护管理用房、办公管理用房及线网运营控制中心（NOCC）的辅助机电设备用房等。

（3）9号线控制中心工艺应按线网运营控制中心（NOCC）的统一规划，按相关的土建和系统接入要求，接入线网运营控制中心（NOCC）。

（4）为了实现对各线路的集中统一指挥监控功能，线网运营控制中心（NOCC）应设置中央控制室、调度管理用房、各系统设备及维护管理用房等；为确保运营控制中心正常运转，应设置为正常运转提供服务的辅助机电设备用房和为行车管理服务的计划调度、设备系统维护管理以及其他必要的行政办公及生活用房。

（5）线网运营控制中心（NOCC）统筹考虑所监控的所有线路，已完成中央控制室的布局，为本线路预留了综合显示屏和调度台的位置，并为本线预留各系统设备用房和维护管理用房。

（6）线网运营控制中心（NOCC）是信号、通信、综合监控、自动售检票等系统的中央级设备的安装场所，必须为调度人员和运营管理人员及系统设备提供良好的运营环境和工作环境。

5.19.2 设计方案

5.19.2.1 中央控制室工艺设计

（1）本线在控制中心中央控制室工艺布置应由线网运营控制中心（NOCC）统筹规划，进行工艺设计，本线严格按照 NOCC 的接入条件和总体方案进行实施。

（2）线网运营控制中心（NOCC）应对中央控制室布局方案、调度台布置方案、调度台技术要求、综合显示屏选型方案、综合显示屏分配方案、中央控制室环境要求等进行统筹规划，制定统一的标准。

（3）线网运营控制中心（NOCC）应为本线预留中央控制室调度台椅、综合显示屏等的安装空间。本线路负责提供 NOCC 中央控制室模拟显示屏等设备。

（4）本线路各系统与调度相关的中央级终端设备设置在中央控制室内。行车调度和值班主任调度设在中央控制室 3 区，电力调度和环控调度设在中央控制室 7 区。

（5）中央控制室的平面图如图 5.19-1 所示。

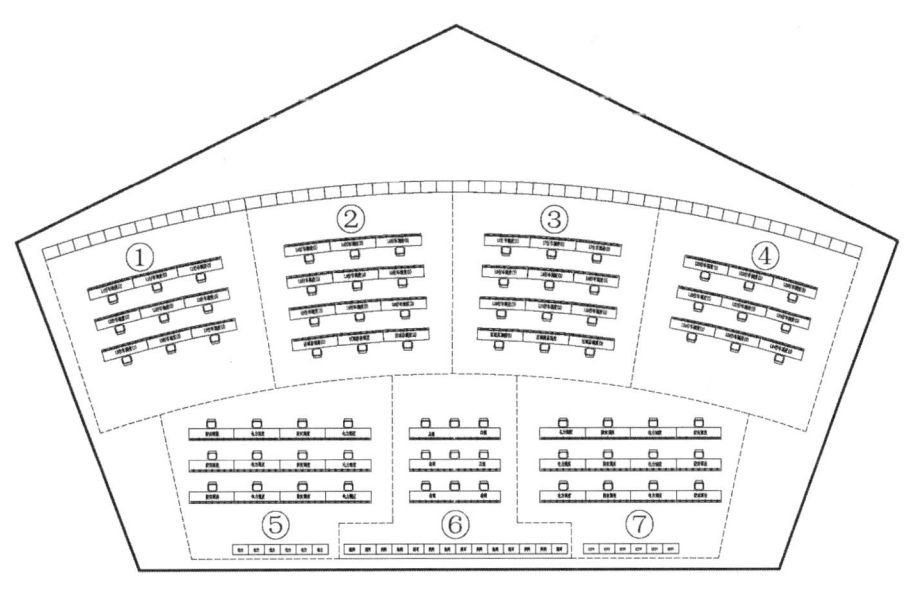

图 5.19-1　中央控制室平面图

5.19.2.2 系统设备及维护管理用房工艺

(1)本线路相关系统中央级设备及维护管理用房布置应由深圳市轨道交通线网运营控制中心(NOCC)统筹规划,进行工艺设计,本线严格按照NOCC的接入条件和总体方案进行实施。

(2)线网运营控制中心(NOCC)工艺设计应对系统设备及维护管理用房的布局方案、用房环境要求等进行统筹规划,制定统一的标准。

(3)本线路相关系统中央级设备用房主要有信号系统、通信系统、综合监控系统及自动售检票系统用房。各系统用房适度优化整合,集中设置,并且各个系统的设备用房尽量靠近中央控制室布置。

(4)9号线工程的各专业设备及维护管理用房设在NOCC大楼B塔楼的9层和10层。

(5)各系统除设备用房外,还应设置必要的维修用房和管理用房。

标准电源层平面布置见图5.19-2,标准设备层平面布置见图5.19-3。

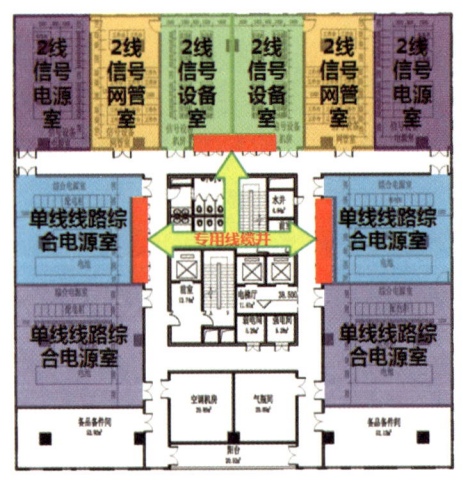

图5.19-2 标准电源层平面布置图

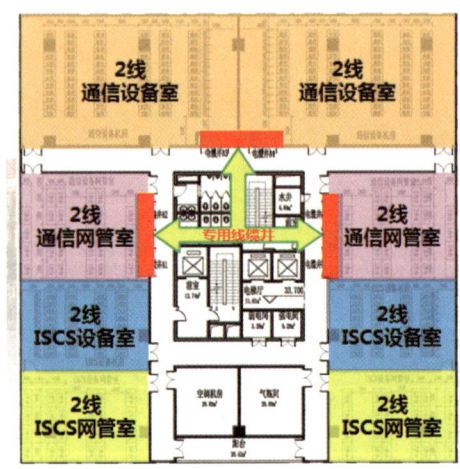

图5.19-3 标准设备层平面布置图

5.20 安防系统

5.20.1 概述

5.20.1.1 系统概述

深圳地铁9号线安防系统由安防网络子系统、安防集成管理子系统、视频监视子系统、门禁子系统、车站乘客求助及告警子系统、培训测试系统等构成。系统分为中央级、车站级和终端级三级结构。

在深云控制中心（OCC）新设中央级设备，实现对9号线全线的安全防范管理功能。

在侨城东车辆段设置安防培训测试系统，系统构成参照正线车站级安防系统组建，实现地铁运营及维护人员了解、掌握安防系统功能及测试各类安防系统设备。

5.20.1.2 设计原则

（1）本工程安防系统中央设置安防计算机统一进行监控和管理，并实现与NOCC的统一授权。

（2）安防系统由中央级、车站级、终端级三级系统构成，中央和车站两级管理模式。

（3）安防系统与综合监控系统互联，为综合监控系统提供系统状态信息和控制信息，并接受综合监控系统的模式控制。综合监控系统模式控制优先级高于安防系统。

（4）安防系统具有完备的运作模式，包括但不限于在线运行模式、离线运行模式和灾害模式三种。

（5）系统配置应采用先进、成熟的技术和可靠、适用的设备。所有设备必须符合国家法规和现行相关标准的要求，并经检验或认证合格。

5.20.1.3 技术标准

1. 安防集成管理子系统

安防集成管理系统作为综合安防系统的运行管理核心和集成管理平台，应能够提供一个完整的安防集成管理系统平台，采用开放式架构和先进的系统集成技术构建。系统应能够对各个集成的子系统进行数据采集、联动处理和综合监视管理。

2. 安防网络子系统

网络系统由骨干层和接入层两层网络构成。接入层设综合安防接入交换机，骨干层与接入层的传输由通信系统搭建。车地无线网络由乘客资讯系统（PIS）搭建。

3. 视频监视子系统

综合安防视频监视子系统包括运营视频监视子系统和车载视频监视子系统两部分。

视频监视子系统在车站设磁盘阵列存储，采用 IP SAN 方式存储本地视频信息。车站内公共区采用 D1 标清模拟摄像机、设备区采用 1080P 高清数字摄像机进行监控。车站所有图像存储时长不低于 15d，SD 卡存储容量支持存储时间不低于 24h。录像清晰度不低于 4CIF @25 FPS 等级。

4. 门禁子系统

对管理区域内的主要设备用房、走廊等位置设置门禁设备，并根据安全等级不同设置不同门禁设备。

在车控室 IBP 盘面设置门禁释放按钮，在紧急情况下，可以一键释放全站电子锁。

门禁系统使用与自动售检票系统相同的读卡器作为门禁系统的读卡器，能读取经二次编码后作为员工票的"深圳通"储值票及地铁专用员工票的信息。

5. 乘客求助与告警子系统

乘客求助与告警子系统实现车站票务室、客服中心等位置设置紧急报警按钮，在站台、站厅层公共区等位置设置乘客求助电话，方便在紧急情况下乘客或站务人员与车站控制室值班员进行通话。

6. 综合安防培训系统

综合安防培训系统包括车站级系统及终端设备，与车站综合安防系统具有相同的结构和功能。其功能是通过系统模拟操作，使运营、管理、维护人员能够深入了解、掌握综合安防系统功能，利于系统运营和维护。

5.20.2 设计方案

深圳地铁 9 号安防系统由安防网络子系统、安防集成管理子系统、视频监视子系统、门禁子系统、车站乘客求助及告警子系统、培训测试系统等构成。实现对车站、停车场、区间变电所、主变电所的设备和管理用房、出入口、票务室、银行等重点区域的出入管理、登记、实时视频监控等功能，有效保障地铁运营安全。

5.20.2.1 安防网络子系统

深圳地铁 9 号线安防系统在深云控制中心设核心交换机，在各车站、停车场设汇聚层交换机和接入交换机，区间变电所、主变电所设接入层交换机，车站、停车场的汇聚层交换机通过通信系统提供的千兆光口接入控制中心核心交换机。

安防网络总体规划如图 5.20-1 所示。

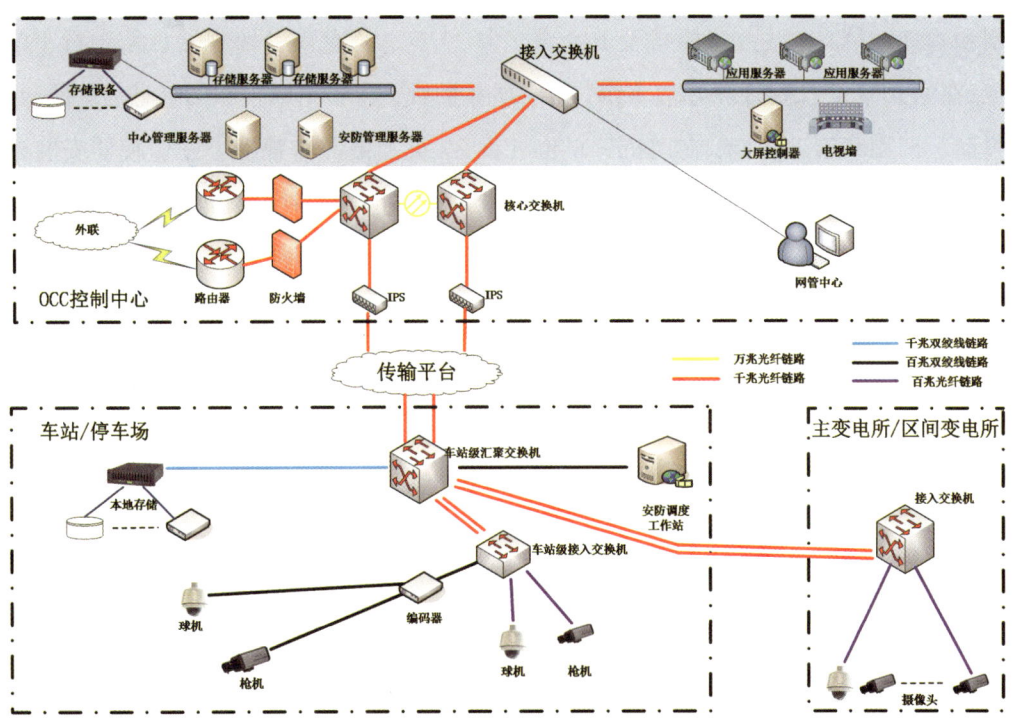

图 5.20-1　安防网络总体规划图

5.20.2.2　安防集成管理子系统

设置在 NOCC 控制中心的中央级系统主要由中央服务器、智能化安防策略管理服务器、安全管理认证服务器、子系统集成联动服务器、各种工作站和维护管理终端构成系统。中央服务器采用双机热备方式，保证数据的完整性、一致性、可靠性。设置在各车站、停车场的车站级系统主要由本地服务器和监控管理终端构成。

本项目采用 IASP-DT 安防集成管理平台，该平台为可靠、成熟的商业化软件产品，在此基础上提供客户化开发手段。

5.20.2.3　视频监视子系统

视频监视子系统包括运营视频监视和警用视频监控子系统两个相对独立的系统。

运营视频监视子系统和警用视频监视子系统各自建设后端平台，各自存储图像，运营公共区监控图像与警用共享。

车站视频监视子系统分为公共区与设备区两部分。车站公共区采用模拟摄像机，设备区采用网络数字摄像机。在专用通信设备室设安防系统车站级服务器，完成本站视频监视子系统的配置、管理功能。在车站控制室设一机双屏安防系统监控管理终端和 2 台 22 英寸彩色液晶监视器完成本站安防系统配置、监视、控制和管理功能；在站台监控亭设 1 台或 2 台 22 英寸彩色液晶监视器，用于行车监视；在站长室设监控管理终端 1 台，用于站务监视，能够完成视频图像监视、控制、查询、调用和管理功能；在司机停车位处设 32 英寸液晶监视器（此监视器安装外壳（箱），具有防尘、顶部防水功能），实现司机对本侧站台乘客候车情况的实时监控。

视频监视子系统采用 IP SAN 方式存储本地视频信息。车站内设备区网络数字摄像机自带 SD 存储卡存储视频信息，在网络恢复后上传 SD 卡存储的视频信息。本站所有图像存储时长不低于 360h，SD 卡存储容量为 32G，存储时间不低于 24h。录像清晰度不低于 4CIF @25 FPS 等级，并能做到录像有冗余备份保护，硬盘损坏时能恢复旧有图像功能。

5.20.2.4　门禁子系统

门禁子系统对轨道交通车站设备管理区通道门和设备管理用房进行统一监控和管理，同时可用于地铁人员的考勤自动化管理，提高运营管理水平。门禁子系统设备采用可靠性高、技术先进、扩展方便、智能化程度高、便于调试维护和管理、布线简便的工业级设备。

门禁子系统采用集中管理分散控制模式，设中央管理级、车站管理级和现场设备三层网络架构，并且采用二级数据库管理，即中央级数据库和车站级数据库。车站级服务器的本地系统能够独立运行，而不依赖于中央级系统或系统网络。中央级系统数据对车站级数据作冗余设置，车站级服务器定时、实时或人工将本地数据上传至中央级服务器，中央服务器更新过的数据信息也会回传至各车站级服务器，实现两级数据库的同步。

Axiom V 门禁与安全集成管理系统根据集中管理、分散及控制的原理，遵循人性化的工作模式，采用管理、控制及操作三个层面的拓扑结构，克服了大规模系统的通信瓶颈，提高了响应速度和产品的稳定性。系统从管理层级上分为中央级门禁管理级和车站级门禁管理级。系统结构如图 5.20-2 所示。

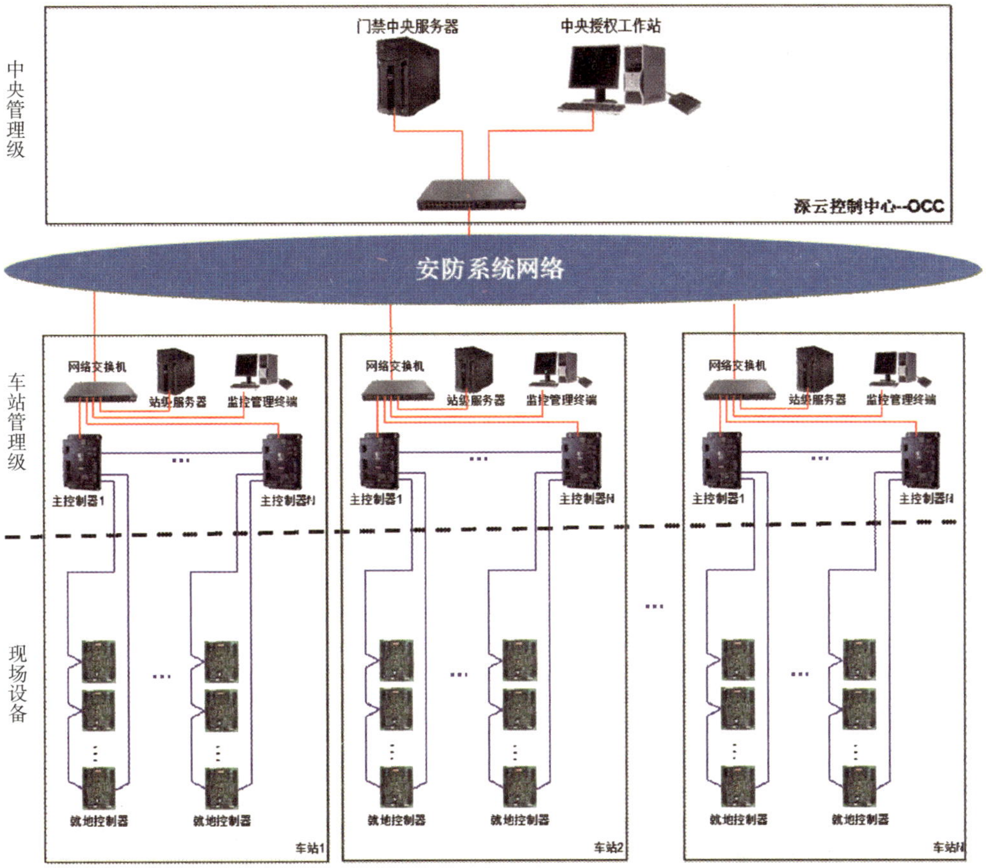

图 5.20-2 门禁子系统结构图

门禁子系统采用电子化自动控制，解决人为疏忽、钥匙的丢失、被盗和复制等传统门禁存在的问题。每个用户持有独立的密码信息，可以通过软件系统建立或取消其使用权、增加或减少使用权限；同时还可以在员工上下班集中的通道口，以员工配戴的员工卡在门禁控制点上的读写数据为基础，通过计算机分析处理，实现考勤管理的自动化。

5.20.2.5 乘客求助及告警子系统

乘客求助与告警子系统实现车站重要设备、管理用房在紧急情况下的报警功能以及站台、站厅层公共区乘客或站务人员与车站控制室值班员的通话功能。

乘客求助与告警子系统设备具备联网功能，提供完善的控制、管理功能和软件以及电子地图软件，纳入安防集成系统软件的统一管理，实现中心和车站的两级监控、管理功能；在监控工作站上以电子地图方式显示求助电话、紧急报警按钮等终端设备的布局和工作状态。监控管理终端记录、查询相关求助、报警事件。

5.20.2.6 培训测试系统

9号线安防系统培训测试系统设置在侨城东车辆段综合维修基地内。系统可培训测试安防各子系统设备的功能;并可对安防系统全部系统软件及应用软件的功能进行软件测试,满足安防系统软件安装测试及与各相关系统的接口测试的要求。

培训测试系统设置方案满足 OCC 调度员与车控室值班员两类培训对象的培训要求,满足运营维护人员对安防系统各类设备的测试要求。

5.20.3 重难点及解决措施

5.20.3.1 1080P 高清数字摄像机的应用

本工程在车站公共区采用模拟摄像机+设备区采用 1080P 高清数字摄像机的方案;停车场、主变电所、区间变电所均采用 1080P 高清数字摄像机方案。进一步提高了视频监视系统图像质量,为运营人员后期维护管理提供了极大的便利,同时也为公安部门侦查案件创造了更为可靠的图像依据(图 5.20-3)。

图 5.20-3　车站出入口摄像机安装效果图

5.20.3.2 乘客求助电话的设置

本工程在车站垂直电梯梯门外、车控室观察窗外、车站公共区等位置设置高清数字可视求助电话(图 5.20-4),在车站残疾人专用洗手间设置了残疾人专用乘客求助电话终端，并在客服中心和票务室内设置紧急报警按钮。在遇到突发事件时，可迅速实现乘客和工作人员与车控室值班人员的视频语音通话和报警功能，进一步提高了地铁运营服务水平。

5.20.3.3 门禁安装点位防火门门框加不锈钢板

鉴于深圳地铁一期、二期门禁系统中门锁锁体和吸合铁板有松动或掉落的现象，9号线锁体安装部分的门框内加厚不小于3mm不锈钢板，以此来达到锁体螺丝紧固的作用（图5.20-5）。

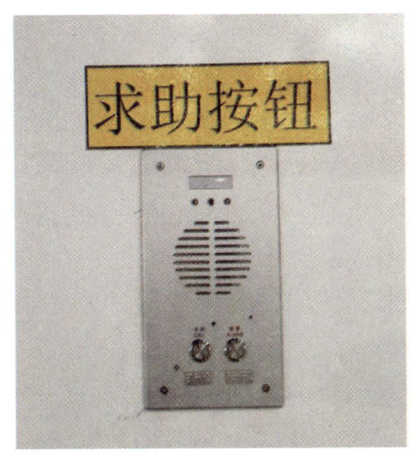
图5.20-4 车站公共区求助电话

图5.20-5 车站设备室门禁设备

5.20.3.4 门禁增强组网安全性

门禁设备安装房间安装了紧急出门按钮，解决了紧急情况下人员快速、可靠逃离房间的问题。

车站网络采用环网结构，任意一个门禁控制器发生故障不会影响其他门禁控制器的正常工作，增强了系统的可靠性。

采用断电释放式的磁力锁，保证紧急情况下工作人员的人身安全。

5.20.4 系统特点与创新

5.20.4.1 采用全新的安防网络系统

网络子系统由核心层、汇聚层、接入层3层网络构成。

网络管理方面，对整个网中的网络及安全设备进行统一管理；同时实现对服务器、操作系统、数据库等软硬件进行管理；为方便后期运营维护，有 QoS、ACL 等管理软件便于网络统一策略管理。根据深圳地铁 9 号线安防网络子系统总体的网络建设需求，从建设网络安全的高效性、可靠性、安全性、稳定性方面考虑，按长远规划进行整体设计的深圳地铁 9 号安防网络子系统特点显著。深圳地铁 9 号线综合安防系统架构如图 5.20-6 所示。

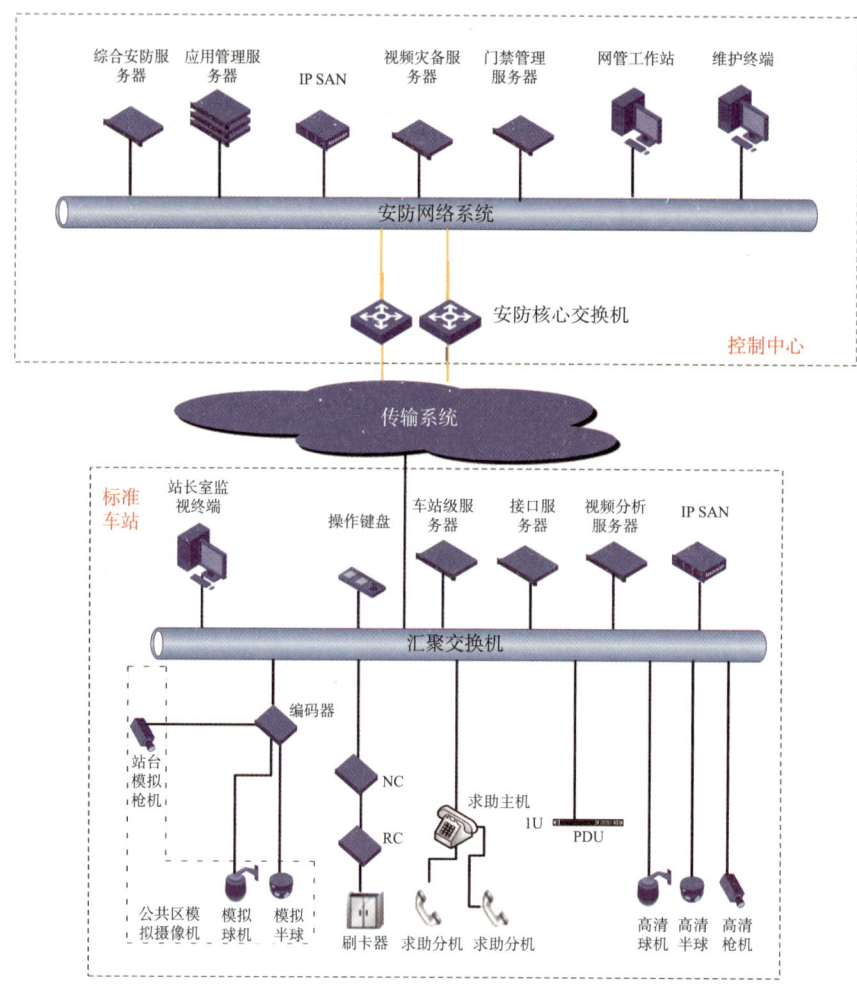

图 5.20-6　深圳地铁 9 号线综合安防系统架构图

5.20.4.2　系统集成创新

将地铁传统的涉及安全防范且各自独立的系统（图像监控系统（CCTV）、门禁系统和求助及告警子系统）进行系统集成，新增统一的管理平台——安防集成管理系统。该系统设置中央和车站两级，中心设备位于 OCC，配置中央集成服务器、集成控制管理门禁子系统、视频监视子系统和乘客求助及告警子系统，并负责子系统间的联动控制。同时与综合监控系统互联（按照综合监控系统规划的网段接入综合监控系统），管理与综合监控系统（如 BAS、FAS）之间的联动。深圳地铁 9 号线综合安防系统集成架构如图 5.20-7 所示。

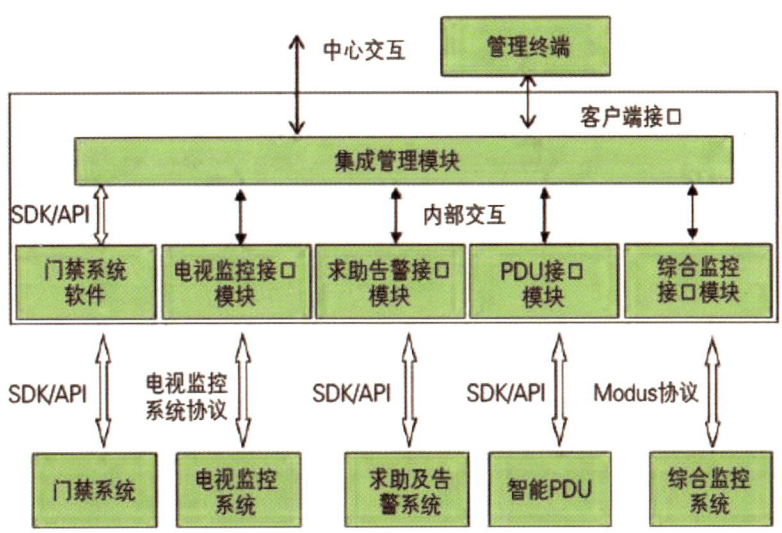

图 5.20-7　深圳地铁 9 号线综合安防系统集成架构示意图

5.20.4.3　行业领先的基于视频监视的安防联动

基于视频监控的系统联动是综合安防系统的主要特点之一，视频监视系统在统一平台管理下可接收各子系统提供的联动信号（也可接收外部，如综合监控系统），启动预先设定的程序，实现联动图像及切换显示功能。

综合安防系统将各功能模块快速联动，将门禁系统、乘客求助及告警系统与视频监视系统联动。当出现以下情况时：

（1）在经门禁系统进出办公区、设备机房时。

（2）在乘客求助时，在值班员或售票员按动紧急报警按钮时。

视频监视系统监视工作站均会自动弹出监控画面，实现基于视频图像监控的各种联动。

这些联动功能的实施丰富和延伸了安防系统的有效性，使综合安防系统的性能得到极大拓展。深圳地铁 9 号线标准车站视频监视系统构成如图 5.20-8 所示。

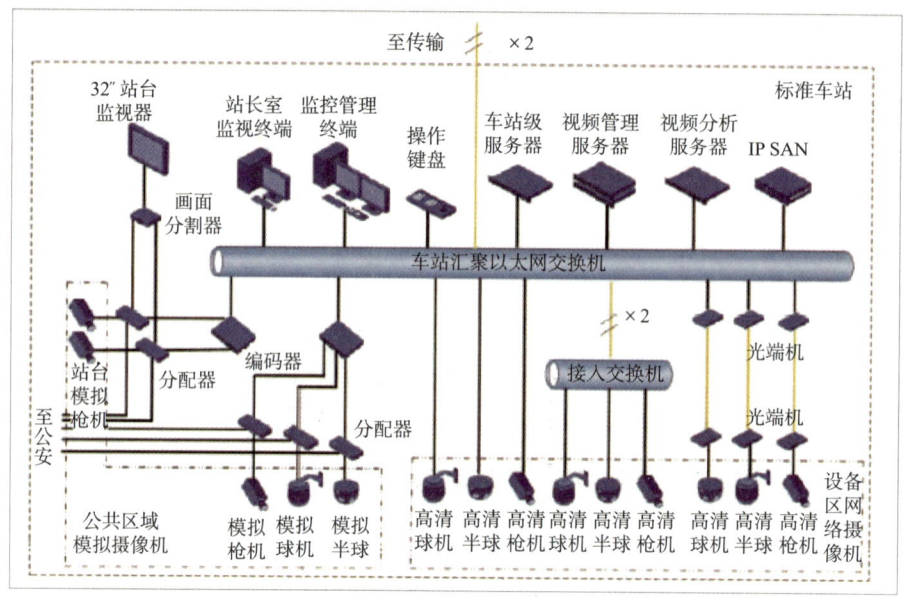

图 5.20-8　深圳地铁 9 号线标准车站视频监视系统构成图

5.20.5　总结

深圳地铁 9 号线综合安防系统成功地将视频监视、门禁、乘客求助及告警等子系统集成创新在统一平台下，加强了系统之间的联动性，也将不同的系统管理界面整合在同一人机界面中，精简了值班管理人员，降低了运营维护成本。集成管理平台可以根据车站不同的应急模式提供不同的应急解决预案，进一步方便了管理人员在紧急情况下更为有效地处理应急事件。

经过集成后的系统，系统功能的丰富性、拓展性和有效性方面在国内地铁行业安防领域内达到领先水平，在信息化、网络构成和智能联动方面也处于行业领先，为其他城市地铁安防系统的建设起到了重要的参考借鉴作用。

6 教训与思考

深圳地铁 9 号线目前已经开通试运营，面向市民，也面向运营管理部门，接受市民和运营管理部门的考核。从市民和运营管理部门的反馈意见来看，深圳地铁 9 号线的设计总体是好的，设计水平先进，理念超前，但也有不足之处，值得反思和总结。

6.1 关于地铁出地面建筑与周边环境融合设计的反思

地铁工程出地面建筑包括出入口、风亭、垂直电梯和冷却塔等。地铁出地面建筑一般位于道路边或邻近路两侧建筑物，有的位于路中绿化带内，两边都是道路，无绿化可遮挡，直接面向市民，因此，地铁出地面建筑如何设计，体现了设计的水平。深圳地铁三期工程的地铁出入口都是采用统一化的设计原则，没有要求针对特殊环境做特殊设计的要求，在设计深圳地铁 9 号线的时候也是按此统一要求进行设计，个别地方的实际效果就显得与周边环境不融合，例如深圳湾公园站，在滨河大道路中绿化带设置了多组风亭、紧急疏散出入口和光导出地面口，形成一长串的结构体系，较难融入环境，若是进行适当的景观设计，将会有很大的改善（图 6.1-1、图 6.1-2）。

图 6.1-1 目前实施方案

图 6.1-2 优化设计方案

在施工图设计的时候已经意识到上述问题,也进行了大量的方案研究,对全线甄选出 6 个车站进行出地面建筑特殊设计,但由于无相应概算,最终仅在文锦站获得实施(图 6.1-3),颇为遗憾。在今后的地铁设计中,如果在初步设计阶段就将地铁出地面建筑的艺术设计作为一项重要内容,将更有利于提高地铁的设计水平,给市民一个赏心悦目的地铁,比如文锦站的风亭和出入口的特殊设计。

图 6.1-3　文锦站风亭和出入口的特殊设计

6.2　关于冷却塔设计的反思

地铁工程冷却塔的设计越来越成为众矢之的。越来越多的市民意识到,地铁冷却塔的设置不仅影响市容,且对环境有一定污染,老百姓避之不及。下沙站的冷却塔虽然距离居民楼 30m(图 6.2-1),满足地铁规范最高等级要求,但还是遭到市民的强烈反对,三期工程其他线路的冷却塔设计也遇到同样问题,相信在后期的地铁工程建设中,市民对冷却塔的抵抗还会加剧。

地铁冷却塔设计理念需要继续改进创新。目前地铁集团正在积极进行冷却塔设计方面的创新研究,并计划在深圳地铁 20 号线进行实验性应用,相信在不久的将来会有好消息。设计不仅自身要不断创新,社会也在倒逼设计不断创新。

图 6.2-1　地铁工程冷却塔

6.3　关于出入口设计标准的反思

深圳地铁三期建设过程中恰逢地铁设计规范更新，而地铁新旧规范关于地铁出入口扶梯设计的标准不同，旧规范要求比较低，规定出入口提升高度超过 6m 应设置上行扶梯，超过 12m 应设置上下行扶梯；新规范要求一般情况下设置上、下行扶梯，困难情况下且提升高度不超过 10m 时可只设置上行扶梯。9 号线部分出入口设计时参考旧标准未设置上下行扶梯，目前来看标准偏低，受到老百姓较多吐槽。

6.4　关于盾构区间侵限问题的反思

深圳地铁 9 号线工程穿越老城区较多，环境保护要求高，因此，9 号线大部分区段要求设置减振道床，甚至多个区间要求设置高等减振道床或特殊减振道床。在设置减振道床区间，目前我们设计的内径 5.4m 的盾构区间建筑限界冗余非常有限，区间隧道在施工过程中产生施工偏差极易导致设备侵限，9 号线先后有 7 个盾构区间严重侵限，导致需要牺牲接触网空气绝缘净空和道床厚度才能勉强满足限界要求，不利于结构安全和电器安全，给地铁的正常运营带来一定安全隐患（图 6.4-1、图 6.4-2）。

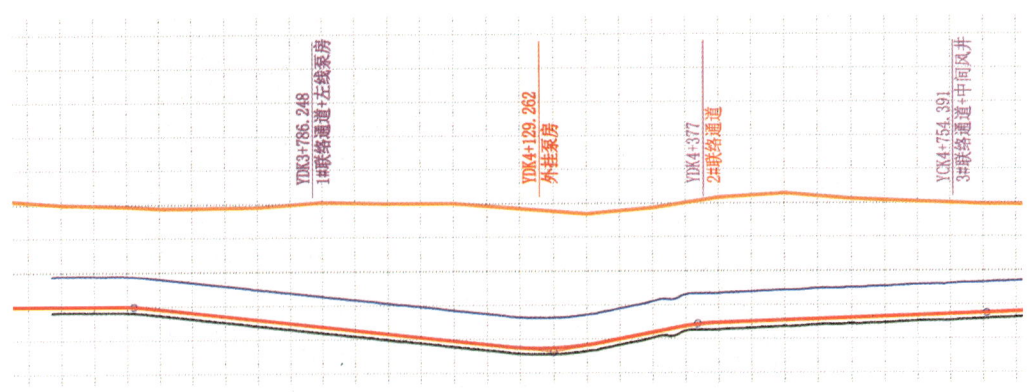

图 6.4-1　深圳湾公园至下沙区间调整后纵断面

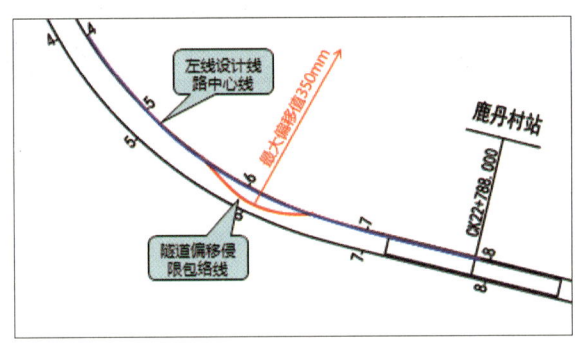

图 6.4-2　大剧院至鹿丹村区间平面侵限示意图

在软土地层以及后期开发密度较高地段，盾构区间随地层固结变形或受外部影响不均匀变形可能性较大，容易造成地铁设备侵限，甚至有些侵限问题很难处理，建议开展大盾构方案研究。

6.5　关于地铁车站管线综合设计的反思

在 9 号线设备安装过程中，管线交叉碰撞问题依然严重，在重要的设备上方有通风空调冷凝管甚至是风口的情况时有发生，导致管线安装返工现象严重，影响工期，成为地铁设计和施工的顽疾。导致这个问题的原因主要有两个方面，一方面是设备招标进度滞后，导致进场设备与图纸设计不能完全相符；另一方面是设计考虑不周全，对管线碰撞位置空间关系考虑不够细致。该问题急需对设计的方式方法进行革命性改革，而 BIM 设计的应用和推广恰恰是解决这类问题最直接和最有效的手段，建议在深圳地铁后期建设中，大力推广 BIM 设计（图 6.5-1）。

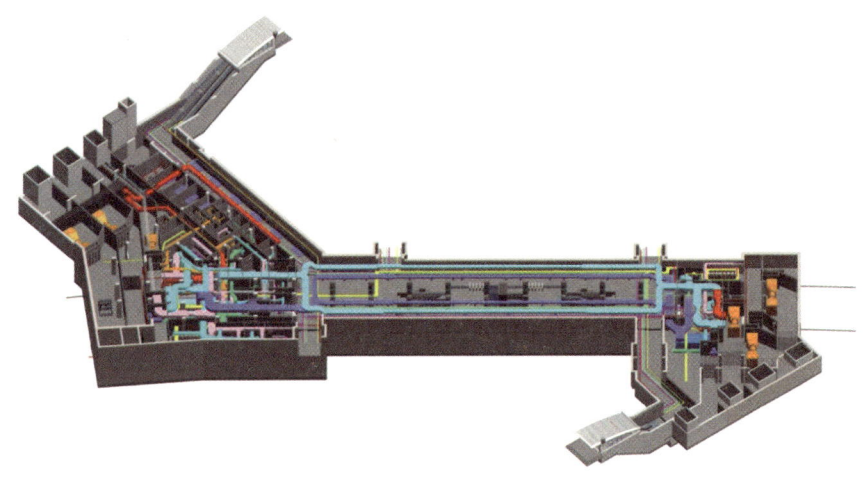

图 6.5-1　BIM 设计示意图

6.6　相关建议

6.6.1　建立统一的技术标准

目前深圳地铁每一期建设、同期的每条线建设的标准都有差异，如线路最小曲线半径及最大纵坡要求、换乘站规模、防水要求、隧道通风系统、闸机配置等；再如地铁建设与市政管网的距离要求、零星工程改造及用地红线分界等。标准的不统一不利于资源共享，也不利于设计方案稳定和投资控制。目前北京、上海、广州等城市都有自己的城市轨道交通建设标准，建议深圳也制定自己的标准。

统一的技术标准也包含前期工程设计，目前，某些地段应交通疏解要求，管线包封和土方回填需要快速受力，需采取特殊措施，提高设计标准；某些零星工程的改造，应权属部门要求，需提高设计标准，目前有指导性技术标准供设计参考，但离散型很大，不利于投资控制。

6.6.2　政府相关部门尽早稳定设计依据

政府部门提前介入并尽早稳定设计依据，可让工程建设少走很多弯路，特别是车站风亭、出入口等占地问题，前期方案阶段与周边业主或产权单位没有实质性谈判，到实施阶段变数较大，如孖岭站、红岭站、向西村站出入口，文锦站西端风亭等。

前期工程，特别是管线改迁工程，因主管部门分支多，关注的侧重点不同，若初步设计阶段不能稳定方案，真正实施阶段将困难重重，不仅方案调整大，而且容易直接影响土建工期，如停车场截污管改迁方案、莲花路、红岭路交通疏解方案、景田站高压电缆原位保护方案等。

6.6.3 建立前期工程资料数据库

9号线在初步设计阶段，受车公庙枢纽方案不稳定影响，深圳湾公园站后至车公庙枢纽区段线路不稳定，勘察工作不能正常进行；侨城东车辆段受征地拆迁进度影响，无法进场开展勘察工作；泥岗至红岭北区间穿越泥岗村密集住宅区，勘察条件有限，上述区段在初步设计阶段都不能提供满足设计需求的勘察资料，又无全市范围统一的、动态的水文地质资料库可供查询，导致初步设计与施工图的方案调整较大，投资变化达5000多万元。建议加快城市地质水文资料、管线资料、地形资料、地质资料等资料库的建设。

6.6.4 开展地铁出地面建筑艺术设计，纳入初步设计要求中

地铁出地面建筑较多，而且都有一定的体量，直接呈现在市民面前，目前三期工程的设计受市民吐槽最多。9号线在施工图阶段启动了对出地面建筑的艺术设计，但启动得太晚，初步设计未考虑相关概算，故未能全部实施，建议在后期线路设计中，将地铁出地面建筑艺术设计纳入初步设计的基本要求中。

6.6.5 推动BIM在地铁设计中的应用

深圳9号线车站管线综合在施工过程中出现过很多次碰撞，进行了不少的返工，影响施工进度，三期工程其他线路类似的问题也较多存在，需要从设计和施工两个层面进行深入改革，建议地铁集团组织推动采用BIM技术指导设计和施工。